"十四五"时期国家重点出版物出版专项规划项目
国家古籍工作规划项目

中国禅宗典籍丛刊

楚山绍琦禅师语录

〔明〕楚山绍琦　述
张　勇　校注

中州古籍出版社
·郑州·

图书在版编目(CIP)数据

楚山绍琦禅师语录 /（明）楚山绍琦述；张勇校注 . —郑州：中州古籍出版社，2022.8
（中国禅宗典籍丛刊）
ISBN 978-7-5738-0292-7

Ⅰ.①楚…　Ⅱ.①楚…②张…　Ⅲ.①禅宗 – 语录　Ⅳ.① B946.5

中国版本图书馆 CIP 数据核字（2022）第 152921 号

CHUSHAN SHAOQI CHANSHI YULU
楚山绍琦禅师语录

出 版 人	许绍山
策划编辑	刘　晓
责任编辑	高　媛
责任校对	岳秀霞
美术设计	曾晶晶

出 版 社	中州古籍出版社（地址：郑州市郑东新区祥盛街 27 号 6 层 邮编：450016　电话：0371-65723280）
发行单位	河南省新华书店发行集团有限公司
承印单位	郑州市毛庄印刷有限公司
开　　本	890 mm×1240 mm　1/32
印　　张	15.5
字　　数	573 千字
印　　数	1—3 000 册
版　　次	2022 年 8 月第 1 版
印　　次	2022 年 8 月第 1 次印刷
定　　价	59.00 元

本书如有印装质量问题，请联系出版社调换。

总　序

在中国传统文化中，儒学、佛教和道教鼎足而立。它们在相互排斥的同时又相互吸收，共同丰富和发展了中华民族的文化。

佛教本是从印度传来的宗教，然而它在中国这块辽阔丰饶的具有悠久历史的国土上传播，经过漫长岁月，已经与中国传统文化和宗教习俗密切结合，演变成中华民族的主要的宗教之一。隋唐时期具有民族特色的佛教宗派的创立，标志着佛教中国化历程的基本结束，此后进入中国佛教的持续发展时期。在这些佛教宗派中，天台宗、华严宗和禅宗是最富有民族特色的宗派。在它们的蕴含深刻哲学思辨内容的教义理论中，有说色空、色心和体用相即的宇宙存在论，有论善恶、净染的心性论，有讲出世不离世间的修行解脱论，有用以沟通色空、色心和体用的"不二"的方法论……这些在中国历史、文化，特别是在哲学思想领域都产生过极为深远的影响。研究中国历史、文化，研究中国哲学思想都离不开对佛教的考察和研究，这早已成为人们的共识。

禅宗虽奉南朝宋末由天竺来华的菩提达摩为初祖，但从历史

真实情况考察，其实际创立者应是被后世禅宗奉为四祖、五祖的道信（580~651）和弘忍（602~675）。在弘忍去世之后，他的门下形成以神秀（约606~706）及其弟子普寂（651~739）为代表的北宗，以惠能（638~713）及其弟子神会（668或686~758）、行思（？~741）、怀让（677~744）为代表的南宗。在"安史之乱"（755~763）后，北宗逐渐衰微以至湮灭无闻，而南宗则迅速传遍大江南北，日益昌盛，并在唐末五代形成禅门五宗——临济宗、沩仰宗、曹洞宗、云门宗、法眼宗。进入宋代，临济宗又分成杨岐、黄龙二宗。两宋是禅宗发展史上的鼎盛时期，它一跃而成为中国佛教宗派中的主流派，在当时社会的各个阶层和思想文化领域都有很大的影响。此后，中国儒、释、道三教日益会通融合，佛教内部各宗也互相融通，禅宗与净土宗念佛信仰的结合最为密切，以至形成"念佛禅"。

禅宗虽标榜"以心传心，不立文字"，但从实际情况来看，它的文字著述最多，形式也多种多样，其中禅法语录最多。记录惠能言行的语录有《六祖坛经》，记录神会言行的语录有《菩提达摩南宗定是非论》等，此后怀让、马祖、怀海、希运，以及禅门五宗的创始人义玄、灵祐和慧寂、良价和本寂、文偃、文益等各宗著名禅师几乎都有语录行世。语录有别集，有合集。在语录集子中既有禅师在开堂、上堂、小参、普说等各种场合的说法记录，也有师徒间的答问；有对前人公案的评说——拈古，也有评述这些公案的偈颂——颂古；有代前人回答质询的代语，也有在前人答语之外另作答语的别语；还有书信、法语、序跋、碑铭、题赞、札记、遗表等。在语录中，有贴近当时民众的通俗白话，

有含义清丽玄远的诗偈；在语录外，有卷帙浩繁的史传，包括以语录为主的灯史、以记事为主的传记、按编年记述的通史。此外，还有论议、杂著、清规等。这些数量庞大的禅宗文献，无疑是我国宝贵的文化遗产。

我国在20世纪70年代末实行改革开放政策以后，随着科学界对宗教研究的深入展开，在对佛教文献的研究和整理、出版方面也取得很大的成绩，为从事佛教研究的人员和社会上广大读者提供了不少经过校订注释的有价值的佛教参考资料。然而在大量佛教文献面前，为了让研究者和读者使用方便，有必要按类别选择其中最重要的文献进行研究和整理，分阶段地做校勘、标点和注释出版。

现在奉献在诸位面前的"中国禅宗典籍丛刊"是一套中国禅宗系列的文献选编，其中收录了中国禅宗的部分重要史书、语录和清规等文献，皆请学者依据较好的版本做了校勘、分段和标点，并且一律改用现在通用的简化字。虽然所收文献的数量不是很大，但在目前公开出版的禅宗著述较少的情况下，这一套丛书的出版一定会给从事佛教禅宗研究和中国哲学、文史研究的学者和广大读者带来不少方便。我们深知此项工作并非轻而易举，希望边工作边改进，谨望读者今后经常给我们提出建议，不吝赐教，以便把这一工作做得更好。

杨曾文
1998年2月9日

前 言

绍琦（1404~1473），字幻叟，号楚山，四川唐安（治今四川崇州市江源镇）人，明代临济宗著名禅师，生活在明代永乐至成化年间，嗣法于临济义玄下第二十一世、宋无准师范下第六世普州（治今四川安岳县）东林寺无际明悟禅师，后游历天下名山古刹，访师参学，先后住持皖山（即皖公山，又名潜山、天柱山。在今安徽潜山市）天柱寺、投子山（在今安徽桐城市）投子寺，方山（在今四川泸州市江阳区）云峰寺，简州天成寺（今成都龙泉驿区龙泉山石经寺）等等，传法四十年，门下弟子云集，声闻天下丛林。①

《楚山绍琦禅师语录》，十卷，记载楚山绍琦禅师在各地住山、上堂、小参、升座、普说、开示的语录及杂著、诗偈等篇，

---

① 楚山绍琦禅师的化迹梗概和佛学思想，请详见本书研究部分《楚山绍琦禅师年谱》和《明代蜀地禅僧楚山绍琦的弥勒信仰》（"纪念楚山禅师诞辰600周年、能海上师诞辰120周年学术研讨会"［2005年10月15日至17日·成都市石经寺］学术论文。修订本载素慧主编：《禅心映天成　显密照石经——纪念楚山禅师诞辰600周年、能海上师诞辰120周年学术研讨会论文集》，北京：宗教文化出版社，2007年，第344~353页）。

由弟子祖齋、祖性、祖玠、祖意、祖节、祖裕、祖闲和祖源等人整理、集编，最后由众弟子和护法居士襄助于明成化十年（1474）刊刻传世。①

尽管《楚山绍琦禅师语录》问世已有五百多年，但在清代佛教界和近现代学术界却几无影响，即使是禅宗史著作，也只有日本学者忽滑谷快天《禅学思想史》②等少数几部略有涉及，且流于泛泛。直到2005年10月，在成都石经寺召开全国性的"纪念楚山禅师诞辰600周年、能海上师诞辰120周年学术研讨会"时，情况才略有改变。可惜的是，会议之后，有关楚山禅师的研究又复归于沉寂。

古人有言："楚山行化，当明运昌隆之际；纯以心性禅，应接群机；以故门下一时龙蟠凤翥焉，乃至祖玠辈风骨春枝节节是，令见者闻者莫不神往。"③显然，上述后续弘法和研究现状不但跟楚山禅师在中国佛教史上的实际贡献毫不匹配，而且也完全没有反映出明末成都地区禅宗的盛况。

何以如此？

前人尝以为，这是因为绍琦禅师的弟子难以企及乃师的水平。"但不再传，其绪俱寝。岂慈父欲子食药而愈疾，遂称没于

---

① 请参考本书研究部分《四川省图书馆藏明椠〈楚山绍琦禅师语录〉考》（原载四川大学中国俗文化研究所编：《项楚先生欣开八秩颂寿文集》，北京：中华书局，2012年，第201~218页）。
② ［日本］忽滑谷快天：《禅学思想史》，玄黄社，大正十二年。氏著中之中国部分，有朱谦之中译本，更名为《中国禅学思想史》。有关楚山绍琦，见于中译本第六编第十四章，上海：上海古籍出版社，2002年，第734~737页。
③ 清幻津自融撰，性磊补：《南宋元明禅林僧宝传》卷十三《楚山琦禅师》。［日］前田慧云、中野达慧等编《大日本续藏经》第壹编第贰辑乙编，第十函第四册，京都：藏经书院，明治三十八年（1905）至大正元年（1912）印行，第三百七十三叶左半叶下栏。

他方也耶？"

其实更重要的原因是，四川地区不久即惨遭张献忠兵祸及清兵屠杀①，石经寺自不可避免。或云，"明末，寇至，策马欲入寺，马伏地不起；举火焚寺，三举三灭。贼惧下马，遥拜而去"②。其实，这只是传说罢了，佛教道场不可能免于兵燹。在战乱之中，僧人或遇难或星散，佛教文献也毁损殆尽。

没有语录阅读宣讲，没有后继僧人弘法，楚山禅师一脉及其他巴蜀佛教派别当然如无源之水，难以在清代再传承下去，后世也难以认识其贡献和地位。

那么，2005年方始重新面世的《楚山绍琦禅师语录》究竟有哪些价值呢？

一、 文献学价值

首先，作为重见天光的古籍，《楚山绍琦禅师语录》不但是一部明代新文献，而且因为是孤本，自然也称得上是善本，足堪珍视。③

其次，作为极少数多次从乱世战火中幸存下来的巴蜀地区的

---

① 参考：蒙默、刘琳、唐光沛、胡昭曦、柯建中：《四川古代史稿》，成都：四川人民出版社，1988年。陈世松、贾大泉主编：《四川通史》，成都：四川大学出版社，1993年。贾大泉、陈世松主编：《四川通史》修订本，成都：四川人民出版社，2010年。《成都通史》编纂委员会主编：《成都通史》第一至七卷，成都：四川人民出版社，2011年。何锐等点校：《张献忠剿四川实录》，成都：巴蜀书社，2002年。
② 《〔咸丰〕重修简州志》卷八《人物志·释·明·楚山》。
③ 请参考本书研究部分《四川省图书馆藏明椠〈楚山绍琦禅师语录〉考》（原载四川大学中国俗文化研究所编：《项楚先生欣开八秩颂寿文集》，北京：中华书局，2012年，第201~218页）。

古籍,本书乃难得的四川地区的明代版刻实物,可以借以认识明朝成都一带雕版印刷品的版面版式、文字特点和雕工水平等诸多方面。比如,书中的避讳相当严格:除了提到蜀王和其他尊贵人士之外,甚至连出现诸如"圣寿""皇图""令旨""神驭"和"一真法界"等世俗间和佛教界的语词时,例皆抬行书写,或空一至两个字距离,以示敬意。此外,一般认为,"厯"字乃避讳字,为避清高宗爱新觉罗·弘历之讳而改。张之洞《輶轩语·敬讳字》:"高宗纯皇帝庙讳,下一字,书天之□数在尔躬,用厯字恭代。历字本从厂、从秝、从止,今从厂、从林、从心。"① 其实,明末雕刻的楚山语录中就有这个字了。所以,"厯"很可能就是一个普通的异体字罢了。

再者,本书中的部分内容,足以与传世文献相互印证,不但证明传世文献其来有自、内容真实,而且揭示出传世文献中有关内容的出处,当然更可以资以校勘了。本书卷十《陕府琳玉峰》:

师曰:

真源熄焰,知道乘秋。非过量(□)〔人〕,实难克荷。

陕府禅人如琳,字玉峰。远叩东山,乞为印可。师乃问曰:"子在什么处用心?"琳曰:"无用心处。"曰:"恁么则虚丧光阴耶?"曰:"虚云日拶碎,廓彻太分明。"曰:"如何是分明事?"曰:"(▨▨)〔识得东〕君面,乾坤总是春。"曰:"那个是东君面?"曰:"梅从▨▨,吐出劫前师。"曰:"未在。"曰:"面门鼻孔大头垂。"曰:"遂恁(庇)〔么〕,

---

① 清张之洞:《輶轩语》,永康胡氏退补斋,光绪二年(1876)刊本。

则到无疑之地耶？”曰：“弟子亦不向这里住着。”曰：“子向什么处住着？”曰：“有无俱不滞，脱体绝思量。”曰：“只这绝思量处，子今正好思量。”琳乃应曰：“喏！喏！”曰：“且道绝思量处，如何思量？”曰：“非思量思量。”师为点首。遂以衣麈授之，复示偈云：

蒺藜棒下心相应，毒鼓声中见自捐。

丧尽全机开正眼，无传心旨得亲传。

明支提山嗣祖沙门净柱于崇祯十七年（1644）撰就的《五灯会元续略》卷四《陕府玉峰如琳禅师》，载有上述部分内容，清霁仑超永于康熙三十二年（1693）编成、康熙三十六年（1697）刊行《五灯全书》卷五十九《陕府玉峰如琳禅师》全袭之。《五灯会元续略》除了可以补足楚山语录中部分残泐之外，还表明净柱定然见过楚山语录，也就是说，《楚山绍琦禅师语录》当时已然在国内流布矣。

二、　语言文字价值

前面提到了《楚山绍琦禅师语录》的雕刻文字特点。其实，除了“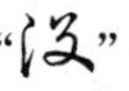”“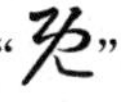”“”“”“”“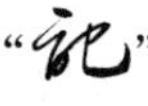”“”“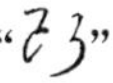”“”和“”等一批草书、行书和隶书等字体外，由于其他部分的每叶皆有相当部分的非通行字体，《楚山绍琦禅师语录》也是研究明代多类字体的宝库。

大致而言，底本中出现的字体有：

后代少用的正体或本字，如"掇""霏""笑""邂"和"缾"等。

古今字，如"咲""覩""䇿""臺""荅""叜""隂""捻"和"冝"。

与通行体并行的异体字，如"烟""埶""缞""髩""嘗""啈""㝷""壜""莪""宵""辟""穏""虜"。

讹字，如"堦""槑""染""冈""暖"。

此外，还有"寔""脩"和"郁"等假借字之类。

上述字体，颇有助于认识汉字形体的演变。此外，在底本中，一个字常有多种写法、多种字体，即所谓一字多体。一个字连用时，写法也不尽相同。

这么多手写体和印刷体中的草书和异体字、通假字、讹字等，既是研究汉字的财富，也给整理工作带来了极大困难。可以说，一个字辨识不出，就无法前行；辨认有误，就是硬伤。而且，认识出来或猜测出来，还不行，还得在字书、韵书和词书中找出确实证据，还得在其他古籍中找到用例。这就非常花费时间和精力了。

何况，底本还存在大量的文字残泐和阙失，需要加以辨识或补足。

整理者又遵循现行汉字规范标准，将异体字等非通行字改作简体通行字，争取在保留语言文字价值的同时，又方便读者阅读。

除此之外，《楚山绍琦禅师语录》还有很多独特的禅宗语言和饶有地方风味的四川话，如"道人屋漏旋添茅"之"旋"，

"纸灯吹灭豁双瞳"之"豁",也应该识别和解释。

三、 宗教学价值

前已言及,《楚山绍琦禅师语录》是一部近年重现于世的明代禅宗文献。绍琦禅师虽然出生于蜀地,一生中大部分时间在成都石经寺度过,但其弘化足迹实际上还曾至于湖北、安徽、江苏和浙江等地,其弟子更是遍及巴蜀大地和全国其他地区。可以讲,楚山绍琦不但是佛教界的一方风云人物、巴蜀佛教史上屈指可数的杰出人士,而且称得上具有全国性影响。

清蒋超撰、民国释印光重修《峨眉山志》卷一《第一星野图说》之四十四"仙峰寺至洪椿坪图说"载:

> 从龙居溪沿岩而下,路右即洪椿坪,以坪名寺(古千佛庵)。伏牛山楚山禅师开建。一云,宝掌禅师建。明德心禅师重修,法嗣锐峰接踵,历二十余年落成。殿宇楼阁,结构精工。清初,峨云圆满禅师复鼎新之。康、乾间,御赐经典字幅。寺后山顶有天成石池,因名天池峰。右为咒诅泉。相传,当日大众千人苦乏水源,老僧持咒引水,故名。亦名锡杖水。从寺左下行经木坊,渡积善桥,一名万渡。向有上中下三道。桥右小径,乃下双飞桥路也。①

伏牛山楚山禅师,就是楚山绍琦禅师。《峨眉山志》卷四《第四寺庵胜概·庵》亦载:"千佛庵,即洪椿坪。伏牛山楚山和

---

① 《中国佛寺史志汇刊》第045册,扬州:广陵古籍刻印社,1996年,第50页a栏~51页a栏。

尚开建，德心大师重修。梵宇精洁，结构弘敞，常有千人。此地曲折幽雅，最为隐僻。"由此可见，即便在巴蜀，绍琦禅师的化迹也远不止于石经寺，而是延伸至峨眉山等处也。

再如，本书卷九《月涧》诗云：

性天忽尔识云收，露出光明月一钩。
曲曲眉痕悬碧落，弯弯环形堕清流。
从教太白（抛）〔抛〕双手，亦任南泉纵两眸。
午夜和盘都托出，几人于此悟心由。

明通贤说、行浚等编《浮石禅师语录》卷十亦有《赠刘启明居士》诗，文字几同：

性天忽尔识云收，独露蟾光皎似秋。
乍见眉痕悬碧落，还看镜影堕清流。
从教太白抛双手，一任南泉纵两眸。
午夜和盘都托出，几人于此悟根由。

通贤（1593~1667）为明末清初临济宗僧，主要在江浙弘化。其所撰的这首诗从楚山诗偈化出，从一个侧面反映出绍琦禅师在当时已经具有广泛影响，以及《楚山绍琦禅师语录》已然在江南流传的事实。

其实，石经寺在清朝虽然已经衰落，但依然为有清一代的名寺。《古今图书集成·博物汇编·神异典》"僧寺部汇考"，记载清朝巴蜀地区的佛教著名寺院曰：

《四川总志》：大慈寺，圣寿寺，普慈寺，祇园寺，龙潭寺，梵安寺，东林寺，西林寺，石经寺，惠剑寺，罗汉寺，观音阁，资福寺，灵泉寺，栾巴寺，甘露寺，龙泓寺，

旌喜院，白塔寺。

....

石经寺。寺在简州治北。明正德间，楚山和尚入灭于此。甲申，贼三举火而三熄，遂相骇去。成都知府冀应熊有题咏。

能够位列四川地区的十九座名寺之一，委实不易。显然，该寺是因楚山和尚而名闻遐迩也。

要言之，《楚山绍琦禅师语录》反映了绍琦禅师的主要弘法事迹，有助于认识、了解和探讨明末巴蜀佛教和中国禅宗的状况。这部语录的面世，虽说不一定能改写，但却足以补充巴蜀佛教史、中国禅宗史乃至于中国佛教史，特别是明代这一段的史实。

四、 历史价值

除了记录明代四川宗教和四川语言之外，《楚山绍琦禅师语录》还反映了当时四川佛教界与世俗人士之间的密切交往，如绍琦禅师与蜀定王、蜀和王、乐平郡王、蕲州荆王、江夏王、太监梅公、阎公和御史王骥等朝廷和地方高级官员都有一定因缘，这方面的内容足以弥补四川和湖北史料记载之阙漏。

此外，本书多处地方体现出浓浓的四川生活气息，包括地理物产、生产方式、生活方式和风土风俗等多个方面。《端阳示众》诗曰：

人间此日端阳节，林下随时遣岁华。

> 瓦钵高堆山箬粽，磁瓯香泛石蒲茶。
> 门悬虎艾机何密？炉爇龙涎味更赊。
> 欲识标宗亲切句，庭前风撼石榴花。

可见，明代巴蜀佛教界也与民间一样，要过端午节；过节时，也要吃粽子、挂艾草。不过，烧香、喝石蒲茶，应该是寺院特有。每年这个时候，今天的四川盆地同样处处石榴花盛开。

类似记述，本书尚夥。

可以说，《楚山绍琦禅师语录》不仅是一部禅宗文献，也为一部四川地方文献，而且是洵为难得的、躲过了明季灾祸的巴蜀文献，应该得到应有的关注。

当然，除了上述的几个方面，《楚山绍琦禅师语录》应当还有其他诸多重要价值。这，就敬待高贤了。

需要说明的是，由于底本存在着大量阙失，有可能导致结构错乱和内容混淆；此外，缘于精力不足，囿于能力有限，整理者所做的工作大多为补苴阙字泐字，辨识非通行字，而对于内容的注释还远远不够。这，亦有待于来日矣。

张勇（子开）

2020 年 7 月 8 日于绵阳

校笺凡例

一、本书所用底本：四川省图书馆藏明代刊本《楚山绍琦禅师语录》。有关该镌本的具体情况，请参考本书《楚山绍琦禅师研究》中的《四川省图书馆藏明椠〈楚山绍琦禅师语录〉考》。

二、本书参校本：《皇明名僧辑略》《释氏稽古略续集》和《南宋元明禅林僧宝传》等僧传中的绍琦禅师传记，以及藏经中的其他相关文献。

三、本书校勘原则：尽量以底本为准。底本最大价值之一，就是真实地反映了明代书写和版刻的面貌，包括大量的古字、通假字、讹字和隶体字等。在校勘过程中，对一些不易辨识的非通行字做了注释。

四、字体之外的难解字词的含义，也是在该字词首次出现时，加以笺注。以后再出现时，即不再赘述。

需要说明的是，因囿于时间和精力，本书前面部分的笺注较为详尽，后面则多限于字体辨识了。

五、本书因破损较为厉害，有一些阙叶，实无力复原，亦有

待后来。

  六、现存书叶中时有的字体剥泐、残泐甚至阙失之处，则尽量根据所剩字迹、上下文义和其他记载，予以补全。其中，残泐字以"▨"标出，阙失字以"□"标出。二者又多根据语境补出，且都以"〔〕"表示。

  七、其他有关标点、校勘和注释的方法，酌情参照许逸民《古籍整理释例（增订本）》（北京：中华书局，2011年）。

《楚山绍琦禅师语录》书影

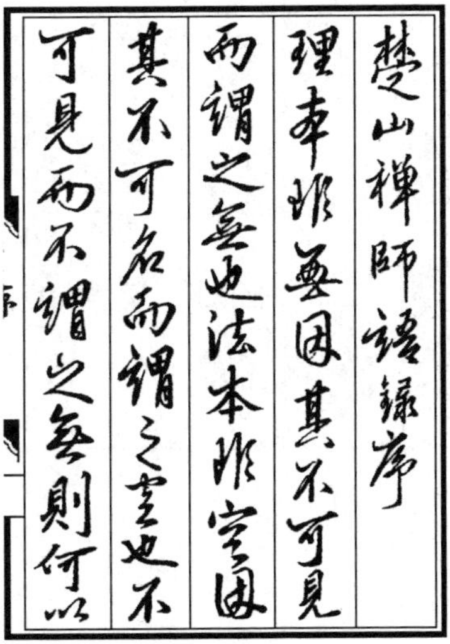

楚山禪師語錄序

理本非無因其不可見

而謂之無也法本非空因

其不可名而謂之空也不

可見而不謂之無則何以

楚山和尚住同安投子禪寺語錄卷之一

參學門徒祖奫　集

師於景泰初覽勝江南還經同安因遊三祖

愛皖山幽絕遂棲天柱數載安慶檀豪鄉師

道風請開法於桐城投子寺景泰五年十月

初七日入院

法語

山門　古佛門庭現成風月未審今來如何施設咄

一喝掀開向上關棘林千古為規則

佛殿　不以佛求不作相見合作麼生遂彈指云直

光照天地從教萬別與千差倒用橫拈無不是

汶川曹覺壽　叙郡劉福貴

助緣屺立河南亮曉山　資陽玄默堂

金臺鍾易堂

助緣善士曹覺先　劉福敬　劉福昂

毛灭海　鄭覺泰　鄭覺洪

陳福佐　王仲輔

鍾福寛　韓五官人　陳福能

刊川蔣端　郭儉　蔣鰲

石經楚山和尚語録卷之八

衆學門徒　祖閒編

酬贈山居詩偈七言八句

進謝

蜀和王殿下

召見

彤庭沐寵光衲衣何幸近天香琪花瑶草昧九霞

玉殿瓏瓏樓越淨方藩屏

聖明齊日月讚揚佛化固金湯深慚林下無由報

祝

楚山绍琦禅师像

目 录

楚山禅师语录序　徐山甫/1

序　罗通/1

序　释真源大心/1

序　孙闳/1

楚山和尚语录序　赵珖/1

序　刘昱/1

楚山和尚住同安投子禅寺语录卷之一：入院法语

　　入院法语/2　　　　　据室/3

　　山门/2　　　　　　祖塔/3

　　佛殿/2　　　　　　升座法语/3

　　龙神/2　　　　　　其他法语/8

　　祖师/2

石经楚山和尚录卷之二：表扬法语

蜀定王薨世三周除禫/29
钦守太监阎公礼建冥阳大会请
说戒/38
解期/41

四祖表纤藏经/43
大湖僧会安期/45
锦府大圣慈寺建千盘大会/50

石经楚山和尚语录卷之三：开示法语

乐平郡王命禅人庄宣请/56
了心无念贵人/60
示蕲州荆王殿下/61
锦川梁慧广居士/65
锦城居士牟觉荣道号秀峰/66
致觉旺居士文/68
示洪都南昌县斋人涂慧宗/68

无门宽禅人/69
同安寿翁居士/70
广济月庭居士/72
京口普门居士/73
蓉城张慧楣居士/73
泸阳了幻居士/74
示钦守太监阎公病中/76

石经楚山和尚语录卷之四：机缘

佚名机缘/77
垂示诫语/101
佚名诫语/101
前二日告别钦差镇守四川
　上衣监太监梅公书/102

塔铭/103
行实/103

石经楚山和尚语录卷之五：警策法语

悟心禅人/105
双江东辉禅人/106

次复见心乐闲歌/106
武昌空颜遇上人/108

松潘珙都纲水月轩/109
莲照二禅人掩关凤山/110
顺禅人归山/110
昭禅人归山/111
无方广上人/112
禅人祖洪参方/112
宣禅人之京/113
本宗法禅人/114
明禅人/115
泰禅人/115
月堂刺麻/116
瑞庵禅人/118

宝峰禅人作务/119
无闻钟长老居山/119
宝乘禅人/120
示真禅人/121
示音无闻峨山掩关/121
勉一庵诚首座住持/122
示陕右静庵禅人/123
中贵义天峰/124
示默堂禅人/125
玄玄道人/125
敬堂禅人/126

石经楚山和尚语录卷之六：颂古法语

世尊初生/127
世尊度人/127
世尊悟道/128
世尊升座/129
五通仙人/129
外道问佛/130
外道论义/130
女子出家/130
那吒为父母说法/131
经题八字/131
七处征心/131
八还辨见/131

维摩一默/132
世尊拈花/132
阿难问迦叶/132
罽宾国王/133
达磨渡江/133
宋云见达磨/134
慧可立雪断臂/134
栽松道者/135
六祖临终/135
道钦禅师回书/135
唐代宗问慧忠国师/136
怀让磨砖/137

马祖不安/137
马祖白黑/137
马祖拂子/138
老人野狐/138
南泉斩猫/138
南泉牵牛/139
盐官唤侍者/139
大梅法语/140
盘山示众/140
如会问仰山/140
鲁祖面壁/141
邓隐峰净瓶/141
亮座主参马祖/141
金牛禅师造饭/142
庞居士问马祖/142
庞婆拈梳/142
天衣示众/143
黄龙三关/143
杨岐三脚驴子话/144
南泉牡丹/145
道吾见夹山/146
赵州摘杨花/147
镇州大萝卜/147
台山婆子/147
临济普化受斋/148
临济喝僧/149

临济宾主句/149
睦州笛筹/149
严阳尊者/150
大隋神照/150
大隋庵侧龟/150
灵云桃花/151
灌溪问了然尼/151
德山侍龙潭/152
德山上沩山/152
德山托钵/152
洞山一茎茅/153
石霜举筯/153
夹山猿鸟/153
投子大死却活/154
雪峰粟米/154
香林烧山/155
仰山垂足/155
兴化问僧/155
三圣出入/156
道虔难首座/156
洛浦至夹山/157
云门北斗藏身/158
洞山干屎橛/158
曹山答僧/158
护国答梵音相/159
风穴状祖师心印/159

风穴语默/159
大龙法身/160
石门别传一句/160
石门云光作牛/160
巴陵祖意教意/161
洞山麻三斤/161
法眼一滴水/161
智门般若体用/162
汾阳西来意/162
丙丁童子求火/162
慈明盆剑草鞋/163
慈明金毛狮子/163
琅琊答长水/163
慈明答泉大道/164
广慧答杨亿/164
门上桃符/165
倩娘还魂/165
水庵胡子/166
密庵沙盆/166
楼子闻曲/166
茶陵乘驴/167
婆子烧庵/167
明安三句/167
汾阳三句/168
浮山九带/168
洞山偏正五位/170
王子五位/171
三种渗漏/172
古德三种功勋/173
悲智四借/173
沩山三生/174
香严三照语/175
韶国师四料拣/176
云门宗/177
曹洞宗/178
沩仰宗/179
法眼宗/179
总颂/180
至理忘言/180

石经楚山和尚语录卷之七：杂著法语

无相说/181
泸阳智通禅人重续宗派/185
《布袋和尚图》为同安思恭古道
先生赋/186
三睡图/187
《宗门要览》卷端小影/187
跋《灵山一会》图/188
跋古渝畾长老书《金刚经》/188

跋蚕骨老人墨迹/189
东普无际师祖遗像赞/189
皓藏主写无际师翁真/190
印宝文写无际师翁真/190
西禅雪峰和尚真/191
松潘中国师写师水月光中
　　小影/191
祖堂东升首座写师真/191
金陵潭宝渊写师真/192
印宝文写师真/192
内相范证岩真/193
锦城郑觉海请玉溪处士写
　　师真/193
凤鸣禅人亮晓东写师真/194

北平海长老写师真/194
金台崇国上士澄古源写师真/194
韶古音写师真/195
省察庵求赞/195
闲白云求赞/196
裕豁堂请赞/196
简池慧庵居士方福聪真/196
月庵居士妙明真/197
谢德明居士夫妇真/198
雪庵妙清真/198
慧山洪能居士真/199
讷庵宗明居士真/199
镜庵妙心真/200

石经楚山和尚语录卷之八：山居诗偈

进谢蜀和王殿下/201
进贺蜀王封袭/201
进辞蕲阳荆王殿下/202
奉和江夏王见赐二首/202
寄蕲阳月江道人/203
奉和锦川物外道人寻乐斋
　　十诗/203
阙名诗/203
寄内贵陈了道/203

答中贵临邛子/204
答王骥御史/204
答黄侍御/205
答徐友山公子袘/205
答锦溪邓宗明秀才/205
答桐城周世祯儒士/206
答桐溪陈孟辉居士/207
答简池大尹张集之/208
答吉安同府宗吉张公/208

寄李廷用翠屏读《易》/210
寄大慈天宇宗师/211
寄节翁全长老/211
答南山居士刘白夫/211
勉训侍者入学/213
勉方山贵长老住持/213
贻性爱禅人/214
示明玄子　能诗书/214
示行脚僧文赟/214
赠风水僧慧满/215
示无为居士宗一/215
翼善住山瑄玉峰掩关/215
与潜山肖玄士/216
端阳日示恕虚中/216
示陵阳祖空禅人/216
示理庵证首座/217
示戒香礼长老/217
与琏首座/217
示贵宝岩掩关/218
与福州果无证/218
贻江右安禅人/218
勉意海珠关中习书/219
勉节俭堂/219
勉意海珠/219
端阳示众/220

中秋玩月/220
丹崖述怀/220
答棠城印宝文结庐师塔/221
奉萱堂为夷陵常千兵赋/221
晚翠轩为武昌王逸士赋/221
题桐城孔彦昭杏林春意轩/222
书三池刘氏筠溪书屋卷/222
书平泉李廷用乐志轩/222
江湖游览卷/223
天柱皖公山/223
石屋寺　昔裴仙炼丹之所/224
夏日登青城山/224
示宝峰上人四威仪/224
示金谷道人四威仪/225
题府庠封士奇蟾桂秋香卷/226
次中峰和尚山居韵　时隐
　天柱山/226
山居写怀/228
挽诗/231
蜀和王殿下薨世/231
蜀主定王薨世/231
次坏空和尚挽无际先
　师韵/232
次中山居士徐宗敬挽无际先
　师韵/233

恩荣义官郫简张公/233
哭安罗月庵镜长老/233
哭中山栖碧光泽和尚诗
　并序/233
东普涂觉全居士/234
平泉李百川居士/234
邬觉贵居士/235
处士方容纪/235
哀意海珠哭母/235

哭徒祖玠珪庵/235
挽承奉范安无相居士/236
平泉李觉庸居士/236
进辞蜀贤王殿下/237
辞二内相暨合府诸位大人/237
赠照觉悦堂庆长老/237
送玄孙亮晓窗还乡/238
示古明张慧鉴居士/238

石经楚山和尚语录卷之九：赞号

无相为中贵范祖心赋/239
鹫峰为内相滕如嵩作/239
祖关为中贵阮▨通题/240
宗哲为中贵蔡祖才作/240
性空为阮登闻赋/240
定庵为武昌蒋推府写/241
云庵为李添祥医士书/241
默堂为张道玄作/242
宗器为镇江萧福铉赋/242
云谷为嘉州祥僧正赋/243
玄峰为妙长老赋/243
月光/243
云无心/244
杰堂/244

海湛然/244
彻堂/245
无外为何觉宽居士作/245
月涧/245
古灵/246
无外/246
雪庵为马觉玉赋/246
古镜/247
净空/247
大云/247
玩空/248
秀峰为牟觉荣居士赋/248
无相/248
寂庵/249

无传/249

印空/249

大玄/250

觉天真/250

大方/250

性天为梁克宽赋/251

逊庵/251

金山/251

天然/252

聩堂/252

本宗/252

映江/253

桂芳为牟永清赋/253

慧庵/253

月庵/254

喜空庵/254

雪庵/254

慧山/255

素庵/255

镜庵/255

讷庵/256

古清/256

天然为道首座赋/256

璧堂为陈玘居士作/257

古芳为慧荣张居士赋/257

七言绝句/258

月江/258

清远/258

辅宗为用上人赋/258

无外为慧洪王居士作/258

本宗为徐永善居士书/258

一峰为徐慧广居士赞/259

天真/259

玉庵/259

古林/259

大心/259

济舟/259

归源/260

古宗/260

古音/260

瑞芳/260

有庵/260

虚堂/261

大渊/261

宝藏/261

古溪/261

一庵/262

寿峰/262

瑞堂/262

古堂/262

月珠/262

古芳/263

海珠/263

照堂/263

月光/263

玉麟/263

寿堂/263

如山/264

梦亭/264

古舟/264

月潭/264

慧庵/264

别传/265

性空为本庵主赞/265

节庵/265

寄大心素天二禅人掩关长松/266

鉴殿主别参/266

江月禅人别参/266

示正宗表禅人/267

示指南玄道者/267

示铠禅人参叩/268

示广道者掩关/268

寄祖灯东升二禅者/268

韶古音掩关/268

慈长老般若寺掩关/268

答梦亭先生山居吟/269

山居述怀/270

示三池瑞宗方居士/271

示蓉城常觉宽居士/271

示锦江周觉实善士/272

示锦城罗觉俸善士/272

次拾牛颂韵/272

示江西张志善无为居士/274

指南为端上人作/274

金山为宝上人作/274

瑞庵为萧觉祥居士作/274

月珠为张慧心居士赋/275

大渊为吴慧洪居士赋/275

古芳为吴慧林居士/275

示锦城胡觉纲居士/275

示环卫赵觉质居士/275

石经楚山和尚语录卷之十：付嘱法语

临济下第二十四襄阳兴大云/276

山西深海云/276

香严澄古溪/277

山西悦性空/277

广恩凝天溪　涿州宝金山　　　　天成韶古音/283
祖堂昱东升　金台然祖灯　　　　南溪法本空/283
碧峰茂古林　四面祥瑞宗　　　　平凉宜默宗/284
唐安瀹湛渊　浮山云秀峰　　　　草亭玠圭庵　满州玉碧峰
玉岩珑首座/277　　　　　　　　金台浚首座　河南皞古灵/284
毒庵善首座　山西洁净空　　　　济阳铎振宗/284
古渝洪济川　金台窗月明　　　　锦城宝智光/285
山西慧古灯　夷陵宣默堂　　　　锦城中正堂/285
终南喆古愚　东普然慧灯　　　　眉阳熏古檀/285
金川证理庵　金陵恢正宗　　　　西山行普门/286
龙池定庵主　荣昌理素庵　　　　棠城印宝文/286
洪山镜首座　清江慈普济　　　　大通理重山　五台正本宗
金台澄性海　青原恕虚中/278　　登州学无学　印宗南上座
无方广上座　凤阳定铁牛　　　　山西林秀峰/287
牛头鉴无照　投子如默庵　　　　翠微能悟空/288
金台聚宝山　方山芳雪梅/278　　石经闲白云/289
桐庵志首座/278　　　　　　　　陕府琳玉峰/291
金台顺归源　福州心默传　　　　三池诚一庵/292
中溪云隐山　西岷坚铁峰/279　　陕右澄古源/292
金台省察庵/279　　　　　　　　庐陵照虚堂/293
山西慧大光/280　　　　　　　　吉水莲净庵/293
鸳水清澈堂/280　　　　　　　　石经住持节俭堂/294
古渝鉴无照　陕府澄月潭　　　　汴梁哲大愚　金台湛空海
西安兴云谷　无极中首座/282　　梁乡景翠屏　怀庆贤隐山/294
石经意海珠/282　　　　　　　　金川选无学/294

铠江明海东/294　　　　　　陕府镜无相　天彭福东溟
石经裕豁堂/295　　　　　　宛平聪无听/303
西宁学道安/295　　　　　　保定因大缘　东莱畴古田
佚名/296　　　　　　　　　南华善毒翁　阆苑镇祖庭
保定巩月山/296　　　　　　京兆岩古梅　温州聪察堂
山西鉴无尘　滇池能大空　　凯江兴大用/303
云南仁静山/296　　　　　　怀庆麟瑞宗　金台林翠岩
京兆玄古峰/297　　　　　　金台昶东来/304
山西富天然　叙南杲太虚　　简池慧月光/304
金陵怀古道　渭南恩义堂/297　京兆遇佛心　金台秀云峰
蒲田觉梦堂/298　　　　　　东鲁永镇宗/306
汝宁悟真空　临潼达空源　　瀛海贵天然　洛阳善本然
汴梁峦翠峰　方山贵天然/298　金陵林古芳　郓筒纯素天/306
京兆寿南山/298　　　　　　陕右明月堂/306
中川定古岩/299　　　　　　普州广大机/306
彭城泰岳宗/299　　　　　　开封广大方　山东聪慧堂/307
河间慧大拙/300　　　　　　南阳慧寂光/307
凤鸣亮晓东/300　　　　　　凤山晓月庭/307
大峨贤古愚/301　　　　　　平阳源绝流/308
金台傲雪天/301　　　　　　锦江传古宗/308
保定觉梦亭/301　　　　　　金台海平川/309
瀛海杲智光/302　　　　　　京兆广无☒　金陵然古灯
潼关☒拙堂/302　　　　　　金台玉金峰/309
淄川增寿峰　圆觉山景云　　醴泉严敬堂　金台净古澶
锦川智体空　金堂顶大庵　　同州觉宝明　天成实无相

山西赋天全　三溪定祖峰/309
◯山昶空天　通州玉楚峰
嘉阳◯铁心　山西爱敬堂/310
庆阳明本空/310
金台顺逆舟　汉繁玉莹堂
兴化定慧堂　京兆澄大海/310
高平镛大韶/311
高篮圆无相/311
蓉城敬止堂/311
泸阳钟鼎庵/311
永川云无心/312
普州金玉峰/312
棠城传古灯/312
新城明月堂/313

凯江聪慧堂/313
保定玺天璧/313
保定深月涧/313
凤翔闻性空/314
金陵用大机/314
陕右端指南/314
渭南秀天峰/314
泸阳行雪堂/315
天彭澄月天/315
磴◯◯无传/315
内江会百川/315
贵阳成果堂/315
策唐安妙法藏归山/316
助缘人士及刊工/316

附　录

一、太平府繁昌八峰山古拙俊
　　禅师/318
二、安岳了悟传（附露源）/319
三、川东普州道林无际悟
　　禅师/320
四、东普无际明悟禅师/321
五、东林蚕骨悟禅师/322
六、楚山琦禅师/323

七、楚山禅师/331
八、成都府东山天成寺楚山绍琦
　　禅师/331
九、楚山琦禅师/333
十、简州天成寺楚山绍琦
　　禅师/337
十一、楚山/338

楚山绍琦禅师研究

一、楚山绍琦禅师年谱/340

二、四川省图书馆藏明椠《楚山绍琦禅师语录》考/357

三、明代蜀地禅僧楚山绍琦的弥勒信仰/383

主要参考文献/398

后　记/404

楚山①禅师语录序

[明] 徐山甫②

理本非无，因其不可见而谓之无也。法本非空，因其不可名而谓之空也。不可见而不谓之无，则何以知理之玄？不可名而不谓之空，则何以知法之妙？然理固不可见，法固不可名。以其不可见、不可名而遂不求有以见之名之，则是无其无而非无者终不可见，空其空而非空者终不可名，将使学之之人不能免捕风捉影之患、而佛氏之学不能一日行也。此楚山禅师之语录所由以作欤？

---

① 楚山：原指今湖北西部、武当山东南、汉江西岸的荆山。也多泛指楚地之山。此因绍琦禅师尝在古楚地范围内弘法，故以"楚山"为字。按，楚山禅师，名绍琦，别号荆璧叟。明幻轮编《释氏稽古略续集》卷三："楚山禅师，讳绍琦。姓雷。"明袾宏辑《皇明名僧辑略》卷一《楚山琦禅师·行实》："师讳绍琦。楚山，其字也。姓雷。"清纪荫编纂《宗统编年》卷二十九："琦，字楚山，别号荆璧叟。"
② [明] 徐山甫：据本序末尾之署名而添加。

禅师质粹①性敏，(☒)〔甫〕②九岁即有厌俗③意，因礼玄极通禅师④学出世法。比长，遍游诸山，历⑤参名宿，得所指授⑥而(☒)〔去〕⑦。(☒)〔了〕己躬事⑧无(☒)〔不〕⑨精达⑩，夙夜

---

① 质粹：即才质粹美。唐李华《大唐东都大圣善寺故中天竺国善无畏三藏和尚碑铭并序》："和上质粹神迈，气和言简；不舍律仪，而身心自在。"南宋李焘《续资治通鉴长编》卷三百七十六："故集贤校理、同修起居注江休复子懋相，material质粹美，能守家法。"明焦竑编《国朝献征录》卷三十五丘浚《礼部郎中滕君员墓志》："滕氏子年幼而质粹，不凡子也。"
② 甫：底本残泐。揆以所余字迹及上下文义，所泐当为"甫"。
③ 厌俗：厌弃世俗生活。《过去现在因果经》卷二："彼优陀夷，既与太子共为朋友，今若出游，或胜于前，无复厌俗乐出家心。"明通容集《五灯严统》卷九《邓州香严智闲禅师》："青州人也。厌俗辞亲，观方慕道。"
④ 玄极通禅师：化迹不详。玄极当为法号，名通，故人称"玄极通"。清超永编辑《五灯全书》卷二有"宣州玄极禅师"。或即此人。宣州，隋开皇九年（589）始改南豫州置，治宣城（今安徽宣州市）。
⑤ 历：底本作"歴"，避讳字，为避清高宗爱新觉罗·弘历之讳而改。清张之洞《輶轩语·敬讳字》："高宗纯皇帝庙讳，下一字，书天之口数在尔躬，用歴字恭代。历字本从厂、从秝、从止，今从厂、从林、从心。"
⑥ 指授：指示传授。
⑦ 去：底本残泐。据所余字迹及上下文义，所泐当为"去"。后秦鸠摩罗什译《大智度论》卷二十八《序品》："求声闻、辟支佛人，勤身作功德疲劳。菩萨默然随喜，智慧力、福德过其上。譬如工匠，但以智心指授而去，执斤斧者疲苦终日；计功受赏，匠者三倍。又如征伐，斗者冒死，主将受功。"
⑧ 了：底本残泐。据所余字迹及语境，所泐当为"了"。了己躬事：明了自心。明文琇集《增集续传灯录》卷四《杭州灵隐天镜原净禅师》："吾法叔径山原叟和尚，具大眼目，今代妙喜也。子欲了己躬事，往见勿后。"南宋净韵等编《兀庵普宁禅师语录》卷下《法语·示小师景用》："徒弟景用侍者，执侍既久，奉养勤渠，始终守节，并去杂交，颛切向道。庄拜求一语，怀抱决了己躬一大事。"清明元记录《伏狮义公禅师语录·了一禅人封龛起龛》："了人唯了己，了己大事毕。亦无虚，亦无实，非假非真是甚底？"
⑨ 不：底本残泐。衡诸所留字迹及上下文义，所泐当为"不"。
⑩ 精达：精明通达。《三国志·魏志·贾逵传论》："咸精达事机，威恩兼着，故能肃齐万里，见述于后也。"三国魏刘劭《人物志·七缪》："夫幼智之人，材质精达，然其在童髦，皆有端绪。"《高僧传》卷十二《释昙邃》："释昙邃，未详何许人。少出家，止河阴白马寺，蔬食布衣，诵《正法华经》常一日一遍。又精达经旨，亦为人解说。"

(▨▨)〔匪懈〕①。越(▨)〔朞〕岁②,传此心,豁然开悟;于一切处随所感触,辄洞达无碍。凡祖师諙讹③公案④,(▨)〔辄〕⑤拈来如开扃启钥,直见源底。复博览儒书,融会同异。既而诣东

---

① 匪懈:底本残泐二字。揆诸所剩字迹及语境,所泐当为"匪懈"。夙夜匪懈:日夜勤奋,从不懈怠。宋集成等编《宏智禅师广录》卷八《郑通判母氏赞并引》:"郑禹功博士母氏,蔬食五十年。于动静四仪,专念佛三昧。愈老愈勤,夙夜匪懈。"明通问编《续灯存稿》卷十《湖州天池月泉玉芝法聚禅师》:"年十四,从资圣坚法师受业,芟染受具。矢志参学,夙夜匪懈。"明道盛说、大成等校《天界觉浪盛禅全录》卷二十四《大法有内外护说》:"其三皈者,一皈依佛。即自皈本觉灵心。如天下人,先知有君父之当尊,则夙夜匪懈,以事一人,更无悖逆以自犯也。"

② 朞:底本残泐。揆所余字迹及语境,所泐当为"朞"。 朞岁:周岁,一年。宋赞宁等《宋高僧传》卷二十四《唐湖州法华寺大光传》:"大历癸丑岁,颜鲁公真卿领郡,相国李绅父为乌程宰。绅未朞岁,乳病暴作,而不啼不鉴者七辰。"明弘瀚汇编《无异元来禅师广录》卷三十三《奠寿昌和尚》:"旧春二月,觐师于寿昌,为师寿。甫阅朞岁,而忽讣至。"明文琇集《增集续传灯录》卷五《杭州净慈懒庵廷俊禅师》:"师疑之。执侍朞岁,终不契。"

③ 諙讹:混淆讹误。明袁中道《东游日记》:"所云二女者,乃天帝之二女,非尧二女也。諙讹久矣。"明智旭《灵峰蕅益大师宗论》卷八《寄奠新伊大法师文》:"方今法道諙讹,日甚一日,紫егmu乱朱,郑声乱雅,大似刻人粪为栴檀。"清道忞《奏对机缘》:"上复问:'老庄悟处与佛祖,为同为别?'师云:'正中大有諙讹。佛祖明心见性。老庄所说未免心外有法,所以古人判他为无因滥同外道。'"

④ 公案:本指官府案件文卷。唐诗人子兰《寄乾陵杨侍郎》诗:"步量野色成公案,点检樵声入奏闻。"宋苏轼《辨黄庆基弹劾札子》:"今来公案,见在户部,可以取索案验。"禅宗用以指前辈祖师的典范性的言行,以其颇可有助于参禅思惟,堪为后世遵循依凭,宛如官府案例,故有是称。元中峰明本《天目中峰和尚广录》卷十一上《山房夜话》上:"公案,乃喻乎公府之案牍也。法之所在,而王道之治乱实系焉。公者,乃圣贤一其辙、天下同其途之至理也。案者,乃记圣贤为理之正文也。凡有天下者,未尝无公府;有公府者,未尝无案牍。盖欲取以为法,而断天下之不正者也。公案行,则理法用;理法成,则天下正;天下正,则王道治矣。夫佛祖机缘目之曰公案,亦尔。盖非一人之臆见,乃会灵源、契妙旨、破生死、越情量,与三世十方百千万士同禀之至理也。且不可以义解,不可以言传,不可以文诠,不可以识度。如涂毒鼓闻者皆丧,如大火聚婴之则燎。故灵山谓之别传者,传此也;少林谓之直指者,指此也。"修行时讲求公案,倡始于唐,有宋大行。集公案之作,主要有《碧岩录》《从容录》《无门关》《正法眼藏》以及《景德传灯录》等。按,公案与话头有一定交涉。明云栖袾宏《云栖法汇》卷十五《正讹集》"公案"条:"公案者,公府之案牍,所以剖断是非。而诸祖问答机缘,亦只为剖断生死,故以名之。总其问答中紧要一句,则为话头;如'一归何处''因甚道无''念佛是谁'之类,是也。千七百则,乃至多种,皆悉如是。"

⑤ 辄:底本残泐。衡诸语境,或为"辄"字。

普无际禅师①印可,遂授被传法②。

自是,声誉大起,道风远振。驻锡天成上刹③,而四方衲子④请益问道者川至云集。禅师乃大张炉鞴⑤,亲握钳锤⑥;机锋⑦峻

---

① 东普无际禅师:即川东普州东林月幻无际明悟。东普,川东普州之略。观明真本说、机峻等编《古瓶山牧道者究心录》卷三《临济第二十二世川东普州道林无际悟禅师》,清悟净说、真理等编《介庵进禅师语录》卷十《临济第二十二世川东普州道林无际悟禅师》,可明。无际禅师化迹,见明通问编定、施沛汇集《续灯存稿》卷九《天界俊禅师法嗣·东普无际明悟禅师》、清性统编集《续灯正统》卷二十七《天界俊禅师法嗣·□□府东普道林无际明悟禅师》、清聂先编辑《续指月录》卷十《东普无际明悟禅师》、清超永编辑《五灯全书》卷五十八《天界俊禅师法嗣·东普道林无际明悟禅师》,清真在编、机云重续《径石滴乳集》卷一《径山下第六世·天界俊禅师法嗣·普州道林月幻无际明悟禅师》。
② 授被传法:明幻轮编《释氏稽古略续集》卷三:"楚山禅师,讳绍琦。姓雷。唐安人。九岁出家。初从玄极和尚。最后谒东普无际禅师得法。普曰:'还我无字意来!'师曰:'这僧问处偏多事,赵老何曾涉所思。信口一言都吐露,翻成特地使人疑。'普曰:'如何是不疑处?'曰:'青山绿水,燕语莺啼,历历分明,更疑何事。'普因付法。"
③ 天成上刹:今成都市石经寺。明元贤辑《继灯录》卷六有"成都府东山天成寺楚山绍琦禅师",可见寺在成都之东也。详见本书《楚山绍琦禅师年谱》。
④ 衲子:因禅宗僧侣多着衲衣而云游四方,故中土以"衲衣"或"衲僧"代指禅僧。需注意者,衲衣本为佛教中头陀行者所着,并不仅限于禅僧。宋黄庭坚《送密老住五峰》诗:"水边林下逢衲子,南北东西古道场。"宋道原《景德传灯录》卷十九《杭州龙兴宗靖禅师》:"汝向后住持有千僧,其中无一人衲子也。"
⑤ 炉鞴:原指给火炉鼓风的皮囊。多借指熔炉。此指打铁炉,乃当时四川民间常用的手工业器具。宋苏轼《和犹子迟赠孙志举》:"轩裳大炉鞴,陶冶一世人。"宋惟盖竺编《明觉禅师语录》卷一:"炉鞴之所,固无钝铁。良医之门,谁是病夫。"元吴莱《张氏大乐玄机赋论后题》:"乐工冶卒且深厌其炉鞴鼓铸之劳。"
⑥ 钳锤:铁钳和铁锤,皆为打铁时所必用的工具。元张宪《北庭宣元杰西番刀歌》:"七月七日授冶师,手作钳锤股为砺。"按,"大张炉鞴,亲握钳锤"者,指开门授徒,培育学人也。宋道原《景德传灯录》卷三十末,天童宏智疏:"掷芥投针,出炉鞴而放光,入钳锤而成器。"《建中靖国续灯录》卷二十一《庐山罗汉禅院系南禅师》:"天地为炉鞴,日月作钳锤。烹清风兮成佛成祖,炼白云兮有法有仪。圆光顶佩,万字胸题。阿呵呵!知不知?倒骑师子座,踌跳上须弥。"
⑦ 机锋:本谓机警锋利。一般指禅家用以教化学人、才思机敏者方可领悟应对之言句。宋苏轼《金山妙高台》诗:"机锋不可触,千偈如翻水。"明徐渭《翠乡梦》第二出:"俺禅家自有个哑谜相参、机锋对敌的妙法。"宋道原《景德传灯录》卷十二《虎溪庵主》:"僧到,抽坐具相看。师不顾。僧曰:'知道庵主有此机锋。'师鸣指一声。僧曰:'是何宗旨?'师便掴。僧曰:'知道今日落人便宜。'师曰:'犹要棒在。'"

捷,锻炼精严;是非邪正,毫发(冈)〔罔〕①失。蒙其开示者,俯首拜益;遭其呵斥者,褫魄②敓气③。众咸谓临济④、德山⑤、圜悟⑥、大慧⑦辈更生,亦弗多让也。

① 罔:底本作"冈"。揆诸文义,此处之"冈",乃"罔"之讹。
② 褫魄:丧魂失魄。东汉张衡《东京赋》:"罔然若酲,朝罢夕倦,夺气褫魄之为者也。"薛综注:"惘然如神夺其精气,又若魂魄亡离其身。"宋叶适《郑景元墓志铭》:"其论议愤发,笔宽墨余,佞者褫魄,贵者敓色。"宋思坦集注《楞严经集注》卷十:"张平子《东京赋》云:'夺气褫魄。'注曰:'褫,惊也。谓夺移神气,惊散魂魄。'"明德清阅《紫柏尊者全集》卷一《紫柏大师像赞》:"法界网裂,其维不张。适生大师,力振其纲。……寂灭性空,轰霹雳舌。奔雷卷电,触者褫魄。"
③ 敓气:即"夺气"。谓丧失勇气,挫伤锐气。《孙子·军争》:"故三军可夺气,将军可夺心。"《梁书·曹景宗传》:"景宗等器甲精新,军仪甚盛,魏人望之夺气。"
④ 临济:唐临济义玄禅师(?~867)。临济宗之祖。曹州南华(今属山东)人,俗姓邢。嗣黄檗希运。后至河北镇州,住临济院。弘法风格峭峻,接引学人时每用叱喝,故人称"临济喝",与"德山棒"并称。
⑤ 德山:唐德山宣鉴禅师(782~865)。青原系第五世。剑南(今四川)人,俗姓周。因常讲《金刚般若经》,时人美称为"周金刚"。修行严格,禅风峻烈,常以棒打为教,被誉为"德山棒"。与沩山、洞山和临济之道风相对峙。
⑥ 圜悟:宋圜悟克勤禅师(1063~1135)。四川崇宁人,俗姓骆,字无著。蒙五祖山法演印证。宋高宗赐号"圜悟",故世称"圜悟克勤"。晚归成都府昭觉寺。于夹山之碧岩,著《碧岩集》,世称禅门第一书。
⑦ 大慧:宋临济宗杨岐派大慧宗杲禅师(1089~1163)。宣州宁国(今属安徽)人,俗姓奚。参圜悟克勤而悟,并嗣其法。在被流放衡阳期间,辑《正法眼藏》六卷。弘法时,致力鼓吹公案,人称其禅法为"看话禅",与宏智正觉之"默照禅"相辉映。按,宗杲、圜悟,亦每每并称。《无准师范禅师语录》卷四《普说》:"夫盖普说,须是法性宽,波澜阔。还佗前辈大珠、南阳、德山、临济、岩头、罗山,后来圜悟、大慧、应庵。近来亦少。虽然,云月是同,溪山各异。大底有大底生涯,小底有小底活计。然又千说万说,究竟只是说底,此事又不在说处。"

未几，(洼)〔往〕①游楚吴两浙②，还住皖山③、投子④二大道场。其葳法⑤弘教犹在天成时。是以挥麈间论说偈颂，横出逆施⑥，靡不成章。

其弟子祖瀹辈谨录而记之，为卷若干，将寿梓⑦以传，谓予序之。予于禅师为方外交，故不能辞。

窃惟佛氏之教，亦以善导人者。自达么⑧西来，有直指单传

---

① 往：底本作"洼"，"徃（往）"之讹。徃，"往"之俗体。《尉缭子·治本》："徃世不可及，来世不可待。"
② 两浙：浙东和浙西的合称。明黎眉等编《教外别传》卷九《慈氏瑞仙禅师》："后至投子广鉴。问：'乡里甚处？'师曰：'两浙东越。'鉴曰：'东越事作么生？'师曰：'秦望峰高，鉴湖水阔。'"
③ 皖山："皖公山"之省称。或称"皖公""潜山"和"天柱山"。在今安徽潜山市西北。汉武帝时，尝封为南岳。李白《江山望皖公山》诗："奇峰出奇云，秀木含秀气。清宴皖公山，巉绝称人意。"山上有三祖寺、马祖庵等。宋才良等编《法演禅师语录》卷上："此个物，上拄天，下拄地。皖水作口，皖山作鼻。太平退身三步，放你诸人出气。"元中峰明本《天目中峰广录》卷二十七《扣皖山隐者》："野人原上十五里，寒崖白日啼山鬼。万峰重迭路回旋，半间箬屋青松底。"
④ 投子：即投子山。在今安徽西南部、皖河上游。此地属古皖国封地，唐武德四年（621）置舒州，治今安庆市。山上有投子寺。唐投子大同（819～914）、宋义青（1032～1083）等皆尝居此山弘扬禅风。
⑤ 葳法：弘法。葳，完成，解决。《方言》卷十三："葳，备也。"又："葳，解也。"郭璞注："葳训敕，复训解，错用其义。"《左传·文公十七年》："十四年七月，寡君又朝，以葳陈事。"《新唐书·忠义传下·蔡廷玉》："廷玉遂葳朝事。"
⑥ 横出逆施：谓悖理行事，做事不遵守常道。犹如"倒行逆施"。元中峰明本《天目中峰广录》卷十九《东语西话续集上》："佛称三界大医王，纯以无上神药，治法身之病。其对证投机之顷，顺用逆施，迎刃而解。世云神圣工巧，殆不可同日语也。"
⑦ 寿梓：犹付梓、锓梓、镂梓或绣梓等。唐道宣《中天竺舍卫国祇洹寺图经》卷首，比丘宗觉《祇洹图经序》："经坊之中，《祇洹图经》旧本全者有焉。京兆书堂未有此经。以命剞劂氏，寿梓布遐迩。请安一语于卷首。"明广承辑录、智旭会补《毗尼珍敬录》卷下海眼槃谭《珍敬录跋》："呜呼！此录甫成，师随化去。久尘箧中，未能寿梓，皆因檀波未集、较雠未遑故也。"
⑧ 达么：即"达磨"，又作"达摩"，禅宗祖师菩提达磨也。宋李遵勖《天圣广灯录》卷十五《汝州风穴山延昭禅师》："法王心印，达么将来。五祖付与曹溪，自后不传衣钵。未审和尚得自何人？"明明河《补续高僧传》卷七《法华举禅师》："释迦不出世，达么不西来，佛法遍天下，谈玄口不开。至哉斯言！达古今一贯也。"

之妙，第①人得之者颇鲜。苟不宣之以言说、示之以文字，则理之不可见、法之不可名者，益不可见、不可名矣。人将谓佛氏之学诚为空寂②而涉诸妄诞也。所以一大藏③经诠，岂获至易言哉！

今楚山禅师领佛祖重任，当命脉如线之际，虽欲无言，自不容以无言也。言而足以见其不可见、名其不可名者，虽言，何害其不言者哉？虽然，言之觊缕④，昔人有葛藤⑤之诮。是录也，果葛藤邪，非葛藤邪？苟以为非葛藤，则道外无言；以为葛藤，

---

① 第：副词，表示转折，意为"只是""但"。宋胡仔《苕溪渔隐丛话前集·杜少陵三》："作诗自有稳当字，第思之不到耳。"
② 空寂：万法无生无灭，了无自性。是乃诸法本质和实相也。《别译杂阿含经》卷八第一五一经："若有比丘深修禅定，观彼大地悉皆虚伪，都不见有真实地想，水火风种及四无色；此世、他世、日月星辰、识知见闻、推求觉观、心意境界，及以于彼智不及处，亦复如是，皆悉虚伪，无有实法，但以假号，因缘和合，有种种名。观斯空寂，不见有法，及以非法。"《增壹阿含经》卷二十八《听法品》之五："一切诸法皆悉空寂，无造、无作。"《大佛顶如来密因修证了义诸菩萨万行首楞严经》卷五："我旷劫来心得无碍，自忆受生如恒河沙。初在母胎即知空寂，如是乃至十方成空。亦令众生证得空性，蒙如来发性觉真空。空性圆明得阿罗汉，顿入如来宝明空海。同佛知见印成无学，解脱性空我为无上。"
③ 一大藏：佛教三藏。唐般若译《大方广佛华严经》卷四十《入不思议解脱境界普贤行愿品》："如来一大藏经板，实非小缘，岂道安绵力之所堪任？"唐澄观述《大方广佛华严经随疏演义钞》卷一："一大藏经文并摄于七字之内，是谓馨诸佛之智海、竭性相之洪源，故云广大悉备矣。"
④ 觊缕：详述。唐智昇《开元释教录》卷七《总括群经录上之七》："日严寺沙门彦琮，觊缕缉维，考校同异。"
⑤ 葛藤：即葛蕈。本指葛的藤蔓。佛教界多指语言啰唆繁冗、纠缠不清。法救撰、吴维祇难等译《法句经》卷二《爱欲品》："一切意流衍，爱结如葛藤。唯慧分别见，能断意根原。"唐慧然集《镇州临济慧照禅师语录》："不见释尊云：'法离文字，不属因、不在缘故。'为尔信不及，所以今日葛藤，恐滞常侍与诸官员昧他佛性，不如且退。"

则言外无道。览者具眼①，必有定见②。

谨叙。

---

① 具眼：具慧眼。此指能明了佛法。《别译杂阿含经》卷五第一〇二经："云何名为度？能度瀑駃流。究竟于无边，调伏得极净。世间悉生死，解知一切界。为于具眼者，宣明如此道。"宋道原《景德传灯录》卷十四《邓州丹霞山天然禅师》："师问僧：'什么处宿？'云：'山下宿。'师曰：'什么处吃饭？'曰：'山下吃饭。'师曰：'将饭与阇梨吃底人，还具眼也无？'僧无对。"

② 定见：准确的见解。宋守坚集《云门匡真禅师广录》卷下《遗诫》："吾自居灵树，及徙当山，凡三十余载。每以祖道，寅夕激励。汝等或有言句，布在耳目，具眼者知，切须保任。"《大慧普觉禅师语录》卷六："上堂。'今朝十月旦，为君重衍算。两个五百文，元来是一贯。顶门具眼人，记取这公案。'"

成化七年辛卯①冬十月既望②，乡贡进士③、蔗庵④徐谪山甫⑤书。

---

① 成化七年辛卯：干支辛卯，公元1471年。成化，明宪宗朱见深年号。
② 既望：按，周历以每月十五、十六日至廿二、廿三日为既望。王国维《观堂集林·生霸死霸考》："既望，谓十五六日以后至二十二三日。"后则以农历每月十五为"望"，十六为"既望"。《宋高僧传》卷一《唐洛阳广福寺金刚智传》："二十年壬申八月既望，于洛阳广福寺命门人曰：'白月圆时，吾当去矣。'遂礼毗卢遮那佛，旋绕七匝。退归本院，焚香发愿，顶戴梵夹并新译教法，付嘱讫，寂然而化。"
③ 乡贡进士：乡试中式者，即举人。宋陈舜俞《庐山记》卷五《东林寺经藏碑铭（并序）》："朝请郎试太常寺协律郎李肇撰。元和七年岁次壬辰九月丙辰朔十五日庚午建。大中十三年七月八日，乡贡进士冯撰再书并篆额。"清叶昌炽纂《寒山寺志》卷二《明唐寅姑苏寒山寺化钟疏》："偈曰：姑苏城外古禅房，拟铸铜钟告四方。试看脱胎成器后，一声敲下满天霜。乡贡进士唐寅书。"清至善说、德林记《万峰童真禅师语录》卷一："只这文林公赞尧老居士，本贯西蜀渝州人。以乡贡进士，于吴于晋作从官。"明清时，称"乡进士"。清侯方域《吴伯裔伯胤传》："胤早举明经，为乡进士。"
④ 蔗庵：徐山甫之号。按，以"蔗庵"为名作号者，古来较多。南宋辛弃疾有《千年调（蔗庵小阁名曰卮言，作此词以嘲之）》词，元陈樵有《蔗庵赋》，清初孙旸有《蔗庵集》。明初临济宗僧无愠（1309~1386）《蔗庵号》诗云："绕屋不栽松，绕屋不栽竹，绕屋惟栽甘蔗苗。释迦远裔凭兹续，僧来扣门无可道。"清净范禅师亦号曰"蔗庵"，人称"蔗庵和尚"，且有《蔗庵范禅师语录》九卷。徐氏于佛学有一定修为，号"蔗庵"，不亦宜乎？
⑤ 徐谪山甫：即徐山甫。蜀人。有文名。尝优游江南等地。明长洲（今苏州）王锜《寓圃杂记》卷一"诗才敏捷"条："郡人张淮，字豫源，工于诗，才甚敏捷。春日，赏牡丹于富家，为人所激，席间一韵作诗百首，人多传之。有蜀人徐山甫者，以诗自夸，寓郡之宝积寺，坐必据中席，每呼高、杨诸公之名而贬其作。吴中诗人为之不平，因呼豫源偕往。豫源素不修饰，以微服居末坐，若无能者。客曰：'愿先生赐教。'徐即诵数篇，皆平时得意之作，豫源默和其韵。徐乃诵毕，豫源和诗以示。徐见其太速，诗文出己上，大有赧色，夜半遁去。豫源家贫嗜酒，年三十五客死顾山周氏，稿多散落不存。"明庄㫤《定山集》卷四《寄蜀中徐山甫》诗："秋江一去渺难寻，白发渔舟坐满簪。天下鹓鸾浑此世，山中龙马老何心。圣贤自古嗟谁过，此老而今见亦深。江北鄙夫真可笑，也凭尧舜学山林。"

序

[明] 罗通①

佛祖离文字之学，谓之教外别传②，其旨微矣。得其旨，则十二部③之文皆筌蹄④耳，况世之徒弄笔⑤舌而道无益之言乎？婆

---

① 此序名和作者署名，底本并无，由整理者添加。
② 教外别传：禅宗自以为本宗乃以心传心，不由经典教授，故有是称。唐慧然集《镇州临济慧照禅师语录》卷末，嗣法小师慧沼撰《行录》："师讳义玄，曹州南华人也。俗姓邢氏。幼而颖异，长以孝闻。及落发受具，居于讲肆，精究毗尼，博赜经论。俄而叹曰：'此济世之医方也，非教外别传之旨。'"宋道原《景德传灯录》卷十八《福州鼓山神晏国师》："问：'如何是教外别传底事？'师曰：'吃茶去。'"明黎眉等编有《教外别传》十六卷。教，言教，谓以语言文字阐释的佛法。
③ 十二部：即十二部经。佛陀所说法，一般以叙述形式和内容为标准，区分为十二类，故称。或称"十二分教""十二分经""十二分圣教"等。包括：契经、应颂、记别、讽颂、自说、因缘、譬喻、本事、本生、方广、希法和论议。
④ 筌蹄：比喻达到目的之手段或工具。筌，用竹子制作的捕鱼工具。蹄，捕兔网。唐道宣《续高僧传》卷二十四《唐终南山龙田寺释法琳传》："是以天上天下，独称调御之尊；三千大千，咸仰慈悲之泽。然而理深趣远，假筌蹄而后悟；教门善巧，凭师友而方通。统其教也，则八万四千之藏、二谛十地之文、海殿龙宫之旨、古谍今书之量，莫不流甘露于万叶，垂至道于百王；近则安国利民，远则超凡证圣。"
⑤ 笔：底本作"荜"。

伽婆①以正法眼藏②、涅槃③妙心付与饮光胜尊④，广其传至菩提

---

① 婆伽婆：bhagavat 之音译。或译"薄伽梵""婆伽梵""薄阿梵"等。意译"有德""有大功德"和"世尊"等。实即诸佛通号之一。
② 正法眼藏：禅宗认为，自己所传承的才是真正的佛法，即"正法眼藏"。唐慧然集《镇州临济慧照禅师语录》："师临迁化时，据坐云：'吾灭后，不得灭却吾正法眼藏。'三圣出云：'争敢灭却和尚正法眼藏？'师云：'已后有人问尔，向他道什么？'三圣便喝。师云：'谁知吾正法眼藏向这瞎驴边灭却。'言讫，端然示寂。"
③ 涅槃：nirvāṇa 之音译，又译"泥亘""泥恒"等。意译"灭""灭度""寂灭"和"圆寂"等。其实，这是佛教沿袭婆罗门教的一个术语。不过，佛教用以指修行所要达到的最高目标，即明了生死，跳出生死轮回。《魏书·释老志》："涅槃，译云灭度，或言常乐我净。明无迁谢及诸苦累也。"东晋僧肇《涅槃无名论》："涅槃之道，盖是三乘之所归，方等之渊府。"
④ 饮光胜尊：就是迦叶。唐玄应《一切经音义》卷二十四，玄奘译《阿毗达磨俱舍论》卷二十三"音义"："饮光部，梵言迦叶波。迦叶，此云光；波，此云饮。今依此闲语，名饮光。饮光有二义：一、迦叶波，是上古仙人。此仙人身有光明，能饮余光，令不复现。此罗汉是彼种故，因以名焉。二、此人身作金色，常有光明，以阎浮檀金为人，并此阿罗汉汉身光饮金人，光不复现，故名饮光也。"宋道原《景德传灯录》卷一："第一祖摩诃迦叶，摩竭陀国人也。姓婆罗门。父饮泽，母香志。昔为锻金师，善明金性，使其柔伏。《付法传》云：尝于久远劫中，毗婆尸佛入涅槃后，四众起塔。塔中像面上，金色，有少缺坏。时有贫女将金珠往金师所，请饰佛面；既而因共发愿：愿我二人为无姻夫妻。由是因缘九十一劫，身皆金色。后生梵天。天寿尽，生中天摩竭陀国婆罗门家，名曰迦叶波，此云饮光胜尊。盖以金色为号也。"

多罗①，二十八传②西来东震③，向少林面壁冷坐。首传神光④，以灵灵不昧、了了常知⑤之语，直指心体而无遗。三传大鉴⑥，五﹙傅﹚〔传〕⑦慧照⑧，其道盛行，递代相承而枝分派衍。同一法印，本难以文字显﹙注﹚〔诠〕⑨之；非文字，则不能显﹙注﹚

---

① 菩提多罗：菩提达磨之本名。宋道原《景德传灯录》卷三："第二十八祖菩提达磨者，南天竺国香至王第三子也。姓刹帝利。本名菩提多罗。后遇二十七祖般若多罗，至本国受王供养。知师密迹，因试令与二兄辨所施宝珠，发明心要。既而，尊者谓曰：'汝于诸法已得通量。夫达磨者，通大之义也。宜名达磨。'因改号菩提达磨。"
② 二十八传：禅宗追溯其传承，以迦叶或摩诃迦叶为初祖，阿难为第二祖，一直到第二十七祖般若多罗，皆是印度禅脉。印度第二十八祖、中土初祖，则为菩提达磨。
③ 东震：东震旦之略。震，谓震旦。古印度称我国震旦。我们在东方，故称。唐宗密《圆觉经略疏钞》卷四："又作是念：东震旦国，佛灭后五百岁，般若智灯运光于彼遂嘱弟子〔般〕若蜜多罗住天竺传法不绝，自身遂来汉国也。"高丽一然《三国遗事》卷三："华月夷风尚隔烟，鹿园鹤树二千年。流传海外真堪贺，东震西乾共一天。"宋赞宁《大宋僧史略》"佛降生年代"条："况佛在西域说经，罗汉居竺乾造论，必不指东震之月。"
④ 神光：中土禅宗二祖慧可之原名。宋道原《景德传灯录》卷三："第二十九祖慧可大师者，武牢人也。姓姬氏。父寂未有子时，尝自念言：'我家崇善，岂无令子！'祷之既久，一夕感异光照室，其母因而怀妊。及长，遂以照室之瑞，名之曰光。自幼，志气不群，博涉诗书，尤精玄理，而不事家产，好游山水。后览佛书，超然自得，即抵洛阳龙门香山，依宝静禅师出家。受具于永穆寺，浮游讲肆，遍学大小乘义。年三十二，却返香山，终日宴坐。又经八载，于寂默中倏见一神人，谓曰：'将欲受果，何滞此耶？大道匪遥，汝其南矣！'光知神助，因改名神光。"
⑤ 灵灵不昧、了了常知：禅宗指心性。宋道原《景德传灯录》卷十三《曹溪别出第五世·前遂州道圆禅师法嗣·终南山圭峰宗密禅师》："若能悟此性即是法身，本自无生，何有依托？灵灵不昧，了了常知。无所从来，亦无所去。"宋子璿《金刚经纂要刊定记》卷一："然此一心，有性有相：相则凡圣迷悟，因果染净等异；性则灵灵不昧，了了常知。此性此相，不即不离。"
⑥ 大鉴：即慧能（638~713）。唐宪宗元和十年（815），赐慧能谥号"大鉴禅师"。宋道原《景德传灯录》卷四《第三十三祖慧能大师》："宪宗谥大鉴禅师。塔曰元和灵照。"
⑦ 传：底本作"傅"。傅，形近傳（传）。
⑧ 慧照：即镇州临济义玄禅师。按，六祖惠能传南岳怀让，怀让传马祖道一，道一传百丈怀海，怀海传黄檗希运，希运传临济义玄，此正好五传。
⑨ 显诠：明确解释。唐慧苑述《续华严经略疏刊定记》卷十五《入法界品第三十九》："当知此是诸佛密语，显诠声闻法，密诠菩萨法。"明一松说、灵述记《楞严经秘录》卷七："但经文是显，显诠也是藏性；咒文是密，密诠也是藏性：显密虽殊，藏性是一。则知显无所显，全以密为显；密无所密，全以显为密耳。" 诠，底本作"注"，乃"诠"之讹。

〔诠〕乎心性①也。语言不载乎空道,则虚语②矣;文字不贯乎心性,则虚文③矣;虚语虚文,又不足传于世也。然而空也,道也;心也,性也;源也,体也:名虽殊,而理则一也。若夫空,空者道,道者心,心者性,性者源,源者体;体者,佛氏所谓不生不灭、教外别传、亘古而独存者,此也。世之学佛者,苟能空履④实践,则必知乎佛氏;且秘如雷电,鬼神之不可知;盖亦欲示言外传心之机,使人溯流波而达渊源耳。自非方寸间一埃不染、万境俱空,其何以臻此哉!

楚山尝游天下名山古刹,今归于蜀,尚康强无恙。其弟子既

---

① 心性:原指性情、性格。晋葛洪《抱朴子·交际》:"今先生所交必清澄其行业,所厚必沙汰其心性。"中国古典哲学范畴中,谓"心"和"性",如孟子有"尽心知性"说。佛教传入中国之后,多个派别亦谈心性。至于禅宗,主张心即是性,性即是心,心即是佛;倡导明心即见性,即顿悟成佛。唐裴休集《黄檗断际禅师宛陵录》:"达摩来此土,至梁魏二国,只有可大师一人,密信自心,言下便会。即心是佛,身心俱无,是名大道。大道本来平等,所以深信含生同一真性,心性不异,即性即心,心不异性,名之为祖。所以云,认得心性时,可说不思议。"这种心性,就是如来藏心、自性清净心——如来藏,也就是法身。后世儒家之中,宋程颐、朱熹等以为心性有别:性即天理;"心者,人之神明,所以具众理而应万事者也"(朱熹《孟子集注·尽心》)。陆九渊谓,"人皆有是心,心皆具是理,心即理也"(《与李宰书》),故而"心""性"并无不同。缘于是,人亦称宋明理学为"心性之学"。
② 虚语:空话。《列子·周穆王》:"古之真人,其觉自忘,其寝不梦,几虚语哉。"明如惺《大明高僧传》卷八《临安府净慈寺沙门释彦充传》:"临济道:'黄檗佛法无多子。'岂虚语哉!"
③ 虚文:空洞的文字。《汉书·谷永传》:"书陈于前,陛下委弃不纳,而更使方正对策,背可惧之大异,问不急之常论,废承天之至言,角无用之虚文。"唐白居易《才识兼茂明于体用科策一道》:"舍斥己之至言,进无用之虚文。"明智旭《灵峰蕅益大师宗论》卷八《祭颛愚大师爪发衣钵塔文》:"尚质朴,诎虚文,不肯苟合时宜。"
④ 空履:本指破旧的鞋。南齐王融《三月三日曲水诗序》:"褰帷斯嶷,危冠空履之吏;影摇武猛,扛鼎揭旗之士。勤恤民隐,纠逖王慝。"张铣注:"空履,敝履也。"此谓亲自履行。

集其所著以为语录，而其同邑应天府①判兰永馨②乃遣人持以谒予，求为序。予尝为楚山记天成寺修造之事，而知楚山为颇悉；至于此编，未识其旨。故积岁既久，犹未为之执笔。兹以其徒谒请频勤，故不得已序之。若夫楚山之行实③梗概，则附见予所撰寺记云。

成化三年岁次丁亥④冬十一月既望，赐进士、资政大夫⑤、太子少保⑥兼都察院右都御史⑦致仕⑧

---

① 应天府：不同朝代，所指不一。宋代为宋州，即南京；金朝改称归德府：故治，在今河南商丘市（古称睢阳）南。明则为今之南京。
② 兰永馨：事迹不详。俟考。
③ 行实：生平事迹，即行状。唐黄滔《华严寺开山始祖碑铭》："十一年，其徒从绍疏师行实于阙，升其院为华严寺。"明居顶辑《续传灯录》卷三《潭州石霜楚圆慈明禅师》："后年正月五日示寂，寿五十四，腊三十二。铭信实于兴化。塔全身于石霜。"
④ 成化三年岁次丁亥：干支丁亥，公元1467年。
⑤ 资政大夫：金朝始置。文散官名，正三品中。至元代，升为正二品。明朝，正二品升授之阶。清乾隆间官修《历代职官表》卷六十八："（明）正二品：初授资善大夫，升授资政大夫，加授资德大夫。"
⑥ 太子少保：太子老师之一。汉朝置太子太傅，与太子少傅皆为辅导太子之官职。至晋朝，增置至东宫六傅，即太子太师、太子太保、太子太傅、太子少傅、太子少师和太子少保；其中的太子太师、太子太保和太子太傅称为"太子三太"，太子少傅、太子少师和太子少保为"太子三少"。隋唐以后，仅作为加官、赠官的虚衔而已，不再承担原有职务。
⑦ 都察院右都御史：都察院为明朝国家监察机关，掌监察内外百官，并与刑部、大理寺共同审理重大案件。其长官为左右都御史，正二品。
⑧ 致仕：辞去官职。《公羊传·宣公元年》："退而致仕。"何休注："致仕，还禄位于君。"《北史·韦孝宽传》："孝宽每以年迫致车，屡请致仕。"唐白居易《不致仕》诗："七十而致仕，礼法有明文。"此当为致仕官的简称，即因年老或身体原因而辞去职务的官员。《通典》卷三十三《职官十五》"致仕官"条："大唐令。诸执事官七十听致仕……其五品以上籍年虽少、形容衰老者，亦听致仕。开元五年十月，敕致仕官三品以上，并听朝朔望。"宋张世南《游宦纪闻》卷八："荥阳吕公尝言：京洛致仕官与人相接，皆以闲居野服为礼。"明祝允明《野记·洪武己未冬诏》："致仕官居乡……筵宴则设别席，不得坐无官者之下。如致仕官胥会，则叙爵，爵同则叙齿。"按，此谓罗通是以"资政大夫、太子少保兼都察院右都御史"的身份而致仕的。撰写斯序时，罗通年已77岁，故而当是70岁时致仕。依照惯例，作为致仕官，无论在朝在野，都还是有一定地位的，非普通百姓所能比拟。

又奉诏恩①进阶②荣禄大夫③、吉水④罗通⑤序。

---

① 诏恩：天子赐予的恩惠。《汉书·冯野王传》："夫三最予告，令也；病满三月赐告，诏恩也。令告则得，诏恩则不得，失轻重之差。"唐玄奘《请御制〈大般若经序〉表》："但玄奘年垂七十，劳疹屡婴，恐先朝露，无酬天造，是以力此衰弊，光烛缠宵，祗奉诏恩，夙夜翻译。以显庆五年正月一日起首，译《大般若经》，至今龙朔三年十月廿三日绝笔，合成六百卷。"宋曾巩《待制王尧臣知单州制》："虽付之刺督，考验甚明，而既更诏恩，法当贷尔。"
② 进阶：晋升官阶。晋潘岳《闲居赋》序："自弱冠涉乎知命之年，八徙官而一进阶，再免，一除名，一不拜职，迁者三而已矣。"韩愈《平淮西碑》："丞相度朝京师，道封晋国公，进阶金紫光禄大夫。"明明河《补续高僧传》卷十五《日本德始传》："永乐初，独庵簶左善世正衣冠，进阶太子少师。"
③ 荣禄大夫：明朝文散官名。从一品初授之阶。此官，金朝始置，从二品下；元朝升为从一品，清朝同。按，明朝有"特进荣禄大夫"，文散官，正一品，初授特进荣禄大夫，升授特进光禄大夫。"奉诏恩进阶荣禄大夫"者，由天子恩擢之荣禄大夫，当等于初授特进荣禄大夫。清官修《历代职官表》卷六十八："正一品：初授特进荣禄大夫，升授特进光禄大夫。"
④ 吉水：三国吴时，始置吉阳县。南唐时，因境内有吉水，置吉水县。辖境相当于今江西吉安市吉水县。
⑤ 罗通：字学古。生于明洪武二十三年（1390）。永乐十年（1412）进士。正统十四年（1449）镇守居庸关时，击败瓦剌，因此而得授右都御史加太子太保。卒于成化六年（1470）。事见《明史》卷一百六十《列传第四十八·罗通》。

序

[明] 释真源大心①

[□□□□]② 文字之表，皆足以发挥别传③之道，岂世之道无益之文词④者所可比乎！使见之者不必用力钻研而心悟理融，向之疑者靡然信从矣。文词虽穷于咳唾⑤，而胸中实不留乎文字脚也。

---

① 此序名和作者署名，底本并无，由整理者添加。
② 疑此前有脱文。前面的徐山甫序，版心刻叶码一至七；罗通序，镌一至四。此序则仅三叶，各叶版心分别雕五、六、七。显然，前面尚有一至四叶也。惜今无存，甚为遗憾。
③ 别传：中国古代文献的史部之中，在杂史之下有一类曰别传，多记某人的遗闻逸事，借以补本传之不足。唐刘知几《史通·杂述》："贤士贞女，类聚区分，虽百行殊涂，而同归于善；则有取其所好，各为之录：若刘向《列女》、梁鸿《逸民》、赵采《忠臣》、徐广《孝子》。此之谓别传者也。"然此之"别传"，乃"教外别传"之略，指禅宗对自己宗派传承的说法，即非以语言文字而相传授。详本书罗通《序》之"教外别传"注。
④ 无益之文词：中土对于形诸文字之文物文献，有两种截然相反的观点，一者奉之极高，一者抑之极低。谓文词无益者，即后者也。明胡世宁《胡端敏奏议》卷八《敷扬圣制疏》："自古奸臣欺上，为术百端。……君好学也，乃引之多作无益之文词，使不得专心于正学。"
⑤ 咳唾：咳嗽，吐唾液。《百喻经·踏长者口喻》："长者正欲咳唾，时此愚人即便举脚踏长者。"转指语言文字。宋悟明集《联灯会要》卷四《洪州百丈怀海禅师》："百丈老人独坐大雄峰，咳唾生风。寰宇之中，谁敢觑着？被侍者捏着脚跟，直得两手分付。虽然如此，养子方知父慈。"宋绍隆等编《圆悟佛果禅师语录》卷首，张浚《圆悟佛果禅师语录序》："今乃欲襃集其平昔咳唾之音，铺陈而揄扬之。师其闻而有不释然者乎？"

门人集而为录，裒①成十卷，欲绣梓②以永其传。师拒之曰："噫！斯言乌足以传世！"事遂寝。既而③，师顺寂④。

明年，锦城⑤善士梁克宽、张时茂辈谓愚曰："吾师为一代丛林宗匠，名传海宇⑥，道重当时。而其正法眼藏为世刮目金鎞⑦，

---

① 裒：聚集。《诗·小雅·常棣》："原隰裒矣，兄弟求矣。"毛传："裒，聚也。"引申搜集。《续资治通鉴·宋哲宗元符三年》："尽裒所编类文书，纳之禁中。"
② 绣梓：刻版雕印。绣，赞誉刻版精美，宛如刺绣。梓，用木雕刻版，梓木为上。元史弼《景行录》："予寸怀如春风，愿与天下共，故绣梓以广其传。"明如巹集《禅宗正脉》卷首《禅宗正脉引》："或者又曰：简集弗传，与无集等。亟命同服兴圣德海缮写成帙，募彼悉檀，捐金绣梓，用广其传云尔。"
③ 既而：不久。时间副词。《左传·僖公十五年》："晋侯许赂中大夫，既而皆背之。"南朝宋鲍照《舞鹤赋》："既而氛昏夜歇，景物澄廓，星翻汉回，晓月将落。"明如惺《大明高僧传》卷二《五台山普宁寺沙门释了性传》："既而，周游关陕河洛襄汉，访诸耆德，从而学焉。"
④ 顺寂：顺化圆寂，即寂灭。晋人撰《东林十八高贤传·慧远法师》："师以世情难割，乃制七日展哀。至期，始顺寂。即义熙十二年八月六日也。"隋江总《摄山栖霞寺碑》："禅师自识终期，欣瞻瑞应，以建武四年于此寺顺寂。"元壹咸编《禅林备用清规》卷九："本寺住持长老，于今年某月某日，因病顺寂。遂于几日，依法荼毗。"
⑤ 锦城："锦官城"之略，或省称"锦官"，即成都。古成都分大城、少城，其中少城曾为掌织锦官员的官署，称"锦官城"。后遂以"锦官城"用作整个成都的别称。晋常璩《华阳国志·蜀志》："其道西城，故锦官也。"北周庾信《奉和赵王途中五韵》："锦城遥可望，回鞍念此时。"《初学记》卷二十七引晋任豫《益州记》："锦城在益州南笮桥东流江南岸，蜀时故锦官也。"清福慧说、宗宏录，宗上、宗坚全编《嵩山野竹禅师录》卷十《寿岩若陈太守》："白榆昨夜支支开，散入锦城大府来。尽道梁州贤太守，千春治此字婴孩。"
⑥ 海宇：即海内、宇内，指国境以内。《梁书·武帝纪上》："浃海宇以驰风，罄轮裳而禀朔。"明居顶辑《续传灯录》卷三十三《大沩果禅师法嗣·常州宜兴保安复庵可封禅师》："天宽地大，风清月白，此是海宇清平底时节。"
⑦ 金鎞：古代治眼病的器械。形如箭头，用以刮眼膜，以使盲者复明。或作"金钗""金箆"。明明河《补续高僧传》卷十《世奇首座传》："世奇首座，成都人也。……此非细事也。如金鎞刮膜，脱有差，则破睛矣。愿生生居学地，而自煅炼佛眼。"

岂可使之泯没不传乎！"由是施无畏三昧①之力，同游于法性海中，推转大法轮藏，使正法眼照耀古今，用垂不朽。

源忝嗣门下，敢悖师之诚，从克宽等请。管蠡之见直述其梗概，以赘于篇末。虽然，师之密行②圆见三昧③，非笔舌所能尽也。俟乎具空古今绝识④之见者，为之重拈出云。

时成化十年⑤岁舍甲午夏四月佛诞日，隐长松指⑥柏亭、嗣法门徒真源大心沐手⑦谨书于梁氏颐善堂。

---

① 三昧：梵语 samādhi 之音译，或译"三摩地"等。意译为"正定"。《大智度论》卷七《序品》："诸菩萨禅定心调，清净智慧方便力故，能生种种诸三昧。何等为三昧？善心一处住不动，是名三昧。"晋庐山释慧远《念佛三昧诗集序》："夫称三昧者何？专思寂想之谓也。思专则志一不分，想寂则气虚神朗，气虚则智恬其照，神朗则无幽不彻。斯二者乃是自然之玄符，会一而致用也。"是谓屏除杂心，心不散乱，专注一境。无畏三昧：三昧之一种。《大智度论》卷九十七《萨陀波仑品》："'无畏三昧'者，得是三昧者，不畏一切魔民、外道、论师及诸烦恼。"
② 密行：不外显而蕴积于内的修行。小乘则指持戒严密。北宋张商英《护法论》："僧者，佛祖所自出也。有苦行者，有密行者。各人有三昧，随分守常德，孜孜于戒律，念念在定慧。能舍人之所难舍，能行人之所不能行。外富贵若浮云，视色声如谷响。求道则期大悟而后已，惠物则念众生而不忘。"佛陀弟子之中，罗睺罗（Rāhula）为"密行第一"。《妙法莲华经》卷四《授学无学人记品》："我为太子时，罗睺为长子。我今成佛道，受法为法子。于未来世中，见无量亿佛，皆为其长子，一心求佛道。罗睺罗密行，唯我能知之。现为我长子，以示诸众生。"宋法云编《翻译名义集》卷一《十大弟子》："舍利弗智慧。目犍连神通。大迦叶头陀。阿那律天眼。须菩提解空。富楼那说法。迦旃延论义。优波离持律。罗睺罗密行。阿难陀多闻。"
③ 圆见三昧：圆满、完美地显现于三昧之中。
④ 绝识：卓绝见识。宋叶适《上孝宗皇帝札子》："以陛下之圣、之武、之勤、之明，博学远览，绝识独睿，汉之宣帝、光武，唐之太宗皆不及也。"明李东阳《〈桃溪杂稿〉序》："先生蚤负绝识，虽古人诗鲜或意满，而自视亦严甚。"宋绍隆等编《圆悟佛果禅师语录》卷十五《示杰禅人》："虽则平常，而滴水滴冻，卓然绝识，成个无为无事无心事业。"
⑤ 成化十年：干支甲午，公元1474年。
⑥ 指：底本作"拾"。乃"指"之讹也，并非古文。
⑦ 沐手：古时，写作或阅读重要文献之前，多洗手以示恭敬。宋宗晓编《施食通览》卷上林师文《跋》："一日携以见示师文。沐手斋心读之，得未尝见。"清通理述《楞严经指掌疏》卷十："时在大清光绪二十有八年岁次壬寅清和月八日，都城通明寺四莲室愚暗沙门了凡真超氏沐手虔跋。"

序

[明] 孙闳①

黜聪明，去智识，空其所空②，不空之空③自著④。融凡圣，

---

① 此序名和作者署名，底本并无，由整理者添加。
② 空其所空：唐行满集《涅槃经疏私记》卷八："此是凡小所迷没处者：谓三藏菩萨以同凡故，小即二乘沉空之处，名之为没。今空空其所空，故云空空也。"宋惟悫科、可度笺《楞严经笺》卷六："空所空灭。笺云：上空则能空之智，所空则第八识。囗起智，空其所空，此能空之智亦无有也。为能空智，对着八识，八识亦为所。此则遣能三之智。或能空是智，所空则八识。今能空智，与所空识虽去，亦无能空所空之解。"
③ 不空之空：东晋法显译《佛说大般泥洹经》卷三《四法品》："如瓶色像，离世间法，周旋行处，不动快乐，常住不变。然彼瓶色是无常法，真解脱者常住不变，是故名曰不空之空。其解脱者，即是如来。"
④ 自著：自然彰显。明法藏说、弘储记《三峰藏和尚语录》卷十五《复许仲谦居士》："或不能著著执一端而用中，则当于话头上讨个出格，久之自著，著在中而有大力用也。居士但于此处研磨，切勿草草放过。"

贯古今，道其所道①，不道之道②自彰③。空本无空④而无不空，道本无道而无不道。无空之空⑤乃真空之空⑥也，无道之道⑦乃至道⑧之道也。

---

① 道其所道：元刘谧《三教平心论》卷下："《原道》谓老子道其所道，非吾之所谓道；其《师说》乃谓孔子师老聃。审如是，则孔子之道乃出于老氏之道，亦可谓之道其所道也。"明一念编《西方直指》卷三之末管志道子登甫《题西方直指》："故孔圣之教志仁，乃所以志于道也；志于道者，恐道其所道入于外道小道，而志仁却有实德可据。况据德而依仁，人则必无道其所道之虞。"

② 不道之道：明德清《庄子内篇注》卷二："孰知不言之辩、不道之道？若有能知，此之谓天府。（言所不知之地，乃大道之原也，此中本无辩论言说。若有人知此不言之辩、不道之道，正若枢之环中以应无穷，故能知此者谓之天府。）"

③ 自彰：即前所言"自著"。

④ 空本无空：唐裴休集《黄檗希运禅师传心法要》："离一切相即是佛。凡夫取境，道人取心；心境双忘，乃是真法。忘境犹易，忘心至难。人不敢忘心，是恐落空无捞摸处；不知空本无空，唯一真界耳。"南宋普庵印肃《普庵印肃禅师语录》卷二："有无俱遣不空空，空本无空针不容。"

⑤ 无空之空：明林兆恩《般若心经释略》："殊不知无空之空是谓真空，无相之相是谓实相。"明寂光《梵网经直解》卷一："十者空空复空空慧门，谓即空上空空，复空之空。是名为究竟一切空空复空空门。此空亦复当空，以是无空之空；空无所空，是则无所得空；故得证入空空复空空慧门也。"

⑥ 真空之空：宋太宗赵炅《御制秘藏诠》卷六："法界本来空：一真法界，性本自空，非色相以混融，乃情尘而泯灭。《维摩经》云'分别亦空'，显彼真空之空。"赵氏《御制逍遥咏》卷五："晓悟见真空：晓其本元，悟彼妙道，以无见之见，悟真空之空也。"

⑦ 无道之道：宋绍隆等编《圆悟佛果禅师语录》卷七："绝却功勋，唤什么作道？顶门上照耀。无道之道，谓之真道，似蚌含明月。"明明方说、净柱编《石雨禅师法檀》卷五："度岭登山，拖泥带水。为道为名，必有所以。若为道，道无可道；若为名，名无可名。无道之道，道遍天下；无名之名，名满十方。名满十方，不动而变；道遍天下，无为而成。"

⑧ 至道：本指最佳学说、道德或制度，如《礼记·学记》："虽有嘉肴，弗食，不知其旨也。虽有至道，弗学，不知其善也。"佛教借以指本教最精深微妙之理。东汉牟融《理惑论》："老子曰：'既知其子，复守其母，没身不殆。'又曰：'用其光，复其明，无遗身殃。'此道生死之所趣、吉凶之所住。至道之要实贵寂寞，佛家岂好言乎？来问，不得不对耳。钟鼓岂有自鸣者？桴加而有声矣。"吴支谦译《梵摩渝经》："佛即知梵志有上士欢喜博解之心，佛为说至道之要：'诸苦万端，皆兴于身。明人深照知乐者，或返流求原，逮于本无，斯谓上士慧明真谛。不知身之尤苦者，皆由习生；上士觉之，斯明者真谛。三界是幻，有合则离。何盛不衰？因缘合则祸生，诸缘离则苦灭。上士观本，乃知其空，斯明者真谛。以知本无，即逮三界，空其心、净其行，不愿诸欲得无想定，在心所取，三尊可得也。'"

真空寔①本心②之异名，至道寔本性③之别号。明乎此心者，得乎空道④之之本源；见乎此性者，识乎空道之本体⑤。空道本难以语言形容之，非语言则不能形容乎空道也。

---

① 寔：清朱骏声《说文通训定声·解部》："寔，假借为实。"《礼记·坊记》："寔受其福。"孔颖达疏："寔，实也。"
② 本心：原指天性、天良。禅宗指本性，谓众生本具之真如心性。或称"本身"。元宗宝编《六祖大师法宝坛经》："祖知悟本性，谓惠能曰：'不识本心，学法无益。若识自本心，见自本性，即名丈夫、天人师、佛。'"
③ 本性：原指固有的性质或个性。《荀子·性恶》："然则礼义积伪者，岂人之本性也哉！"此谓"本心"。唐法海集《南宗顿教最上大乘摩诃般若波罗蜜经六祖惠能大师于韶州大梵寺施法坛经》："无住者，为人本性，念念不住，前念、今念、后念，念念相续，无有断绝。若一念断绝，法身即离色身。念念时中，于一切法上无住。一念若住，念念即住，名系缚。于一切法上，念念不住，即无缚也，是以无住为本。"宋蕴闻编《大慧普觉禅师语录》卷十六："因何不说传玄传妙、传言传语？只要当人各各直下明自本心，见自本性。事不获已，说个心，说个性，已大段狼藉了也。"
④ 空道：本指交通要道，即孔道。《汉书·张骞传》："楼兰、姑师小国，当空道。"颜师古注："空，即孔也。"此谓有关空的道理。唐神清撰、慧宝注《北山录》卷二："若空不可取，则与有俱遣。既与有俱遣，则亦与有俱存，何独存空道欤？"
⑤ 本体：本指事物的原样或自身。《后汉书·应劭传》："又集驳议三十篇，以类相从，凡八十二事。其见《汉书》二十五，《汉记》四，皆删叙润色，以全本体。"佛教以之称诸法之根本自体，即万法之本；或指与应身相对应的法身。与"法性""真如"等同义。唐善无畏、一行译《大毗卢遮那成佛神变加持经》卷七《供养仪式品》："字门转成佛，亦利诸众生，犹如大日尊。瑜伽者观察，一身与二身，乃至无量身，同入于本体。"宋绍隆等编《圆悟佛果禅师语录》卷二十《禅人写真求赞》二十首之第十九首："道绝形相，名存至公。对现色身，本体全空。"

心性者，不可枚举。其间作为诗文歌颂，三玄①五位②，棒喝③拈提④，无非揭示向上别传⑤之道；匪言不能垂远，寔皆不得已而假辞以显其道耳，岂自悖其旨欤！

---

① 三玄：即"三玄三要"。临济宗以三玄三要接引学者。唐慧然集《镇州临济慧照禅师语录》："师又云：'一句语须具三玄门，一玄门须具三要，有权、有用。汝等诸人作么生会？'"三玄，即体中玄、玄中玄和句中玄。宋智昭集《人天眼目》卷一"三玄三要"条，引汾阳善昭之说，曰三玄之第一玄为亲嘱饮光前，第二玄为绝相离言诠，第三玄为明镜照无偏；三要，第一要为言中无作造，第二要为千圣入玄奥，第三要为四句百非外。又，一句中有三玄，一玄中有三要，总称九带。明居顶辑《续传灯录》卷九《东京华严普孜禅师》："师为人清秀杰出，唱临济下三玄九带，造曹洞五位十玄，皆妙得其家风要旨。学既该博，故凑泊者望其津涯而已。"

② 五位：即"五位十玄"。曹洞宗开创者洞山良价以五位教人，即正偏五位，包括正中、偏中正、正中来、偏中至和兼中到（清性统编《五家宗旨纂要》卷中"洞宗君臣五位"条）；功勋五位，即向、奉、功、共功和功功（清性统编《五家宗旨纂要》卷中"洞宗功勋五位"条）。是为"洞山五位"。

③ 棒喝：禅宗独特的开示学人的方法，即不以语言教示，而是替以棒打或口喝。一般认为，口喝始于临济义玄，棒打肇于德山宣鉴和黄檗希运，故人称"德山棒""临济喝"。宋惠泉集《黄龙慧南禅师语录·黄龙山语录》："我佛如来，摩竭陀国亲行此令，二十八祖递相传授。洎后，石头马祖马驹塌杀天下人，临济德山棒喝疾如雷电。后来儿孙不肖，虽举其令而不能行，但逞华丽言句而已。"宋蕴闻编《大慧普觉禅师语录》卷二十《示真如道人》："正当恁么时，不是如来禅，不是祖师禅，不是心性禅，不是默照禅，不是棒喝禅，不是寂灭禅，不是过头禅，不是教外别传底禅，不是五家宗派禅，不是妙喜老汉杜撰底禅。"宋崇岳、了悟等编《密庵和尚语录》卷上《禅人请赞》之六："德山临济，棒喝交驰。云门顾鉴，总是愚痴。唯有径山无伎俩，握拳端坐眼如眉。"

④ 拈提：禅宗与"棒喝"相对的一种教人方法。禅师说法时，拈举公案古则以启发学人，举示本宗宗门要旨，是谓"拈提古则""拈评古则"；或以之终法座，即作为结束，是谓"拈提结座"。略称为"拈题""拈古"或"拈则"。宋重显颂古、克勤评唱《佛果圜悟禅师碧岩录》卷一："大凡颂古，只是绕路说禅；拈古大纲，据款结案而已。"拈提，即引用、解释和评论。所引用之公案古则，称为"拈语"。详上"公案"之注。

⑤ 向上别传：即教外别传。详上"教外别传"之注。

自是以往，大凡祖师出世①，向离文字处曲尽化机、振厉演说、直指心体②，不能无语矣。然世之曲学旁通之士，骋其臆见，恃其才华，发而为无益之文词者，美则美矣，是岂识法者之所取哉！我［□□□□□］③

［□□□］序④。

成化甲午岁⑤夏六月望日⑥，四川都司⑦、镇国将军⑧、淮右北溟⑨孙闳⑩撰。

---

① 出世：本指出生、产生。晋王嘉《拾遗记·蓬莱山》："有大螺，名裸步……明王出世，则浮于海际焉。"引申为到人世间。旧题唐柳宗元《龙城录·任中宣梦水神持镜》："此镜乃水府至宝，出世有期，今当归我矣。"道家道教指超脱人世。北齐颜之推《颜氏家训·养生篇》："考之内教，纵使得仙，终当有死，不能出世。"佛教指出家。唐皇甫曾《秋夕寄怀契上人》诗："真僧出世心无事，静夜名香手自焚。"禅宗则谓衲子自身悟解之后，返而教化他人为"出世"。宋宗赜集《禅苑清规》卷七"尊宿住持"条："代佛扬化，表异知事，故云传法。各处一方，续佛慧命，斯曰住持。初转法轮，命为出世。"
② 心体：即"本心"。详上注。
③ "我"在底本第二叶左半叶最后一栏，其下空五个字的距离。此后，阙失第三、四叶。
④ "序"之前，底本阙失第三、四叶。
⑤ 成化甲午岁：即成化十年（1474）。是年，干支甲午，故称"甲午岁"。
⑥ 望日：月圆之日。即农历每月十五。亦称"圆日"。清俞樾《茶香室续钞·望日称圆日》："《隆兴塔砖题记》：'隆兴二年九月圆日。'圆日，月圆之日，犹言望日。"佛教多于望日举行佛事活动。《旧唐书·文苑传上·杨炯》："如意元年七月望日，宫中出盂兰盆分送佛寺。"宋赞宁《宋高僧传》卷十三《后唐漳州罗汉院桂琛传》："收其舍利，建塔于院之西，禀遗教也。则清泰二年十二月望日也。"
⑦ 都司：都指挥司的简称。掌一省之兵的最高机构。
⑧ 镇国将军：爵名。三品。明代用以封授郡王诸子。《明史》卷一百十六《列传第四·诸王》："（郡王）诸子授镇国将军，孙辅国将军，曾孙奉国将军。"
⑨ 淮右：即淮西。隋唐以前，因今安徽寿县一带的淮水，自南流向北，故从长江下游到中原地区，一般都在这附近渡过淮水。因此，习俗今皖北豫东淮河北岸一带为淮西。淮右北溟，当指今安徽寿县瓦埠湖北岸。该湖为淮河在安徽境内最大的湖泊，故称为"溟"。
⑩ 孙闳：生平不详。

楚山和尚语录序①

[明] 赵珹②

宗法③在天地间，古今如弌④。人有古今，法无古今。禅门宗匠，前后弌揆⑤。今观楚山和尚高第弟子大心⑥编集师之语录，

---

① 本序，以隶书写就和雕刻。
② 作者署名，底本并无，为整理者所添加。
③ 宗法：中国古代以家庭家族为中心，按血统和嫡庶来组织和统治社会，这种法则即为宗法。清凤韶《凤氏经说·宗法》："先王为大夫士立有宗法，义取尊祖收族也。《大传》曰：'别子为祖，继别为宗，继祢者为小宗。'……宗法皆然。继祖，继曾高祖，亦统谓之小宗。大宗惟一，小宗无数。"亦可指工艺、文艺、思想和学术等领域中某一派别递相传授的法度规矩。清恽敬《答秦抚军书》："古名人画，无不古穆深厚，精能奇迈，即逸品亦无率尔之作，故一望可知。且纸绢必精，丹墨必得法，再以各家宗法求之，可千不失一。"清况颐《蕙风词话续编》卷一："按，宋诗人徐照、徐玑、翁卷、赵紫芝，传唐贤宗法，号称'四灵'。"禅宗则指本宗代代相传的禅风。宋师明集《续古尊宿语要》第二集《投子青和尚语》："山僧向治平初，在浮山圆鉴和尚亲手传得，寄付其宗颂，委证明慈旨，云：'代吾续大阳宗风。'山僧虽不识大阳和尚，凭浮山宗法识人，以为嗣续。如此，更不敢违浮山和尚法命付嘱之恩，恭为郢州大阳明安大师和尚。何故？父母诸佛非亲，以法为亲。"
④ 弌："一"之古字。《说文·一部》："弌，古文一。"
⑤ 弌揆：即"一揆"。一致，一样。《孟子·离娄下》："地之相去也，千有余里；世之相后也，千有余岁。得志行乎中国，若合符节，先圣后圣，其揆一也。"《后汉书·荀爽传》："天地《六经》，其旨一揆。"明明河《补续高僧传》卷十三《松隐茂师传》："示现微权，固与诸法实相同一揆。"按，清有比丘曰神鼎一揆，即元揆，有《神鼎一揆禅师语录》；又有比丘尼曰一揆，即超琛，亦有《参同一揆禅师语录》。
⑥ 大心：楚山绍琦禅师弟子。即"真源大心""长松大心"。

知其宗法有传，师承有自①矣。

楚山②，无际之法嗣，月溪③、玉屏④伯仲⑤。在法席四十年，

---

① 有自：本指有其原因。《庄子·寓言》："有自也而可，有自也而不可。"《元史·后妃传二·显宗宣懿淑圣皇后》："阴功久积，衍圣绪于无疆；神器攸归，知庆源之有自。"元念常《佛祖历代通载》卷首《佛祖历代通载凡例》："一教门隆替，并依史籍编录，使来学知有自焉。"
② 楚山：乃普州东普无际明悟禅师弟子。清自融撰、性磊补辑《南宋元明禅林僧宝传》卷十三《楚山琦禅师》："遍参知识，俱不得意。闻无际悟和尚居普州之东林；东林禅风，腰包到者即受，曲折流辈窃非之；琦故往扣焉。"
③ 月溪：无际之弟子。故与楚山为师兄弟也。明真本说、机峻等编《古瓶山牧道者究心录》卷三："临济第二十二世川东普州道林无际悟禅师，别号蚕骨。蜀中人也。……师尝以无字公案示徒。月溪澄久依座下，深得奥旨，特书月溪二字法语示之，并付法偈云：'我无法可付，汝无心可受。无付无受心，何人不成就。'"清悟进编辑《佛祖宗派世谱》卷一《三十三祖世系图》："（二十二世）无际悟：蜀中人。别号蚕蚕骨。正统九年应召说法。　（二十三世）月溪澄：住北京广恩寺。景泰三年，敕赐回南京大冈。"可见，月溪澄，即南京太岗月溪惟澄禅师。清超永编纂《五灯全书》卷五十九《东普悟禅师法嗣·舒州投子楚山幻叟荆璧绍琦禅师》："壬申，抵金陵。访月溪海舟。"
④ 玉屏：不详何人。
⑤ 伯仲：本指兄弟之间的次第。《诗·小雅·何人斯》"伯氏吹埙，仲氏吹篪"，汉郑玄笺："伯仲，喻兄弟也。"亦代称兄弟。佛教中，同门师兄之间也可称伯仲。宋赞宁《宋高僧传》卷十五《唐湖州八圣道寺真乘传》："后于通玄寺常进师所，综习毗尼。进公见其俊迈也，诚同门曰：'乘虽少龄，不可以伯仲齿之。'"据本序，玉屏、月溪与楚山皆为无际禅师之弟子。

吐广长舌①，横说竖说，如云如雨，所以抽关启钥②，洞澈底里，迨无余蕴，四方衲子咸倾向③。

① 广长舌：古代印度文化圈认为，凡大人皆有三十二相，是名"三十二大人相"，简称"三十二相"。具此等相者，倘或在家则为转轮圣王，出家则臻达无上正等正觉即佛陀的境界。《大智度论》卷八十八《四摄品》："随此间阎浮提中天竺国人所好，则为现三十二相。天竺国人于今故治肩髆令厚大，头上皆以有髻为好。如人相中说五处长为好。眼、鼻、舌、臂、指、髀、手足指，若轮、若莲华、若贝、若日月，是故佛手足有千辐轮、纤长指、鼻高好、舌广长而薄。如是等，皆胜于先所贵者故，起恭敬心。有国土佛为现千万相，或无量阿僧祇相，或五、六、三、四相；随天竺所好故，现三十二相、八十种随形好。"此三十二相之第二十七相，就是广长舌相。明一如等编集《大明三藏法数》卷三十六："二十七广长舌相，谓舌广而长，柔软红薄，能覆面而至于发际也。"此指楚山禅师如佛陀般能言善辩。朱熹《后洞山口晚赋》诗："从教广长舌，莫尽此时心。"
② 抽关：拔去门闩。谓开门迎客也。《左传·襄公二十三年》："臧孙斩鹿门之关以出奔邾。"杨伯峻注："关为横木，故可枕，今谓之门栓。"宋梅尧臣《自和》诗："更贫更贱皆能乐，十二重门不上关。"宋赜藏主集《古尊宿语录》卷二十九《舒州龙门佛眼和尚语录》："譬如宝舟到岸，获大富而济有余；玉户抽关，升于堂而入乎室。犹在门外，无奈不入之何？困守孤贫，岂是珠宝之咎。"明无愠录《山庵杂录》卷上："默庵亲持请疏，扣公门。公抽关，露半面问云：'汝为谁？'默庵云：'和尚！故人某甲也。'公落关云：'我不识你。'"　　启钥：开锁。或作"启籥"。《书·金滕》："启籥见书，乃并是吉。"蔡沈集传："籥与'钥'通。"宋洪迈《夷坚志补·赤松观丹》："愿见者则焚香启钥以示之。"宋宗鉴集《释门正统》卷六《本如》："明年三月，葬庵北。门人恋慕，启钥视之，容貌俨然，爪发俱长，塔生莲华。"
③ 倾向：即倾响，"谈泻河倾，响对雷动"之略。形容演讲广受欢迎。唐释道宣《续高僧传》卷十四《释道基》："即请于东都讲扬心论。既夙承风驾，体预当衢，游刃众部，玄机秀举，遂能谈写河倾，响对雷动。"明王世贞《弇州四部稿》卷一百四十三《说部·短长下》："夫四先生鸾矫鹄举，游于空外，糠秕万乘，草芥穷显，使海内倾响而慕声。"

为委顺①岁余，大心持刊本请余题其首。余于其道概②不之悉，因即其录而言曰："汝师本宗③不立文字，直指人心，见性成佛④。语之有录已非师意，刊云乎哉⑤！虽然，师之言既闻于弟

---

① 委顺：本指自然所赋予的和顺之气。《庄子·知北游》："性命非汝有，是天地之委顺也。"引申为顺应自然。白居易《委顺》诗："宜怀齐远近，委顺随南北。"佛教则多指僧人之寂灭。宋道原《景德传灯录》卷三《第二十九祖慧可大师》："时有辩和法师者，于寺中讲《涅槃经》。学徒闻师阐法，稍稍引去。辩和不胜其愤，兴谤于邑宰翟仲侃。仲侃惑其邪说，加师以非法。师怡然委顺，识真者谓之偿债。时年一百七岁，即隋文帝开皇十三年癸丑岁三月十六日也。"宋绍景记《五家正宗赞》卷四《大觉琏禅师》："东坡知杭，以书问师曰：'承要作宸奎阁碑，谨以撰成，衰朽废学。不知堪上石否？见参寥说师出京，英庙赐手诏，其略曰任性住者。不知果有否？如有，切请录示全文，欲添此一节。'师终藏而不出。逮委顺后，获于箧笥。师以佛国白造蒙堂处之，后世丛林因取法焉。"
② 概：此处用作副词，意为全、都。《西游记》第三十五回："概洞小妖，被老孙分身法打死一半。"《古今小说·杨谦之客舫遇侠僧》："这地方虽是夷人难治，人最老实一性的，小人们归顺，概县人谁敢梗化？"清龚自珍《明良论一》："能以概责之六曹、三院、百有司否也？"
③ 本宗：原指祖籍。明胡应麟《少室山房笔丛·丹铅新录五·李白出处》："白但生于蜀，一出后，未常返其故居。陇西以其本宗，山东以其流寓，志白奚不宜者？"转指本宗族。《清文献通考·刑四》："凡本宗为人后者之子孙，于本生亲属孝服，只论所后宗支，本生亲属降服。"此指禅宗宗旨。敦煌写本《坛经》："吾教汝说：不失本宗；举三科法门，动卅六对。"唐宗密述《禅源诸诠集都序》卷上之二："当高宗大帝乃至玄宗朝时，圆顿本宗未行北地。唯神秀禅师大扬渐教，为二京法主、三帝门师；全称达摩之宗，又不显即佛之旨。"
④ 不立文字，直指人心，见性成佛：禅宗的主要教义。宋才良等编《法演禅师语录》卷中："达磨西来，不立文字，直指人心，见性成佛。"元郭天锡《〈临济慧照玄公大宗师语录〉序》："薄伽梵正法眼藏、涅槃妙心付摩诃迦叶，是为第一祖。逮二十八祖菩提达磨，提十方三世诸佛密印而来震旦，是时中国始知佛法有教外别传、不立文字、直指人心、见性成佛。"宋子升等录《禅门诸祖师偈颂》卷下之上《陈贤良书》："经是佛言，禅是佛心，初无违背。但世人寻言逐句，没溺教网，不知有自己一段光明大事。故达磨西来，不立文字，直指人心，见性成佛，谓之教外别传。非是教外别是一个道理，只要明了此心，不著教相。"
⑤ 云乎哉：助词，表示反诘语气。《论语·阳货》："子曰：'礼云礼云，玉帛云乎哉？乐云乐云，钟鼓云乎哉？'"明刘基《郁离子·千里马》："今风纪之司，耳目所寄，非常之选也。仪服云乎哉？言语云乎哉？"《佛果圜悟禅师碧岩录》卷末宋径山住持比丘希陵《重刊圜悟禅师〈碧岩集〉疏》："嵎中张明远偶获写本后册，又获雪堂刊本及蜀本，校订讹舛，刊成此书，流通万古。使上根大智之士，一览而顿开本心、直造无疑之地，岂小补云乎哉！"

子，不可不闻于诸方①；师之道既明于当时，不可不传于来世。录不刊，可乎！"

披阅间，见其精深弘博②，未易涯涘③；大机大用④，发于言

---

① 诸方：本指各地方。《晋书·何曾传》："每诸方贡献，帝辄赐之，而观其占谢焉。"此指其他地方，特别是其他丛林道场。唐慧然集《镇州临济慧照禅师语录》："道流！莫取次被诸方老师印破面门道：'我解禅、解道！'辩似悬河，皆是造地狱业。若是真正学道人，不求世间过，切急要求真正见解。若达真正见，解圆明，方始了毕。"宋道原《景德传灯录》卷八《池州南泉普愿禅师》："自此学徒不下数百，言满诸方，目为郢匠。"

② 弘博：博大。明宗本集《归元直指集》卷下《儒家参究禅宗四》："吾此妙心，实得启迪于南老、发明于佛印。易道义、理廓达之说，若不得东林开遮拂拭，断不能表里洞然、该贯弘博矣！"明心泰编《佛法金汤编》卷九《梁肃》："学天台教于荆溪禅师，深得心要。以《止观》文义弘博，览者费日，乃删定为六卷，行于世。"

③ 未易涯涘：难以完全理解。涯涘，本谓水边、水畔、岸边。《庄子·秋水》："今尔出于涯涘，观于大海。"引申为边际、界限。宋道原《景德传灯录》卷九《洪州黄檗希运禅师》："自余施设，皆被上机，中下之流莫窥涯涘。"此处指尽头、穷尽。

④ 大机：本指万法之枢要、关键。《三国志·魏志·武帝纪》："公以至弱当至强，若不能制，必为所乘，是天下之大机也。"此指佛法真谛、精义。宋绍隆等编《圆悟佛果禅师语录》卷一："无物不为妙用，无法不是真乘。控佛祖大机，廓大天正眼。当阳晓示，只贵知归。才涉思量，白云万里。" 大用：本谓重要之用度。《周礼·天官·内府》："掌受九赋九贡九功之货贿，良兵良器，以待邦之大用。"郑玄注："大用，朝觐之颁赐。"此指佛法化人之用。宋守坚集《云门匡真禅师广录》卷上："况汝等且各各当人有一段事，大用现前，更不烦汝一毫头气力，便与祖佛无别。"大机大用：二者联用大机指已然臻达禅宗宗门境界，大用指明了接引学人方法。大机乃显具，大用乃施发。《古尊宿语录》卷十九《潭州云盖山会和尚语序》："李唐朝有禅之杰者马大师，据江西洌潭，出门弟子八十有四人。其角立者，唯百丈海得其大机；海出黄檗运，得其大用。自余，唱导而已。运出颙，颙出沼；沼出念，念出昭；昭出圆，圆出会。会初住袁州杨岐，后止长沙云盖。当时谓海得其大机，运得其大用；兼而得者，独会师欤！"宋绍隆等编《圆悟佛果禅师语录》卷二："所以道，显大机，明大用；得失俱丧，是非杏忘；绝尘绝迹，透色透声；重重无尽，事事圆融。"同书卷六："顶门阐金刚正眼，始辨大机。杀人不眨眼底汉，立地成佛，方明大用。直得如此，犹只是吾门建法幢立宗旨趣向在。且向上还有事也无？若知有向上事去，设使尽乾坤大地草木丛林，一一现千百亿释迦身，不消一捏；至于倾悬河辩，用崄崖机，尽四圣六凡一时轩豁，提得将来，不消一撩。且道据个什么便怎么？所谓大人具大见，大智得大用。向无明窟子里，便放无量宝光；向众生境界中，便作不思议事。""大智得大用"，即大用；"大人具大见"，即大机。

句：有如此者，是知是录得宗门①之心要②也。若般若之应无所

---

① 宗门：本谓宗族、同族。《后汉书·皇后纪上·和熹邓皇后》："今车骑将军骘等虽怀敬顺之志，而宗门广大，姻戚不少，宾客奸猾，多干禁宪。其明加检敕，勿相容护。"禅宗自称"宗门"，而呼其他各宗为"教门"。前蜀贯休《春送禅师归闽中》诗："大化宗门辟，孤禅海树凉。"宋善卿编正《祖庭事苑》卷八《杂志·宗门》："谓三学者莫不宗于此门，故谓之宗门。《正宗记略》云：古者谓禅门为宗门，亦龙木祖师之意尔。亦谓吾宗门乃释迦文一佛教之大宗正趣矣。但其所谓宗门之意义者，散在众经，隐覆故今，未如章章见于天下也。大凡其人预吾教者，尽当务此秘密极证，乃为之正见。《涅槃》曰：'我今所有无上正法，悉以付嘱摩诃迦叶，能为汝等作大依止。'是岂非谓而今而后皆可依止于迦叶无上妙微密法，而为之正乎？出世者，乃据是妙心密语，以为后之明证也。若《智度论》曰'般若波罗蜜非秘密法'者，其旨亦在大圣人之遗意，以妙微密法为其教之大宗。欲世世三学之者，资之以为其入道之印验标正，乃知古者命吾禅门谓之宗门而尊于教迹之外，殊是也。"唐裴休集《黄檗断际禅师宛陵录》："入我此宗门，切须在意如此。见得名之为法，见法故名之为佛。佛法俱无，名之为僧。唤作无为僧，亦名一体三宝。"
② 心要：精髓。元宗宝《六祖大师法宝坛经》："汝若欲知心要，但一切善恶都莫思量，自然得入清净心体，湛然常寂，妙用恒沙。"或谓指"心性上精要的法义"，误。此之"心"，非谓心性，而是指"枢要""中心"。

住心①者，是《楞严》之常住妙明心②与③？夫禅家之所谓涅槃妙

---

① 般若之应无所住心：诸种《般若经》的译本中，皆有此种意蕴的语句。如西晋无罗叉译《放光般若经》卷十六《沤和品》："菩萨行般若波罗蜜，无所入便应无所住。菩萨作是住、作是行，则为行般若波罗蜜，则为住般若波罗蜜。"后秦鸠摩罗什译《金刚般若波罗蜜经》："是故，须菩提！诸菩萨摩诃萨应如是生清净心，不应住色生心，不应住声、香、味、触、法生心，应无所住而生其心。"元魏菩提流支译《金刚般若波罗蜜经》："是故，须菩提！诸菩萨摩诃萨，应如是生清净心，而无所住，不住色生心，不住声、香、味、触、法生心，应无所住而生其心。"菩提流支译别本《金刚般若波罗蜜经》："须菩提！是故菩萨应生如是无住著心，不住色、声、香、味、触、法生心，应无所住而生其心。"陈真谛译《金刚般若波罗蜜经》："须菩提！是故菩萨应生如是无住著心，不住色、声、香、味、触、法生心，应无所住而生其心。"隋笈多译《金刚能断般若波罗蜜经》："彼故此，善实！菩萨摩诃萨如是不住心发生应，不色住心发生应，不声、香、味、触、法住心发生应，无所住心发生应。""彼故此，善实！菩萨摩诃萨一切想舍离，无上正遍知心发生应，不色住心发生应，不声、香、味、触住心发生应，不法住、非无法住心发生应，无所住心发生应。"唐玄奘译《大般若波罗蜜多经》卷五百七十七："是故，善现！菩萨摩诃萨远离一切想，应发阿耨多罗三藐三菩提心，不住于色应生其心，不住非色应生其心，不住声、香、味、触、法应生其心，不住非声、香、味、触、法应生其心，都无所住应生其心。何以故？善现！诸有所住，则为非住。"唐义净译《佛说能断金刚般若波罗蜜多经》："是故应离诸想，发趣无上菩提之心，不应住色、声、香、味、触、法，都无所住而生其心；不应住法，不应住非法，应生其心。何以故？若有所住，即为非住。"
② 《楞严》之常住妙明心：唐般剌蜜帝译《大佛顶如来密因修证了义诸菩萨万行首楞严经》卷二："本如来藏常住妙明，不动周圆，妙复如性。"宋思坦集注《楞严经集注》卷二："又如来藏总含三谛，次文别显三谛：常住妙明，即真也；不动周圆，即俗也；妙真如性，即中也。"
③ 与：语气词，表示感叹。《诗·商颂·那》："猗与那与，置我鞉鼓。"《史记·孔子世家》："孔子曰：'归与归与！吾党之小子狂简，进取不忘其初。'"

心①者,亦是也。心以法明,法由心悟②;心无法,法无心③也。

---

① 禅家之所谓涅槃妙心:宋道原《景德传灯录》卷一《叙七佛·释迦牟尼佛》:"后告弟子摩诃迦叶:'吾以清净法眼、涅槃妙心、实相无相、微妙正法,将付于汝,汝当护持。'并敕阿难副贰传化,无令断绝。"宋李遵勖《天圣广灯录》卷二《第一祖摩诃迦叶尊者》:"如来在灵山说法,诸天献华。世尊持华示众,迦叶微笑。世尊告众曰:'吾有正法眼藏、涅槃妙心,付嘱摩诃迦叶,流布将来,勿令断绝。'仍以金缕僧伽梨衣付迦叶,以俟慈氏。"宋契嵩编《传法正宗记》卷五:"教虽开说者万端,要其所归,一涅槃妙心而已矣。"
② 法由心悟:明圆杲解注《金刚经音释直解·庄严净土分第十》:"法由心悟,岂从外得?以心印心,是名为得也。"
③ 心无法,法无心:心内无法,心外亦无法;法外无心,法内亦无心。宋道原《景德传灯录》卷九河东裴休集《黄檗希运禅师传心法要》:"此法即心,心外无法。此心即法,法内无心。"宋悟明集《联灯会要》卷二十七《杭州永明道潜禅师》:"僧问:'祖师西来,未审传个甚么?'师云:'传个策子。'云:'恁么,则心外有法去也?'师云:'心内无法。'"明居顶辑《续传灯录》卷二《南台勤禅师法嗣·汝州高阳法广禅师》:"心外无法,法外无心。随缘荡荡,更莫沉吟。"

楚山言句，非惟揭露心宗①，实足开示后学。言非言也，句非句也②；言句之外，须亲领之③。语之所以录、录之所以刊者，以此也。同志者咸得奉持④而觉悟自心，岂曰小补也哉！

是为序。

---

① 心宗：禅宗。该宗以不立文字、直指人心为宗旨，故有是称。唐宗密述《禅源诸诠集都序》卷二："以心传嗣，唯达摩宗。心是法源，何法不备？所修禅行，似局一门。所传心宗，实通三学。况覆寻其始，亲禀释迦；代代相承，一一面授；三十七世，至于吾师。"宋道原《景德传灯录》卷三《第二十八祖菩提达磨》："明佛心宗，行解相应，名之曰祖。"

② 言非言也，句非句也：后秦鸠摩罗什译《佛说仁王般若波罗蜜经》卷一《观空品》："句非句、非非句故，般若非句，句非般若，般若亦非菩萨。"元魏菩提流支译《入楞伽经》卷五《佛心品》："大慧菩萨复白佛言：世尊！如来说言：'我何等夜证大菩提，何等夜入般涅槃，我于中间不说一字。'佛言非言，世尊依何等义说如是语，佛语非语？"《剑关子益禅师语录》卷首南宋林希逸《剑关禅师语录序》："禅本无觉，非觉无见也。道本无言，非言无传也。因言而觉，则此编之传足矣。若背觉而迷言，则是甜是苦，皆为毒药，虽多奚以哉！"《天如惟则禅师语录》卷六《首楞严经会解序》："道本无言，非言不显，佛不得已而言矣。言有不达，道无以明，则诸师之言亦不容其自己也。言既多而不同，去道转远，则会解者又岂容其自己哉！解既会矣，庶几览者因会解以知人之言，因人言以知佛之言。佛言知矣，究竟坚固者得矣。曰行、曰理、曰教、曰禅、曰达道、曰慧命，皆剩语矣，况所谓解与会哉！"

③ 言句之外，须亲领之：明圆悟著、真启编《辟妄救略说》卷七《蕲州五祖法演禅师》："五祖谓先师语拙，正提唱一番，使人领略于言句之外。何尝欺压白云来？"《雪岩祖钦禅师语录》卷四《荆溪吴都运书》："西天唐土三十五祖，与德山临济至于近代妙喜应庵，或下世间有作者而出，发扬佛祖不传之秘于言句之外，是亦同此性也。此性既同，则此道亦同。此道既同，则百家诸儒之书与五千大藏之文，同一舌也。"

④ 奉持：本指保持、保住。东汉王充《论衡·命禄》："命禄不能奉持，犹器之盈量，手之持重也。"此指学习、遵循。《长阿含经》卷十二《第二分清净经第十三》："尔时，阿难在世尊后执扇扇佛，即偏露右肩，右膝着地，叉手白佛言：'甚奇！世尊！此法清净，微妙第一。当云何名？云何奉持？'佛告阿难：'此经名为清净，汝当清净持之。'"《天圣广灯录》卷三《第十祖胁尊者》："如来以大法眼藏密传迦叶，如是展转已至于我。我今付汝，汝当奉持，流布将来，无令断绝。"

成化十年夏五月五日，昭信校尉①、蜀府环卫②、百户③赵珫文晦④书于归来亭⑤。

---

① 昭信校尉：金朝始置，正七品，武散官名。元朝，升为正六品。明朝，凡正六品武官，初授是职。清废。参考《说略》卷六《官仪》、《太常续考》卷七《俸级》、《历代职官表》卷六十八、《续文献通考》卷六十二《职官考·武散官》。
② 蜀府环卫：明蜀王府的禁卫官。环卫，本指宫廷禁卫或禁卫官。唐陆贽《论叙迁幸之由状》："重门无结草之御，环卫无谁何之人。"唐白居易《神策军推官田铸加官制》："田铸官列环卫，职参禁军。"
③ 百户：原指百家。《淮南子·泛论》："尧无百户之郭，舜无置锥之地，以有天下。"元朝设百户为"百夫之长"，隶属于千户，为世袭军职；其官署曰"百户所"，分为上下两等，上等设蒙古、汉百户各一员，下等只设一员。明朝的百户所，亦隶属于千户所，其长官称"百户"，亦为低级军官；统兵一百十二人，分为两总旗、十小旗。参考《续文献通考》卷六十一《职官考·诸路将官》。
④ 赵珫文晦：姓赵，名珫，号文晦。其生平不详。
⑤ 归来亭：不详，俟考。按，是序后，即第五叶左半叶上，刻有三枚印章。其一曰"自家意思"，其二云"文晦"，其三则为"水澄丕碧"。需注意者，此三枚印章所用乃九迭篆，多施于官印，此处拿来刻闲章，亦已异矣。

序

[明] 刘昱①

佛法自汉流入东夏②,真教③之兴由兹而始。自是,佛之义

---

① 此序名及作者署名,底本并无,为整理者添加。
② 东夏:本泛指我国东部。《书·微子之命》:"上帝时歆,下民衹协,庸建尔于上公,尹兹东夏。"孔传:"正此东方华夏之国。宋在京师东。"佛典中多代指我国。《仁王护国般若波罗蜜多经》卷上之首唐代宗《大唐新翻护国仁王般若经序》:"思与黎蒸共臻实相,而缇油贝叶文字参差,东夏西天言音讹谬,致使古今翻译清浊不同,前后参详轻重匪一。"宋赞宁《大宋僧史略》卷上"僧入震旦"条:"至后汉第二主明帝永平七年,因梦金人,乃令秦景、蔡愔、王遵往天竺迎佛教,于月氏遇迦叶摩腾、竺法兰二沙门,入东夏,今以为始也。"清沈善登《报恩论·杂说》:"曩有客问余曰:'使佛教盛行,人类当绝。奈何?'余曰:'赖有卿辈在。否则,当时被教各国,人民早无孑遗,安能流入东夏?'"
③ 真教:佛教。北魏杨衒之《洛阳伽蓝记》卷四"融觉寺"条:"虽石室之写金言,草堂之传真教,不能过也。"姚秦竺佛念译《出曜经》卷十一《行品》:"愚心不开悟,习恶不从吾。受苦地狱痛,后乃忆真教。"宋道原《景德传灯录》卷十三《终南山圭峰宗密禅师》:"暨宣宗再辟真教,追谥定慧禅师。塔曰青莲。"

广大浩瀚，佛之书汗牛充栋，佛之寺盈满六合①，佛之徒喧轰②两间③：是以代不乏人，法益弥胜。洎后，达磨西（末）〔来〕④，传历二十八祖；迨乎五家⑤分宗衍派，愈出愈蕃，不可以指记⑥而书也。

---

① 六合：原指天地四方。《庄子·齐物论》："六合之外，圣人存而不论；六合之内，圣人论而不议。"成玄英疏："六合者，谓天地四方也。"此处泛指天下、人世间，即佛教所谓的阎浮提。汉贾谊《过秦论》："吞二周而亡诸侯，履至尊而制六合，执敲朴以鞭笞天下，威振四海。"东晋僧肇《长阿含经序》："劫数虽辽，近犹朝夕。六合虽旷，现若目前。"宋赜藏主集《古尊宿语录》卷四十一《云峰悦禅师初住翠岩语录·寄慈济大师》："凛凛冰风临晚景，环庐独坐双峰顶。茫茫六合曾未知，月写千江万江影。"
② 喧轰：如响雷般喧闹。宋欧阳修《栾城遇风效韩孟联句体》诗："电鞭时恚划，雷轴助喧轰。"宋李遵勖《天圣广灯录》卷十七《筠州兴教院守芝禅师》："一击响玲珑，喧轰宇宙中。知音才侧耳，项羽过江东。"明黎眉等编《教外别传》卷八《临济义玄禅师》："保宁勇颂云：'雷电喧轰海岳昏，一家愁闭两中门。狂风忽起乌云散，白日满天星斗分。'"
③ 两间：天地之间，即人间。唐韩愈《原人》："形于上者谓之天，形于下者谓之地，命于其两间者谓之人。"金陈赓《宣宗挽词》："俭德高千古，鸿勋际两间。"明邵璨《香囊记·潜回》："那时节立朝纲当辩奸，我这里正气漫漫塞两间。"明云栖袾宏辑《皇明名僧辑略》之《雪庭禅师·行实》："成化乙巳，寓常州江阴乾明寺，忽睹万佛国金碧峥嵘于眉宇间，会得毛端现刹之句，始知幻寄两间，如梦幻旅。"
④ 来：底本作"末"，形讹字。
⑤ 五家：本指五户。古代以为户籍编制的基层单位。周代以五家为一比，春秋时齐国以五家为一轨。《周礼·地官·大司徒》："令五家为比，使之相保。"后亦指黄帝、高阳、高辛、唐尧、虞舜等五帝，还有其他义项。此处，谓禅宗的五个派别，即沩仰宗、临济宗、曹洞宗、云门宗和法眼宗。如再加黄龙派、杨岐派，则为七宗。宋绍隆等编《圆悟佛果禅师语录》卷五："少林首传于顿旨，五叶为芳；葱岭遂别于众流，千灯续照。门庭虽异五家，般旨同归地位。"
⑥ 指记：屈指记数也。清观衡说、正印重编《紫竹林颛愚衡和尚语录》卷一："记数者，有以定香记者，有以刻漏记者，有以贯珠记者，有以豆粒记者，有以指记者，有以步记者。能记方便，不同所记，佛亦无二也。"

西蜀①自蚕骨老人②出现于世，远承古拙③，续乎临济正宗，至今法席胜于他所。虽乎如(⊠)〔如〕④传授之人，苟非负大根

---

① 西蜀：古蜀地处四川盆地之西部，故或以之称蜀地。大略为今四川省。杜甫《诸将》诗之五："西蜀地形天下险，安危须仗出群材。"元揭傒斯《云锦溪棹歌》："西蜀锦江那得似？西湖绿水更须怜。"元念常《佛祖历代通载》卷五："且三国峙居，夫何西蜀一都，独无于代录？"
② 蚕骨老人：即楚山绍琦之师安岳无际明悟，"蚕骨"为其号。有《蚕骨集》。明密藏编《藏逸经书标目》："《蚕骨集》：无际禅师所著。禅师，四川人。"蚕骨与楚山之机缘，明通问编《续灯存稿》卷九《东普悟禅师法嗣·舒州投子楚山幻叟荆璧绍琦禅师》曰："幻叟今日亦与蚕骨老人有未了公案，出来为渠了却。若有问蚕骨老人有甚不了公案？应声便喝，眼目定动，连棒打出。"又见清超永编《五灯全书》卷五十九《东普悟禅师法嗣·舒州投子楚山幻叟荆璧绍琦禅师》等处。按，卷四起始，有蚕骨老人吩咐金台首座净梅前来依楚山之机缘，可见楚山在蚕骨老人心中的地位。
③ 古拙：蚕骨之师古拙俊。清悟进编纂《佛祖宗派世谱》："（二十一世）古拙俊：嗣白云度断桥伦下。"其化迹，见于明通问编、施沛汇集《续灯存稿》卷九《福林度禅师法嗣·金陵天界古拙俊禅师》、清聂先编辑《续指月录》卷九《金陵天界古拙俊禅师》、清超永编辑《五灯全书》卷五十八《福林度禅师法嗣·金陵天界古拙俊禅师》等处。按，古拙为无际明悟（蚕骨）之师，无际明悟又为楚山绍琦之师。其传承关系为：古拙—蚕骨—楚山。
④ 如：底本残泐。揆诸文义，所残或当为"如"。

器①、具大辩才②、获大因缘③、交大福报④者，乌能得乎佛心⑤、

---

① 根器：原指草木之根、容物之器。佛教转指众生对佛法的理解、容纳和接受的能力。唐一行记《大毗卢遮那成佛经疏》卷九《入漫荼罗具缘真言品》："略说法有四种，谓三乘及秘密乘。虽不应吝惜，然应观众生，量其根器，而后与之。若辄尔说诸深秘之事，令生疑谤，断彼善根，则于第四戒中犯波罗夷罪。"

② 辩才：善于阐说佛法之才。东晋罽宾三藏瞿昙僧伽提婆译《中阿含经》卷二《七法品·七车经》："为如来弟子，所作智辩聪明决定，安隐无畏，成就御德，逮大辩才，得甘露幢，于甘露界自作证成就游，以问贤者甚深义尽能报故。"唐实叉难陀译《大方广佛华严经》卷四十四《十忍品》："虽知一切法远离文字不可言说，而常说法，辩才无尽。"明袾宏辑《禅关策进·后集一门·诸经引证节略》"文殊般若经"条："一行三昧者，应处空闲，舍诸乱意，系心实理，想念一佛，念念相续而不懈怠。于一念中，即能见十方诸佛，获大辩才也。"

③ 大因缘：即"一大事因缘"，谓诸佛菩萨在世间救度众生。姚秦鸠摩罗什译《妙法莲华经》卷一《方便品》："诸佛世尊唯以一大事因缘故，出现于世。舍利弗！云何名诸佛世尊唯以一大事因缘故出现于世？诸佛世尊，欲令众生开佛知见，使得清净故，出现于世；欲示众生佛之知见故，出现于世；欲令众生悟佛知见故，出现于世；欲令众生入佛知见道故，出现于世。舍利弗！是为诸佛以一大事因缘故出现于世。"因缘，原指机会、缘分。《史记·田叔列传》"（任安）少孤贫困，为人将车之长安，留，求事为小吏，未有因缘也。"佛教谓令使事物产生、变化和坏灭的主要条件为因，辅助条件为缘。《四十二章经》："沙门问佛：'以何因缘，得知宿命，会其至道？'"宋法云编《翻译名义集》卷四《释十二支篇第四十五》："尼陀那，此云因缘。什曰：'力强为因，力弱为缘。'肇曰：'前缘相生，因也。现相助成，缘也。'生曰：'因谓先无其事，而从彼生也。缘谓素有其分，而从彼起也。故因亲而缘疏，缘觉根利，通观三世，有因有缘，是名因缘。'"此所谓"尼陀那"，实乃佛教文献的分类、即"十二分经"之一。本文之"因缘"，实指今生的关系、现世的条件，犹言缘分。西晋竺法护译《佛说阿惟越致遮经》卷一《不退转法轮品》："所谓众合会，教皆有所立。现在获因缘，故说目前法。"龙树菩萨造、后秦鸠摩罗什译《大智度论》卷八《序品》："今世若病、若打致失明，是今世因缘。"南朝梁沈约《为文惠太子礼佛愿记》："未来因缘，过去眷属，并同兹辰，预此慈善。"

④ 福报：本为中土观念，即福德报应。《史记·张仪列传》："夫造祸而求福报，计浅而怨深，逆秦而顺楚，虽欲毋亡，不可得也。"佛教用以指善业所获得的结果。后秦弘始年佛陀耶舍共竺佛念译《长阿含经》卷四《游行经第二后》："尔时，佛告阿难：'时王自念："我本积何功德，修何善本，今获果报，巍巍如是？"复自思念："以三因缘，致此福报。何谓三？一曰布施，二曰持戒，三曰禅思。"以是因缘，今获大报。'"王复自念："我今已受人间福报，当复进修天福之业，宜自抑损，去离愦闹，隐处闲居，以崇道术。"时王即命善贤宝女，而告之曰："我今已受人间福报，当复进修天福之业，宜自抑损，去离愦闹，隐处闲居，以崇道术。"'"汉译佛典有《造立形像福报经》《佛说食施获五福报经》《罪福报应经》等专论福报之经。须措意者，印度佛教之福报多在所做善业之下世，中国佛教则多有讲求今生福报者。宋赜藏主集《古尊宿语录》卷三十五《大随开山神照禅师语录》："箪来参六十余员大知识，有大眼目者那无一二，余者岂有真实知见？只是图你诸人供养。欲望福报，你又有什么福报与伊？不可出家来，空趁聚头吃饭耶！"

⑤ 得乎佛心：唐菩提流志译《佛心经》卷上："善男子！当知此契如来心，结契持百遍，自得佛心。"明德清阅《紫柏尊者全集》卷六《法语》："夫佛法本平常，而世以奇特求之，故往往不得佛心也。故曰平常心是道。此平常心，凡有血气之属，皆本有之，岂待佛菩萨传而后有哉！"明法藏说、弘储记《三峰藏和尚语录》卷十六末弘储《三峰和尚年谱》："又著《梵网一线》。方属稿殿中，佛顶涌出异光，数道贯天。众贺和尚，谓是得佛心之瑞。和尚呵曰：'三百来衲子，总无个有气息底！'"

践乎佛理①、阐乎佛教②、传乎祖衣③、绍乎祖灯④、彰乎祖道⑤也哉！果能若是，则佛祖之禅道命脉不至乎坠而息矣。

---

① 践乎佛理：修习、实践佛法。吴支谦译《佛说菩萨本业经·愿行品》："早起当愿，一切众生，觉识非常，兴精进意。下床当愿，一切众生，履践佛迹，心不动摇。"宋嗣法子文编《佛果克勤禅师心要》卷上《示枢禅人》："玄学之士，见性悟理，践佛阶梯，是家常茶饭。"明智闇说、成峦等录《雪关禅师语录》卷九《与袁公寮太学》："事贵高识，行贵实践，理贵真参。唯雄杰丈夫，肯自己担当，则世出世间不见有难为之事。苟从旁观、望欲入不入，所谓绕指柔非百炼钢耳。"

② 阐乎佛教：阐明佛法。南朝梁刘勰《文心雕龙·神思》："至精而后阐其妙，至变而后通其数。"后汉昙果共康孟详译《中本起经》卷下《本起该容品》："推逐邪道，广阐佛法。"南朝梁刘勰《文心雕龙·神思》："至精而后阐其妙，至变而后通其数。"

③ 传乎祖衣：传承祖师衣钵。明曾凤仪《〈楞伽经宗通〉缘起》："是则传祖衣者，当持此经；历阶级者，当持此经；而求生净土者，尤不可不笃信此经也。"民国喻谦等《新续高僧传》卷三十《清金陵宝华山隆昌寺沙门释常松传》："松隐谢世，命传祖衣。"

④ 绍乎祖灯：承继祖师禅风。祖灯，列祖之法灯。以灯火之相续不绝，比喻历代祖师之师资相承。宋元照《四分律羯磨疏济缘记之一并序》："使僧海还同于一味，祖灯分照于无穷。劫石可消，愿言曷既。勉夫来学，无怠流通。"明善璨《正宗心印后续联芳·僧果通》："南华法雨普沾恩，心印相承绍祖灯。宿缘幸会宜尊重，时当续焰耀层层。"明真哲说、传我等编《古雪哲禅师语录》卷十九《与振先居士话旧》："孤身万里游，参遍名尊宿。何期绍祖灯，出辞成语录。"

⑤ 彰乎祖道：发扬祖师传统。宋智圆《闲居编》卷五十一末《节庵跋》："此编之行，盖欲彰祖道而播余芳，资微润而续余焰耳。"清隆琦说、海宁等编《隐元禅师语录》卷十六《中天师祖》："龙楼显焕，卓立中天。全彰祖道，耀后光先。"祖道，原指中土为出行者祭祀路神，并饮宴送行。《史记·滑稽列传》："故所以同官待诏者，等比祖道于都门外。"《汉书·刘屈氂传》："贰师将军李广利将出兵击匈奴，丞相为祖道，送至渭桥。"颜师古注："祖者，送行之祭，因设宴饮焉。"此谓禅宗祖师所传授之法门。

今之天成大师楚山和尚，寔东普①之的子②、繁昌③之法孙④也。师自幼夙植⑤德本⑥，生而颖异⑦。自得法印可后，韬隐⑧东

---

① 东普：川东普州东林无际明悟禅师。详上注。
② 的子：即"嫡子"。正妻所生之子，一般指嫡长子。宋守坚集《云门匡真禅师广录》卷上《对机三百二十则》："问：'如何是祖宗的子？'师云：'言中有响。'"宋重显颂古、克勤评唱《佛果圜悟禅师碧岩录》卷三第二十一则："智门本是浙人，得得入川参香林。既彻，却回住隋州智门。雪窦是他的子，见得穷玄极妙，直道'莲花荷叶报君知，出水何如未出时'。"清钱谦益《牧斋有学集·虎丘退庵储和尚语序》："自隆禅师以圆悟的子坐镇此山，东南丛林遂列于五山十刹。"
③ 繁昌：据本序上文，当为东普之师古拙俊。因其尝居繁昌，故有是称。明明河撰《补续高僧传》卷十五《如皎传》："疾愈，闻古拙俊公居繁昌，乃函香而往。"据明净柱辑《五灯会元续略》卷三《福林度禅师法嗣·太平府繁昌八峰山古拙俊禅师》、明通容集《五灯严统》卷二十三《福林度禅师法嗣·太平府繁昌八峰山古拙俊禅师》等，繁昌乃地名，位于太平府。太平府之辖境，相当于今安徽马鞍山和芜湖等地，治所在当涂。繁昌，县名，东晋在今合肥市东南侨置繁昌县，县因繁阳亭而得名。
④ 法孙：承传佛法之孙。一般指某衲子之再传弟子。宋赞宁《宋高僧传》卷六《唐彭州丹景山知玄传》："中和二年，弟子左街僧录净光大师僧彻传。法孙右街僧录觉辉，辉弟子伪蜀佑圣国师，重孙光业僧彖，绵绵瓜瓞，皆名公也。"然亦可泛指其若干代弟子。宋绍隆等编《圆悟佛果禅师语录》卷十四《示材知庄》："让师、清源、永嘉、南阳、荷泽、司空数十人，皆大宗师，何其尠欤？唯圣贤示化，退存亡，了然先照。然考其步骤，从微至著，不断世缘，而示妙规百世之下，不与为等。到今数百载，充遍寰海，列刹相望，皆其法孙。"宋重显颂古、克勤评唱《佛果圜悟禅师碧岩录》卷十之末《重刊圜悟禅师〈碧岩集〉疏》之二："大德壬寅中秋，住天童第七世法孙比丘净日拜手谨书。"
⑤ 夙植：早即具备。夙，早。《诗·齐风·东方未明》："折柳樊圃，狂夫瞿瞿。不能辰夜，不夙则莫。"毛传："夙，早；莫，晚。"宋崇岳、了悟等编《密庵和尚语录》卷上《示辉禅人》："夙植般若种智，英俊上士，才出母胎，立志挺然，与时流迥绝。"宋延一编《广清凉传》卷下《高德僧事迹十九之余·释志远》："师因夙植善本，每念辞荣。年二十八，乃启母出家。"
⑥ 德本：道德根本，即孝。东晋罽宾三藏瞿昙僧伽提婆译《增壹阿含经》卷三十二《力品》："时，以儿故，以一盖覆寺上，缘此德本，流转天人之间，数百千变为转轮圣王，或为帝释、梵天。"《孝经·开宗明义》："夫孝，德之本也"，唐玄宗疏："人之行，莫大于孝，故为德本。"唐王维《能禅师碑》："其有不植德本，难入顿门。"
⑦ 颖异：聪慧过人。宋正受编《嘉泰普灯录》卷二《舒州投子义青禅师》："青社人也。族李氏。（《续灯》曰王氏。非。）甫七龄，颖异，往妙相寺出家，试经得度。"
⑧ 韬隐：隐藏不露。《三国志·吴志·陆逊传》："若用之，当令外自韬隐，内察形便，然后可克。"唐道宣《续高僧传》卷十三《释道岳》："吾自弱岁隐沦，于兹暮齿，诚不欲干游人世，抱诚弃智。顷者吠声既静，则良政字民，五袴兴谣，两岐成咏，有欣美化，故不以韬隐自私，敢叙斯事。"清隆琦说、海宁等编《隐元禅师语录》卷五《住福州府长乐县龙泉寺语录》："兹者系远祖百丈老人脱白之处。然老人久侍江西马大师，自一喝三日耳聋之后，韬隐洪州百丈山中。"

山①几三十载，(▨▨)〔未尝〕②足蹈城市。其志在乎匡宗③树教④，(▨)〔确〕⑤乎其不可拔也！师之威遂▨⑥行秀整⑦精洁，德怯襟量，纯粹宏廓⑧。有犯之者，漠然无较。有交之者，坦然无疑。虽王公显宦，睹之者必加敬礼；虽真俗贤愚，见之必加庆

---

① 东山：即今龙泉山。
② 未尝：底本残缺。衡诸字形、揆诸字义、校诸语境，当为"未尝"。
③ 匡宗：匡正禅宗。明明河《补续高僧传》卷十一《智灯传》："出世，年始立也。而匡宗植道之志，隐然尊宿自居。"明文琇集《增集续传灯录》卷四《苏州万寿行中至仁禅师》："师旁通外典，尤邃于《易》。其所论著务在匡宗，不以此自多。"清心圆拈别、火莲集梓《掸黑豆集》卷五《绍兴府云门雪峤圆信禅师》："自念福薄德浅，言语不重，何能似古人匡宗行道？只可深埋山谷，茅屋石铛，挨一日是一日，有何道可悟、众生可度哉？"
④ 树教：树立教化。《晋书·司马孚传》："帝以孚明德属尊，当宣化树教，为群后作则，遂备置官属焉。"南朝宋谢庄《上封禅仪注奏》："臣闻崇号建极，必观俗以树教；正位居体，必采世以立言。"宋妙源编《虚堂和尚语录》卷四《双林夏前告香普说》："觉范知见广大，尝笺释《楞严》。其扶宗树教之文遍丛林，岂肯以无益之词，瞎后世学者眼？"
⑤ 确：底本残泐。据残存字迹及上下文义，所泐当为"确"。
⑥ 底本残泐已甚，无法辨识。
⑦ 秀整：俊秀严整。晋袁宏《后汉纪·桓帝纪上》："膺风格秀整，高自标持，欲以天下风教是非为己任。"梁慧皎《高僧传》卷七《释慧静》："姓邵。吴兴余杭人。居贫履操，厉行精苦，风姿秀整，容止可观。"宋祖琇《隆兴编年通论》卷十四："难提风神宏旷，仪韵秀整。善大小乘，通华梵两音。"
⑧ 宏廓：宽阔宏大。《陈书·后主纪》："高宗爱自在田，雅量宏廓，登庸御极，民归其厚；惠以使下，宽以容众。"宋张世南《游宦纪闻》卷十："凝式本名家，既不遇时，而唐梁之际以节义自立，襟量宏廓，竟免五季之祸。"宋赞宁《宋高僧传》卷二十七《唐越州开元寺昙休传》："释昙休，字德敷。姓李氏。器度宏廓，志行修敕。纳法已来，未容少缺；习通渐教，颇至精微。"

赞①。何则？盖以一诚而然②也。

师之门庭③严密，入理④幽玄⑤，三住大刹，各有指归⑥。尝设炉

---

① 庆赞：褒美赞叹。唐义净译《妙色王因缘经》："若有为我宣胜法者，我以金箱报其恩德，广设音乐而庆赞之。"宋志磐《佛祖统纪》卷二十八："宋满，隋时恒州人。念佛以小豆记数，满三十石，设斋庆赞。"宋惟白集《建中靖国续灯录》卷十九《泉州开元寺真觉大师》："王遂悟玄旨，密契宗风。即命四禅入宫升座，复求印可。饭千僧，阅大藏，以为庆赞。"

② 一诚而然：如此这般，全凭诚信。明道盛说、大成等评校《天界觉浪盛禅师全录》卷三十三《杂纪·学庸宗旨》："盖天地人物统于一诚，而合于圣人之至诚。"清慧海说、原澄等编《天王水鉴海和尚六会录》卷八《与许司马伯仲》："如此，宁不胜其刺血书经者？盖在一诚而感，不在形迹异同。为孝贤伯仲，诚明之行，可谓达矣。"清福度说、庆绪等编《东山梅溪度禅师语录》卷二《上堂二》："陈大廷请上堂。'为访吾门最上乘，几回冒雨到云城。今朝升座无余示，仍指中庸一点诚。'从上诸儒，莫不以此一诚而入：裴相国以此一诚而了心黄檗，白居易以此一诚而请益鸟窠，韩昌黎以此一诚而参礼大颠，张无尽以此一诚而发明兜率。从上诸儒既以此诚而入道，今日山僧亦以此诚而说法；只此如是之法，奉为陈大廷并法筵清众，伏愿正心诚意之旨直下圆通，了生脱死之方当阳透脱。正么时，荐取一句。怎么生道？但得不欺于个里，自然在处合中庸。'"

③ 门庭：本指正对着门的空阔之地。《易·节》："不出门庭，凶。"《周礼·天官·阍人》："掌扫门庭。"郑玄注："门庭，门相当之地。"代指家门。《初刻拍案惊奇》卷十八："我只是打死这贱婢罢！羞辱门庭，要你怎的！"此指门风，即指导学人的方便法门。宋守坚集《云门匡真禅师广录》卷上《对机三百二十则》："若向衲僧门下，句里呈机，徒劳伫思。门庭敲磕，千差万别。拟欲进步，向前过在。"宋妙宗编《如净和尚语录》卷上《台州瑞岩禅寺语录》："打破黑漆桶，十方空豁豁，爆雷一喝变通，掣电千机顿发，便可以东行撑架门庭，西班怒骂佛祖，收放绝来由，纵横透今古。正当恁么，且道不立功勋一句如何？大家头上添灰土。"

④ 入理：领会佛法。南朝梁简文帝《与慧琰法师书》："对玩清虚，既在风云之表；游心入理，差多定慧之乐。"宋才良等编《法演禅师语录》卷下《偶作》："古纵禅禅，入理深渊。无形无状，千难万难。后生晚长，心坚石穿。"元念常《佛祖历代通载》卷十六："从闻入理，闻理深妙。心自圆明，不居惑地。虽有百千妙义抑扬当时，此乃得坐披衣自解作计。"

⑤ 幽玄：本谓幽深玄妙。《周书·武帝纪上》："至道弘深，混成无际，体免空有，理极幽玄。"此指教人佛法的门径深隐玄妙。唐慧然集《镇州临济慧照禅师语录》："道流！寔情大难，佛法幽玄，解得可可地。"宋道原《景德传灯录》卷二十九《志公和尚十四科颂·事理不二》："妄想本来空寂，不用断除攀缘。智者无心可得，自然无争无喧。不识无为大道，何时得证幽玄。"

⑥ 指归：原指主旨或意向。《三国志·吴志·诸葛瑾传》："与权谈说谏喻，未尝切愕，微见风彩，粗陈指归。如有未合，则舍而及他。"此指独特风格。宋才良等编《法演禅师语录》卷下《示禅者二首》之一："学道先须得指归，闻声见色不思议。长天夜夜家家月，影落澄潭几个知。"南宋善果集《开福道宁禅师语录》卷上："毕竟指归自何而得？还知么？青山不锁长飞势，沧海合知来处高。"

鞴钳锤，锻炼㈲〔衲〕① 子，皆以正大接人②，绝无偏倾许可。四方缁流云集座下，然非宗说俱通③、福慧双足④、理事兼备⑤、体用

---

① 衲：底本作"袦"，形讹。
② 正大：本指弘正极大。《易·大壮》："正大，而天地之情可见矣。"王弼注："弘正极大，则天地之情可见矣。"此指法门端正不邪。宋赜藏主集《古尊宿语录》卷十三《赵州真际禅师语录并行状卷上》："问：'了事底人如何？'师云：'正大修行。'"禅仆贵以正大接人。清王文南《空谷和尚语录序》："夫祖禅印证，惟贵本地风光。以师之正大接人，头端尾直；以师之圆明方便，四照六通。古有床上接、有床下接，苟世不必尽上根正令，所提万心毕照，有不十智同真也哉。"
③ 宗说俱通：此乃禅宗秉持的《楞伽经》的观点。刘宋求那跋陀罗译《楞伽阿跋多罗宝经》卷三《一切佛语心品》："尔时，大慧菩萨复白佛言：'世尊！唯愿为我及诸菩萨说宗通相。……佛告大慧：'一切声闻、缘觉、菩萨，有二种通相，谓宗通及说通。大慧！宗通者，谓缘自得胜进相，远离言说文字妄想，趣无漏界自觉地自相，远离一切虚妄觉想，降伏一切外道众魔，缘自觉趣光明晖发。是名宗通相。云何说通相？谓说九部种种教法，离异不异、有无等相，以巧方便，随顺众生如应说法，令得度脱。是名说通相。大慧！汝及余菩萨，应当修学。'"南宋大观编《北涧居简禅师语录》之《湖州铁观音禅寺语录·当晚小参》："径山四道旧至。上堂。'一人宗通，病在内。一人说通，病在外。一人宗说俱通，病在见闻。一人触事不会，东倒西擂。且道谁是不会底？'（掷主丈，下座。）"明衍衍撰《诸上善人咏·长芦宗赜禅师（五十三）》："宗说俱通世共闻，莲华胜会策全勉。后人欲报劬劳德，修行须遵劝孝文。"
④ 福慧双足：福德和智能皆臻达至善之境。元普度编《庐山莲宗宝鉴》卷九《净土成佛》："金刚定后，菩萨因圆。解脱道中，如来果满……十号俱彰，三身圆显。具九十七种大人相，放八万四千大光明。悲智俱融，福慧双足。现居十重报土，能垂万类化身。"明幻轮编《释氏稽古略续集》卷二《壁峰禅师》："师丰伟端重，福慧双足，所至皆化，不啻生佛出现云。"明明河《补续高僧传》卷十四《金碧峰传》："师体貌丰伟端重，寡言笑，福慧双足，所至化之。"
⑤ 理事兼备：道理与事相并具。即理事无碍。理，真谛；事，俗谛。唐道宣述《释门归敬仪》上卷《随机立教篇第三》："入道多门，不过理事。理谓道理，通圣心之远怀。事谓事局，约凡情之延度。"清弘储说、济玑等编《南岳继起和尚语录》卷十《南岳正续录卷下》："一花未发，五叶茫然。山长水远，白日青天。理事兼备，福慧两圆。达磨西来，尊之曰禅。"清大奇说、兴舒等编《观涛奇禅师语录》卷一："向者一片田地进得一步、着得一眼，自然出生一切佛祖，含育一切有情，安立一切世界，庄严一切报土，折伏一切魔外，圆成一切种智。于一茎草上现琼楼玉殿，始能圆中规，方中矩，横斜延表，宽广低昂，理事兼备，因果一如。"

两全①者，曷克把断②要津、翻勘来风③、大葳④宗乘⑤、广敷⑥象教⑦也哉！

---

① 体用两全：本体和功用皆具。体，本体或实体；用，作用、功用或用处。"体用"并举，始于《荀子·富国》："万物同宇而异体，无宜而有用，为人数也。"按，体用本乃中国哲学的基本范畴。《易·系辞上》："故神无方而易无体。"中国佛教则将之与印度佛教的真、俗二谛义结合起来，用以解释性相、理事、寂照、定慧、空色、法界缘起等观念。修行者，亦追求体用双全。宋宗永集、元清茂续集《宗门统要正续集》卷六《南岳下第三世》："玉泉琏云：'直饶体用两全，争奈当头蹉过。'"明德清《庄子内篇注》卷四《大宗师》："次《德充符》，以明圣人忘形释智，体用两全，无心于世而与道游，乃德充之符也。"
② 把断：意为把住。宋汪元量《越州歌》之三："官司把断西兴渡，要夺渔船作战船。"宋才良等编《法演禅师语录》卷中《舒州白云山海会演和尚语录》："德山不答话，千古把断要津。白云今夜小参，未审如何施设？"宋惟白集《建中靖国续灯录》卷二十九舒州浮山法远圆鉴禅师《禅将交锋歌》之二："善藏锋，巧回互，把断要津谁敢指。香象咆哮海岳摧，师子嚬呻凡圣惧。"
③ 翻勘来风：检讨过去的禅风。翻，谓反复研讨。唐高适《赠杜二拾遗》诗："听法还应难，寻经剩欲翻。"勘，核对、校订。白居易《题诗屏风绝句》："相忆采君诗作障，自书自勘不辞劳。"宋苏舜钦《送韩三子华还家》诗："勘书春雨静，煮药夜火续。"翻勘，反复检视，再三回味。隋天竺三藏达摩笈多译《佛说药师如来本愿经》卷首《药师如来本愿功德经序》："深鉴前非，方惩后失。故一言出口，必三覆乃书，传度幽旨，差无大过。其年十二月八日翻勘方了，仍为一卷。"
④ 大葳：大力完善。
⑤ 宗乘：此谓禅宗之文物、文献、教义、宗旨和禅风等。宋绍隆等编《圆悟佛果禅师语录》卷十八："云门可谓驱耕夫牛，夺饥人食，权衡佛祖，龟鉴宗乘。所以后来尊宿各出眼目，扶立宗风。"宋道原《景德传灯录》卷十八《福州玄沙师备禅师》："仁者！汝宗乘是什么事？不可由汝身心用工庄严便得去，不可他心宿命便得法。""所以道，大唐国内宗乘中事，未曾见有一人举唱。设有人举唱，尽大地人失却性命，如无孔铁槌相似，一时亡锋结舌去。"
⑥ 广敷：或作敷广。广泛传播。南朝齐王融《为竟陵王与隐士刘虬书》："今皇风丕穆，至道弘被，四海不溢，五岳不尘，胶序肇修，经法敷广。"宋楚圆集《汾阳无德禅师语录》卷下《略序四宗顿渐义》："夫法师者，登狻猊座，广敷妙义；谈二空理，理契圆常；开顿渐之门，择圣凡之慧：随方处药，量器堪任。"宋子淳颂古、元从伦评唱《林泉老人评唱丹霞淳禅师颂古虚堂集》卷四第六十则《问百岩禅〈禅定〉》："或曰：'林泉答禅，何太纤廉乎？'但向道：'捏聚放开全在我，广敷略说更由谁。复看丹霞如何折合？'"
⑦ 象教：佛教产生一段时间以后，其弟子因思念佛陀，刻木为其像，用以化人；人谓佛教以形象教人，故称之为象教。唐道宣《广弘明集》卷二十梁元帝《内典碑铭集序》："自象教东流，化行南国，吴主至诚，历七霄而光曜；晋王画像，经五帝而弥新。"王维《工部杨尚书夫人墓志铭》："男以无双令德，降帝子于凤楼；女则第一解空，归法王之象教。"明元贤集《禅林疏语考证》卷一《彝典门·中元》："桂花初秀，月当少昊之司权；蕙笑齐开，日际目连之设供。恭修象教，恪达蚁诚。"

迩者①，参学门徒将师住山、上堂、小参、升座、普说，与夫开示、问答、山居、颂古②、题号"纲宗"③诗偈法语等篇，编而成集，厘④为十卷，欲寿诸梓⑤，以广其传。

---

① 迩者：近来。宋智圆《闲居编》卷二十四《答李秀才书》："陇西秀才昨惠书，属愚故疾屡作，而弗果答；迩者，又以手简为贶，遂并而阅之。而皆辞理端劲，志气激扬。"明袾宏《云栖法汇》卷二十《答桐城孙镜吾居士广宇》："迩者复疏钞《弥陀》，又于方便中作最殊胜方便。"
② 从住山、上堂直到颂古，皆《楚山绍琦禅师语录》中的类别。
③ 纲宗：纲要宗旨。《楚山绍琦禅师语录》中，有数处题有"纲宗"二字。唐慧然集《镇州临济慧照禅师语录》："山僧此日以常侍坚请，那隐纲宗？还有作家战将直下展阵开旗么？对众证据看。"宋赜藏主编《古尊宿语录》卷二十六《舒州法华山举和尚语要·纲宗》："两刃交锋事嶮巇，沙场六月雪花飞。如今更拟圆真实，白眉应教入素闱。"明德清阅《紫柏尊者全集》卷二《法语》："迩来大人不现，魔外充斥，无论黑白，微有知解，便谓已了。于古德机缘之中，纲宗不别，明暗犹豫，得为虚名，甘昧自心，强横批判。逞一时之情，结长劫之业。此所谓因地不真，果招迂曲。"
④ 厘：本义为治理、处理。此谓区分、分开。宋正受编《嘉泰普灯录》卷二十二《圣君·真宗皇帝》："赐前偈令和，逸谢恩已，厘为四章。"明宋奎光撰《径山志》卷五王世贞《刻大藏缘起序》："至唐而法师玄奘，西游天竺诸方，遂悉奉诸经及慈氏所撰《唯识》诸论来，厘为三藏，官置司翻译。"
⑤ 寿诸梓：即寿梓。详上注。《高峰原妙禅师语录》卷首明云栖袾宏《元高峰大师语录序》："独恨大藏未收，坊刻尚鲜，怏怏于胸中者三十年。乃今以其旧本，重寿诸梓。"明道忞《布水台集》卷十四《四明空林远禅师塔铭》："顺治丁亥，润公告寂。师赴吊钱唐，为主后事；校雠其遗稿，寿诸梓而后返。习习谷风，维风及雨。师至是亦无意人间世矣，由是徜徉山水，或吴或越，居无定迹。"

师嘱余为序。余将师语录前后细观，见师机辩①圆活，履

---

① 机辩：本谓机智而善于言辞。《晋书·儒林传·潘京》："为州所辟，因谒见问策，探得'不孝'字。刺史戏京曰：'辟士为不孝邪？'京举版答曰：'今为忠臣，不得复为孝子。'其机辩皆此类。"此指通达禅理、思维敏捷且言语犀利。后秦佛陀耶舍共竺佛念译《长阿含经》卷十四《第三分梵动经第二》："世间有沙门、婆罗门广博德闻，聪明智慧，常乐闲静，机辩精微，世所尊重，能以智慧善别诸见。"宋赜藏主集《古尊宿语录》卷三十四李弥逊《宋故和州褒山佛眼禅师塔铭》："师七年未尝妄发一语。一日有所契，洞彻超诣，机辩峻捷，莫当其锋。"宋德洪《冷斋夜话》卷一："世祖望见，谓谢庄曰：'摩诃衍有机辩，当戏之。'跋陀趋外陛，世祖曰：'摩诃衍不负远来，惟有一死在。'即应声曰：'贫道客食陛下三十载，恩德厚矣，无所欠，所欠者惟一死耳。'"或作"机辨"。明谢肇淛《五杂俎·事部四》："僧贯休有机辨，杜光庭欲屈其锋，每相见，必伺其举措以戏调。"

造①空实②；发挥佛祖向上巴鼻③，剖析宗门格外机缘④；语无凝

---

① 履造：臻达境界。清通云说、行正等编《雪窦石奇禅师语录》卷十四《黎太冲居士像》："阔目长髯，清神古道。韵出儒林，衲僧履造。如我意把柄在手，顶门上日轮杲杲。悠悠坐断楚阳城，世出世间揖此老。"
② 空实：虚实，无有。南朝宋谢灵运《与诸道人辨宗论》："灭累之体，物我同忘，有无一观；伏累之状，他己异情，空实殊见。"《金刚三昧经》卷下《真性空品》："如义语者，实空不空，空实不实，离于二相，中间不中。"宋延寿集《宗镜录》卷五十三："说空无我等是共相者，从假智说。此但有能缘行解，都无所缘，空实共体。入真观时，则一一法皆别了知，非作共解言说。"
③ 巴鼻：亦作"巴臂""把鼻""把臂"。实即"把鼻"。意为抓住牛鼻子。倘能把握穿于牛鼻之绳子，即可掌控牛而利用之。引申为可把持之关键。犹言根据、来由、把柄。《佛果圜悟禅师碧岩录》卷首弟子普照《碧岩序》："至圣命脉，列祖大机，换骨灵方，颐神妙术。其惟雪窦禅师具超宗越格正眼，提掇正令，不露风规，秉亲佛煅祖钳锤，颂出衲僧向上巴鼻。银山铁壁，孰敢钻研？蚊咬铁牛，难为下口。不逢大匠，焉悉玄微？"《类书纂要》十二云："没巴臂，作事无根据也。"宋才良等编《法演禅师语录》卷中《舒州白云山海会演和尚语录》："风和日暖，古佛家风。柳绿桃红，祖师巴鼻。眼亲手办，未是惺惺。口辩舌端，与道转远。从门入者，不是家珍。且道毕竟如何相见？"
④ 格外机缘：特别机缘。明智旭辑释《重治毗尼事义集要》卷二："若论通途轨式，则《僧祇》《五分》应从。倘有格外机缘，则《十诵》《毗尼》可用。至于《梵网》，自指菩萨戒，非比丘戒也。"机缘，众生信受佛法的根机和因缘。佛教向来强调，在教化众生时，当契合其根机，顺应其因缘。唐义净译《金光明最胜王经》卷一《如来寿量品》："然佛世尊无有分别，随其器量善应机缘，为彼说法，是如来行。"禅宗当然亦遵循这一原则。宋道原《景德传灯录》卷四《嵩岳慧安国师》："（坦）然言下知归，更不他适。（怀）让机缘不逗，辞往曹溪。"宋集成等编《宏智禅师广录》卷八《虚禅人发心丐田》："虚廓襟怀作丐游，机缘处处相投。开田大义聊舒手，得意忘言暗点头。白牯耕回山月晓，金刀剪断野云秋。长连跌坐通身饭，一饱分明百不忧。"

滞①造作②,俱是信意吐谈③:妙见精微,自成文彩,一一皆从自

---

① 语无凝滞:无凝滞,乃禅宗追求的最高境界。宋侍者善清编《慈受怀深禅师广录》卷一《慈受深和尚焦山语录》:"法无凝滞,去来本体皆如。道亦随缘,溪山何曾有间。须知住中无住而却住,行时不行而却行,开门方喜冷啾啾,平地忽然闹浩浩。如拳作掌,开合有时;似水生波,动静无定。且道不涉去来底是什么人?月行云外无心照,水到人间任运圆。"弘法之语言文字,亦应臻达这种水平。明德清阅《紫柏尊者全集》卷首弟子贺烺《紫柏大师集跋》:"嘻!初祖不立文字,直指人心;大师不离文字,亦指人心:其揆一也。烺尝见侍者握管旁立,大师冲口而出,侍者奋腕疾书,犹苦不给。一纸既盈,复易一纸,如泉喷地,琅琅不停。自非见地圆明、了无凝滞,曷至此乎!"紫柏的这种程度,就是"语无凝滞"。
② 造作:本谓制造、制作。《汉书·毋将隆传》:"武库兵器,天下公用,国家武备,缮治造作,皆度大司农钱。"《百喻经·五百欢喜丸喻》:"今我造作五百欢喜丸,用为资粮,以送于尔。"此指非自然的有意做作、矫揉作为。唐慧然集《镇州临济慧照禅师语录》:"道流!切要求取真正见解,向天下横行,免被这一般精魅惑乱。无事是贵人,但莫造作,只是平常。尔拟向外傍家求过觅脚手,错了也。"宋陈善《扪虱新话·论俗人之俗》:"平日无佳论,而临事好造作,此俗人也。"明袾宏辑《皇明名僧辑略》之《天琦瑞禅师·示众》:"吾观此辈,不识常住妙心,妄生功用,沉沦多劫,不悟玄源;纵经尘劫,只名造作,于理转丧,有何益哉!"
③ 信意:原指诚意。《资治通鉴·魏元帝咸熙元年》:"我要自当以信意待人,但人不当负我耳,我岂可先人生心哉!"此谓随意、任意。宋蕴闻编《大慧普觉禅师语录》卷十八:"盖在衡阳时,因达友蔺庭彦所请,当时信意一笔写成。与《维摩》赞言语虽不同,大意相似。"宋道胜、圆净录《保宁仁勇禅师语录·颂古》:"生平疏逸无拘捡(检),酒肆茶坊信意游。汉地不收秦不管,又骑驴子过扬州。"明圆修说、通琇编《天隐修禅师语录》卷十七《颂古》:"荣荣春色草依依,老牧横牛信意骑。堪笑迷途云水客,异中有路不知归。"俱是信意吐谈,即"语无凝滞造作"也。

己胸中流出。所以越格超宗①，惊群动众②，有非平实庸琐③者之可仿佛④也。非获大因缘、具大福报，焉能得佛心而践佛理、传祖衣而绍祖灯者乎⑤！

---

① 越格超宗：越格，不依旧例的格式形式。超宗，不立真如佛性等的手段方法。犹言超凡越圣，禅见迥异于他人，鹤立鸡群。宋绍隆等编《圆悟佛果禅师语录》卷七《上堂七》："大众！日沉沉，风飒飒，万世只如今。云霭霭，水潺潺，当处全体现。黏皮著骨底，未免论性论心；越格超宗底，便道拖泥涉水。殊不知，人人有坐断天下人舌头分，个个具有金刚正眼。若能未举先知、未言先觉，则'路逢达道人，不将语默对'；到个里似金博金，如水入水，便乃全凭此个恩力去也。"宋慧空撰、惠然编《雪峰空和尚外集》"法语"："法语既盛行天下，宜乎具越格超宗眼目者，倍万古人。今人反不如是，画饼不充饥耳。"又作"超宗越格"。宋重显颂古、克勤评唱《佛果圆悟禅师碧岩录》卷首弟子普照《〈碧岩录〉序》："至圣命脉，列祖大机，换骨灵方，颐神妙术。其惟雪窦禅师具超宗越格正眼，提掇正令，不露风规。"

② 惊群动众：令大家惊奇，惊动众人。宋重显颂古、克勤评唱《佛果圆悟禅师碧岩录》卷二："佛祖大机，全归掌握。人天命脉，悉受指呼。等闲一句一言，惊群动众；一机一境，打锁敲枷。抛向上机，提向上事。"弟子子文编《佛果克勤禅师心要》卷上《法王冲长老》："行脚超方，本为生死事大，接物利生。为大善知识，止发明大事因缘。此相须相资之理，自古已然。唯堪任荷负大法器，乃能于壁立万仞宗师炉鞴钳锤中，煅炼成就，始末真正。除是不出，一出必惊群动众定也。盖缘承当处既不莽卤，付授时亦不率易。"明袁宏道《与黄平倩书》："凡事只平常去，不必惊群动众。"又作"惊群动众"。

③ 庸琐：平庸卑下，不识大体。唐张鹭《朝野佥载》卷四："周春官尚书阎知微，庸琐驽怯。使入蕃，受默啜封为汉可汗。"宋陈亮《酌古论·桑维翰》："张敬达以庸琐之才，统兵以攻石敬瑭。"《明史·奸臣传序》："马士英庸琐鄙夫，饕残恣恶。"明明撰、毛晋编《牧云和尚懒斋别集》卷三《灵岩戒雷法师传》："有顷，余又携公巡堂，见皆苦寒参学之士，非饱暖庸琐之流。"

④ 仿佛：大致相似。宋蕴闻编《大慧普觉禅师语录》卷十二《法宏禅人求赞》："不曾着舌头，葛藤已遍天下。等闲一击虚空，随手便成缝罅。法宏貌得吾真，仿佛镇州普化。我今写赞上头，要作丛林佳话。"元梵琦楚石首和、清福慧野竹重和《天台三圣诗集和韵》之《寒山子诗并和共九百二十一首》其一有云："昨见一群僧，袈裟福田相。清晨入市廛，仿佛如来样。开口论货财，妒人生怨怅。"明法藏说、弘储记《三峰藏和尚语录》卷三《住苏州邓尉山圣恩禅寺语》："十万里来不说一字，依稀像达磨，仿佛同真谛。芭蕉柄上书梵字，蝌蚪虫文不相似。"

⑤ 非获大因缘、具大福报，焉能得佛心而践佛理、传祖衣而绍祖灯者乎：与本文前面"虽乎如（囗）〔如〕传授之人，苟非负大根器、具大辩才、获大因缘、交大福报者，乌能得乎佛心、践乎佛理、阐乎佛教、传乎祖衣、绍乎祖灯、彰乎祖道也哉"之语，相互呼应。

昱与师交之久、知之深，因其征①序，辞之愈坚，嘱之愈确②。但愧笔头无眼，不能揭露师之微隐③，强述梗概于卷末也，故有具金刚正眼④者为之再叙。

成化丁亥⑤十月吉日，南山居士⑥、蕲春白夫⑦刘昱⑧书。

---

① 征：求取，索取。《左传·昭公二十五年》："鸲鹆跦跦，公在乾侯，征褰与襦。"《吕氏春秋·达郁》："管仲觞桓公。日暮矣，桓公乐之而征烛。"高诱注："征，求也。"《华阳国志·蜀志》："民失在于巫好鬼妖。"唐韩偓《欲明》诗："岳僧互乞新诗去，酒保频征旧债来。"《笑岩大欣禅师语录》卷四之首《竺原禅师注证道歌序》："两住番之妙果也。倦于涉世，谢归南巢。海内禅衲大至，室无所容。有以真觉《证道歌》请标注。师随问析之，学者笔录成帙。愿刻诸梓以惠来学，而征序于予。"
② 确：坚定，坚决。《易·乾》："乐则行之，忧则违之，确乎其不可拔。"陆德明释文："确，苦学反。郑云：坚高之貌。"晋袁宏《三国名臣序赞》："堂堂孔明，基宇宏邈……初九龙盘，雅志弥确。"宋запримет《黄龙慧南禅师语录·自述真赞》："禅人图吾真，请吾赞。嘻！图之既错，赞之更乖。确命弗迁，因塞其意。"
③ 微隐：精深隐秘。《后汉书·李通传》："夫天道性命，圣人难言之。况乃亿测微隐，猖狂无妄之福，污灭亲宗，以献一切之功哉!"梁慧皎《高僧传》卷八《释昙度》："后游学京师，备贯众典，《涅槃》《法华》《维摩》《大品》，并探察微隐，思发言外。"宋赞宁《宋高僧传》卷三十《梁成都府东禅院贯休传》："时韦蔼举其美、号所长者，歌吟讽刺，微隐存于教化，体调不下二李白贺也。"
④ 金刚正眼：如金刚般坚固不移、无坚不摧之正法。宋绍隆等编《圆悟佛果禅师语录》卷六《上堂六》："顶门阐金刚正眼，始辨大机。杀人不眨眼底汉，立地成佛，方明大用。有事如此，犹只是吾门建法幢、立宗旨题向在。且向上还有事也不？"宋师明集《续古尊宿语要》卷三《圆悟勤禅师语·示裕书记》："若具金刚正眼，须洒洒落落，唯以本分事接之。"正眼，即"正法眼藏""清净法眼"。禅宗心目中的正法，即师徒之间自佛陀以来于教外心心相传的心印。宋道原《景德传灯录》卷九《洪州黄檗希运禅师》："不道无禅，只道无师。阇梨不见，马大师下有八十八人坐道场，得马师正眼者止三两人，庐山和尚是其一人。"
⑤ 成化丁亥：即成化三年，公元1467年。
⑥ 南山居士：刘昱之号。
⑦ 蕲春：西汉高祖六年（前201），置蕲春县。东汉建安十三年（208），分江夏郡而置蕲春郡，治所在蕲春（今蕲春县蕲州镇西北）。辖境相当于今湖北罗田、黄冈以南，长江以北之地。以该地水域中多蕲菜而得名。蕲菜，即楚菜，俗称"水芹菜"，春天长势旺盛、生机勃勃。晋太康元年（280）废。隋大业、唐天宝和至德时，尝改蕲州为蕲春郡。此后屡有变化。明初设蕲州府，治蕲春，下辖蕲春等县。后降蕲州府为蕲州；又撤蕲春县，以州领县事，外领五县。洪武十一年（1378），蕲州所辖蕲水、罗田两县改属黄州府，蕲州只代辖广济、黄梅两县。也就是说，刘昱撰序时，蕲春就是蕲州治所在地，不过是时已无蕲春县，只是沿用"蕲春"旧名而已。按，1912年中华民国建立之后，方复蕲春县；今之蕲春县，隶属于黄冈市。白夫：当指百姓。蕲春白夫，亦刘昱之号。
⑧ 刘昱：化迹不详。

楚山和尚住同安①投子禅寺②语录卷之一：入院法语③

参学门徒　祖瀹④　集

师于景泰初，览胜江南，还经同安，因游三祖⑤。爱皖山⑥幽绝，遂栖天柱⑦数载。安庆檀豪向师道风，请开法于桐城⑧投子寺⑨。景泰五年⑩十月初七日入院。

---

① 同安：郡县名。隋大业三年（607）所置。下辖同安等县，治所同安，即今安徽桐城。唐改同安县为桐城县。南宋绍兴十七年（1147），改德庆军为安庆军；军名乃各取同安郡和德庆军之名的一字而成；辖境包括原同安郡等地。庆元元年（1195），升舒州为安庆府，治所在今安徽安庆市。此所谓同安，乃沿用隋旧县名。须注意者，古代泉州府亦有同安县，晋朝所置。
② 投子禅寺：即舒州投子寺。在今安徽安庆市投子山中。
③ 入院法语：底本无。因本卷收录了绍琦和尚最初所开法语，版心皆有"法语"二字，且卷二亦有"表扬法语"四字，故以名之。
④ 祖瀹：楚山绍琦弟子。《楚山绍琦禅师语录》的主要记录者和整理者之一。
⑤ 三祖：即三祖寺。又称"乾元禅寺""山谷寺"。在安庆府（今安徽安庆市）天柱山中。传说乃南朝宝志禅师所创建，后经禅宗三祖僧璨扩建，始誉满天下。寺中有与三祖、宝志和黄庭坚等有关的名胜。南宋张孝祥之子、舒州知府张同之誉之为"禅林谁第一？此地冠南洲"。
⑥ 皖山：即"皖公山"。又名"天柱山"。
⑦ 天柱：天柱山，即皖山。
⑧ 桐城：县名。唐改同安县而置。以桐乡为名（《太平寰宇记》）。春秋时桐子国、桐国所在地。汉置龙舒、枞阳二县；隋设同安县，唐改桐城县，明沿袭。地处大别山边缘。今属安徽安庆市。明清之际，此地形成了以刘大櫆、方苞和姚鼐等为代表的文学派别——桐城派。
⑨ 投子寺：在投子山中。
⑩ 景泰五年：即1454年。景泰，明代宗朱祁钰年号。

入院①法语

山门

古佛门庭，现城风月。未审今来如何施设？

咄！一唱掀开向上关，丛林千古为规则。

佛殿

"不以佛求②，不作相见③，合作么生？"遂弹指云："直下荐取。"便礼拜。

龙神

聪明有道，正直无私。不忘外护，大显神威。

咄！兵随印转，将逐符移。

祖师

鼻直眉横，做模打样。好与拽下禅床，一一从头吃棒。

咄！非是无情，当仁不让。

---

① 入院：底本无。据语境添加。
② 不以佛求：宋惟白集《建中靖国续灯录》卷十一《温州瑞安寿圣僧印禅师》："师云：'将心问佛如天远，以佛求心道转赊。若遇云门行正令，须教棒下识龙蛇。'良久，云：'具眼者辨取。'"
③ 不作相见：刘宋求那跋陀罗译《楞伽阿跋多罗宝经》卷三《一切佛语心品》："心量不可见，不观察二心。摄所摄非性，断常二俱离。乃至心流转，是则为世论。妄想不转者，是人见自心。来者谓事生，去者事不现。"清释函是《楞伽经心印》卷六："第三、四偈，即示人于能所远离时，默然自契，不作相见。所谓'一切无有真，不以见于真，若见于真者，是见尽非真'。"

据室

拈拄杖云:"据令提宗,只凭这个,三要印开,天魔胆破。任是铁额铜头,到此也须按过。"

祖塔

石塔锁寒云,祖师面目尚存。空阶飘落叶,古佛真机犹在。始终不灭,乌鸦啼处晓天红;今古长存,野鹤唳时霜月白。

升座法语①

"住持远孙某新承教命,忝住山门,仰藉遗庥②,特陈菲供:酌虎泉之玉液,爇龙脑之清芬。伏希吾祖起那伽定③,豁笑眼于湛寂,光中现不空身;展慈容于玉毫,影里鉴我微忱。乞为点首,尚冀颓网复振旧话,重行祖道,有光宗风无替。"遂拈香展拜,升座。

指座云:"踏着佛阶级,一步高一步。抹过上头关,全身俱

---

① 升座法语:底本无,据语境补。
② 遗庥:祖先遗留之福泽。
③ 那伽:梵语 nāga 之音译。本意为龙、蛇或象。在南亚,多谓神话化的眼镜王蛇。中土一般指龙。宋法云编《翻译名义集》卷二《八部篇第十四》:"那伽,此云龙。《别行疏》云:龙有四种,一守天宫殿,持令不落,人间屋上作龙像之尔。二兴云致雨,益人间者。三地龙,决江开渎。四伏藏,守转轮王大福人藏也。" 那伽定:致习定者成龙而定止于深渊之定;或延寿以会弥勒之定。宋道原《景德传灯录》卷五《寿州智通禅师》:"大圆镜智性清净,平等性智心无病。妙观察智见非功,成所作智同圆镜。五八六七果因转,但用名者无实性。若于转处不留情,繁兴永处那伽定。"明居顶辑《续传灯录》卷二十八《临安府灵隐瞎堂远禅师》:"繁兴永处那伽定。那伽常在定,无有不定时,乃至风动尘起云行雨施,悉皆在定。"

显露。咄！须弥灯王请过一边。"

登座拈香，云："臣①僧某䒳向宝炉，端为祝延今上皇帝陛下圣躬万岁万岁万万岁。钦愿金轮统御三千界，玉历延洪亿万春。"

次拈香，云："此一瓣香，大众还知来处么？今日不辞对众拈出，奉为西川东普道林无际大和尚，不图②报德，只贵知宗。"遂敛衣就座。

上首白槌罢，师云："曾泛扁舟游四海，垂钩自惯钓鲸鳌。如今大展罗笼手，不惮长江风浪高。众中莫有不顾性命者么？出来道一句看。"时有明禅人出问云："和尚远离皖山，来据投子。海众临筵，请师祝圣。"师云："鼎内长生篆，峰头不老松。"进云："祝圣已蒙师旨。投子家风事若何？"师云："提瓶穿市过，不是卖油（▨）〔翁〕③。"（▨▨）〔进云〕④："只如祖师道'不许夜行，投明须到'⑤，还端的也无？"师云："虽然眼里有筋，争奈舌头无骨。"进云："赵州道'我是侯白，更有侯黑'⑥，意作

---

① 臣：底本以小字雕印。
② 图：底本作"圖"。唐玄应《一切经音义》卷八《维摩经》下卷音义"所图"条："案，诏定古文官书：图、圕二形同。达胡反。"清玉眉说、空谧编《玉眉亮禅师语录》之《书问·候应真和尚》："空启上达，容圕面礼不宜。"
③ 翁：底本残泐过甚，无法辨识。考明元贤辑《继灯录》卷六《成都府东山天成寺楚山绍琦禅师》有"提瓶穿市过，不是卖油翁"语，再据其他文献，知所阙为"翁"。
④ 进云：底本残阙。明元贤辑《继灯录》、明曹洞宗僧净柱辑《五灯会元续略》、明临济宗僧通容集《五灯严统》和明末清初临济宗通问编定《续灯存稿》等，于是处皆只有"曰"字。据上下文，所阙当为"进云"。
⑤ 不许夜行，投明须到：宋道原《景德传灯录》卷十五《舒州投子山大同禅师》："赵州问：'死中得活时，如何？'师曰：'不许夜行，投明须到。'"按，《赵州和尚语录》中，亦有是语。
⑥ 我是侯白，更有侯黑：宋道原《景德传灯录》卷十五《舒州投子山大同禅师》："赵州问：'死中得活时，如何？'师曰：'不许夜行，投明须到。'赵州曰：'我早侯白，伊更侯黑。'"

么生？"师云："不因弓矢尽，未（▨▨▨）〔肯竖降〕① 旗。"进云："雪峰九上洞山，三登投子，未审明甚么边事？"师竖拂子，云："会么？"明亦竖起拳头，云："莫不便（▨）〔是〕② 这个道理么？"师云："你道这个是甚么道理？"明拟议，师打一拂子，云："现成公按③，放汝二十棒，参堂去。"进云："▨▨千古下，旧话（▨）〔又〕④ 重圆。"⑤ 师云："明眼人前，不得错举。"明云："谢师指示。"作礼而退。

---

① 肯竖降：底本残泐三字。明元贤《继灯录》、通容《五灯严统》、净柱《五灯会元续略》、通问《续灯存稿》，清超永《五灯全书》、聂先《续指月录》、真在《径石滴乳集》、性统《续灯正统》、通醉《锦江禅灯录》、心圆《揞黑豆集》等文献中有关楚山绍琦的部分，皆有"不因弓矢尽，未肯竖降旗"，故知所阙为"肯竖降"三字。
② 是：底本残泐。据残存字迹及上下文义，所阙当为"是"。
③ 按："案"之音讹。
④ 又：底本泐一字。清悟进说、真理等编《介庵进禅师语录》卷九《住敬畏庵示众》："慧命悬丝入隐川，那期旧话又新圆。儿孙殃及重拈出，夜半优昙火里鲜。"据残存字迹及上下文义，所阙似为"又"。
⑤ 按，修习古德话头，乃禅门传统。《白云守端禅师广录》卷二宋法演编《舒州白云山海会禅院语录》："白云又得一夏，说尽灵山旧话。虽然移东补西，直到如今话霸。"元元浩等编《古林清茂禅师语录》卷四《小参谱说》："九十日长期告满，二千年旧话重圆。"清净符汇集《宗门拈古汇集》卷四十一《南岳芭蕉谷泉禅师》："诸德！你若捡点得出，非唯圆他古人旧话，亦免今日钝置我无传和尚。"

师召众，云："最初好个囫囵消息，适来被大宁①宗主和尚②一槌击碎了也，直得香风匝地、花雨飘空、顽石点头、木人抚掌。山光水色，头头彰古佛真机；鸟韵松声，法法演圆常妙偈。所谓'目前无法，意在目前'，'非耳目之所能到'③。"良久，云："岭畔玉梅将吐瑞，篱边黄菊正飘香。"

复举。"昔日开山和尚因入市买油，忽遇赵州问云：'莫便是投子庵主么？'祖云：'茶盐钱施我一文。'州云：'久响投子，到来只见个卖油翁耳。'祖云：'汝只见卖油翁，要且未见投子在。'州云：'如何是投子？'祖提起瓶，云：'油！油！'便归庵。州随后登山。次日相看，一见便问：'大死的人却活时，如何？'祖

---

① 大宁：俟考。
② 宗主：原指宗子，即一姓的继承人。《左传·襄公二十七年》："齐崔杼生成及彊而寡，娶东郭姜，生明……崔成有疾而废之，而立明。成请老于崔，崔子许之，偪与无咎弗予，曰：'崔，宗邑也，必在宗主。'"杜预注："宗邑，宗庙所在。宗主，谓崔明。"引申为某一领域有大成就、堪为代表或权威者。《三国志·魏志·傅嘏传》"嘏弱冠知名"，裴松之注引《傅子》："是时何晏以材辨显于贵戚之间；邓飏好变通，合徒党，鬻声名于闾阎；而夏侯玄以贵臣子少有重名，为之宗主，求交于嘏而不纳也。"唐元稹《上令狐相公诗启》："江湖间多新进小生，不知天下文有宗主，妄相仿效，而又从而失之，遂至于支离褊浅之词，皆目为元和诗体。"宋赞宁《宋高僧传》卷十六《周东京相国寺澄楚传》："晋高祖闻而钦仰，诏入内道场，赐紫袈裟，寻署大师号真法焉。自此，皇宫妃主有慕法者求出家，命楚落发度戒。表里冰霜，更无他物，命为新章律宗主焉。"宋道原《景德传灯录》卷五《江西志彻禅师》："自南北分化，二宗主虽亡彼我，而徒侣竞起爱憎。时北宗人自立秀师为第六祖，而忌能大师传衣为天下所闻。"宗主和尚：禅门耆旧、大和尚。清行悦集《列祖提纲录》卷三十八《解制秉拂》："然承堂头和尚慈旨，难以固辞，只得暂借威光，于万指丛中马头截角。况僧录司官诸位宗主和尚屈驾临筵，为法作证，诸佛欢喜，贤圣骈集，人天交接。并会中达官士庶、七趣四生、无边凡圣八部天龙，一切神众普皆欢喜，各各自闻廓彻妙旨，更不敢加一丝毫头佛法与诸人分上。"
③ 目前无法，意在目前，非耳目之所能到：语源自唐夹山善会和尚（805～881）。宋道原《景德传灯录》卷十五《澧州夹山善会禅师》："目前无法，意在目前。不是目前法，非耳目所到。""夫有祖以来，时人错会，相承至今，以佛祖句为人师范。如此，却成狂人无智人去。他只指示汝，无法本是道，道无一法，无佛可成，无道可得，无法可舍。故云目前无法、意在目前，他不是目前法。"

云：'不许夜行，投明须到。'州云：'我早侯白，更有侯黑。'遂礼拜，服膺座下。"师云："看这二大老，为人作略相见，机锋灼然，纵夺可观；一人向白拈①（刂）〔手〕②里偷金，一人向飞卫③堂前射架，可谓好手手中呈好手、红心心内中红心。虽然如是，捡点将来，就中不无得失。最初相见，彼此作家；次后相看，二俱落节④。若是幻叟⑤，当时则不然。待他赵州来见，拟涉唇锋，便与本分草料。惜乎放过，纵是言语有响，未免（诺）〔落〕⑥在第二。若幻叟是赵州，见投子亦不然：临机一言相扣，待伊锋芒

---

① 白拈："白拈贼"之略。白，空、无；拈，取。不留痕迹地盗取他人财物，故称白拈。禅宗则指手段高超、机巧迅捷、善于接引学人的宗师。宋悟明集《联灯会要》卷九《镇州临济义玄禅师》："时有僧问：'如何是无位真人？'师下绳床，挡住云：'道！道！'僧拟议，师托开云：'无位真人是甚么干屎橛！'便归方丈。""雪峰云：'临济大似白拈贼！'琅玡觉云：'临济可谓冰凌上度过九鞠，剑刃上拾得全身。'雪窦云：'夫善窃者，鬼神不知。既被雪峰戏破，临济不是好手。'复召大众云：'雪窦今日换你诸人眼睛了也。你若不信，各归寮舍，自摸索看。'"《无准师范禅师语录》卷五《颂古·临济》："窃不见踪，败不见赃。是真白拈，其谁与当！"
② 手：底本泐一字。从残存字迹而观，当为"手"。再考宋侍者宗坦、延辉编《介石智朋禅师语录·婺州云黄山宝林禅寺语录》有云："上堂。（因堂中失贼）'半夜三更，天昏地黑，赤肉团边，捉得个贼。正好朝打三千，暮打八百。忽然向白拈手里分赃时，如何？贼！贼！'"宋智沂等编《痴绝道冲禅师语录》卷上《庆元府天童景德禅寺语录》亦曰："兴化要向白拈手里分赃，其奈出临济手不得。至晚，临济谓兴化云：'我今日问新到："是将死雀就地弹？就窠子里打？"及至你出得语，又喝起了："向青云里打！"'"明通贤说、行浚等编《浮石禅师语录》卷五《苏州府尝熟福城禅寺语录》更言："处欲向白拈手里分金，却被马家父子当面换却双睛。全然不晓。"显然，"向白拈"后所泐字为"手"。故据补。
③ 飞卫：我国古代传说中的善射者。《列子·汤问》："甘蝇，古之善射者，彀弓而兽伏鸟下。弟子名飞卫，学射于甘蝇，而巧过其师。"宋赞宁《宋高僧传》卷十五《唐京师西明寺圆照传》："亦犹纪昌俄遇飞卫，并其箭术成我材；官御大辂而废其椎轮，得火生而焚其木母。"
④ 落节：失利，败阙。唐义净译《根本说一切有部尼陀那目得迦》卷七："斯无智人受我舍食，妄陈咒愿令无果报。此淫女儿，我今料理，令其落节。"宋惠泉集《黄龙慧南禅师语录》："石头虽然善能驰达，不辱宗风，其奈逞俊太忙，不知落节。既是落节，回来因甚却得铏斧子住山？"
⑤ 幻叟：楚山绍琦自称。
⑥ 落：底本作"诺"。揆诸语境，当为"落"之讹。

微露,便与拦腮一掴①;更欲如何,则掀倒禅床,拂袖便出。如此,则不惟正令亲(你)〔行〕②,亦且不失衲僧正眼。既见有所未及,宜乎二俱落节,故令千古之下遭人捡点。幻叟与么批判,大似贫(▨▨)〔儿嚼〕③冷饭。虽然如是,只个古人陈旧话,一回拈出一回新。今日不辞截舌,更为诸人颂破:李公要罚张公酒,却被张公罚一杯④,遂使丛林成话柄,儿孙千古谩钳锤。"喝一喝,卓拄杖下座。

其他法语⑤

当时小参。师云:"昔自锦江泛舟出峡,三四年来,湖海之间吟风啸月,放饵抛香。虽无跃浪锦鳞,且得去留。若在今日无端遇一阵猛风,吹到投子山头,被人唤作投子长老,抑下多少孤

---

① 拦腮一掴:劈脸一掌。宋惠泉集《黄龙慧南禅师语录》卷末日本两足院东晙辑《黄龙慧南禅师语录续补》:"马祖因僧问:'如何是祖师西来意?'祖云:'近前来,向汝道。'僧近前,祖拦腮一掌,云:'六耳不同谋。'"明行海说、超鸣编《大方禅师语录》卷五《偈下·卓庵禅德呈偈答之》:"拦腮一掴迥千秋,直下能消万劫愁。这里若然亲荐得,波翻浪涌出人头。"明函昰说、今辩重编《庐山天然禅师语录》卷七《举古》:"严阳大似误用假银,被人拦腮一掴,尚不知非,更晓晓辨成色高下。赵州虽则提持正令,也只作死马医,殊令旁观者哂。咦!啼得血流无用处,不如缄口过残春。"
② 行:底本作"你",或为"行"之讹。明无贤重编《无明慧经禅师语录》卷三《赞·自赞》:"遍历南北访参,只论一条拄杖。不管圣去魔来,正令亲行非旷。"
③ 儿嚼:底残本泐二字。清文穆说、真慧等编《文穆念禅师语录》卷三《再住信阳法幢山双林禅寺语录》:"不见道:有时拈一茎草作丈六金身,有时将丈六金身作一茎草。虽然双林如是告报,也是贫儿嚼冷饭。"据此,再根据残存字迹,所残泐当为"儿嚼"。
④ 李公要罚张公酒,却被张公罚一杯:张公和李公罚酒事,乃丛林间流传的民间传说。清集云堂《宗鉴法林》卷十四《镇州金牛禅师》:"张公欲劝李公酒,反被李公罚一杯。相席能行急口令,醉归山月上寒梅。(旅庵月)"清超永编《五灯全书》卷七十六《嘉兴古南忍可持禅师》:"僧问古德:'如何是新年头佛法?'德曰:'张公醉却李公酒。'"
⑤ 其他法语:底本无,据语境补题。

高气韵。今既不容推免,只得(赵)〔照〕①家(☒)〔丰〕②俭,任运施为。现前莫有同死同生的衲僧么?出来与老僧相见。"良久,云:"既然不背出头,幻叟只得自歌自拍去也。"

乃拈拄杖,召众云:"看!看!山僧手中拄杖子,无端变作阿修罗王,飞上须弥山顶,怒声一震,惊得帝释天主扑下三十三天;却于十字街头撞著云门大师,扭住鼻孔向伊道:'咦!'只得鲜血迸流,羯风遍界。诸人还见么?若也见得,便可独步大方,横行海上,与佛祖把臂同游,不为分外。设或未然,拄杖子依前还是拄杖子;见山是山,见水是水;天在头上,地在脚下。虽然如是,不入苍龙窟,焉知碧海深。"

复举。"临济大师初出世住院,一日顾谓普化、克符二道者曰:'我欲于此建立黄檗宗旨,汝二人可以成褫我。'普化便问:'如何是黄檗宗旨?'济便打。次日,克符扣云:'和尚昨日打普化作么?'济亦打。"师云:"驱耕夺食,点铁化金,还他临济本分钳锤。只如普化、克符二道者,合吃棒耶?不合吃棒?若合吃棒,他过在甚么处?若不合吃棒,争奈临济令不虚行。这里具得只眼,许他作临济半个儿孙。幻叟今日于此亦要建立(克)〔东〕普③宗旨。或有人问:'如何是东普宗旨?'则应声便喝。更问如何,则和声就掌。且道与临济用处,是同是别?若道是同,未具

---

① 赵:当为"照"之音误。
② 丰:底残本泐一字。清净斯说、智湛等编《百愚禅师语录》卷九《住越州云门显圣寺语录》:"云门者里一味随家丰俭,任运过日:米多则饭,米少则糵,健即曳杖闲步,倦则和衣打眠。说甚天荒地老、石烂松枯!又那管甲子之周流、岁月之迁变!衲被幪头万事休。"据之,所残泐字为"丰"。
③ 东普:底本作"克普"。据下文"如何是东普宗旨",虑及楚山本人的禅脉,当是"东普"之讹。

参学眼在。若道不同,亦未具参学眼在。若道不同不别〔▢▢▢〕①

师云:"金锁两头摇。"僧提起坐具,师便喝。僧拟对,师便打。僧礼拜,师云:"毒蛇头上揩痒、猛虎口内横身,也须是恁般人(如)〔始〕②得。适来这僧大似一员猛将,敢来这里夺鼓搀旗;惜乎龙头蛇尾,死在棒下。若解转身活路,自然不犯锋铓。所以道:'弄蛇须是弄蛇手,不会弄蛇蛇咬杀。'"

复举。"法灯和尚示众:'山僧本欲深藏穴隐遁过时,盖为清凉老人有不了底公案,不免出来为渠了却。'有僧出问云:'未审清凉老人有甚不了底公案?'灯拈拄杖,打曰:'祖祢不了,殃及儿孙。'僧云:'过在甚么处?'灯云:'过在我殃及你。'"师云:"大凡宗师出世,先要拈出己见,然后方可定断古今。看他法灯如此作略,美则美矣,了则未了。幻叟今日亦为蚕骨老人有(▢)〔个〕③不了底公按,今日出来亦要为渠了却。若有僧出问,应声便喝。待(▢)〔伊〕④眼目定动,拈拄杖(丨)⑤便打出。大众!且道与法灯用处还有优劣也(您)〔么〕⑥?不了是不了。若向

---

① 按:此之下疑有脱漏。
② 始:底本作"如"。据上下文,当为"始"。
③ 个:底本残泐一字。从残存字迹及上下文而观,所残泐当为"个"。
④ 伊:底本残泐一字。宋正觉颂古、元行秀评唱《万松老人评唱天童觉和尚颂古从容庵录》卷一《第二则达磨廓然》:"达磨见伊眼目定动,即时转身,别行一路。"清净符汇集《宗门拈古汇集》卷七《衡州南岳怀让禅师》:"待他眼目定动,劈脊便打。"同书卷十一:"设有个师僧云:'和尚是什么心行?'但向道:'前村深雪里,昨夜一枝开。'待伊眼目定动,合掌道:'果然衲子难瞒。'"再据其他文献,所残泐当为"伊"或"他"字。
⑤ 底本有"丨"。揆诸语境,当衍。
⑥ 么:底本作"您"。衡诸上下文,当为"么"之讹。

这里定断得的,许他是个同参。"

上堂。僧问:"昔日雪峰三登此地①,和尚今朝端据猊床,未审如何是投子山境?"师云:"丹青描不出。"进云:"如何是境中人?"师云:"千圣觅无踪。"进云:"恁么,则觌面绝遮藏耶?"师一喝,僧礼拜。师云:"'承言须会宗,勿自立规矩。'② 不见僧问夹山:'如何是夹山境?'山云:'猿抱子归青嶂外,鸟衔花落碧岩前。'后来法眼拈云:'我二十年来只作境会。'大众!若道不作境会,夹山答处分明是境。若道作境会,法眼为甚么却道'我二十年来只作境会'?且道他意在甚处?于此见得彻去,则知(▨▨▨▨)〔如善射人〕③,箭不虚发。其或未然,非但孤负古人,亦乃埋没自己。汝诸禅德莫道老僧不说,各请归堂,试检点看。"

除夜小参。示众云:"乌兔循环急似梭,浮生又觉一年过。

---

① 雪峰三登此地:谓雪峰义存(822~908)曾三上投子山也。宋赜藏主集《古尊宿语录》卷十《并州承天嵩禅师语录》:"雪峰三度上投子,智者九旬谈法华。"同书卷四十六《滁州琅琊山觉和尚语录》:"雪峰三度上投子,九度上洞山,为什么却去德山倒戈卸甲?"明林弘衍编次《雪峰义存禅师语录》卷下《雪峰真觉大师年谱》:"至江南,三登投子,九上洞山。"据《古尊宿语录》卷三十二《舒州龙门佛眼和尚普说语录》,其中一次见投子和尚的机缘为:"雪峰参投子。问:'者里还有人参么?'子掷下锄头。峰云:'恁么则当处掘也!'子云:'不快漆桶。他道当处掘,尚做漆桶。'"
② 承言须会宗,勿自立规矩:语出石头希迁《景德传灯录》卷三十《南岳石头和尚参同契》:"承言须会宗,勿自立规矩。触目不会道,运足焉知路。"
③ 如善射人:此处泐四字。"箭不虚发"前,古多用"如人善射""如人解射""如善射人","深辨来风""语无偏枯"等。如明真哲说、传我等编《古雪哲禅师语录》卷十《普说一》:"者里甄别得出,方识芝老用处。如善射人,箭不虚发。"衡诸上下文及残留字迹,当为"如善射人"。

衲衣之下操存①事，未审同参彻也么？大众！腊月三十日到也，汝等还知此个消息落处么？今古相传，以为送旧迎新之夕，禅门取谕生死交接之际，如腊月三十夜到来相似，盖谓年穷岁极月尽时终之日也。是故丛林此夕示众，谓之除夜小参。所以古人因时展演，托事陈机，不过只要发挥佛祖向上不传之道，明取当人脚跟下一段生死大事。且今目前十方禅德名人远离郡土，遍历江山，涉险登危，寻师访友，岂为别事哉？切不可只图这里经冬、那边过夏，取性徇缘，(☒)〔落〕②魄度日。从前既丧光阴，且置之勿论，只如今岁这一年三百六十日内，未审各人本参话头还打彻也未？生死根尘果曾顿尽③也无？如或未曾顿尽、未曾打彻，则今岁光阴未免又是空过了也。况自无始至今，竟不知空过多少光阴耶？若自不肯加鞭策进，莫道今年(☒☒)〔空过〕④，(☒)〔纵〕☒☒☒⑤几年以至百千万年尽未来际也只☒☒☒⑥空过，岂有

---

① 操存：原指执持心志，勿令丧失。《孟子·告子上》："孔子曰：'操则存，舍则亡，出入无时，莫知其乡，惟心之谓与！'"《朱子全书》卷三："为学之要，只在着实操存，密切体认自己身心上理会。"此指作为出家人的操守和心志。宋宗鉴集《释门正统》卷八《护法外传·叶适》："志意想识，尽随虚假，则元祐之学虽不为群邪所攻，其所操存亦不足赖矣。此苏黄流弊，当戒而不当法也。"明明河《补续高僧传》卷十七《惠汶律师传》："师守护严谨，鸡鸣而兴，坐以待旦，乾乾终日，惟佛是念。虽道行旅宿，三衣一钵，必与身俱。制行甚高，而无矫饰之节；操存虽固，而无诡激之迹。是以而言人莫不信，动而人莫不敬。两河之间，三监旧邑，从化者盖以万数；缁素相率而求戒法者，憧憧接迹于途。承一训言，无不欢心感戴。"
② 落：底本泐一字。揆诸残留字迹及语境，当为"落"。
③ 顿尽：脱尽。后秦僧肇《肇论·涅槃无名论·明渐第十三》："况乎虚无之数、重玄之域，其道无涯，欲之顿尽耶？"唐元康《肇论疏》卷下《涅槃无名论并表上秦主姚兴》："今诘三乘渐断烦恼，不能顿尽也。有名曰万累滋彰，本于妄想。滋彰，多也。"明钱谦益述《楞严经疏解蒙钞》卷十三："想阴尽，曰凝明正心；至识尽，则曰穷诸行空等。皆次第而尽，非顿尽也。"
④ 空过：所泐二字，据残存字迹及上下文，当为"空过"。
⑤ 纵：此处泐四字。第三字，从残存字迹而观，当为"纵"。
⑥ 此处，泐三字。

个倒断底时节？似此与么空过，毕☒☒家（☒）〔何〕① 益哉！嗟乎！只个空过二字，积成无边☒☒☒☒☒☒②业因，致使劫劫生生，缠缚苦轮，无由解脱。☒☒☒☒③，事不获（☒）〔已〕④，（☒）〔因〕⑤ 行掉臂⑥，为诸禅德举个方便。☒☒☒☒，（☒）〔提〕⑦ 起金刚慧剑，将残年旧岁并无始☒☒☒⑧底许多无明恶习，乃至昏沉妄想、生死根本，猛力一刀斩断，勿存毫末。从明朝初一日为始，奋起☒☒☒⑨志，放下（☒）〔冰〕霜面皮⑩，向脚跟下着实做将去：做一日，要见一日工夫次第；做一（日）〔月〕⑪，要见一月

---

① 何：本句泐三字。"家"后之字，衡诸文义，或为"何"。
② 此处，泐六字。
③ 此处，泐四字。
④ 已：所泐一字，揆诸语境，当为"已"。
⑤ 因：此字有泐，现存似"因"。宋绍隆等编《圆悟佛果禅师语录》卷八《上堂八》："山僧劈脊便打，当下灭迹消声。因行掉臂，成个颂子：'五月五日天中节，赤口毒舌尽消灭。五月五日五时书，放下蛇头捋虎须。'"宋师明集《续古尊宿语要》卷四《心闻贲和尚语·颂赞·赵州勘婆》："婆子因行掉臂，赵州因事长智。无端一句讁讹，惹得四海鼎沸。勘破了，有谁知？春风过后无消息，留得残花一两枝。"再据其他文献，可知"因行掉臂"乃禅林习语，故据补。
⑥ 掉臂：原指不顾其他，甩动胳膊走开。《史记·孟尝君列传》："日暮之后，过市朝者掉臂而不顾。"亦可引申指自在游行貌。此则指奋起貌、尽力状。唐司空图《力疾山下吴村看杏花》诗之一："掉臂只将诗酒敌，不劳金鼓助横行。"宋绍隆等编《圆悟佛果禅师语录》卷十九《颂古下》："见兔放鹰，因行掉臂。赤骨历穷，方图富贵。"明居顶辑《续传灯录》卷二十一《隆兴府景福日余禅师》："若信不及，山僧今日因行不妨掉臂，更为重说偈言。"
⑦ 此处泐五字。最后一字，据残存字迹及语境，当为"提"。
⑧ 此处泐四字。
⑨ 此处泐三字。
⑩ 冰：此处泐一字。据残存字迹，当为"冰"。冰霜面皮：比喻对佛法的冷漠淡然的心境或态度。元中峰明本《天目中峰广录》卷一之下《示众》："直下唤古镜作火炉，不妨洞照森罗万象。唤火炉作古镜，不妨薰炙冰霜面皮。"
⑪ 月：底本作"日"。据上下文义，当为"月"之讹。

工夫☐①向；做一年，要见一年工夫灵验②。若不得剿绝发明，誓不退舍此心，直须要见个明白心落处，始可休心歇志。诚能☐☐☐☐心，且如是☐略，不患心地之不发明也。蓦然一念相应，则知千世古今，始终不离于当念；贞机湛寂，动静匪隔于毫端。说甚么往古来今、新年旧腊！目前尚无人无我，毕竟令谁死谁生？觌体混融，一尘不问。到怎么时，始不负（☐）〔禅〕③人出家行脚之志愿也。切希努（☐）〔力〕④，幸勿自孤。兹承（☐☐☐☐☐

---

① 此字泐，左侧仅存一完整的"走"旁，右上的部分不清。
② 做一年，要见一年工夫灵验：这种脚踏实地、抓紧修习的风气，在明代较为流行。明明方说、净柱编《石雨禅师法檀》卷八《绍兴府兰芎山语录·示众一》："即今开堂已竟。且开堂一事，大明国里屈指不多；江南却有三处，可为末法中极盛时节。然而盛必有衰，切不可作久长想，不可作一期想，不可作如意想。做得一日功夫是一日，了得一日是一日事。大家紧把绳头，打得彻去。待他盛也好，衰也好，一日也好，一期也好，此等即是本色道流。虽然，也须验过始得。"明元来说、成正集《博山禅警语》卷上《示初心做工夫警语》："做工夫一日，要见一日工夫。若因循循，百劫千生，未有了的日子。博山当时插一枝香，见香了便云：'工夫如前，无有损益。一日几枝香耶？一年若干许香耶？'又云：'光景易过，时不待人。大事未明，何日了！'由此痛惜，更多加策励。"清初亦如是。清海明说、印正等编《破山禅师语录》卷六《小参二》："打起精神莫放宽，一锥锥定只教穿。若无匹马单刀力，一月工夫又枉然。"
③ 禅：此处所泐，据上下文，当为"禅"字。清海明说、印正等编《破山禅师语录》卷九《法语二·示苍然禅人》："出家行脚，志在雄猛。要一念万年，万年一念。只将生死为急务，一切动静看是阿谁主张。忽省得来，只在者里。且道者里是甚么所在？参！"
④ 力：所泐据语境，当为"力"。

▨)〔诸山耆旧洎两〕① 堂首座②，勉为大众小参。自愧见偏识浅，实非其才；既不容辞，只得折东补西，将无作有，引段古人旧话，聊与诸人应个时节。"

复举。"谭州北禅智贤禅师，岁夜小参曰：'▨▨（▨）〔今〕③晚无可与诸人分岁④，烹一头露地白牛，炊黍米饮，煮野菜羹，烧骨柮⑤火，大家吃了，唱村田乐。何故？免见倚他门户傍他墙，刚被时人唤作郎。'便下座，归方丈。至深夜，维那入方丈，问

---

① 底本残泐六字。据残留字迹及语境，当为"诸山耆旧洎两"。
② 首座：原指宰相。唐范摅《云溪友议》卷下："元和二年，崔侍郎郾重知贡举，酷搜江湖之士。初春，将放二十七人及第。潜持名来呈相府，户见首座李公，公问：'吴武陵及第否？'"《资治通鉴·后唐庄宗同光二年》："孔谦复言于郭崇韬曰：'首座相公万机事繁，居第且远，租庸簿书多留滞，宜更图之。'"胡三省注："豆卢革时为首相。"佛教传统中称为"上座"，禅宗丛林中则名之曰"首座"。宋善卿编正《祖庭事苑》卷八《杂志·首座》："即古之上座也。梵语悉替那。此云上座。此有三焉：《集异足毗昙》曰：一、生年为耆年。二、世俗财名与贵族。三、先受戒及证道果。古今立此位，皆取其年德幹局者充之。今禅门所谓首座者，即其人也。必择其己事已辨、众所服从、德业兼备者充之。"悉替那，即 Sthavira 之音译。宋法云《翻译名义集》卷一《释氏众名篇第十三》："悉替那，此云上座。"佛寺中，一般以上座、维那、典座为"三纲"，上座居首。《大宋僧史略》卷中《杂任职员》条："寺之设也，三纲立焉。若网罟之巨纲，提之则正，故云也。梵语摩摩帝、悉替那、羯磨那陀，华言言寺主、上座、悦众也。……《高僧传》多云被敕为某寺上座，是也。道宣敕为西明寺上座，列寺主、维那之上。《五运图》中敕补者继有之。"
③ 底本残泐三字。前二字，暂无法辨识。后一字，从所存字迹及上下文义而观，当为"今"。
④ 分岁：守岁。即在农历除夕晚上，守岁至半夜（子夜）；一般到夜晚十二点以后，谓新旧岁自此而分，故称"分岁"。晋周处《风土记·岁时》："除夜祭。先竣事，长幼聚饮，祝颂而散，谓之分岁。"宋师明集《续古尊宿语要》卷三《保宁勇禅师语录》："冬至上云：'古人烹露地白牛，与三家村里看牛儿分岁。保宁今日将个什么与诸上座分冬？'遂展开两手云：'两手抬不起，满盘滋味全。'"
⑤ 骨柮：树木或竹子的根部疙瘩。蜀人冬季烤火多用之。宋赜藏主集《古尊宿语录》卷四十二《云峰禅师语·偈颂·山居四首》之四："冻把岩根雪尚稠，暮云闲锁远峰头。地炉骨柮高烧起，石铫烹茶时一瓯。"元中峰明本《天目中峰和尚广录》卷二十七之上《校讹·音释》"榾柮"条："榾，音骨。柮，当没切。榾柮，木头也。"是释尚不确切。字或作"榾柮"。前蜀贯休《深山逢老僧》诗之一："衲衣线粗心似月，自把短锄锄榾柮。"

训曰：'县里有公人到，勾和尚。'师曰：'作什么？'那曰：'道和尚宰牛不纳皮角。'师遂将头帽掷于地。维那拾取，师下禅床擒住叫：'贼！贼！'维那曰：'天寒，且还和尚！'以帽覆师顶，抽身便出。贤乃呵呵大笑，却回顾侍僧曰：'这个公按①作什么生？'侍僧曰：'潭州纸贵，一状领过。'"②

师召众，云："然则古人一期打弄，纵夺可观，捡点将来，就中不无缝罅。若论庖丁手段，野老风规，列巧攒奇③，移腔换调，门庭施设，还他北禅老汉为人作略有在。其奈当机落节，无端掷下头帽，早是输赔纳款④。及被维那拾取，未免手忙脚乱；

---

① 公按：即公案。
② 按，这则公案，宋惟白集《建中靖国续灯录》卷三《衡州常宁北禅智贤禅师》有记载，不过太简略。楚山所举，当源自宋悟明集《联灯会要》卷二十七《潭州福严良雅禅师法嗣·潭州北禅智贤禅师》，唯言辞稍异："岁夜小参。示众云：'年穷岁尽，无可与诸人分岁。且烹个露地白牛，炊黍米饭，向骨拙火，唱村田乐。何故？兔见倚他门户傍他墙，刚被时人唤作郎。'便下座。至深夜，维那来问讯云：'县里有公人到，勾和尚。'师云：'作甚么？'那云：'道和尚宰牛，不纳皮角。'师将头帽，掷地云：'这个不是！'那就地拾得便行。师跳下绳床，拦胸挡住，叫云：'贼！贼！'那将帽子覆师顶云：'天寒。且还和尚帽子。'时法昌为侍者，师顾法昌云：'这个公案怎么生？'昌云：'潭州纸贵。一状领过。'"另外，宋普济集《五灯会元》卷十五《潭州北禅智贤禅师》等，也有记载。
③ 攒奇：积聚奇特。清允汾说、上睿等编《洪山俞昭允汾禅师语录》卷一："千林耸翠，万岳攒奇，向上一机，请师别转。"
④ 纳款：顺，降服。《文选》卷三十六王融《永明十一年策秀才文》："加以纳款通和，布德修礼。"李善注："纳其款关之诚，而通其和好之礼。"唐张说《赠太尉裴行俭神道碑》："俄而衔璧辕门，释缚纳款。"《虚堂和尚语录》卷一宋可宣编《嘉兴府报恩光孝禅寺语录》："除夜小参。'去年贫未是贫，守株待兔。今年贫始是贫，认贼为子。去年贫无卓锥之地，癞狗系枯桩。今年贫锥子也无，和赃纳款。与么！与么！三百六十日，循环不已。不与么！不与么！七十二气候，去复还来。抱桥柱澡洗底，到底不知。依样画胡芦底，转增妄想。直饶辊到结交头，依旧眼睛乌律律。报恩莫有方便么？'卓主丈：'皇天苦屈！'"

纵乃夺得帽🈳,(🈳)〔不〕① 无伤锋犯手②。(未)〔末〕后③顾谓侍僧,大似掩耳偷铃、欲隐弥露,返被侍僧捉败④,只得一场懡㦬⑤。若是幻叟则不然,当时待维那入方丈索纳皮角之时,拈拄杖,和声便打。若此,不惟正令亲行,亦则免见后来许多败缺。即今与么批判,无异贫儿思冷债。不惜口皮,更为诸人下个注脚。"

---

① 不:底本残泐,从残存字迹而观,当为"不"。
② 伤锋犯手:为人拳脚或刀剑等所伤。宋绍隆等编《圆悟佛果禅师语录》卷八《小参一》:"动则影现,觉则冰生。不动不觉,死水里平沉。既动既觉,未免伤锋犯手。到这里且作么生举唱?且作么生为人?然虽如是,尽法无民。"宋明觉拈古、圆悟击节《佛果击节录》卷一第十七则《德山作么》:"这里合打。且道为什么德山不打便休去?是以杀人不用刀,这个全无伤锋犯手处。若是活汉,方可见得。若不是顶门具眼底,直下卒难摸索。"明明孟说、净范等编《三宜盂禅师语录》卷八《颂古》"仰山明珠":"匠石斫垩兮运斤成风,良庖解牛兮曾未伤锋犯手。"
③ 末:底本作"未"。"末后"乃古代习语,而"未后"不辞。故据改。末后:后来,最后。吴康僧会译《六度集经》卷八《摩调王经》:"摩调法王子孙相继千八十四世,圣皇正法末后欲亏。"晋陶潜《搜神后记》卷九:"须臾,有一大熊来,瞪视此人。人谓必以害己。良久,出藏果,分与诸子。末后作一分,置此人前。"明居顶辑《续传灯录》卷十三《邓州香严慧照洞敷禅师》:"遍参江淮丛席。末后,见净因臻,一言顿契,如箭锋相拄。"
④ 捉败:被拿而败露行迹。宋楚圆集《汾阳无德禅师语录》卷上:"问:'君子梁间坐,师今事若何?'师云:'更莫投来,怎么则今日捉败也!'"宋道原《景德传灯录》卷二十二《漳州保福院清豁禅师》:"曰:'忽然捉败,功归何所?'师曰:'赏亦未曾闻。'"明如惺《大明高僧传》卷八《习禅篇第三之四·临安府净慈寺沙门释彦充传三》:"次日入室,东林问:'那里是岩头密启其意处?'彦曰:'今日捉败这老贼。'"
⑤ 懡㦬:羞愧,蒙羞。宋惠泉集《黄龙慧南禅师语录》:"药山只知其一,不知其二。被遵公倒靠,直得口似匾担,不胜懡㦬。"明圆修说、通问等编《天隐和尚语录》卷三《荆溪磬山语录》:"噫!丈夫不奋冲天志,依旧懡㦬过一生。"

以拄杖横按膝上，召众云："要识此语就中结角罗纹①处么？听取老僧一颂：烹露地白牛②，煮和根③野菜。从来作者家风，此

---

① 罗纹：回旋的水纹、花纹、木纹或织物等的纹路。或作"胹纹"。《北史》卷九十四《流求传》："其男子用鸟羽为冠，装以珠贝，饰以赤毛，形制不同。妇人以罗纹白布为帽，其形方正。"元赵善庆《寨儿令·早春湖游》曲："棹漾漪水皱罗纹，破韶华桃露朱唇。"明居顶辑《续传灯录》卷十八《临安府广福院惟尚禅师》："山僧拄杖子过去不可得，见在不可得。诸人者么生会？向这里辨得，罗纹十字，一任横行。苟或未然，切忌乱走。"亦可指封闭的螺圆形指纹。清袁枚《随园诗话》卷八："张有贵相，十指皆箕斗，无罗纹。"清纪荫编纂《宗统编年》卷十《相宗慈恩第一世法师窥基》："性中载公貌丰硕，长八尺，气盖万夫。顶有玉枕，十指罗纹，皆盘折如印。见者詟伏。"结角罗纹：即"罗纹结角"。谓布满四周角落。元话本《三国志平话》卷上："（董卓）方欲兴兵，忽听得城内大喊声，闭了城门，急点军兵数千余人，前街后巷，罗纹结角，军兵都把了。"禅宗人士常用之，然其具体含义，得具体分析。宋绍隆等编《圆悟佛果禅师语录》卷十五《法语中·示枢禅人》："及至死生之际，结角罗纹，不相参杂，湛然不动，翛然出离。"是谓悟解最紧要处。宋崇岳、了悟等编《密庵和尚语录》卷上《临安府径山兴圣万寿禅寺语录》："诸佛说不到处，祖师提不起时，结角罗纹，语言三昧，尽从个里流出，辉腾今古，不堕断常。欲令四众共知，何妨重为说破。"是指诸法实相。明道忞著《布水台集》卷十五《塔铭三·敕赐五莲山护国光明寺心空开法师塔铭》："居臧宅日，有座主讲演城庵，邑令故往诘难。主偶挫词，立待摈斥。师闻而倒屩驰前，为之救义。令方机锋迅发，师为结角罗纹处，劈面便掌。一众皇骇，师神色自若。令乃屈服，深叹佛法有人。"是指兴至高昂、讲说高潮处。楚山之"结角罗纹"，则指前举话头的真实含义。
② 露地白牛：露地，屋外无遮蔽之处；白牛，白色牛车。《法华经·譬喻品》中之火宅喻，将置于户外露地中的大白牛车，比喻为大乘佛法。禅宗人士则以"露地"比喻已然断除三界烦恼之安然境界；以"白牛"指修行者已然被调伏之心。宋正觉颂古、元行秀评唱《万松老人评唱天童觉和尚颂古从容庵录》卷一第十二则"地藏种田"："才士笔耕，辩士舌耕。我衲僧家慊看露地白牛，不顾无根瑞草，如何度日？"宋道原《景德传灯录》卷九《福州大安禅师》："安在沩山三十来年，吃沩山饭，屙沩山屎，不学沩山禅。只看一头水牯牛：若落路入草，便牵出；若犯人苗稼，即鞭挞。调伏既久，可怜生受人言语。如今变作个露地白牛，常在面前，终日露迥迥地，趁亦不去也。"或作"露白地牛"，略称"露地牛"。
③ 和根：连根。宋王才良等编《法演禅师语录》卷上参学清远集《次住太平语录》："一叶落，天下秋。一尘起，大地收。收即不无，何人亲手？月中仙桂和根拔，海底骊龙把角牵。"宋李遵勖编《天圣广灯录》卷二十《蕲州北禅悟同禅师》："问：'如何是和尚家风？'师云：'时挑野菜和根煮，旋斫青柴带叶烧。'进云：'忽遇上上之宾，又如何祗待？'师云：'家蔬三五竹，山茗一两瓯。'"南宋道冲述、门人智沂等录《痴绝道冲禅师语录》卷上《普说·夏中普说》："于无著处，事事著得。灵苗异草和根拔，从教大地生荆棘。"

是十分款待①。维那弄箸挼匙②，与夺③还他俊迈。玲珑侍者有机关，二俱和赃④都捉败。虽捉败，无缝盖，机前意活针投芥⑤。东村王老夜烧钱，将谓谩神媚鬼；遍地竹声⑥俱爆裂，总是惊妖吓怪。何似岭梅含笑雪中开，个段⑦风光无比赛。亦任杜甫吟⑧、孤

---

① 十分款待：最好的款待。明杨柔胜《玉环记》戏曲："前日张家请我做亲，真个十分款待：低钱约五包，果子将有四袋。"清南北鹖冠史编小说《春柳莺》第二回"见利巧施美女计 背人假借梅花诗"："梅翰林叫收拾铺陈，安田又玄在内居住。田又玄不胜欣喜。当晚整酒，十分款待。次日又备一席，将公子拜在门下。"

② 弄箸挼匙：谓胡插汤匙、乱动筷子。或作"弄箸拈匙"。清通醉辑《锦江禅灯》卷九《敏树相禅师》："拨转万物维新之际底汉，正好向一人纳庆之辰，入此佛场中，开单展钵，弄箸拈匙，彻见元初本体，获大真实受用。"亦作"拈匙弄箸"。清唐时《如来香》卷十三引元释古德《真心直说·真心妙用说》："故一切时中，动用施为，东行西往，吃饭着衣，拈匙弄箸，左顾右盼，皆是真心妙用现前。"也作"挼匙乱箸"。宋正受编《嘉泰普灯录》卷七《筠州洞山梵言禅师》："直饶是文殊、普贤再出，至到洞山门下，一时分付与直岁，烧火底烧火，扫地底扫地，前廊后架，切忌挼匙乱箸，丰干老人更不饶舌。参退。吃茶。"还有其他一些变体，此不烦列。

③ 与夺：本指赐予和剥夺。《左传·成公八年》："七年之中，一与一夺，二三孰甚焉！"此谓取舍。白居易《论重考试进士事宜状》："虽诗赋之间，皆有瑕病，在与夺之际，或可矜量。"王安石《议服札子》："礼之所与夺，刑之所生杀，皆于此乎权之。"明居顶辑《续传灯录》卷五《南康军云居晓舜禅师》："一日如武昌行乞，首谒刘公居士家。士高行，为所敬；意所与夺，莫不从之。师时年少，不知其饱参，颇易之。"维那与夺，指楚山所举话头中，维那拾取智贤禅师头帽，或是拿走帽子。

④ 二俱和赃：人赃俱获。清超永编《五灯全书》卷七十一《松江龙华韬明宗禅师》："夜有僧在黑暗中立。师把住曰：'你在者里作贼么？'僧便喝。师曰：'和赃捉败。'僧欲走，师便与一掌。"

⑤ 针投芥：以针投掷，击中芥菜的种子。谓难得。宋法天译《妙法圣念处经》卷七："若得人中生，由宿行多善。今奉斋律仪，而复生天上。人中难得生，得者针投芥。迷惑若散乱，复堕于地狱。"宋集成等编《宏智禅师广录》卷八《与辅禅人》："方游将遍虎髭须，空劫壶中探有无。风月满头功未转，江山入骨病难扶。针投芥粒机非爽，弦续鸾胶道不枯。归去丛林看仪羽，丹山出处九包鸰。"

⑥ 竹声：爆竹声音。

⑦ 个段：这段。宋绍隆等编《圆悟佛果禅师语录》卷二十《送诸化士》："要明个段事，须善观时节。遇着与么人，眼中为出屑。"明广贵辑《莲邦诗选·发明心地第七》优昙《念佛诗》："寂照双亡也大奇，照天照地不思议。石人抚掌呵呵笑，个段风光说向谁。"明通贤说、行浚等编《浮石禅师语录》卷三："'龙树枝头光赫奕，全彰个段真消息。果能直下便知归，何待当来问弥勒？'直下知归则且置，如何是个段消息？"

⑧ 杜甫吟：杜甫有数首涉及梅花的诗，如《至后》《江梅》等。

山爱，觌面①拈来对众看，自买依然还自②卖。咄！恼乱③春风卒未休，来年更有新条在。"卓拄杖，下座。

上堂。师乃左右顾视大众，云："只这些子，誵讹古今多少！师僧到这里开口不得，思量不及，举扬不出。"蓦拈拄杖，云："今日为甚却落在幻寓手中？"以拄杖横按，云："横也由我。"拈起拄杖，云："竖也由我。"放下拄杖，云："放下也由我。心至卷舒杀活，总由我。"又以拄杖向空中点一下，云："（▨）〔正〕④当恁么时，从上佛祖乃至天下老和尚到这里，只得乞命有分。众中莫有为佛祖尊宿出气底么？"良久，卓拄杖三下，云："㩦瞎金刚正眼，靠倒空王宝座。汝等诸人讨甚么碗？"

上堂。众集。师敛衣就座，良久，（▨▨▨）〔云："大众！〕⑤还（▨▨▨▨▨）〔委悉么？"众默〕⑥然。师云："分明记取。"便下座。

（▨）〔上〕⑦堂。举。"仰山摘茶次，沩山曰：'终日只闻子声，不见子形。'仰撼茶树。沩曰：'恁么，子只得其用，不得其

---

① 觌面：当面。宋绍隆等编《圆悟佛果禅师语录》卷一《上堂一》："当阳有路，祖佛共知。觌面相呈，见闻不隔。"明袾宏辑《往生集》卷一《法因》："如此见佛者，终日娑婆，终日净土；念念释迦出世，时时弥勒下生。可谓真见弥陀者也。其或不然，觌面相逢，白云万里。"明德清《紫柏尊者全集》卷二十《示徐孟孺偈》："掉转头来一拍时，就中无地着思惟。徐郎觌面知归处，始信春来花满枝。"
② 还自：底本上并列，呈双行小注状。
③ 恼乱：烦忧，打扰。白居易《和微之十七与君别及陇月花枝之咏》："别时十七今头白，恼君心三十年。"明吴承恩《桃源图》诗："仙源错引渔舟入，恼乱桃花自在春。"按，此所谓"恼乱春风"，谓梅花在春风中摇曳也。
④ 正：底本残泐。揆诸所余字迹及上下文义，所泐当为"正"。
⑤ 云大众：底本残泐三字。由所剩字迹及上下文义而观，所泐当为"云大众"。
⑥ 委悉么众默：底本残泐五字。由所剩字迹及上下文义而观，所泐当为"委悉么众默"。
⑦ 上：底本残泐。据所泐字迹及语境，所残当为"上"。

体。'仰云：'师如何？'沩良久。仰云：'恁么，师只得其体，不得其用。'沩曰：'放汝二十棒。'仰云：'师之棒，弟子当吃。只如弟子之棒，令谁领受？'沩曰：'放汝二十棒。'仰礼拜。"师云："看他父子机锋互夺，各显其用。只如沩山末后放仰山二十棒，且道仰山合吃耶？不合吃？若道合吃，仰山过在甚么处？若道不合吃，沩山为甚道放他二十棒？诸禅德果能于此定断得出，许伊参学事毕。若定断不出，老僧☐☐①各与汝诸人二十拄杖，汝还甘么？"众无语。（谛）〔师〕②云："灼然躲不过。"

上堂。师拈起拄杖，云："最初一机，截断言思之路；三世诸佛到此，未免结舌亡锋。末后一句，不落动静之迹；历代祖师来也，只得吞声饮气。设使言前荐得，未为本分。衲僧若从语下翻身，总是野狐见解。还有不落声前句后的么？出来露个消息看。"时有明超上座出众问讯，撞头一喝，师便打。明又喝，师又打。明云："与么，则掀倒法座去也。"师云："这野狐精！苦将热肉只管来这里揑冷棒，有甚么用处？"拈拄杖便打，随云："你更道看！"明拟开口，师震声一喝。明礼拜，师云："直饶你便是铁眼铜睛，到此也未肯轻易放过。何故？只为个里无缝罅与人穿凿。所以道，眨得眼来，早错过了也。岂有不开口说是非、呈伎俩处？纵是个透关具眼底汉，一闻举起，拂袖便行，老僧手中拄杖子也亦未肯点头在。若更来这里擎拳竖指、胡挥乱喝、分宾分主、说照说用、弄泥团、觅玄妙，何处更有吾宗？虽然如是，要会最初机、末后句么？"掷拄杖一喝，下座。

---

① 底本残泐二字，暂无力辨识。
② 师：底本作"谛"。揆诸语境，当为"师"之形讹。

上堂。举。"夹山将木刻一兽，作狮子头、牛足、马尾。但升堂，令侍者推出座前，示众云：'此物一身三兽。若唤作狮子，又是牛足马尾。若唤作马，又是狮头牛足。且道唤作甚么即是？'往往多有下语者，不识好恶。见怎么道，或掀倒此物，拂袖便出者；或有道'不妨唤作夹山长老'者；有当机一喝而出者；或有道'杜撰长老如麻似粟'者。""老僧捡点将来，似则相似，是则未是。如此作为，总未免落他鳔胶盆子。夹山老汉一等是造妖捏怪，瞒神唬鬼；就中些子諵讹，不妨奇特。果能具眼觑破，许他把手共行。设或未然，切莫草草也，须要见彻古人用处可也。大众！还会古人用处么？咄！只就是非名相里，当阳牵出与人看。"卓拄杖，下座。

上堂。举。"仰山住东平日，沩山使人送一枚镜至山。接得，即集众登座，提起镜曰：'此镜若道是沩山镜，却在东平手里；若道是东平镜，〔又〕① 是沩山送来。道得，则不扑破。'众无对。平曰：'恁么，则扑破去也。'"师召众，云："汝等当时若在，合作么生下一转语，救得东平镜子完全？若道不得，参学眼在甚么处？东平可谓令不虚行。老僧当时若在，见他举镜之际，便与一喝；待伊锋铓微露，拂袖便出：看他如何折合？虽然如是，恁么作略，也是贼过张弓。"

---

① 又：底本有渺，字形近"人"。据语境，定为"又"。

浴佛，上堂。"节届请和景物新，昙花又放劫前（☒）〔春〕①。（☒）〔昨〕②宵雨过茅檐外，洗出淮山万叠青。大众！释迦老子降生来也！众中莫有机前具眼递相证据者么？"问答不录。

复举。"云门大师道：'世尊初生，周行七步，目顾四方，一手指天，一手指地，云："天上天下，唯吾独尊。"我当时若见，一棒打杀，与狗子吃了，贵图天下太平。'便下座。后来琅琊觉禅师闻举，乃云：'云门可谓"将此深心奉尘刹，是则名为报佛恩。"'"师召众，云："云门固是棒头有眼，要且只见锥头利，不见凿头方，未免罪犯弥天。琅琊虽是相孔着楔、增金以黄，亦且只见凿头方，不见锥头利。投子今日则不然，只就手中拄杖子，要与黄面老瞿昙雪屈。"乃左顾，云："此间莫有云门大师么？有则唤来，一棒打杀，就坑埋却，免教千古之下丧我儿孙。"复右顾，云："莫有琅琊禅师么？唤来脚跟下，亦与他二十拄杖，今后不得错下名言。幻叟与么批判，且道是赏伊？是罚伊？果若眼里有，许他与佛祖同参。设或未然，更听注脚。要识释迦老子么？起家创业当如是。要识云门、琅琊么？削乱扶危合恁么。"拈拄杖，云："投子今朝重据令，要明赏罚定干戈。"喝一声，下座。

---

① 春：底本残泐。按，"劫前春"乃元明清时禅林习语，如明圆修说、通琇等编《天隐和尚语录》卷十三《春日》二首之一："般若流光日日新，上林花发劫前春。枝头黄鸟声声唤，争奈时人未晓音。"《了庵清欲禅师语录》卷二元参学比丘可兴、文康等编《住嘉兴路本觉禅寺语录》："将谓少林消息断，一华重绽劫前春。"明真哲说、传我等编《古雪哲禅师语录》卷十七《示罗无尘居士》："本来面目净无尘，遍界明明独露身。吸得西江涓滴尽，昙华又放劫前春。"后一联之末句，用语更同于楚山。据之，并根据残存字迹，补"春"。

② 昨：底本残泐。据尚存字迹及句意而补。

上堂。师因僧请益初祖达磨大师明心见性直指之说，乃集众登座，以拂子击香台一下。良久，召众云："会么？于此会去，犹较些子。古人谓道个直指，早是曲了也。若更说心说性，未免狼藉不少。虽然，衲僧门下固是官不容针，佛祖方便言中不妨通一线道。

"夫所谓心者，乃真如自性之心，非妄想缘虑之心也，实万法之总（囮）〔持〕①、群灵之幽府。所谓性者，即自心中本具真空之理、虚灵知觉之性也，非气禀情识之性，实二仪之所祖、三教之元宗。心乃性之灵，性即心之理；心性名殊，其体无异：所谓一而二、二而一者也。盖此心性之体，大包无外，细入无内；周遍圆融，隐显无碍；穷今极古，彻果该因；舍摄有无，统括名相；在圣无得，在凡无失；无欠无余，湛然常住。只为当人无始妄生一念，逐境成迷，由迷而昧，结成虚幻，不能照了，遂没溺于生死海中，随业漂流，升沉无已。

"是以佛祖与悲应世，曲设化机：故大觉释尊舍金轮王位，遁迹雪山，六年苦行，至腊月八夜目睹明星，忽然悟道；然后回机出世，说法利生，四十九年、三百余会，顿见偏圆之旨、三乘五教之宗，事无不穷，理无不尽。尚恐群迷滞于名相、不达离言之妙、未契本怀，故末后于灵山会上拈一支花，普示大众。当时人天百万，独迦叶一人破颜微笑。世尊乃云：'吾有正法眼藏、

---

① 持：底本残泐。清觉明菩萨说、常摄集《西方确指》："阿弥陀一句，万法之总持。声与心相依，念兹复在兹。感应不思议，莲开七宝池。"清世宗皇帝御制《御制拣魔辨异录》卷五："如来者，无所从来，亦无所去，往应群机而不去，恒归寂灭而不来，故曰如来。入此圆宗，则曰一超直入如来地；为万法之总持，则有法王之号；作人天之眼目，爰有导师之称。"据此，以及残存字迹，补"持"字。

涅槃妙心，付与摩诃迦叶。'此教外别传之宗始于兹也。

"由是西天列祖递代相承，至二十八祖菩提达么大师，单传心印，来此东土，是名初祖，始云不立文字、直指人心、见性成佛。

"次有二祖神光，立雪断臂，求安心法，于觅心了不可得处，忽然悟入。又云灵灵不昧、了了常知。此直指明心见性之说，乃验于斯也。

"及乎三祖忏罪、四祖求解脱法、五祖言性空故无、六祖谓本无一物，以至南岳磨砖、青原鈯斧、擎（义）〔叉〕舞笏①、架箭抛球、瞬目扬眉、伸拳竖指、三玄五位、棒喝交驰、逆顺卷舒、东涌西没，如此之大机大用者，则直指明心之道，皎如青天白日昭然无隐，喧轰宇宙、照耀古今而应用无尽也。

"观夫从上佛祖当机垂手勘辨之际，如是施设，如是钳锤，如是机用，究其本怀，不过只要点出当人心眼，扫除生死翳膜，直显此心之妙，俾尽大地人言外知归、直下顿了、彻证心源、妙契真常而已。故云以心传心、以心印心。离心之外，实无一法可得也。

"虽然，未审此心果作么生明？性作么生见？毕竟唤那个作本心本性？若言自己四大五蕴，是却成认贼为子。若言目前色空

---

① 叉：底本作"义"，"叉"之形讹。擎叉舞笏：禅林习语。谓禅人为助教化，辅以种种动作也。宋绍隆编《圆悟佛果禅师语录》卷十五《示智祖禅德》："至于垂慈示方便，亦只随家丰俭。如俱胝一指，打地唯打地。秘魔擎叉，无业莫妄想。面壁降魔、舞笏骨剉，初不拘格辙胜负，唯务要人各知归休歇，不起见剌向鬼窟里弄精魂，卓卓叮咛到脱体安隐之地，乃妙旨也。"明释豫章来复《〈石屋清洪禅师语录〉序》："自唐以来，诸祖相传，列派分宗，行棒行喝；至于擎叉舞笏，挽弓辊球，各立玄门，建化不一。究其大机大用，无非直显心体之妙。"

明暗,是何异唤奴作郎?此皆不出根尘二法、情识见解,此谓凡夫常见。若离却个四大五蕴、色空明暗,根境之外端的唤甚么作本心本性?若谓无心可得,未免沉空滞寂,则堕一乘断见。若总不恁么见,则转更没交涉。如是,则何所谓明心见性之说耶?幻叟今日不惜口皮,重为诸人露个消息。要明此心么?"竖起手中拂子。"要见此性么?"打一〇。

放下拂子,良(乆)〔久〕①,云:"会么?于此会去,则庆快平生,便见此心此性,于物物头头上全机显露,声色根尘里触处洞然,直下与个四大五蕴、色空明暗觌体混融,了无同异,迥绝去来,物我一如,始终一贯;当处觅一毫是非动静、去来之相俱不可得,何内外根尘分别之有乎!以此为明,则尽十方世界是个大圆宝镜,耀古腾今;以此为见,则山河大地是个金刚正眼,烛地辉天。到此可谓毒药醍醐搅成一味,瓶盘钗钏镕作一金,信手拈来,更无剩法。此非凡流识情所测,惟上根证悟者方知。故非明明之可明,实非见见之可见。斯即本妙灵心、真空妙性、实相体中本具之明见也,岂假揩磨拂拭、托缘藉境,然后而使其明见哉?到这里语言道断,开口即差;心识路穷,拟之则丧;道个明心见性,已是齿冷唇寒;更云直指单传,未免羞惭满面。即今拨开是非名相,拈过语默动静,合作么生荐取?咄!波斯掷出黄金弹,击碎沧溟老蚌珠。"

复举。"达磨大师初见梁武帝。帝问:'朕自即位以来,造寺度僧,有何功德?'磨云:'此是人天小果,有漏之因,非真功

---

① 乆:底本作"乆",形讹。《正字通·丿部》:"乆,久字之讹。"

德。'帝云：'如何是真功德？'磨云："净智妙圆，体自空寂。如是功德，不以世求。'帝云：'如何是圣谛第一义？'磨云：'廓然无圣。'帝云：'对朕者谁？'磨云：'不识。'由是与武帝不契，遂折芦渡江矣。"师云："看来这碧眼老胡只为婆心太切，不觉翻成漏逗。只如前来两度应酬，可以截断凡情，拈去有为之执。次后再答，可谓扫空圣解，吐露真机。其奈卖金不过买金人，未免一场懡㦬。若是武帝当时顶门具眼，末后更与一拶，管取和赃捉败，免教累及儿孙。惜乎放过，遂令千古之下使人惆怅无已。投子与么批判，大似为他闲事长无明。虽然如是，也不得错放过。"遂召众，云："要明得失么？听取老僧一颂：'对朕者谁云不识？轻如华岳重如毛。只知折苇贪程去，不觉长江雪浪高。'"卓拄杖，下座。

（▨）〔上〕① 堂。因同安本初居士请示心要，师命声钟集众。遂登座，以拂子扣空三下，云："会么？敲空作响，灯笼抚掌笑无言；击木无声，露柱点头惊吐舌。把住则乾坤失色，放行则瓦砾流光，杀活卷舒，于法自在。虽然，要见心外无法，青山绿水迥绝纤尘；法外无心，翠竹黄花分明揭露。尘尘叶妙，物物该宗；洞澈古今，包含空有。本自无人无我，目前谁圣谁凡；从来非佛非心，毕竟孰迷孰悟。诸法平等，三际一如。十方世界，都卢个无孔铁锤；万象森罗，总是片广长舌相。无说而说，知音者领在声前；言即无言，灵利汉听于耳外。个中音响，不堕宫商；石女点头，木人抚掌。遮藏不得处，落花点点笑无言；注解分明

---

① 上：底本有残泐，只存"一"。据语境，补为"上"。

时，幽鸟喃喃频举似。只个现成公案，未易承当：但开口处，已隔天涯；拟涉思惟，早沉识海。若也一尘不立，老文殊丧却眼睛；等闲捏碎虚空，须菩提打失鼻孔。拈出向上事，直饶大悲千手到此，也摸索不着；揭示末后一言，纵是碧眼黄头来，也只得呵空有分。是故衲僧门下，把断要津；口缝才开，面门吃掌。恁么也不得，不恁么也不得，恁么不恁么总不得。且请离却语默动静，试为露个消息看？"良久，云："咄！切忌钻龟打瓦。若向这里见得彻去，要透生死重关亦不为难。设或惆虑未明，切不可当机自昧。就今日去，奋起决烈，志愿领取六字佳名，不拘日用闲忙、声色见闻境界，直教打成一片；念念纯真，一期造入玄微，管取推门落臼。如是，则不谬称为道人也。信知千钧之弩，不为鼷鼠发机。倘能依吾是说，九品莲台登有日；不依是说，三涂业阱出无期。欲明本初之理，更为重述一偈：'万物厥初无不善，一心萌动便差殊。但将善恶俱拈过，自性空空体自如。'"卓拄杖，下座。

石经楚山和尚录卷之二：表扬法语①

参学门徒　祖性　集

师因各寺安禅，或檀越庆忏荐扬，建设斋会，请师升座。凡有所说法要，不拘先后，总目之曰"表扬法语"。

蜀定王薨世三周除禫

指座，云："此座孤迥迥，虚空叠就；峭巍巍，平地敷成。不从须（狝）〔弥〕② 灯王借来，原自娑竭龙宫捧出。承王③恩命，勉为重登。祖令既行，当仁不让。咄！等闲踏着上头关，须教独出一头地。"

拈香，云："此香深根固蒂，栽培于太古之前；馣馥氤氲，腾瑞于九天之上。臣④僧某虔爇宝炉，端为今上皇帝陛下祝延圣寿万岁万岁万万岁。钦愿乾坤等固，日月齐明；万方歌成化之年，四海乐雍熙之世。"

---

① 表扬法语：底本无。据本卷版心皆镌"法语"二字，以及卷首"庆忏荐扬"诸语，添加为本卷卷题。
② 弥：底本作"狝"，形讹。
③ "王"云云，底本抬行，顶格排列，以示恭敬。后此类情况不再出注。
④ 臣：底本为小字，以示谦卑。后此类情况不再出注。

次拈香，云："此香灵根蟠法界，瑞气塞虚空；曩从苍龙窟内熏成，今向妙湛光中拈出。臣僧某虔爇金炉，敬为薨世蜀主定王殿下尊灵，用资鹤驾，上赴丹霄，复还兜率之宫，永获逍遥之乐。"

次拈香，云："此香为高天府价重雄藩，▨▨殿上，氤氲瑞气霭琼楼；长寿宫中，缥缈祥(▨)〔云〕① 腾凤(▨)〔阁〕②。臣僧(▨)〔某〕③ 爇向金炉，端为蜀王殿下祝(▨)〔延〕▨(▨)〔寿〕④，▨母▨▨⑤、郡王同▨⑥，(▨)〔恭〕⑦ 愿天潢清远，国祚延鸿，玉叶金枝，联芳百世。"

次拈香，云："此香为福田中种植，九天雨露滋培。爇向炉中，特为钦差镇守四川都知太监信官阎公暨藩臬三司兼(▨)〔王〕⑧ 府内外文武官僚，同增禄位，仍愿乃忠乃孝，为国为民，为王室(▨▨)〔之股〕肱，(▨)〔作〕⑨ 皇家之柱石。"

中据座。上首白槌云："法筵龙象众，当(▨▨▨)〔观第一〕⑩ 义。"师举槌子云："第一义，只这是，迥出(▨)〔百〕非

---

① 云：底本仅存该字"雲"下部"云"。据文义，分析为"云"字。
② 阁：底本"門"字框不全。据文义，判定为"阁"字。
③ 某：底本无，据文义补。
④ 底本残泐三字。据所剩字迹及上下文义，所泐第一、三字当为"延""寿"。
⑤ ▨母▨▨：底本抬行，顶格排列，以示恭敬。又，所残泐三字，暂无法辨识。
⑥ 底本残泐一字，暂无法补足。
⑦ 恭：底本泐上部。据文义，当为"恭"字。
⑧ 王：原泐，据语境补。
⑨ 作：底本残泐。据残存字迹及上下文义补。
⑩ 观第一：底本残泐三字。揆诸所剩字迹及上下文义，所泐当为"观第一"。按，"法筵龙象众，当观第一义"乃禅林习语。宋楚圆集《汾阳无德禅师语录》卷上："师初开堂，读疏罢，维那白槌云：'法筵龙象众，当观第一义。'"宋道原《景德传灯录》卷二十三《金陵奉先深禅师》："江南国主请开堂曰。才升座，维那白槌曰：'法筵龙象众，当观第一义。'师便云：'果然不识，钝置杀人。'"

离四(▨)〔句〕①。▨▨▨②耀绝商量,拟涉唇锋落第一。只许作家知,(▨▨)〔不许〕③作家会。大慈宗主为人(▨)〔师〕④,觌(▨)〔面〕⑤一槌都击碎,直(▨)〔得〕大千震动,花雨缤纷,万(▨)〔象〕点头、(▨)〔虚〕空扑地⑥。▨然如▨⑦,(▨▨▨)〔阳春白〕雪非凡调,不是(▨▨▨▨▨)〔知音和不齐〕⑧。"(▨▨

---

① 底本泐二字。按,"迥出百非"为佛教界习语。唐澄观《大方广佛华严经疏》卷五十《如来出现品》:"涅槃既妙绝常数,恬怕希夷,虽迥出百非,而靡所不在。"《法华经玄赞释》:"此云一乘如彼莲花,虽处泥水不染。可谓迥出百非,绝于四句;口欲辨而词丧,心欲缘而虑绝也。"据之,补"百"。又,"绝百非,离四句"亦习语。参学大观编《北涧居简禅师语录·台州报恩光孝禅寺语录》:"徽宗皇帝大忌,上堂。'正法明王,乃过去佛。虽久灭度,而常现前。利生如尘如沙,说法如云如雨。绝百非,离四句,毕竟是何章句?'(顾视大众,云:)'塞却耳根,分明听取。'"清懒石聆说、门人海瑞录《懒石聆禅师语录》卷上《住汉中府静明禅寺》:"摩诃衍法绝百非,离四句,看破老胡西来意。如是,何须登曲录木、鼓两片皮、弄三寸舌?有甚么交涉!还委悉么?"故据以补"句"字。
② 底本残泐三字,暂无力补足。
③ 不许:底本残泐二字。衡诸文义,或为"不许"。
④ 师:底本残泐。据所残字迹及语音,所泐当为"师"。宋蕴闻编《大慧普觉禅师语录》卷十九《示智通居士》:"古人入门便棒便喝,唯恐学者承当不性燥,况忉忉怛怛、说事说理、说玄说妙、草里辊耶!近年已来,此道衰微:据高座为人师者,只以古人公案,或褒或贬,或密室传授。"清真雄说、机德等编《大悲妙云禅师语录》卷四《行略》:"余曰:'座主为人天师表,何得如此?'如曰:'观禅师气度,非众可比。'"
⑤ 面:底本有残泐。据所剩字迹及语境,当为"面"。
⑥ 底本残泐三字。明通贤说、行浚等编《浮石禅师语录》卷一《苏州府吴江报恩禅寺语录》:"上堂。'时值温和三月天,一轮明月正逢圆。祖翁田地都迷却,谁识青黄间目前?大众!还有识者么?若乃识得,大千震动,花雨缤纷,万象点头,虚空粉碎。能使天上五衰不现人间,八苦停煎,有求皆遂,无愿不从。其或未能,山僧更为诸人通个消息。'竖拂云:'蛇生绳上,还因识幡动竿头不是风。'"据此,所泐三字为"得""象"和"虚"。
⑦ 底本残泐二字,暂无法辨识。
⑧ 底本残泐八字。明通贤说、行浚等编《浮石禅师语录》卷一《苏州府吴江报恩禅寺语录》:"童文芝荐母,请上堂。……'……现前大众,还有和得者么?'良久云:'阳春雪曲非凡调,不是知音和不齐。'击拂子,下座。"据此,所泐为"阳春白""知音和不齐"。

▨▨)〔良久云:"还〕有(▨)〔善〕音别调者么①?有则不妨出来,与老僧酬唱。"

有僧洪印出,问云:"雷音动地,选佛场开。一会灵山,俨然未散。未审皇恩佛恩如何补报?"师云:"荡荡尧风清六合,明明佛日照三千。"进云:"祝赞已闻师的旨,拈花微笑意如何②?"师云:"机前有语难容舌,独许头陀一笑传。"进云:"玉梅破雪,红叶凋霜。适官家除禫之辰,(▨)〔乃〕③鹤驾仙游之日。未审麀世主人金容,即今何在?"师竖拂子,云:"在山僧拂子头上成等正觉,放大光明,与三世诸佛共转法轮。汝还见么?"进云:"与么,则遍界绝遮藏耶?"师云:"要且有眼觑不见。"进云:"只这觑不见处,不隔纤毫?"师云:"未是妙。"进云:"未审如何是妙?"师云:"二边俱抹过,始见劫前人。"进云:"蒙师点出金刚眼,死去生来更不疑。"师赞云:"俊哉,衲子!透网金鳞,出语摽宗,不忝西禅之嗣。更须保任,切勿自欺。"进云:"人天证盟,谢师印可。"④

师复云:"解布漫天网子,方能打凤罗龙。若然手眼通身,

---

① 底本残泐五字。清元揆说、成烔等编《神鼎一揆禅师语录》卷六《天童西堂寮秉拂小参》:"良久云:'还有善音别调者么?孟春犹寒,伏惟大众起居纳佑。'"据此,所泐当为"良久云还""善"。
② 祝赞已闻师的旨,拈花微笑意如何:乃禅林间习语。明净柱辑《五灯会元续略》卷四《西禅瑞禅师法嗣·棠城宝文洪印禅师》:"师曰:'祝赞已闻师的旨,拈花微笑意如何?'山曰:'机前有语难容舌,独许头陀一笑传。'"
③ 底本残泐,仅存一撇(丿)。据文义,补"乃"字。
④ "雷音动地,选佛场开"云云,这一段化语收于明净柱辑《五灯会元续略》卷四《西禅瑞禅师法嗣·棠城宝文洪印禅师》、明通容辑《五灯严统》卷二十三《西禅瑞禅师法嗣·棠城宝文洪印禅师》、清超永编辑《五灯全书》卷五十九《西禅瑞禅师法嗣·棠城宝文洪印禅师》、清性统集《续灯正统》卷二十九《西禅瑞禅师法嗣·棠城宝文洪印禅师》、清通醉辑《锦江禅灯》卷九《西禅瑞法嗣·宝文洪印禅师》,流传禅林颇广。

始可搀旗夺鼓。众中莫有顶门具眼底衲僧么？有则正好出来，与老僧击节。"有僧不空出，问云："从上佛佛授手、祖祖相传，未审毕竟授传何事？"师云："一钩横似月，三点灿如星。"进云："怎么则以心传心、以心印心耶？"师云："字经三写，乌焉成马？"进云："只如和尚未见东普时，如何？"师云："此去成都不远。"进云："见后如何？"师云："锦官城外武侯祠。"进云："见与未见时，是同是别？"师云："沙河萝卜李村姜。"进云："昔日生公说法，阶前顽石点头。和尚今日谈空，未审有何奇瑞？"师云："灯笼开笑口，露柱舞三台。"进云："梁皇昔舍一笠盖覆佛身，感得帝王之报。今辰蜀主君临一国，子育斯民，三教鼎兴，未审有何功效？"师云："贤名昭著同天地，德泽流芳及子孙。"

进云："与么则天潢清派远、草木共露恩耶？"师云："阇黎不惟报德，可谓知宗。理见既以无偏不谬为光泽之子，更能厚蓄深培。许汝为人有分。"进云："大众证盟，谢师肯可。"师云："选佛、选官无别理，理明言顺自相当。寒岩昨夜回春梦，顿觉梅梢泄冷香。只个现成公案，今古难藏；拟涉思惟，剑去久矣。万仞崖头撒手，须是其人；千钧之弩发机，岂为鼷鼠？故诸佛出世，盖为一大事因缘；祖师西来，只为个一着子。个一着子者何？即一大事因缘也。一大事因缘者又何？乃自心全体之谓也。所谓一者，心也。离心之外，了无一法可得。故云：'天得一以

清，地得一以宁，人得一以真，万物得一以遂生成。'① 邵子诗云：'天向一中分造化，人从心上起经论。'②

"儒典云：'一本万殊，万殊一本。'③ 又云：'吾道一以贯之。'④ 所言大者，即心之全体也；事者，即心之妙用也。大哉！心体广博无际，泛应无穷，寂寂虚灵，含具众理，能应万事者矣。

"原夫三教，圣人所设；门庭虽异，究竟指归，理则一也。当知此法甚深微妙，岂可得而思议哉？故在天同天，天莫能盖；在地同地，地莫能载；在日月与日月同明，而明超日月；在阴阳与阴阳同消长，消长莫能移；在四时与四时同寒暑，寒暑莫能迁；在万物与万物同盛衰，盛衰莫能变。故能生于生，生莫能

---

① 天得一以清，地得一以宁，人得一以真，万物得一以遂生成：典出《道德经》卷下："天得一以清，地得一以宁。神得一以灵，谷得一以盈。万物得一以生，侯王得一以为天下正。"按，禅僧多引以证义。《杨岐方会和尚后录》："上堂。云：'天得一以清，地得一以宁，君王得一以治天下。衲僧得一，且作么生？'良久，云：'钵盂口向天。'"宋李遵勖编《天圣广灯录》卷二十八《洪州龙沙章江院昭达禅师》："上堂。僧问：'天得一以清，地得一以宁。和得一又如何？'师云：'证明么？'进云：'上根之者，已晓师机。中下之流，如何领会？'师云：'阇梨作么生会？'"

② 天向一中分造化，人从心上起经论：邵雍《伊川击壤集》卷十五《观易吟》："一物其来有一身，一身还有一乾坤。能知万物备于我，肯把三才别立根。天向一中分体用，人于心上起经纶。天人焉有两般义，道不虚行只在人。""论""纶"同。

③ 一本万殊：典出朱熹《朱子语类》卷二十七："到这里见得一本万殊，不见其他。"谓事物尽管千差万别，就其本源，其实同一。即万变不离其宗之义。万殊一本：更早见于晋卢谌《赠刘琨》："爰造异论，肝胆楚越，惟同大观，万殊一辙。"亦谓一切事物虽有区别，道理却是一样的。朱氏之语，盖据卢氏而言。后来，"一本万殊，万殊一本"，遂为元明儒家习语。元胡祗遹《紫山大全集》卷二十五《语录》："人之观物，不过源委干枝，一本万殊，万殊一本，同归殊涂，一致百虑；由博以求约，自约以求博；一纲万目，万目一纲；同而异，异而同，如是而已。所以不明者，自有此身日日自睹而不致思耳。"明薛瑄《读书录》卷七："一本万殊、万殊一本之理，开眼便见。"

④ 吾道一以贯之：语出《论语·里仁》："子曰：'参乎！吾道一以贯之。'曾子曰：'唯。'子出，门人问曰：'何谓也？'曾子曰：'夫子之道，忠恕而已矣。'"是谓孔子的忠恕之道，贯穿于其一切言论甚至一切事物之中。

生；能死于死，死莫能死；能有于有，有不能有；能无于无，无不能无。故能大能小，能卷能舒，能悟能迷，能凡能圣，实万法之本源，乃群灵之幽府。

"若夫众人得之，则乃灵于万物，具乎五常；士大夫得之，乃能修身、齐家、治国、平天下；宰辅得之，则能燮理阴阳，调羹补衮；王侯得之，则乃分茅列土，藩屏圣明；圣天子得之，奄有四海，协和万邦；若夫阿罗汉得之，具五神通，位登四果；辟支迦得之，出无佛世，度有缘人；诸菩萨得之，行愿双资，智悲齐运；佛世尊得之，万行圆融，十身满证。

"至哉！此法无一理而不统，无一事而不该，物物全彰，头头显露，尘尘叶妙，法法归源。

"故我大觉释尊，为此一大事因缘故，兴悲愿力，出现世间，于无生中示生，无相中现相，始从兜率内院降神摩耶腹中；十月满足，左胁降生。一生下地，便能启家创业，现大人相，周行七步，目顾四方，一手指天，一手指地，云：'天上天下，唯吾独尊。'当此辟初之际，将个一大事因缘，已是七花八裂、全机漏泄了也。洎乎后来出世，曲尽化机，巧设多种方便，演出百千三昧有空性相之旨、顿（惭）〔渐〕① 偏圆之宗、大小三乘十二分教。复将此一大事因缘重重指注，揭尽玄微末梢。于灵山会上，拈一枝花普示大众，唯迦叶一人破颜微笑。世尊乃云：'吾有正法眼藏、涅槃妙心，付与摩诃大迦叶尊者。'此所谓妙契离言之旨。自是双林入灭之后，祖师达磨西来，不立文字，直指人心，见性

---

① 渐：底本作"惭"。揆诸上下文，当为"渐"之形讹。

成佛，谓之教外别传；又乃和盘掇转，透底掀开，斯一大事因缘，至此昭然而无隐矣。至如德山、临济棒喝交驰，仰山推出枕头，龙潭吹灭纸烛，秘魔擎（义）〔叉〕①，道吾舞笏，俱胝竖指，长庆卷帘，雪峰辊球，禾山打鼓，乃至纵横逆顺、杀活卷舒、正按傍敲、横拈倒用，如是展演，如是提唱，尽其机用，亦不过只要发明此一大事因缘也。

"只如山僧适来与这二僧一酬一唱，一纵一擒，放去收来，明投暗合，如是激扬，岂法无定体、遇缘即宗？

"今此升座，一回佛事，义分三段，理出一源。一者，标此一大事因缘，为诸佛出世之本怀；次乃揭示向上一机，为衲僧提唱之宗眼；三则表扬孝道因缘，为仁子报亲之大本。适来诸佛本怀、衲僧正眼，略以开示在前。今当表扬仁子孝亲之本，详夫古今孝道因缘，斑斑见于典籍，事类颇多，兹不繁引。

"恭惟薨世先君主人在天之灵，宿乘愿力，现国王身，列土分茅，主治邦国；仁风德泽被于四方，睿哲贤名迈于千古。一旦奄弃臣民、还归天界，适当三周除禫之辰，祇奉令旨，恭就大慈兰若修崇，水火炼度，荐扬清醮，启建十种广孝报恩大斋。于是，旌幡间列，释道交参，演诵神章，歌扬梵呗，通三昼宵，作诸法事。以今正日分中，人天会集，车驾临筵，委命山僧升于此座，特为表扬开示当人本来心地法门、拈提佛祖向上一着。以此般若胜因，用以庄严神驭，伏愿藩图永固，邦业维新，四方黎庶

---

① 叉：底本作"义"。揆诸语境，乃"叉"之形讹。

乐升平，一国生民歌至治，恩沾遐迩，福利升沉。更祈（☒☒）〔圣寿〕① 千秋，本支百世。诚可谓：'优钵昙花千载瑞，灵山嘉会一番新。'"

复举。"西天二十八祖菩提达磨大师，遥观东土有大乘气象，遂航海而来。三周寒暑，达于广州，止（☒）② 相寺。时守臣表奏梁武皇帝，遣使召至金陵。乃问：'朕自即位以来，造寺、度僧，有何功德？'祖云：'此是人天小果、有为福因，非真功德。'帝云：'如何是真功德？'祖云：'净智妙圆，体自空寂。如是功德，不以世求。'帝云：'如何是圣谛第一义？'祖云：'廓然无圣。'帝云：'对朕者谁？'祖云：'不识。'帝不能领旨，因兹不契。遂折芦渡江，隐于嵩山少林，面壁九年。后因接得二祖神光，自谓传法得人，遂乃只履西归。宋云使西域回，至葱岭，乃见祖师手携只履，翩翩西迈。问曰：'师今何往？'祖云：'西天去。'更不复言。云乃还国，以事闻帝。帝曰：'师已去世，今葬熊耳峰久矣。'乃命启圹视之，惟空棺只履存焉。今古相传，谓之形神俱妙，竟莫能测。后至元时，有个中峰和尚因僧举此语，诘之，路见不平，乃拈示云：'这缺齿老（☒）〔胡〕③，手携泥弹子，要与东土人斗富，可谓不知量矣。被梁皇指出照乘明珠，情知伊道个不识。'"

---

① 圣寿：底本泐二字。据所残字迹，再衡以语境，当为"圣寿"二字。又，所泐二字，底本抬行书写，以示敬意。
② 底本阙该字的左半部分，仅存右半部分"主"。
③ 胡：底本残泐。据尚存字迹，揆诸文义，当为"胡"。"缺齿老胡"，此谓达磨。宋宗绍编《无门关》"达磨安心"条："无门曰：'缺齿老胡，十万里航海特特而来，可谓是无风起浪。末后接得一个门人，又却六根不具。咦！谢三郎，不识四字。'"

师云:"看来这中峰老汉虽善扶倾辅弱、补衮续貂,要且祖师巴鼻未曾摸着在。某虽不敏,敢为发挥,遥对睿容,辄成一颂,以为诘座云:'觌面一言忘忌讳,九重城内绝知音。长江易起无风浪,深雪难埋不死心。只履空棺喧宇出,一花五叶遍丛林。自从击出龙宫月,赢得清光照古今。噂!只将此个真消息,命祝皇图意万春。'久立,大众伏惟珍重。"卓拄杖,下座。

钦守太监阎公礼建冥阳大会请说戒

师登座,以戒尺挥香按一下。良久,云:"真机不动,善恶罪福皆空;心境寂然,地狱天堂何有?觅贪嗔痴,似拨火寻沤;道戒定慧,如掉棒打月。卢舍那与阎老子鼻孔相连,优波离共孤魂佛子眉毛厮结。所谓'生佛本同灵,幽冥还共辙',盖由一念差殊。

"是以圣凡有间①,迷之者永劫沉沦,悟之者当处解脱。故曰:'天堂不有,地狱本空。'而世界苦乐之区分,乃众生业识之所现。一念背尘合觉,刹那返本还源。了境惟心,即心是佛。诸佛子若能言下了,知天堂地狱一切世界苦乐之境皆从一心所现,离心之外,迥无一法可得。故云:'心外无境,境实自心。心境两忘,复是何物。'设或心境未空,不免识心随业旋转苦轮,无时解脱;若非般若舟航,毕竟无由得渡。故我大觉世尊兴悲愿力,下降阎浮;不能化机曲乘方便,遂乃惟此一心之道,广开救

---

① 圣凡有间:《天目中峰和尚广录》卷十一:"或问:'偷心于圣凡有间,邪无间邪?'余曰:'偷心何物?即如来妙明元心之至体耳。'"

度之门。如大医王应病与乐,为有贪嗔痴,故立戒定慧。贪嗔痴病既瘳,则此戒定慧乐亦无所施矣。故云:'由戒生定,因定生慧。'因慧以破愚痴,照空生死。盖此戒定慧三学法门不容之不立也。然此三学法门既立,当以菩提心戒为首。夫此菩提心戒者,乃六度万行之总持、一切诸法之根本,即渡苦海之慈航、破昏衢之慧炬。舍慈航,无以越生死之迅流;微慧炬,不能朗幽途之黑暗。大哉,此戒!实千生之罕遇,诚万劫之难逢。今既有缘,休教蹉过。

"兹惟建会大檀越、太监信官阁,钦承朝命,守镇蜀川,弭盗安民,未遑安枕。先年以来,为因地方盗贼不宁,躬率官军剿捕。每怜非命死者,伤切于怀;尚虑魂滞幽阴,未能托化。由是谨发寸诚,祗就大慈禅寺启建荐扬大会,敬仗佛慈,普伸超度。

"以今正日晚分,另于门外建立津济坛场,溥为幽冥佛子传授尸罗戒诰。预命山僧升于此座,表扬建会,因由开示菩提心戒。所有戒诰条章,备载律仪,付在六案法师;少刻,依科传唱。汝等诸佛子,各各洗耳倾诚,志心谛受。我今先为汝等辟开冥路,揭示真机,令汝顿悟自心,高超净域,所谓:'心外无戒,戒外无心。心戒不二,号曰菩提。'菩提心者,名曰戒性。只此菩提戒性,即汝▢▢▢▢①,▢▢▢马去也②。"

复召众,云:"还知此道落处么?瞥!'林空山露骨,风动水

---

① "即汝"之后,底本脱第三十三、三十四叶共两叶。
② "马去也"云云开始,为底本第三十五叶及以后的内容。

生鳞。'① 衲僧家个个脚跟点地，人人鼻孔辽天。此段风光，极是现成，自是诸人承当不下。先哲所谓'只为分明极，翻令所得迟'②。要与此道相应么？不用趑趄拟议，就从今日为始，截断从前义路，提起本参话头，向此百日期中痛加策进；直须动静两忘，寤寐如一，久久情想，空疑团碎，蓦然裂破面门，依旧眉横鼻直。果能造证及此，不独满二庵主开山建立及诸禅侣竭力为众之心，庶亦不负汝各人出家参扣之志愿也。尤不可舍却话头，评论世谛，唐丧光阴。他时利害临头，莫言不道。冀诸禅德，各须努力。若论此事，不在广解多知、世智辩聪上。岂不见昔日沩山会下，志闲上座自恃聪辨之姿，问一答十，问十答百；一日，被沩山一拶，当时只得口哑，累乞沩山说破。山云：'吾若为子说破，尔后眼开骂我去在。'自此发愤下山，直造香严山中结庵。因划草掷瓦子，击竹作声，忽然大悟。遂望沩山作礼，云：'若使当时为我说破，岂有今日事在。'这个便是古人不肯自欺、真参实悟底样子也。大众！只如香严因击竹闻声悟道，且闻底是声，那个是道？若言即声是道，大似认橘皮为火；若言离声是道，何异抱赃叫屈；若言不即不离是道，又成颟顸佛性；若言总不怎么会，未免堕于狂见。未审如何即是？这里具得只眼、定断明白，许伊参学有分；若实未曾向香严悟处洞彻一回，纵尔通身

---

① 林空山露骨，风动水生鳞：明代习语。随语境之不同，词有小异。如明通贤说、行浚等编《浮石禅师语录》卷四："今日慈熙监院设斋供众，礼请山僧升座，要与大众结般若缘。若有人问：'结缘且止，如何是般若？'向他道：'林空山露骨，风动水生纹。'"

② 只为分明极，翻令所得迟：宋蕴闻编《大慧普觉禅师语录》卷一："入院。上堂。山僧未离泉州时，已与诸人相见了也。临安府亦与诸人相见了也。及乎来到山中，击动法鼓，坐立俨然，眼眼相觑，为甚么却不相识？只为分明极，翻令所得迟。"

是口、道得十成,皆为戏论。幻叟今日不惜眉毛,略为诸人露个消息。"以拂子击拄杖一下,云:"闻么?且闻底是声,那个是道?要会道么?"以拄杖卓地一下,云:"会么?但从这里会去。如或未会,更听偈说:'一击当机正眼开,声前句后觅还乖。转身别践通霄路,莫守枯桩待兔来。'久立,大众!伏惟珍重。"喝一喝,撑拄杖,下座。

解期

"'选佛场开定祖机,辨明邪正在钳锤。禹门浪暖风雷动,正是鱼龙变化时。'即今众中,莫有冲波激浪者么?"问答不录。

师以拂子打一圆相,云:"机前一着,觌面全提。"复击禅床一下,云:"句外一言,和声揭露。个里不许停思顾虑,岂容开口分疏?只饶眨得眼来,则剑去久矣。纵是佛祖到此,也只得攒眉有分。何也?盖非言路所通,亦非心识所测。若是个英俊衲僧,向未举以前,自当点首一笑。是故祖师门下,法应如是。嗟!观近世以来,人心不古,禅学之者不务真参实悟,惟事接响承虚,以觉识依通为悟明、穿凿机缘为参究①、破坏律仪为解脱、贪缘据位为出世,以致祖风凋弊、魔说炽然,塞佛法之坦途,瞖人天之正眼,使吾祖教外别传之道于斯而委地矣。故我大觉释尊于二千年外已识尽众生心病,预设多种奇方,于无渐次法中曲垂

---

① 究:底本作"究"。古来以为,此为讹字。《正字通·穴部》:"究,俗作究,非。"清邵瑛《说文解字群经正字·穴部》:"究,此字经典固多无误,然往往有作'究'者,此误亦由汉隶《羊窦道碑》'传于无究'变九为丸,俗遂因之,此大谬也。作究为正。"其实,古代写本或刻本,作"究"者夥矣,不能判为误。

修证规则，不过只要诱引当人一个入路。故经云：'末世众生希望成道，无令求悟，惟益多闻，增长我见。'① 又云：'众生未悟，作何方便，普令开悟？'② 佛令结制安居，克期取证；过三期（日）〔月〕③，随往无碍，故知结解之有时也。且如即今诸大德，于九十日中还曾证悟也无？已悟之者，置之勿论；只如其未悟之者，则此一冬不免又是虚丧了也。若是个本色道流，以十方法界为个圆觉期堂也，莫论长期短期、百日千日、结制解制，但以举起话头为始：若一年不悟，参一年；十年不悟，参十年；二十年不悟，参二十年；尽平生不悟，决定不移此志，直须要见个真实究竟处，方是放参之日也。故先哲所谓'一念万年'，岂虚语哉？"

遂举起拂子，召众云："还知这九十日内参究的消息落处么？不见世尊道'居一切时不起妄念，于诸妄心亦不息灭，住妄想境

---

① "末世众生"云云：唐佛陀多罗译《大方广圆觉修多罗了义经》："善男子！末世众生希望成道，无令求悟，唯益多闻，增长我见。但当精勤降伏烦恼，起大勇猛，未得令得，未断令断，贪、瞋、爱、慢、谄曲、嫉妒对境不生，彼我恩爱一切寂灭，佛说是人渐次成就，求善知识不堕邪见。若于所求别生憎爱，则不能入清净觉海。"

② "众生未悟"云云：唐佛陀多罗译《大方广圆觉修多罗了义经》："于是普眼菩萨在大众中，即从座起，顶礼佛足，右绕三匝，长跪叉手而白佛言：'大悲世尊！愿为此会诸菩萨众及为末世一切众生，演说菩萨修行渐次。云何思惟？云何住持？众生未悟，作何方便，普令开悟？世尊！若彼众生无正方便及正思惟，闻佛如来说此三昧，心生迷闷，则于圆觉不能悟入。愿兴慈悲，为我等辈及末世众生假说方便。'作是语已，五体投地。如是三请，终而复始。"

③ 月：底本作"日"。衡诸语境，当为"月"之形讹。 三期月：三个整月。期，今读 jī。一周年，一整月。《礼记·中庸》："择乎中庸，而不能期月守也。"孔颖达疏："假令偶有中庸，亦不能期匝一月而守之。"《后汉书·耿纯传》："期月之间，兄弟称王。"据佛教教义，安居共三个月。东晋佛陀跋陀罗共法显译《摩诃僧祇律》卷十一《明三十尼萨耆波夜提法之四》："安居三月者，从四月十六日至七月十五日。"唐佛陀多罗译《大方广圆觉修多罗了义经》卷上："若经夏首，三月安居，当为清净菩萨止住，心离声闻，不假徒众。"

不加了知,于无了知不辨真实'①?个里明辨得老瞿昙得失譌讹处,要证圆觉,不为难矣。设或未能见彻,切忌依语生解。幻叟今日不辞饶舌,试为诸人颂出:'猛火铸成金弹子,当机捏碎又浑囵。等闲得失俱拈过,风送潮音出海门。'"

四祖表纤藏经

"空前一卷,四句百非。收不得教外一言,十地三贤犹罔措。流水示广长舌相,双峰露古佛真机;空阶顽石点头,东海鲤鱼打棒;剖出大千经卷,掀翻性海波澜,获得骊龙额下之珠,觌面为诸人拈出。"

以拂子打〇,云:"会么?咄!切忌打失眼睛。岂不闻经中道'剖一微尘,揭示大千经卷'②?一微尘者,即当人一念烦恼心也。大千经卷者,即汝诸人本来佛性是也。此经在圣不增,在凡

---

① "居一切时不起妄念"云云:唐佛陀多罗译《大方广圆觉修多罗了义经》卷上:"善男子!但诸菩萨及末世众生,居一切时不起妄念,于诸妄心亦不息灭,住妄想境不加了知,于无了知不辨真实。彼诸众生闻是法门,信解受持,不生惊畏,是则名为随顺觉性。善男子!汝等当知!如是众生已曾供养百千万亿恒河沙诸佛及大菩萨,植众德本,佛说是人名为成就一切种智。"
② 剖一微尘,揭示大千经卷:禅林间习语,然词时有小异。清超永编辑《五灯全书》卷一〇二《霍山凤鸣慧超先禅师》:"上堂。'剖一微尘,出如来大经卷。'竖拂子云:'大众且道,者是什么经?'有僧出。师曰:'明破即不堪。'便下座。"《憨山老人梦游集》卷五十二《题曹溪诸沙弥书〈华严经〉后》:"予因选诸童蒙沙弥,教以习字,书写《华严》尊经;意将仗此大法因缘,以作金刚种子。果不数年间,发心书者可期十人。堂主昂公,乃昔所延教师也,持来匡山。予见而叹曰:'此即剖一微尘所出之经也。观其点画,皆从金刚心中流出,况有最小沙弥愿刺血而书之者。斯即吾佛所说'无师智,自然智',现在前矣。"按,或谓出自《华严经》。隋智顗《妙法莲华经玄义》卷二:"《华严》云:'心、佛及众生,是三无差别。''破心微尘,出大千经卷。'是名心法妙也。"江味农《金刚般若波罗蜜经讲义》卷三:"《华严经》云:'剖一微尘,出大千经卷。'兹当一一剖而出之。"然现传《华严经》中,并无是语。

不减,往古不旧,现今不新。只为最初一念,背觉合尘,致使此经汩在根尘之内,匿于形气之中,广大光明蔽于声色,是以日用见闻不能信解受持。山僧即今略为诸人通一线道。"

复以拂子击禅床一下,云:"会么!于此会得,便见十方世界明暗色空,乃至山河大地万象森罗,总是一卷全经;物物头头皆宣妙义,尘尘刹刹尽演真常;无一法不彰此道,无一处不现此经,以至瓦砾砖头、冬瓜瓠子炽然常说。故永嘉道:'默时说,说时默,大施门开无壅塞。'① 斯言岂欺人哉!汝等诸人若向这里有个去处,则可谓从佛口生、从法化生、得佛法分。设或未然,但能发一念信心而能随喜赞叹,或以一香一灯、一粟一麻以用供养者,其福德亦不可量;何况发大欢喜、舍大布施、披阅藏乘、流通法眼、诱化众缘、报资恩有者,岂无福利耶?兹承四众请命,升于此座,表扬向上宗乘,开示当人心地,诚所谓优昙千载重开、再睹灵山一会,今日方见汝等信法之心始终不易其志也。个事且止,只如佛祖未曾出世、此经文彩未彰已前一句,落在甚么处?"良久,以拂子击禅床一下,云:"罋!海神擎出扶桑日,散作光明照十方。"

复举。"赵州和尚因一婆子令人将钱入寺,请师为转一藏经。师受施,下禅床,乃令传语婆转经竟。婆闻之曰:'比来请转全藏,因甚只转半藏?'州闻,乃发一笑休去。""这个便是古人作家遇作家转经的样子,多少省力!虽然如是,就中大有譊讹,古今多少人向这里摸索不着。且道那里是转半藏处?赵州一笑休

---

① "默时说"云云:宋道原《景德传灯录》卷三十《永嘉真觉大师证道歌》:"默时说,说时默,大施门开无壅塞。有人问我解何宗,报道摩诃般若力。"

去,意作么生?于此见彻,可与赵州、婆子千古同风,不妨奇特。恐犹未彻,重为注脚,云:'婆子当年乞转经,赵州方便为敷陈。不舒寸舌真乘备,才下禅床法施明。半藏转时神鬼泣,全机演处象龙惊。大檀此日重被展,万古香风播祖庭。'"

卓拄杖,下座。

大湖僧会安期

师指座,云:"敷陈百宝狻猊座,列就千花锦绣屏。倒握祖机提正令,毗卢顶上等闲行。咄!须弥灯(玉)〔王〕①,请过一边。"

遂登座。祝香毕,敛衣就座。上首白槌罢,举拂子云:"巨🖿②深藏宝匣中,等闲拈出定纲宗。当机举处全生杀,魔佛从教一扫空。今众中莫有赏音击节者么?出来与老僧相见。"众默然。

师以拂子击法床一下,云:"声前有句,开口即差;棒下无私,翻身已错。不容拟议,岂许分疏。直饶佛祖到来,也只得向背后(乂)〔叉〕手。是故衲僧门下印定千差,把住放行,于法自

---

① 王:底本作"玉"。误。 须弥灯王:即须弥灯王如来。吴支谦译《佛说维摩诘经》卷一《不思议品》:"东方去此佛国度如三十六恒沙等刹,其世界名须弥幡,其佛号须弥灯王如来、至真、等正觉、今现在。其佛身八万四千由延,佛师子座六万八千由延。其菩萨身四万二千由延,须弥幡国有八百四十万师子之座。彼国如来为一切持,其师子座为一切严。"西晋竺法护译《持心梵天所问经》卷四《授现不退转天子莂品》:"现不退转天子三十二不可计阿僧祇劫当得作佛,号曰须弥灯王如来、至真、等正觉、明行成为、善逝、世间解、无上士、道法御、天人师,为佛、世尊,世界名善化,劫名净叹。其佛国土当有二宝,以绀琉璃紫磨金色,淳菩萨众降伏魔怨,所居室宅衣食被服,当如第六化应声天。"

② 底本阙损,暂难以辨别。

在。有时坐断行云流水，百川尽向西流，洗清万相根尘，浸烂虚空鼻孔；有时击开玄关金锁，突出无位真人，横骑露地白牛，饱玩清风明月。此文殊顿证法门，非二乘见闻境界，苟非悬崖撒手、脑后眼开者，奚可以情解测量者！我有宗门①以来，凡弘宗竖教之士、传灯续祖之师，以（囗）〔往〕②铜头铁额、大机大用者，未有一人不自真参实悟而得。嗟夫！近世以来，人心不古，正法浇漓，祖道荒凉，魔说炽盛；禅学之士不务真参实究，惟事广解，复知采妙穷玄、资益谈柄。故《圆觉经》云：'末世众生，希望成道，无令求悟，惟益多闻，增长我见。'是知心地法门在乎真参实悟而已，故不可依他作解、障蔽心光、埋没己灵、孤负先觉。

"（令）〔今〕③汝现前诸众禅德各人远离乡土、割爱舍亲、拨草瞻风，岂为别事？盖欲究明此道，决了大事因缘。既到这里，正好休歇万缘，扫除异见，更不用之乎也者，便请单刀直入。岂不闻达磨西来、不立文字、直指人心、见性成佛？斯言岂欺人哉！尔等既能信受，再勿蹰躅，就从今日为始，即将从前见闻觉知之事及贪嗔痴妄之心，直下一刀两段，勿存毫末在心，向此三条椽下、七心单前，竖起脊梁，全机坐断；单单举个狗子无佛性话，时时鞭起疑情，返复推穷参究，静闹闲忙勿令间断。倘多生习气根尘，烦恼一时不能顿尽，亦不必将心排遣；但于根尘起

---

① "有宗门"之前，底本空一个字的距离，盖示敬也。
② 往：底本残泐，仅存"三"。再揆诸语境，当为"往"字。
③ 今：底本作"令"。衡诸文义，当为"今"之形讹。

处，回光一照，当念自空：先哲所谓'念起即觉，觉之即无'①是也。每日用心，如是体究，做一日要见一日工夫进退，做一月要见一月工夫得失，不可一曝十寒、急流涌退，直须始终如一、绵绵无间。诚能如是克究，不患心地之不悟明也。若不尔者，纵是百劫千生，也无一个了办的时节。

"兹惟太湖掌教和尚，宗门伟器，佛法栋梁，迩来推最上乘心，广菩萨梵行，大开选佛之场，延纳十方龙象；遵依佛制，三月安居，九十日中克期取证，于以建立宗风，于以报资恩有：不惟振耀一时，亦乃流芳百世，真可谓难行能行、自利利他者矣。复承本县大尹、列位相公兼文林掌教先生并合邑贤豪长者，光贲法筵，赞扬我教，此亦法门千载一遇之幸也。

"适蒙宗主见命，升于此座，勉为大众普说，激扬向上宗乘，开示人天正眼。既弗容辞，未免搜索葛藤、牵枝引蔓去也。

"记昔日江州太守李勃虽居荣显，亦尝留心此道。每究《华严》宗旨至'须弥藏芥子、芥子纳须弥'处，不觉掩卷，置疑胸中，久而未决。一日，往谒归宗禅师。师见不顾。勃云：'见面不如闻名。'抽身便出。宗曰：'相公何得贵耳贱目？'勃乃回首作礼，扣云：'教中道"须弥藏芥子"，我则无疑。"芥子纳须弥"，莫是妄谈否？'宗曰：'我闻史君曾读万卷书，实否？'李曰：'然。'宗云：'我观相公从顶至踵，通身不过椰子大，且万卷书安置在什么处？'李乃俯首。宗叱曰：'见即便见，低头拟思

---

① 念起即觉，觉之即无：唐宗密述《禅源诸诠集都序》卷上之二："觉诸相空，心自无念。念起即觉，觉之即无。修行妙门，唯在此也。"是语，又见于唐裴休问、宗密答《中华传心地禅门师资承袭图》。

量个什么？'李遂悟旨于言下。

"又有个裴休宰相，因出镇宛陵，请黄檗运禅师府中供养，旦夕咨究。一日，自撰《心要》一篇呈师。师接置于床头，默然良久。乃召相公：'会么？'休云：'不会。'师云：'与此会得，犹较些子。若更形于纸笔，何处更有吾宗？'休乃大悟。这个便是士大夫金紫丛中参禅悟道的两个样子。

"又有个庞居士，因将家财沉于湘水。后参马祖，乃问：'不与万法为侣者，是甚么人？'祖云：'待汝一口吸尽西江水，即向汝道。'居士大悟于言下。尝有偈曰：'有男不婚，有女不嫁。大家团圞头，共说无生话。'一家四口，皆悉通悟；临终，有坐亡立化者，有形神俱妙者。至今千古之下，孤光耿耿不磨；平生机缘事迹，斑斑见于典集。此是长者侔中超凡入圣的样子也。

"若论此事，乃当人分上本有之灵，不假上天讨、掘地寻，亦不必舍家缘、抛富贵，但肯回头、信入此道者，则可与从上李刺①史、裴宰相、庞居士诸大老，千古同风共一辙也。

"个事且止。今宗主和尚虽居名位，不以名位自高，而能下心于一切。复能豁开智眼，看破目前，孜孜以道自重，不被世间功名富贵、殊胜境缘之所笼络，乃将平生积蓄衣资，转为般若禅悦之用。复以建法幢、弘道德、接方来为己任。如是施为，如是掺履，如是心地，如是行门，不但今时罕有，在古亦稀，寔宗门间世之瑞也。若非果位再来，则不能具如是解脱之心耳。

"今诸禅德既承命召而来，得预斯会，实为庆幸。或参堂者，

---

① 剌：底本作"刺"，"刺"之形误。

或执事者,悉遵丛林规矩,勿得自纵其心,俱要体宗主之心为心。且受他人现成供养,了办自己大事因缘,有何不可?须是要发起难遭之想,勿生人我之心;或有短长,递相戒勉。可谓狮子窟中尽成狮子,栴檀林内纯是旃檀。大家同出一只手,拨转如来正法轮。果能如是,不惟助杨宗主之道心,抑亦不负汝各人参学之志愿也。"

复举。"或庵体和尚初参此庵元老于天台护国寺,因上堂,举庞公选佛颂至'此是选佛场'①之句,振声一喝。或庵大悟,于座下乃献投机颂云:'商量极处见题目,途路穷边入试场。拈起毫端风雨快,这回不作探花郎。'

"此便是本分衲僧遇作家钳锤发明的样子。虽然,还知此庵一喝用处么?若知此庵用处,便见或庵悟处。若见或庵悟处,即是当人自己悟处。幻叟今朝事不获已,更为从头下个注脚:十方同聚会——肉臭来蝇。个个学无为——垛生招箭。此是选佛场——咄!急须走过。心空及第归——拄杖子未肯点头。在这里具得只眼,许他是个同参。设或未然,更听一颂:'煅凡②须是作家手,选佛还他出世才。一喝声中开正眼,御街迎出壮元来。'久立,大众!伏惟珍重。"

---

① 此是选佛场:宋悟明集《联灯会要》卷六《襄州庞蕴居士》:"衡州衡阳人也。士问石头:'不与万法为侣者,是甚么人?'头以手掩士口,士于此有省。后问马大师,大师云:'待汝一口吸尽西江水,即向汝道。'士于言下大悟,乃述偈云:'十方同聚会,个个学无为。此是选佛场,心空及第归。'"

② 煅凡:即锻炼成圣。

锦府大圣慈寺建千盘大会

指座，云："金猊宝座，特地敷成。教命既行，理不容让。咄！三要印开权在手，不妨千圣顶𩕳行。释迦！弥勒！请退一步。"

祝香白槌罢，师云："金槌一击象龙惊，万相森罗侧耳听。好个囫囵消息子，和声揭露不藏情。虽然如是，赏音击节，还他俱眼衲僧；打凤罗龙①，须是作家手眼。即今众中莫有超宗异目者么？"问答不录②。

举拂子，云："文殊境界绝思惟，碧眼黄头竟莫窥。任是三贤并十圣，也应到此竖降旗。大众！且道文殊境界有甚奇特？岂不见教中道，文殊乃七佛之师③，摽之为根本大智；清净法身乃释迦如来本然自性，此性不独如来有之，一切众生悉皆具足。只因一点无明当面覆却，翻成迷昧，苟非大智光明不能照了。故如来由此智力故，而能获证本妙法身、契同毗卢法界；一切菩萨由

---

① 打凤罗龙：谓以罗网抓擒龙凤。元明清时，禅林间习语。元道泰《禅林类聚》卷二《法身》："四祖登云：乾峰布漫天网，打凤罗龙，格外清规为寻知己。云门酒逢知己饮，诗向会人吟，也是利动君子。要见二大老么？好手手中夸好手，一条拄杖两人舁。"明明河《补续高僧传》卷十三《天目断崖禅师》："打凤罗龙，不曾遇得一虾蟹。今日有蟭螟虫撞入，三十年后，向孤峰绝顶扬声大叫去在。"明道忞《布水台集》卷二十《赞三》："打凤罗龙艺自高，鸢鸠谁羡弋蓬蒿。恢张天网如空阔，不是鲲鹏任脱逃。"
② 录：底本作"绿"，形讹。
③ 文殊乃七佛之师：明德清说、侍者福善日录《憨山老人梦游集》卷四十《疏·五台山造沉香文殊菩萨像疏》："伏以清凉胜境，为万圣之道场；大智文殊，乃七佛之师表。迹垂震旦，道化娑婆。作众生之福田，开人天之眼目。归依者福等恒沙，礼赞者德超尘劫。"道霈重编《永觉元贤禅师广录》卷五《普说上》："只如老僧，前日紧闭口缝，今日复开两片皮。诸人且道，前日不说底是？今日说底是？若道说底是，枉杀维摩乃金粟后身。若道不说底是，枉杀文殊乃七佛祖师。"

此智力故，而能圆修万行，证成满足菩提；一切声闻缘觉由此智力故，而能圆成四果，独证单空；一切众生由此智力故，而能照空烦(腦)〔恼〕①，洞彻心源；古今天下宗师由此智力故，而能坐据猊床②，恢弘祖道。是以从上佛佛祖祖，与悲出世，无不由智发行，因行会理，证理成佛；凡有施为建立，无不由此智力成就。所谓百亿毛头狮子智，一茎草上现全威。③

"今吾师大慈宗纲天宇大和尚，韶年舍爱，志从佛学。居官三十余年，寿今七十一岁。每念天盖地载，日照月临，父母生成，佛祖慈阴，王臣外护，师长训诲，檀越敬仰，多种深恩无由报答。兹承蜀主睿恩，塑造敕赐藏经阁下大智文殊师利菩萨金猊圣相一尊；复蒙内相檀越信官范证岩等，发心玉成左右画壁水陆功德。今喜完谐，就伸庆忏。卜今成化七年岁首吉辰，恭就本寺启建千盘大会；昙花示现，重广水陆龙华十会大斋二十昼宵，作大法事。以今正日分中，委命山野升于此座，特为表扬，以此报德酬恩，可谓至矣尽矣！

---

① 恼：底本作"腦"，形讹。据文义而更。
② 猊床：此指出家人所坐之宝座。
③ 本段语句，与明通贤说、行俊等编《浮石禅师语录》卷四《常州府宜兴善权寺语录》极为近似："法幢境界绝思惟，碧眼黄头竟莫窥。任是三贤并十圣，也应到此竖降旗。大众！且道法幢境界有甚奇特？不见教中道，法幢者乃表根本大智，此智为诸佛之师，即如来清净法身；此身即释迦如来本然自性，此性非独如来有之，一切众生皆已具足。只因一点无明当面覆却，遂成迷昧；苟非大智光明照了，何能转凡成圣、永脱轮回？是以诸佛如来由此大智光明力故，顿获本妙明心，契同毗卢法界；诸大菩萨由此大智光明力故，广修万行，顿成满足菩提；一切声闻缘觉由此大智光明力故，圆修四果，独证单空；一切凡夫由此大智光明力故，照空烦恼，彻悟自心；天下宗师由此大智光明力故，据坐猊床，弘扬祖道。是以从上佛佛祖祖，莫不由此大智而发行，由行会理，证成果；凡有动作施为，莫不由此大智而得成就。所谓百亿毛头狮子智，一茎草上现全威。"考通贤（1593~1667）乃明末清初临济宗僧，生活年代远在楚山绍琦（1404~1473）之后，上述言语明显改编自绍琦语录。

"须知此会因由，实非小补：以毗卢一真法界为体，文殊大智庄严为用；其间万巧千奇，皆自吾师海慧光中一心现量。诸人者要知吾师一心现量之体么？当明六相圆融之义。何为六相？所谓总、别、同、异、成、坏是也。且以天地大者言之，天地即总也。上而日月星辰，下而山川草木，其间万相森然，差殊不等，是为别相。虽则万相差殊，乃不外于天地，是为同相。且夫天位居尊在上，只能盖，不能载；地位居卑，只能载，不能盖；日能照昼①，不能照夜；月能照夜，不能照昼；乃至春夏秋冬之令，寒暑迭迁；东西南北之方，各住本位：法法不相知，法法不相到，故名异相。由此差别诸法造化因缘力故，乃得成一天地，是为成相。当知造化因缘性离，法法无我，作无作者，全相即空，故名坏相。此举天地大者言之。

"又如人之一身为总，六根四大为别，具足诸法名同，法法各住为异，同异相摄名成，因缘性离为坏。坏即空也。故经云：'色即是空，非色灭空。'② 如是则觅我我相，当体全空，了不可得。目前诸法，亦复皆空，俱不可得。诸人者苟能于这不可得处，豁开文殊智眼，洞见诸法实相，彻证自心源底，则可以妙契圆常之旨，不堕有无偏见。凡一切大小诸法，无不具此六相；但举一相，则六相备之。此谓圆融无碍法门也。于斯点首，则毗卢法界之体、文殊庄严之智，不离当处而证入无碍矣。

---

① 昼：底本作"書（书）"，乃"晝（昼）"之形误。据文义及下"月能照夜，不能照昼"而改。
② 色即是空，非色灭空：姚秦鸠摩罗什译《维摩诘所说经》卷二《入不二法门品》："色、色空为二。色即是空，非色灭空，色性自空。如是受、想、行、识，识空为二，识即是空，非识灭空，识性自空，于其中而通达者，是为入不二法门。"

"又教中有四法界义,与此六相圆融之旨,皆显一心体用,以尽离微之妙。山僧今日不辞饶舌,更为诸人当机指出。所谓四法界者,事法界,理法界,理事无碍法界,事事无碍法界是也。只就手中拂子,乃为明之。"

遂举拂子召众云:"还见么?见即是相,相即是色;色相既彰,名事法界。离此拂子,则无有相;无相无色,无色惟空。空即是性,性即理也;正恁么时,却不得唤做拂子。名理法界,性相不二,理事一源,正唤作拂子时,却不是拂子;于不是拂子处,不妨全体是拂子;是名理事无碍法界。以此一拂子,入一切差别诸法,任法立名,了无定体;以一切差别诸法,入一拂子,同名拂子,亦无定体;名事事无碍法界。

"又如帝网之珠,以一珠入一切珠,而体未尝分;以一切珠入一珠,而体未尝合。相在相入,而尘尘叶妙;互吞互称,而法法圆融。如永嘉谓'诸佛法身入我性,我性还共如来合''一月普见一切水,一切水月一月摄'①,即斯义也。

"其法界之名,广说万殊,略说惟四,其实未尝四也。惟廓悟自心之士,见处圆融,于法界相不执一而言一切,不离一切而守一。此非神通使然,乃法尔之如是也。嗟夫!凡夫昧此,妄执色身为我,起种种分别,被事所碍,缠缚苦轮,无由解脱。声闻观色无我,惟滞一空,远离世间,独求解脱,为理所障,被佛所诃。惟菩萨人了色即空,悟空即色,色空不一,住于中道;犹存

---

① 一月普见一切水,一切水月一月摄:宋道原《景德传灯录》卷三十《铭记箴歌·永嘉真觉大师证道歌》:"一性圆通一切性,一法遍含一切法。一月普现一切水,一切水月一月摄。诸佛法身入我性,我性还共如来合。"

见执，尚滞法尘。独如来事事无碍之境，如镜照镜，似空合空；类一摩尼，具含众色，收则齐收，现则齐现。不容造作，岂许安排。是谓无功用之法门也。

"其法界义，广说重重无尽。今则总万归四，会四归一；于无功用中，一亦不可存矣。此不可存，是真法界。上根利智，领在言前；中下之机，徒劳伫思。若果一心之体用能明，则逆顺卷舒，任运施为，而乃事事俱无碍矣。"

复举。"昔日释迦如来在灵山会上大讲堂中，与诸大菩萨演说法界之义，乃见文殊从外而来。世尊乃命阿难掩却讲堂门户，无使文殊入来。阿难奉教，遂掩却门户。文殊不得入堂，立于门外。于是世尊大振圆音，与诸大菩萨演说法界之义。说法即毕，复命阿难开却讲堂门户，令文殊入来。文殊入堂，瞻礼世尊，依位而立。世尊谓文殊曰：'汝心莫有懊恼耶？'文殊答曰：'弟子无懊恼。'世尊曰：'我令阿难掩却门户，使汝不得入堂听我说法，岂不生懊恼耶？'文殊白佛言：'世尊！弟子实不生懊恼。'世尊云：'以何为据，言不懊恼？'文殊乃云：'世尊所说法界，即文殊法界；文殊法界，即世尊所说法界。法界之体既同，门户岂能隔碍耶？门户既无隔碍，何内外之有乎？内外既无，谁在堂内，谁在堂外？'于是世尊乃指弹赞叹曰：'善哉！善哉！实不谬称为大智文殊师利也。'"

"大众！于斯见彻，则可与世尊、文殊同一法界，千古同参，亦以知吾师建此胜会如是庄严、如是施设、如是用心之不苟也。设或未然，更听偈说：

　　一真法界体含融，列圣摽为万法宗。

门户岂能为隔碍？自他何必较殊同。

　　音闻妙叶水投水，心眼冥符空合空。

　　拨转文殊关捩子，昙花遍界散香风。"

以拂子击禅床，喝一声，下座。

石经楚山和尚语录卷之三：开示法语①

参学门徒　祖玠　集

师因棹舫南游，往回经过郡城。缁素檀豪闻风参扣，请求开示。凡有法要，类而成帙，通目之曰"开示法语"。

乐平郡王命禅人庄宣请

原夫圣人设教虽殊，其立言垂化，无非教人为善而已。为善者何？治心而已。治心者何？舍邪从政②而已。既曰从政，圣人之心讵有不同之理哉！是心也者，从古迄今，圣凡贵贱一切生灵之所共禀者也。充而论之，天地以之而建立，阴阳以之而运行，风雨晦明以之而变化，草木昆虫以之而毓生。其于人也，在眼为见，在耳为闻，在鼻为臭，在舌为尝，在身为触，在意为法；乃至折旋俯仰、行住坐卧、一动一静、一语一默，喜怒哀乐之情，

---

① 开示法语：底本无。本卷首说明有"开示法语"四字，本卷版心亦皆镌"法语"二字，据之添加。
② 政：通"正"。从政：本谓参与或处理政事。《汉书·叙传上》："周之废兴与汉异，昔周立爵五等，诸侯从政，本根既微，枝叶强大，故其末流有从横之事，其势然也。"颜师古注："言诸侯之国各分为政。"或指服官役。《礼记·杂记下》："三年之丧，祥而从政。"郑玄注："从政，从为政者教令，谓给繇役。"然这两个义项，均与此处语境不协。此当谓顺从正法。

爱憎取舍之念；一一皆心之所为也，极其神妙。掷大千于方外，纳须弥于芥中；一毫端上现宝王刹，一微尘里转大法轮：如是百千三昧无量法门，靡不由之而〔变〕① 现也。

只个心体，本来清净，元无染污，由其应事接物之际，一念萌动之初，偶失觉照，遂有邪正善恶真妄之分焉。真心者何？圆常湛寂、皎皎虚明、不滞有为、不沉空断、任运施为、纵横自在之谓也。妄心者何？情尘交蔽、识想纷飞、念念迁流、新新不住、旋转苦轮、自生倒惑之谓也。譬若镜焉，体本明净，鉴照无私，胡来胡现，汉来汉现，妍丑万应，毫发无差；或不能护其本真，而以妄垢日积浓厚，则本明本净之光隐矣。妄心既不能治，则所趋所为悉为妄业。既有妄业，则有妄报；业报之随，若形影不相离也。故以坐死轮回，三途八苦不可得而免矣。

嗟夫！背真向妄之非，至于此苦乐万殊，所谓毫厘有差、天地悬隔也。倘无治法，则汨没②生死之患，何有穷哉！

故吾佛圣人思所以治之，则演出三藏十二分教、曲垂多种方便者，皆破妄颂真、复性还源之法也。亦犹磨镜之方药焉，使其日治日磨，必欲垢净明现而后已。苟知治心如治镜，则人人皆可以为圣贤之归矣。如是，则吾佛圣人之道，岂无益于世人哉！盖

---

① 变：底本残泐。由所剩字迹及上下文义而观，所泐当为"变"。元释善遇编《天如惟则禅师语录》卷三《法语·示乐真居士》："心也者，从古逮今，圣凡贵贱，一切生灵之所共禀者也。……穷其神妙，如经所谓，现宝刹于毛端，转法轮于尘里，掷大千于方外，纳须弥于芥中，百千三昧靡不由之而变现也。"
② 汨没：淹没，埋没，湮灭。唐元稹《遭风二十韵》："浸淫沙市儿童乱，汨没汀洲雁鹜哀。"唐杜甫《寄李十二白二十韵》："声名从此大，汨没一朝伸。"

夫世有昧昧者，或(土)〔主〕① 乎先入之言，局于一偏之见，不能刮目佛书，不能留心佛道；既不信而返以为谤，是犹盲者之谤日，孰能加损于无光之照哉！

自佛法流东以来，受其惠者盈天下。尔后，时殊事异，法久弊生，依文解义者多，力行修治者少。是以达磨一来，扫空陈弊，直指人心，不立文字，贵在机先言外、脱体承当，谓之教外别传，极为省要者也。自此，别传之道布满寰区，而王公贵人、名臣巨儒亦皆幡然而从之，如唐之肃代、宋之孝高，如裴相国、张商英、白侍郎、柳刺史、杨内翰、赵清献公、范文正公、黄太史、苏翰林辈，皆圣君贤臣，不离富贵尊荣文章勋业而获治心之旨，皆能发明乎直指之道，气吞佛祖，声撼乾坤，照曜古今，联芳竹帛。此岂非一生取办、千古庆快者哉！

今平凉乐平郡王，贵为宗室，宿具生知，睿哲贤名振于寰海；虽居尊位，不以富贵介于怀，而能留心此道，刻志宗乘。若非果位再来，畴克如是哉！兹遣禅人庄宣裹香持卷，不惮蜀道之难，远诣成都东山，扣予冷云深处，拜需一言，以为治心之要。然我宗无语句，亦无一法与人，惟在当人自参自悟、自证自得耳。其自参自悟之法，别无奇特之方：先要照破世间虚名浮利、富贵豪华，万境万缘同一梦幻；次须痛念流光如箭、时不待人，生死岸头无本可据；然后领取个"不是心，不是佛，不是物"是

---

① 主：底本作"士"，当为"主"之讹。宋净善重集《禅林宝训》卷三："草堂曰：住持无他，要在戒谨。其偏听自专之弊，不主乎先入之言，则小人谄佞迎合之谗，不可得而惑矣。盖众人之情不一，至公之论难见，须是察其利病审其可否，然后行之可也。"

个甚么之语，以为摽指①。然此一则话头，为圆悟大师示人切当之旨，宗门谓之二不是公案②，于此发明者多，最为省要。既云"不是心，不是佛，不是物"，端的是个甚么？但如是鞭起疑情，不拘静闹闲忙，一切时中默默提撕、频频返照；正当提撕之时，于修身齐家、治国理民之道，乃至礼乐刑政、施为宣布、简书按牍酬酢之事，总不相妨，总是得力处。果能如是操心体究，久久根尘顿脱，心路忽穷，蓦尔剖破佛祖藩篱，豁开顶门正根，管取非心非佛之疑自当一笑而释矣，岂复让于唐之肃代、宋之孝高、裴张杨范苏黄等辈者哉！虽然如是，毕竟要知圆悟老人舌头落处么？噔！泥牛走入③苍龙窟，衔出摩尼照海珠。

复书一偈，用发不尽之意云：

  金凤衔书过翠微，空生岩畔雨花飞。

  应知无说无闻处，正是投针辊芥时。

  春树暮云千里思，高山流水一联诗。

  丹心耿耿同天地，旷劫何曾有间离。

---

① 摽指：举手指示。宋延寿集《宗镜录》卷九十二："如人以手指月示人，彼人因指当应看月。若复观指以为月体，此人岂唯亡失月轮，亦亡其指。何以故？以所摽指为明月故，岂唯亡指，亦复不识明之与暗。"清豁说、发昱等编《寂光豁禅师语录》卷六《杂著·寻梅》："踏翠迎春信，梅香何处开。呼童摽指去，与我折枝来。"清如一说、明洞等编《即非禅师全录》卷二十一《广寿山十六景并序》诗之十《吐月岭（每夜月罄岭口而上，清光如吐，遂以名岭。在不老峰侧）》："泥牛口向岭头开，吞却何如吐得来。一自灵山摽指后，分光夜夜到楼台。"

② 二不是公案：南泉普愿有"三不是公案"，为禅林间习语，盖与之同。明通容集《五灯严统》卷二十五《杭州佛日石雨明方禅师》："嘉善陈氏子。二十二岁披削。看南泉三不是公案，碍胸痛甚。时云门阐化石佛，师往实告。门诟曰：'愚痴汉！参禅图大安乐，似这样苦，参他作么？'"明时蔚说、普寿集《万峰和尚语录》之沈贯《慈光寂照圆明利济万峰大禅师塔铭》："若要了悟上乘，切要真参实学，从头开发一遍，就付三不是公案。"

③ 走入：底本为双行小字。

冀达人其思之也。

了心无念贵人

且夫凡欲修行超脱生死者，先要具智慧眼，看破目前，照空我相；我相既空，生死自尽。当知我相，即是生死根本。何为我相？即今地、水、火、风四大，乃至色、受、想、行、识五蕴，曰身与心是也。

经中所谓，发毛爪齿、皮肉筋①骨、髓脑垢色皆归于地；涎涕脓血、津液涎沫、痰淡精气、大小便利皆归于水；暖气归火；动转归风：名曰四大。又六根对境为色，领览在心名受，思念不忘为想，念念不住名行，分别好丑为识：故曰五蕴。

此四大之身者，乃父母因缘和合交媾所生，总成虚幻，假名为身；纵活百年，终归败坏。五蕴者，不出根尘缘影，昭昭灵灵似有一物在中作主，假名为心；此心不实，念念迁流，终归散灭。只个幻心幻身，名为我相。其奈当人不知此身虚幻之故，妄认为真，执为我相，遂生贪爱，展转成迷，故名生死。

苟能回光照了，应知四大本空、五蕴非有，目前一切境缘悉同虚幻，而身与心俱不可得，则此我相当体自空。我相既空，生死自尽，则性等大虚，了无生灭，圣凡双泯，迷悟两忘。如是信入，是名见性成佛，始知通身遍身总是全机手眼，施为举措悉为三昧神通，火宅尘劳无非净土，可谓不动脚跟而径登宝所矣。设

---

① 筋：底本作"肋"。然衡诸字形及含义，实当为"筋"之形讹。

或信根不及、宿障未空、未能言前契旨者，只消提起一句阿弥陀佛，向一切时中冷冷自照，久久确志不移，自有个人处；到此则知无佛可成、无众生可度，生死悟迷俱为戏论者矣。

上（丿）〔人〕① 其尚勉之②哉。

示蕲州荆王殿下③

佛语心为宗，无门为法门④，此乃究竟到彼岸之语也。

盖夫如来为一大事因缘故，出现于世四十九年，宣扬正法，化导群迷，俾人人知因识果，不造业缘，出离情见，各悟本性之弥陀，达惟心之净土，超越无边业海。故有十二部大经传至东夏，付与国王大臣长者，流通于人间天上，使正法眼照耀天地古

---

① 人：底本作"丿"，或为"人"之省写。 上人：本指道德高尚者。贾谊《新书·修政语下》："闻道志而藏之，知道善而行之，上人矣；闻道而弗取藏也，知道而弗取行也，则谓之下人也。"宋道诚集《释氏要览》卷上《称谓》"上人"条："古师云：内有智德，外有胜行，在人之上，名上人。"南朝宋以后，多用以尊称僧侣。《南史·宋纪上》："尝游京口竹林寺，独卧讲堂前，上有五色龙章。众僧见之，惊以白帝。帝独喜曰：'上人无妄言。'"
② 其尚勉之：尚祈精进。明道忞《布水台集》卷三十二《尺牍·复妹八姑晃道人》："如此，宁惟通昼夜而知，且无今古之间然。既无今古之间然，岂有东西之暌隔？东西不隔，无去无来，又何生而何死哉？你与令伯母其尚勉之。"
③ "荆王殿下"之前，底本空一个字的距离，以示恭敬。
④ 佛语心为宗：此"心"本谓枢要、中心，楞伽师和后来的禅宗人士却认为，指内心。详吕澂《中国佛学源流略讲》（北京：中华书局，1979年8月第1版，第207页）。无门为法门：《楞伽阿跋多罗宝经》卷一："于五法自性、识，二种无我，究竟通达。"后人归纳其义为"无门为法门"。如宋杨彦国《楞伽经纂》卷一即释该句曰："名、相、妄想、正智、如如，曰五法。妄想、缘起、成自性，曰三自性。识，即八识是也。二种无我，即人法是也。《楞伽》以佛语心为宗，无门为法门。所以成之者，在此。"按，禅宗多以上述两句为本宗旨意。宋绍隆等编《圆悟佛果禅师语录》卷十五《示曾侍制》："马大师尝举《楞伽经》'以佛语心为宗，无门为法门'，乃云：'诸人要识佛语心么？只尔如今语便是心，心便是佛，故云佛语心乃是宗也。此宗无门，乃是法门。古人太杀老婆，拖泥涉水。若一举便透，犹较些子。或穷研义理，卒摸索不着。'"

今,故众生慧命而不断绝。

后来孔老一出,教人知有君臣父子、夫妇长幼、善恶死生、天人神鬼、阴阳昼夜、寒暑消长之理,皎如日焉。是以斯道大行于世,凡民从化,未有一教息而不行者哉!所谓鼎足而兴,缺一不可也。

原夫三教之道,本乎一原;三圣之心,同乎一体。名教虽殊,理无二致。是理也,先乎太极之前,贯乎分判之后;天地神鬼、日月星辰、人物庶类以之为本然,各得其形以成覆载之功、以成生杀之意、以显照耀之明、以辅治毓之道;而察乎上下四旁,无所不至其极也。然此三圣人也,于治世出世各极其所造,以设教于世。斯其浅深高下之不同,而其得乎是理、敦乎化原者,本乎一体、自乎一神,而无二致也。

且夫儒以治世为教,使人伦顺序、万化各得其所;治身及物,在乎仁恕,则仁恕之道岂出乎是理哉!而身治物泽,然后世得其治①;世得其治,而太和元气流行贯彻,今古不息:则非极于是理以尽乎化育之道,以尽乎一心之理,以达乎三才之功,是岂足以言其儒乎!所谓鲁国之大、惟一真儒也,斯言岂欺人哉!

吾释与道,以出世为教,使人人空乎情见、出于爱网、不滞三有,契乎圆常之道,不复有生死忧悲苦恼之所芥蒂于怀,脱然

---

① "其治"云云,底本另叶抬行书写。需注意者,本叶版心标"五十六",与前一叶重复。或误标也。

放形于无物之表，旅泊于大块①之间，随乎生灭之自然也。世之昧昧者，不知出世之道为生灵处世自在之方，见其莫然无所措乎手足，反以为其言虚无寂灭者。

悲夫！岂知有不虚无不寂灭者存焉！然虽其无形状朕迹之可见，契经不曰"涅槃妙心，实相无相"②？"窅窅冥冥，其中有精。恍恍惚惚，其中有物"③者，实天地神鬼、日月星辰、人物庶类所本之理也。是理者，俱不可得而名言，不可得而形状；而可形状名言者，俱非真道真理。真道真理者，实自一原，原自一体；体而无体，是为真体。真体无体，而圣人所谓存六合之外而

---

① 大块：大自然。《庄子·齐物论》："夫大块噫气，其名为风。"成玄英疏："大块者，造物之名，亦自然之称也。"《文选》张华《答何劭》诗之二："洪钧陶万类，大块禀群生。"李善注："大块，为地也。"李白《春夜宴诸从弟桃李园序》："阳春召我以烟景，大块假我以文章。"明如惺《大明高僧传》卷七《华亭青龙庵沙门释妙普传二（雪窦持）》："呜呼！惟灵劳我以生，则大块之过；役我以寿，则阴阳之失；乏我以贫，则五行不正；困我以命，则时日不吉。"
② 涅槃妙心，实相无相：禅林传说，此乃释迦牟尼临终遗言。宋道原《景德传灯录》卷一《叙七佛·释迦牟尼佛》："后告弟子摩诃迦叶：'吾以清净法眼、涅槃妙心、实相无相、微妙正法将付于汝，汝当护持，并敕阿难副贰传化，无令断绝。'"宋楚圆集《汾阳无德禅师语录》卷上："故我大觉世尊于多子塔前分半座，告摩诃迦叶云：'吾有清净法眼、涅槃妙心、实相无相、微妙正法将付嘱汝，汝当流布，勿令断绝。'"
③ 此四句，本于《道德经·虚心第二十一》："恍兮忽兮，其中有物。窈兮冥兮，其中有精。"不过，言辞有异。按，绍琦盖引用丛林间流传的《老子》版本，而此版本至少在宋时即已存在。《宏智禅师广录》卷一宋法成编《江州能仁禅寺语录》："荐道士请。上堂。云：'恍恍惚惚，其中有物。杳杳冥冥，其中有精。其中之理则无像，其中之物则无名。应繁兴而常寂，照空劫而独灵。悟之者刹刹见佛，证之者尘尘出经。门户开辟也，分而为三教；身心狭小也，局而为二乘。真境无涯兮，妙观玄览；大方无外兮，独立周行。诸人还会么？'良久云：'虚若谷神元不死，道先象帝自长生。'"他例尚夥，不烦详列。

不论①者，此也。

然三教圣人虽设教治世出世之不同，无非使人极于是理而后已也。故吾佛以心为宗、无门为法门，无明业识即是本然自性。虽乃迷悟见殊，真体本来无二。是故达人终日作而无作、终日为而无为，故能处世无心、任缘自在。至如凡夫分上，但有所作便落窠臼，斯则有心作为者也。故知圣凡作用，霄壤不侔。世尊乃云："如我按指，海印发光。汝暂举心，尘劳先起。"② 即斯之谓欤！然而善恶悟迷种种名相，到此则无地可容矣。

真净界中，惟一空性，寂然平等；于中觅一毫今古去来之相，了不可得。始知本元之性，即天地之性；天地之性，即诸佛之性；诸佛之性，即众生之性；众生之性，即吾自性本然之理也。谛观圣人出世，巧设方便之机，无非欲人发明此理、复其本然之妙而已，岂有他心者哉！上根利智之士，一闻千悟，不假（董）〔薰〕③修，触处洞然，直下明了。如其根性不敏者，未能直下承当，亦不须舍己他求，只要发起一念深信之心，将一句阿弥陀佛置于胸次之间，密密参详，时时觉照，久久心路忽穷，依旧眉横鼻直。到恁么时，则物物头头，信手拈来，无非本妙，逆

---

① 六合之外而不论：语出《庄子·齐物论》："六合之外，圣人存而不论。六合之内，圣人论而不议。"成玄英疏："六合者，谓天地四方也。"按，六合，指整个宇宙。晋葛洪《抱朴子·地真》："其大不可以六合阶，其小不可以毫芒比也。"唐神清《北山录》卷一《天地始第一》："是知天地无穷，品物流形，孰为六合之外哉？儒衣缁衣，各理其优。"

② "如我按指"云云：语出唐天竺沙门般剌蜜帝译《大佛顶如来密因修证了义诸菩萨万行首楞严经》卷四："譬如琴瑟箜篌琵琶，虽有妙音，若无妙指，终不能发。汝与众生，亦复如是。宝觉真心，各各圆满。如我按指，海印发光。汝暂举心，尘劳先起，由不勤求无上觉道，爱念小乘，得少为足。"

③ 薰：底本作"董"。揆诸字迹及语境，乃"薰"之形讹。

顺卷舒，事事如理。以此修身治国，接物利生，倒用横拈，则无可无不可也。虽然如是，更须知有衲僧向上一着在；只饶见得分明，已是金尘落实究竟般若之语矣。

今者上人不负灵山当日付嘱之心，远遣人持香来山问道。山僧故述三圣治世出世之教一篇，以明夫此理不出乎一心现量也。所谓心生则种种法生，心灭则种种法灭。故云"心外无法，弥涧泉流绝点波；法外无心，满目森罗无寸树。"上人于此果证不二之心，则佛法始不孤其付托也。珍重！珍重！

锦川梁慧广居士

夫廓清尘习，研极精微，原始要终，穷根彻蒂，尽其底蕴，惟一虚灵空性而已，更非他物。原乎此性，本自天真；不堕名言，迥超今古；诚非染净，脱略见闻；觌体无依，孤光迥迥；不即一切处，不离一切处。不即不离，随缘无碍，故能统括万有，化毓两仪，含裹太虚，充塞宇宙。凡有形气者，莫不禀是性而具此灵也。

惜乎！人之所禀根器利钝不等、善恶染习浅深不同，以故有时而昏，遂分迷悟两途，妄立圣凡之号，乃有爱憎苦乐取舍等事。经云："迷则业缘，悟则佛性。"且夫日用见闻觉知、语默动静、折旋俯仰、应用施为，无非本妙心光之所发现；只为当机不能照了，是以翻成隔碍，转为生死苦因，亦曰无明，亦曰业识。只此地，直须拨过名言，点首默契可也。达人其思之。

锦城居士牟觉荣道号秀峰

夫念佛者，当知佛即是心。未审心是何物，须要看这一念佛心从何处念起，复又要看破这看的人毕竟是谁。

这里有个入处。便如圆悟禅师道："不是心，不是佛，不是物。"是个甚么？故祖师云："心同虚空界，示等虚空法。证得虚空时，无是无非法。"

所言心者，非妄想缘虑之心，乃虚明圆湛、广大无相之心也。三世诸佛之所证，证此心也。六道众生之所昧，昧此心也。诸佛由悟而证，号曰菩提。众生因迷而昧，故曰烦恼。在圣不增，在凡不减；得之不有，失之不无。迷则业缘，悟名佛性。盖知迷悟在己，得失非他。当知此心旷劫至今，本无生灭，生灭原非染净；孤光皎皎，脱体无依，妙用真常，廓周沙界，无形状可见，无声响可闻。

虽然无相，无相不宗；虽曰无声，无声不应。是一切色相之根，乃一切声响之谷。色空不二，动静一如；法法虚融，尘尘解脱。是知心有则法有，心空则法空；心邪则一切邪，心正则一切正[1]。若了此心，法亦不有；心法既无，则一切是非名相皆空；是非名相既空，则山河大地、色空明暗，直下与当人自性心佛觌体混融，了无隔碍。

---

[1] "心邪则一切邪"云云：《赵州录》第六十则："师云：'兄弟！若从南方来者，即与下载；若从北方来，即与装载。所以道，近上人问道，即失道；近下人问道者，即得道。兄弟！正人说邪法，邪法亦随正；邪人说正法，正法亦随邪。诸方难见易识，我者里易见难识。'"（张子开点校本）

居士于此果能信入，则与从上佛祖所证所得，更无差别，复何凡圣迷悟得失之所论哉！设或未然，亦不用别求玄妙、厌喧取寂，但将平日所蕴一切知见扫荡干净，单单提起一句阿弥陀佛，置之怀抱，默默体究，常时鞭起，疑情追问念佛的毕竟是谁，返复参究，不可作有无卜度，又不得将心待悟。但有微尘许妄念存心，皆为障碍，直须打并，教胸中空荡而无一物，而于行住坐卧之中，乃至静闹闲忙之处，都不用分别计较。但若念念相续、心心无间，久久工夫纯一，自然寂静轻安，便有禅定现前。

倘正念不得纯一、昏散起时，亦不用将心排遣；但将话头轻轻放下，回光返照，看这妄想昏沉从甚么处起。只此一照，则妄想昏沉，当下自然顿息。日久坚持此念，果无退失，蓦忽工夫入妙，不觉不知，一拶疑团粉碎，历劫清尘当下冰消瓦解，只个身心二字亦不可得矣。于这不可得处，豁开顶门正眼，洞彻性空源底，自当点首一笑，始知涅槃生死、秽土净邦俱为剩语。到此，始信山夫未尝有所说也；更须向真正钳锤下，(楼)〔搂〕空①悟迹，掀翻窠臼，然后证入广大甚深无碍自在不思议解脱三昧境中，同佛受用。

以斯治国泽民，则可以垂拱无为，而坐致太平者矣。以此超脱死生，则应用施为，而无可无不可也。

---

① 搂空：用竹铁等制作的工具，将里面东西刮尽扫空。元善遇编《天如惟则禅师语录》卷四《偈颂・希云悦藏主》："此行会我吴门路，狭路相逢没回互。挂起风霜铁面皮，为他勘辨同参句。塞却现成途辙，搂空旧日生涯。也解虚空揣出骨，见佛见祖如冤家。斩新号令超今古，别有一机须各取。揭翻狗舐热油铛，打作丛林涂毒鼓。"明圆修说、通问等编《天隐和尚语录》卷十："火头问：'某不晓修行，乞和尚指条径路。'师云：'烧火须横了柴，搂空了肚。'复拟进问，师云：'不要拈一放一。'"搂：底本作"楼"。铨诸语境，当为"搂"之形讹。

居士其尚勉之①。

致觉旺居士文②

▢余观之③，草木土石尚有其用，无知之人将安用焉？无用且置，然而认影迷头、痴狂外走、自暴自弃、汩没生死，则何时而出？深可痛惜也哉！

觉旺倘依吾是训，复说偈以喻之：

人身难得今能得，正法难逢今已逢。
心志若坚如勇猛，死生大事保穷通。

示洪都南昌县斋人④涂慧宗

善男子！如其心性无染，本自圆成，但离妄缘，即如如佛。所以云：迷则违真逐妄，为之业缘；悟则舍妄归真，为之佛性。苟能真妄双融，则迷悟无地而可寄矣。然后随缘消旧业，任性乐

---

① 按，"居士其尚勉之"云云，底本在第六十一叶右半叶第一、二栏。其后，仅栏线而无文字。
② 按，底本因前面内容阙失，并无标题。据其前《锦城居士牟觉荣道号秀峰》、其后《示洪都南昌县斋人涂慧宗》等而观，觉旺亦当为居士，故拟题是名。
③ "余观之"之前，阙第六十二叶。按，《锦城居士牟觉荣道号秀峰》一文之末，"居士其勉之"乃该文结束语；且其后空半叶多，版心仍标"六十一"；"六十二"阙失；此之前，本卷仅十二叶；第二册第一叶，又未标明第四卷；从已然佚失的第六十二叶开始直到此册结束，或为当年补镌、归属于卷三之文。
④ 斋人：持八关斋戒之人。

天真,兴慈运悲,拯济孤露①,忘能所灭影象,为过量大人,住过量境界,作过量边事,岂不绰绰然有余裕哉!

慧宗切不可半②途而废③。

听吾偈说:

心性垢尘元不染,只因一念有差殊。

妄缘消去红炉雪,迷悟空来见老涂。

无门宽禅人

道个无门,已是八字打开,十方通透,了无纤毫隔碍。虽然如是,有眼觑不见,有身挨不入。何故?以其情生智隔,相变体殊;逐响寻踪,随语生解。所以道,不是目前法,非耳目之所能到。苟能于名无著,于相无取,当处豁然,妙圆无滞,不著名而名自非名。须知名名无尽,不取相而相自非相;何妨相相全彰,色空明暗,觌体混融,闻见觉知,全机解脱。不空不有,不即不离;本妙真心,湛然圆显。果能于此契证无疑,则于事于理自然明了,岂有无差别名相而能间隔者哉!

---

① 孤露:孤单而无所荫庇。一般指丧父、亡母或父母双逝。三国魏嵇康《与山巨源绝交书》:"少加孤露,母兄见骄,不涉经学。"戴明扬校注引王棠《知新录》:"魏晋间人,以父亡为孤露。"宋叶适《代子设醮青词》:"臣母令人高氏……遗骨空存,先灵何往?恍寻求而莫见,冀仿佛以能通。倪旧宇安栖,乞长为孤露之托;如烦冤上诉,幸曲垂矜度之私。"明成祖朱棣辑《神僧传》卷二《佛驮跋陀罗》:"佛驮跋陀罗,此云觉贤。本姓释氏。迦维罗卫人,甘露饭王之苗裔也。幼丧父母。从祖鸠婆利闻其聪敏,兼悼其孤露,乃迎还度为沙弥。"

② 可半:底本刻成一字。当因镌刻时有误,改正时又无足够空间,故以二字占一字之地也。

③ 废:废弃。《晋略·八王传》:"诸将既收义,越亦虑事不济,遂请废义,送金墉。"宋王安国《上参政侍郎启》:"病骨未逢于起废,朽株尚冀于嘘枯。"

宽禅人乃蚕骨老人之高弟，焚香求语以为究竟。见其为法之切，故信口叨叨。及复垂一偈，为发无门之义云：

南北东西无缝路，银山铁壁有千重。
古今多少英灵士，几个挨开到此中。

宽上人于此挨开，则吾言不为灵发也。

同安寿翁居士

当人分上极理而言，彻头彻尾只个虚灵知觉之心，更非他物。究其因缘，始终、生灭、聚散、有无、善恶、升沉、苦乐、逆顺、圣凡、迷悟、爱憎、取舍一切差别，好丑、是非、得失乃至土木瓦石、有情无情种种名相，皆自一心现量而致然也。离此心外，了无剩法。是故诸佛证此，谓之法身；列祖相传，谓之法眼；众生本具，名曰佛性。由乎当人迷妄之故，转此灵知而为业识苦因，以致浮沉三界、汩没四生、异状殊形、改头换面，故谓之生死。忽若一念悟明之明，翻此苦因而为般若真光，是故逆顺卷舒，施为应用，与夺自在。故为之三昧者，欤然乃圣；凡迷悟似有差殊，而此本妙真心原非得失。譬如古镜埋光，迷头怖走；一旦狂机顿息，尘翳忽空，而头与光岂从外得？当人此心之妙，隐显明昧亦然也。

居士于此倘能具得只眼、见得切当，则可与从上庞公①、甘贽②二老千古同风，不妨俊迈。如其未委，亦不假弃家财、裂爱网、远阛阓、居林壑，但只要发一念正信坚固之心，领取古人一则"万法归一、一归何处"公案，置于怀抱之间，不拘经营生理、迎客待宾之处，默默用心，返复参究，久久信念不已，自然心空境寂。忽尔工夫捱到根尘顿脱处、疑情迸裂时，管取一念相应，孤光自露；到此觅生死一毫，了不可得，则前所谓当人个点虚灵之心，直下与山河大地、明暗色空觌体混融，岂有古今得失、是非名相、生死迷悟而能蔽覆哉！于此则便见当人日用举措施为、嗔呵戏笑、动静言默、纵横逆顺，无非本妙心光之所发现，所谓即事即理、即俗即真、左右逢源、头头合辙者矣。

更占一偈，以为寿翁赞云：

　　二仪未判此翁先，寿等虚空孰与肩。
　　海核山筹无足较，微尘劫石有穷年。
　　光沉日月双瞳活，雪覆乾坤两鬓鲜。
　　觌面若能亲见▨，▨来▨▨③自辽天。

---

① 庞公：即庞居士（？~808）。又称庞翁。唐代与禅宗僧侣交往密切的著名居士，湖南衡阳人。参谒石头希迁，结交丹霞天然，又与药山惟俨、齐峰、百灵、松山、大梅法常、洛浦、仰山等禅林硕德相往来。参礼马祖道一后，更为诸方瞩目。后北游襄阳，偕妻子躬耕于鹿门山下。后世誉为襄阳庞大士、东土维摩，与梁代之傅大士并称。生前好友、节度使于頔编有《庞居士语录》三卷（《卍新续藏》第69册，No. 1336）。行迹见于《景德传灯录》卷八、《碧岩录》第四十二则、《佛祖纲目》卷三十二、《居士传》卷十七、《拈八方珠玉集》卷上、《指月录》卷九等。
② 甘贽：唐代著名居士。南泉普愿处得法，居于池州（今安徽贵池）。事见《景德传灯录》卷十、《池州甘贽行者》、《居士分灯录》卷上《甘贽》等处。
③ 底本残泐四字，暂无力补足。

广济月庭居士

夫格外真机，难容凑泊；初参之士，必假筌蹄。所谓梵语阿弥陀，此云无量寿。佛者，觉也。觉即当人之自心，心即本来之佛性。是故念佛者，乃念自心之佛，不假外面驰求。马大师所云"即心即佛"①，是也。或谓即心是佛，何劳更念佛乎？只为当人不了自心是佛，是以执相循名、妄生倒惑、横见生死、枉入迷流，故劳先圣曲垂方便，教令注想观心。要信自心是佛，则知念佛念心，念心念佛，念念不忘，心心无间。忽尔念到心思路绝处，当下根尘顿脱，当体空寂，始知无念无心，无心无念；心念既无，佛亦不可得矣。故云，从有念而至无念，因无念而证无心。无心之心，始是真心；无念之念，方名正念；无佛之佛，可谓无量寿佛者矣。到此，觅一毫自他之相，了不可得，何圣凡迷悟之有哉！只这不可有处，即识心达本之要门，乃超生脱死之捷径。

居士果能于此洞彻自心源底，始信火宅凡居即为西方安养，举足动足无非古佛道场；溪光山色头头彰紫磨金容，谷韵风声历历展红莲舌相；尘尘契妙，法法该宗，不即不离，心心解脱。于斯领旨，管取一笑而无疑矣。

居士其尚勉乎哉！

---

① 即心即佛：宋道原《景德传灯录》卷六《江西道一禅师》："僧问：'和尚为什么说即心即佛？'师云：'为止小儿啼。'僧云：'啼止时如何？'师云：'非心非佛。'僧云：'除此二种人来，如何指示？'师云：'向伊道不是物。'僧云：'忽遇其中人来时，如何？'师云：'且教伊体会大道。'"

京口普门居士

妙性虚融，真机脱略。非染非净，不有不无。迥出断常，洞超今古。纤尘不立，遍界难藏。拟涉思惟，则当面错过矣。若论当人分上个一着子，本来具足，觌面现成。心、佛、众生，三无差别；只因迷悟之殊，故有圣凡之异。众生因迷而昧，故曰生死。诸佛由悟而了，故曰菩提。菩提、生死，其性无二。无二之体，量同太虚，包括二仪，含摄万象；即一切群生之府，恒沙法界之依。穷始极终，未有一法不由此心而能建立也。

居士于此果能直下明了，则庆快半生。设或未然，须加信向，亦不用别求玄妙，但将一句阿弥陀佛置在襟怀，默默提撕，频频返照，久久确志不移。如人行路，行到水穷山尽处，自然有个转身的道理。蓦然囮地一声，自然契入心体。到怎么时，事事无碍矣。其或未然，更听偈说：

富有无羁大丈夫，回机念佛是良图。
宝池莲洁心花绽，识海波澄性月孤。
住日无多休纵逸，余年老健莫慵疏。
忽逢自性弥陀佛，优钵花从火里敷。

蓉城张慧楫居士

原夫佛不自佛，因心而佛；心不自心，由佛而心；离心无佛，离佛无心；心佛名殊，体无二致。是故念佛念心，念心念

佛；无念无心，无心无佛；心佛两忘，念不可得。只个不可得处，觌体分明纤尘不间，真机触目遍界难藏，山色溪声头头显露，性相平等，理事一如，个里觅一毫净秽之相，了不可得，何自他迷悟之有哉！于此知归，不妨庆快。设或未能领悟，须从方便而入。所谓方便者，何也？且不用别觅玄妙，但只要发起一个勇猛坚固信心，将一句阿弥陀佛置在心目之间，时时鞭起疑情，痛加策励：了知佛即是心，未审心是何物。如是观照，如是加疑，久久炼成一片，从教心泄不通；蓦然豆爆冷灰，觌面遮藏不得：始信吾言不欺于汝，汝其平生修行之志亦乃验于兹矣。

恐犹未谕，复说偈云：

心佛由来强立名，都缘摄念遣迷情。
根尘剥去心珠莹，幻翳空来慧镜明。
一法不存犹是妄，全机拶碎未为平。
直须揣见虚空骨，白藕花从火里生。

泸阳了幻居士

夫真空实际，一法不存；迥出断常，言思莫及。盖由无始一念妄兴故，乃背觉合尘，无中生有；譬如澄潭倏浪，晴空忽云。遂使般若灵明匿于形器，汨没四生之内，沉沦六趣之中；异状殊形，循缘变现；曰根曰境，曰识曰心；非幻幻中，妄生倒惑。于是爱憎取舍，念念无休；苦乐升沉，茕茕不息。是以见不超色，听不出声；五欲八风，撼摇识海；幻生幻灭，生灭无穷；幻妄轮中，循环不已。苟非挥智剑于机先、运神珠于掌上，劈碎幻轮、

照空识海者，欲免轮回，无有是处。

今泸阳将门公子韩慧能，号了幻居士者，天姿英伟，器宇刚明；韬略熟闲，名誉昭著；一门贤孝，兄友弟恭；不矜不骄，上和下顺。虽居富贵之中，不为富贵所动；犹能崇尚佛乘，亲仁慕义。凡诸云水僧道经过者，不择凡圣，等施无偏；及其境内鳏寡孤贫之士，咸为赈恤无难。每岁盛夏之月，广设饘粥以济行人饥渴。噫！此心此行，若非宿福深厚、果位再来、多生于解脱法中，而获其三昧者，畴克如是哉！诚乃人中丹凤，火里金莲也。亦尝留心此道。今命方山雪梅首座远赍香供，诣于冷云深处，拜请一言以为开示；复求戒法，用束其心。因付五戒以贻之；此外，实欲究竟自心，别无他术，但将一句阿弥陀佛置于襟期，不拘坐卧经行之处、闻声见色之时，直教念念纯真，心心无间。久久根尘顿脱，能所忽空，和个念头，当下寂灭，到这里觅我我相了不可得，则所谓生死涅槃俱为寐语矣。始信火宅尘劳，皆为莲花池沼；嗔呵戏笑，总是无碍真机；复何迷悟之所论哉！

仍示一偈，用伸了幻之义云：

> 知幻即离名了幻，幻离觉体自圆明。
> 但能即念忘憎爱，不用离尘远色声。
> 日用施为全幻智，目前诸法总无生。
> 欲明非幻真三昧，五色云中彩凤鸣。

示钦守太监阎公病中

　　夫病者，乃命之所系，圣人亦尝慎之。原其所自，或因饮食不节，或因寒暑所侵；或喜怒伤情，或命运坎坷。然感病之缘虽异，受病之体则一。且一身气血，主乎一心；心君安静，则气血自和；气血既和，其体自然健矣。凡人之在病，切不可心生；疑虑一生，非但善恶成境，则乃返益于病矣。正当病时，但能一念不生，则万缘俱息；内不见有烦恼之心，外不见有受病之体；内外既空，则无有我。我既不有，是谁受病？惟一虚灵朗然。独露①如是，则药自效而病自瘳矣。

　　内相其颔之。

---

① 独露：孤零零地呈现。《古尊宿语录》卷四十六《滁州琅琊山觉和尚语录》："僧问曹山：'雪覆千山，为什么孤峰独露？'曹山云：'须知有异中异。'进云：'如何是异中异？'曹山云：'不覆千山顶。'"《嘉泰普灯录》卷二《岳州君山显升禅师》："上堂曰：'大方无外，含裹十虚。至理不形，圆融三际。高超名相，妙体全彰。迥出古今，真机独露。'"明文琇集《增集续传灯录》卷五《台州九岩道纯雅禅师》："颂佛成道曰：堂堂独露劫空前，万里青天赫日悬。夜睹明星方瞥地，顶门合吃棒三千。"

石经楚山和尚语录卷之四：机缘

参学门徒　祖□　集①

佚名机缘②

　　▅▅▅▅③奈愚昧莫能悉记，仅记一二于卷帙，以闻宗教同参之士，庶知源流之所自云。

　　次年，祖嘱金台首座净梅依师。梅至，参见云："久响和尚法传蚕骨，灯续繁昌。其余则不问，如何是宗门第一义？"师曰："大德几时离东普？"梅云："暂时。"师云："且坐吃茶。"师于左膝拍一掌，云："我此一掌是甚么意？"梅乃（义）〔叉〕④手。师复右膝拍一掌，云："这一掌又作么生？"梅云："和尚那里是动，某甲这里是静。"师云："我此一掌，有时作一掌用，有时不

---

① 底本此前阙失第一、二叶共两叶，"石经"云云，乃据本书格式而补。现存每叶的版心，例镌"机缘"二字。按，本卷集者，当亦为楚山高徒；唯不知具体法号，故仅能补"祖□"而已。
② 佚名机缘：底本无。因卷首阙失，题名不明，故据上下文义以补题。
③ "奈愚昧"之前，底本阙失。
④ 叉：底本作"义"，形讹。

作一掌用①。汝作动静商量，要且未具衲僧眼在。"梅无语。师云："蚕骨老人近日有甚言教？"梅举偈曰："付汝归山养此身，道情炼得似寒冰。墙壁瓦砾如来境，不碍金刚正眼睛。"师曰："汝还识金刚正眼睛么？"梅云："某甲不识。"师云："汝既不识，听吾偈说：'衲僧欲识金刚眼，脚底分明是草鞋。若向言前亲荐得，不虚亲见我师来。'"梅乃踊跃礼谢，服膺座下。

师尝憩锡武昌洪山，时有定上座者扣师云："和尚未离蜀川，早与相会了也。"师云："即今相见事，作么生？"定无对。侍僧云："最亲切。"师云："即今且置。老僧未离蜀川，向甚么处相会？"定又无对。侍僧云："不异此一会。"师云："也是巩县茶瓶②。"师顾定上座，云："会么？"定云："不会。"师云："张公吃酒李公醉③。"定作礼而退。

师坐次，有新到相看。师云："甚处来？"僧云："九峰礼无念和尚塔来。"师云："曾随喜衣钵否？"僧云："曾随喜。"师

---

① "我此一掌"云云：《赵州录》第七十二则："师上堂。云：'此事如明珠在掌，胡来胡现，汉来汉现。老僧把一枝草作丈六金身用，把丈六金身作一枝草用。佛即是烦恼，烦恼即是佛。'问：'佛与谁人为烦恼？'师云：'与一切人为烦恼。'云：'如何免得？'师云：'用免作么！'"（张子开点校本）

② 巩县茶瓶：该茶瓶容量较大，或以此喻尚囿于语言。《万松老人评唱天童觉和尚颂古从容庵录》卷一"第十二则地藏种田"，万松行秀评唱曰："葛藤引蔓过新罗，巩县茶瓶汤不绝。"

③ 张公吃酒李公醉：《古尊宿语录》卷四十二《宝峰云庵真净禅师住筠州圣寿语录一》："风不鸣条，雨不破块。尧风荡荡，行人让路。万姓歌欢，筠阳城中。谁家灶窟里无烟，张公吃酒李公醉。"

云："钵于①张口，向汝道个甚么？"僧云："某甲来不着便②。"师云："老僧今日失利。"

一日，有故知僧参见。人事③毕，师云："大德一向在甚么处用心？"僧云："穿衣吃饭。"师云："离此外，别有趣向也无？"僧云："有无不拘。"师云："合作么生？"僧拟对，师便喝。僧无语。师打一坐具，云："正好穿衣吃饭。"僧于言下悟旨。

师居金陵（相）〔祖〕堂④。一日，（曰）〔因〕⑤湛渊侍立次，师云："如何是至理一言？"渊曰："有口说不得。"师云："松风流水，为甚么却说得？"渊曰："为渠无口。"师云："你道他说个甚么？"渊曰："和尚适来问甚么？"师云："绝音响处，还有说也无？"曰："有则灼然有，只是闻不及。"师云："闻则且置，你道说个甚么？"渊乃竖起拳头。师云："还有闻得及者么？"渊指香炉云："是渠却闻得。"师云："渠为甚却闻得？"曰："为渠有耳。"师云："汝亦有两耳，为甚闻不得？"曰："虽然闻不得，瞒他一点不过。"师云："放汝二十棒。"渊乃礼拜。师云："别日为汝商量。"渊喏喏而退。

---

① 于：当为"盂"之讹。
② 着便：谓解大小便。《云门匡真禅师广录》卷下《勘辨》："因岁日在堂中点茶，师问僧：'设罗汉斋得生天福，你得饭吃？'无对。师云：'你问我，与你道。'僧便问：'为什么与么道？'师云：'先来不着便，如今着屎泼。'"代前语云："'非唯施主，某甲也蒙。'"《破庵祖先禅师语录·临安府广寿慧云禅寺语录》："上堂。'诸法寂灭相，不可以言宣。'拍膝一下，云：'老来不着便，过犯已弥天。'"
③ 人事：本指人所为者。《孟子·告子上》："虽有不同，则地有肥硗、雨露之养、人事之不齐也。"后亦引申为赠送礼品。此谓相见时的问讯礼节。
④ 祖：底本作"相"。据前后文，当为"祖"之形讹。　祖堂：供奉逝去祖师之殿堂。《大慧普觉禅师语录》卷九，"为高庵悟和尚挂真……遂展开云：'还见么？这个若是，则有两个；这个若非，当面蹉过。不蹉过，没两个，祖堂无位次安排，痴兀轩中且闲坐。'"
⑤ 因：底本作"曰"。据上下文义，当为"因"之讹。

师（曰）〔因〕闻钟声，问海云曰："子还闻否？"曰："闻。"师云："你道说个甚么？"云："作钟声。"师云："只如钟声未发已前，响在甚么处？"曰："未发已前。"师云："钟声绝后，响归何处？"曰："钟声绝后。"师云："耳是根，响是尘，知响者是甚么？"曰："非心不响，非响不心。"师云："心岂有响乎？"曰："心虽非响，响处分明。"师云："无响之时，心在何处？"曰："心体湛然，不逐响生，不随响灭。盖由两耳虚通，是以应用无碍。"师云："子未说道理耶？"曰："不说可乎？"师拈拄杖便打。云乃礼拜。

师坐室中，有济川首座扣云："蒙山三关话，还许弟子请益否？"师云："次第问将来。"济问："蟭螟虫吸干沧海，鱼龙虾蟹向何处安身立命？"师云："子之识海若空，鱼龙自有变化。"曰："未审蟭螟虫即今何在？"师云："在汝眉毛下，汝自觑不见。"济云："水母飞上色究竟天，入摩醯眼里作舞，因甚不见？"师云："多少人向这不见处，打失鼻孔。"曰："未审如何是摩醯正眼？"师喝云："会么？"曰："不会。"师云："两门两眼浑无事，顶中一点耀乾坤。"济曰："莲湖桥为人直指，因甚明眼人落井？"师云："高山无险路，平地有深坑。"曰："如何是直指的事？"师云："玉阑干上石狮子，红栴花间白鹭鸶。"济云："谢师答话。"师云："切忌随语生解。"济拜（落）〔诺〕① 而退。

———

① 诺：底本作"落"。音误。据语义改。　拜诺：边拜边唱诺，表示恭敬地听从意见。日僧成寻《参天台五台山记》卷三："望第二象所，象师又乞钱五文。与了，拜诺同前。"宋师明集《续古尊宿语要》卷四《别峰珍禅师语（嗣佛州）·立地佛事·游龙湫拜诺矩罗尊者》："十里松溪到上流，断崖千尺泻龙湫。谁言尊者心无著？冷眼长年看不休。"明本善记、悟深编《天真毒峰善禅师要语》："（正统九年）'你今依我久住一会方去，决不负你。'我即拜诺。一日，因事不获已，而回杭州。登坛受戒毕，思古德云：'但有纤疑在，不到绝学。安能七纵八横、天回地转？'乃上天目万峰庵掩关。"

次日，性空首座入室参扣曰："昨蒙和尚开示济川首座蒙山三关话，弟子虽获与闻，心犹未了。幸望和尚别垂方便。"师云："照前问将来。"空云："蟭螟虫吸干沧海，鱼龙虾蟹向何处安身立命？"师云："长安路上金毛卧。"曰："水母飞上色究竟天，入摩醯眼里作舞，因甚不见？"师云："五凤楼前铁马嘶。"曰："莲湖桥为一切人直指，明眼人因甚落井？"师云："明月照见夜行人。"曰："请师一颂，以为究竟。"师云："好与痛棒。"曰："棒则弟子甘领，（领）〔颂〕① 则望和尚垂慈。"师乃呵呵一笑，而为颂曰："当机把断圣凡津，拟议知伊屈未伸。欲识蒙山端的旨，垂钩意在钓金鳞。"师云："会么？"空遂作礼而退。

师言："天柱有。"僧扣云："如何是天柱境？"师云："涧阔云归晚，山高日出迟。"曰："如何是境中人？"师云："额下眉遮眼，腮边耳搭肩。"曰："如何是天柱家风？"师云："云甑炊松（▨）〔粉〕②，冰铛煮月团。"曰："如何是祖师西来意？"师云："海神撒出夜明珠。"曰："学人不会。"师云："文殊失却玻璃盏。"曰："如何是佛？"师云："生铁秤锤。"曰："如何是法师？"云："石头（上）〔土〕③ 块。"曰："如何是僧？"师云："黑

---

① 颂：底本作"领"。涉前而形误。
② 粉：底本泐残。此为禅林习语，故据他人引用以补改。明元贤辑《继灯录》卷六《东林悟禅师法嗣·成都府东山天成寺楚山绍琦禅师》："曰：'如何是天柱家风？'师曰：'云甑炊松粉，冰铛煮月团。'" 其他记录楚山化语的明清禅籍，诸如明净柱辑《五灯会元续略》、明通问编定《续灯存稿》和清真在编《径石滴乳集》等，并同。
③ 土：底本作"上"。据语境改。

漆拄杖。"曰:"不涉寒暑〔老〕〔者〕①,〔☒〕〔是〕② 甚么人?"师云:"为汝道了也,汝还识否?"僧拟对,师咄〔☒〕〔云〕③:"拟心即乖,开口便错,眨得眼来错过去也。"曰:"原来恁地迩耶!"师云:"汝见个什么道理?"曰:"面目分明,当机不露。"师振声一喝,其僧当下豁然,平昔见闻一时俱丧,乃再拜而退。

有僧宝金山者④,入室参礼次,师乃问云:"面南观北斗⑤,低首看青天⑥。此语明甚么边事?"曰:"和尚合却口好。"师云:"未在。"曰:"瞒别人即得。"师云:"差别用处,非智眼不能无惑。子欲洞明佛祖真宗,须具透关正眼。未审如何是透关正眼?"

---

① 者:底本如"老",实乃版漶而致。禅林间有习语曰"不涉寒暑者"。宋法应集、元普会续集《禅宗颂古联珠通集》卷三十《六祖下第七世之一(南岳下第六世之一)》:"南院因僧问:'寒暑到来时如何?'(一作:问:'日月迁寒暑谢,还有不涉寒暑者么?')"清行舟说、海盐益证等编《介为舟禅师语录》卷一《住都门西瓦厂普济禅院语录》:"今日有问普济:'日月交谢,寒暑迭迁。如何是不涉寒暑者?'向他道:'历历分明。'"

② 是:底本残泐,据其他典籍补。明元贤集《继灯录》卷六《东林悟禅师法嗣·成都府东山天成寺楚山绍琦禅师》:"曰:'不涉寒暑者,是甚么人?'师云:'为汝道了也,汝还识否?'"明净柱辑《五灯会元续略》卷三《东林悟禅师法嗣·成都府东山天成寺楚山绍琦禅师》、清通醉辑《锦江禅灯》卷八《大鉴下第二十七世·东林悟法嗣·简州天成寺楚山绍琦禅师》等,并同。

③ 云:底本残泐。据上下文补。

④ 有僧宝金山者:该僧为涿州金山人,法名中含"宝"字。《五灯严统》卷二十三《涿州金山宝禅师》、《五灯全书》卷五十九《涿州金山宝禅师》和《皇明名僧辑略》卷一《楚山琦禅师》,皆载宝禅师参见楚山的这段机缘。

⑤ 面南观北斗:《建中靖国续灯录》卷十三《舒州三祖山法宗禅师》:"问:'祖意西来,谁家嫡嗣?'师云:'面南观北斗。'"清发林说、光悠等编《绿萝恒秀林禅师语录》卷下《真赞·初祖》:"西天二十七,东土第一祖。分身遍刹尘,处处扬家丑。扬家丑个个,面南观北斗。"

⑥ 按,北斗自当面北而观,青天亦应举头以看。此称"面南观北斗,低首看青天",谓与道舛,尚未得悟也。《古尊宿语录》卷二十三《汝州叶县广教省禅师语录》:"问:'雪山童子舍身,为求诸行。此行如何?'师云:'掉臂街头走,仰面看青天。'"同书卷二十四《潭州神鼎山第一代諲禅师语录》:"僧见举话,略有拣辨。乃问:'如何得似和尚去?'师云:'阇黎受屈作么?一自学参玄,诸方不问禅。水声流自响,举目看青天。'"

山振声一喝,师云:"具得正眼,当明向上一机。如何是向上一机?"曰:"青天日当午。"师云:"犹未梦见在。"曰:"木人拈玉线,石女度金针。"师云:"从上佛祖不传之妙,子作么生领会?"山近前,礼一拜。师云:"转身一句,速道将来。"曰:"雨添山色秀,风来竹影移。"师拟拈拄杖,山乃一喝,拂袖而出。师云:"放子二十棒。"山复回身,近前合掌,曰:"谢和尚垂慈,深锥痛创。"师云:"子虽有淘天之浪,且无湛水之波。"山又叉手默然。师云:"如是,如是。"山遂作礼。

有僧来参,叉手而立。师云:"若论空劫已前消息,直饶千眼难窥、万机莫测,纵是威音王佛,亦未能知。为甚么却被岭畔木人①觑破?"僧云:"觑破了也。"师云:"觑破事作么生?"曰:"言前荐取。"师云:"这掠虚汉!"乃拈拄杖便打。僧捉住拄杖,曰:"只如空劫已前,还有这个消息也无?"师云:"瞎汉!这里是甚么时节,与你说有说无!"拽脱拄杖,直打出方丈。其僧次日再参,乃云:"某甲若不来见和尚,洎被知解赚过一生。"师云:"知即得。"遂礼而去。

师一日与僧庵前闲玩赏次,因风撼竹动,师遂指问云:"不是风动,不是竹动,不是心动。且道是甚么动?"僧云:"动处分明,不劳重下注脚。"师云:"那里是分明处?"僧指竹曰:

---

① 岭畔木人:清清尊说、明圆等编《古宿尊禅师语录》卷二:"僧问:'古哲降诞,天雨宝花,地摇六震。和尚降诞,毕竟有何祥瑞?'师云:'岭畔木人详举似,溪边石女细分疏。'进云:'怎么则人天罔测去也?'师云:'自处覆盆下,莫怨太阳偏。'"

"聻。"师乃振声一喝,僧乃礼拜。①

　　因僧参,师云:"个事不属有无,孤光绝待;但存少法,皆为自欺。只如超宗异目的人到这里,拄杖子为甚不肯点头?"僧竖起拳。师云:"野狐精见解。"遂打出。

　　师方经行,入室坐次,时有灿上人问讯。师曰:"甚处去来?"粲曰:"寻和尚去来。"师曰:"我无来去,亦无踪迹,尔向甚么处去寻?"灿曰:"法堂前,佛殿后。"师曰:"我不曾离却室中。"灿曰:"适间到此,不见和尚。"师以拂子击禅床角一下,曰:"尔何曾寻到这里?"灿无对。师发呵呵一笑,遂面壁默坐。粲茫然而退。

　　师坐间,有僧礼拜。师曰:"作甚么?"僧云:"特来礼辞和尚,乞示一言。"师良久,云:"上座若到诸方,不得道老僧无语。"僧云:"敢为和尚流通?"师云:"善为道路。"僧问讯,拽杖而去。

　　僧问:"有佛处不得住时,如何?"师举起手中拂子。僧云:"无佛处急走过,又作么生?"师放下手中拂子,云:"会么?"僧云:"不会。"师云:"'两头不著,千圣难窥。'这个且置。只如古人道'藏身处没踪迹,没踪迹处莫藏身',意旨如何?"僧云:"不即不离。"师云:"不即,不即个什么?不离,不离个什么?"

---

① "师一日与僧庵前闲玩赏次"云云:宋道原《景德传灯录》卷五《第三十三祖慧能大师》:"至仪凤元年丙子正月八日,届南海,遇印宗法师于法性寺讲《涅槃经》。师寓止廊庑间。暮夜,风扬刹幡。闻二僧对论,一云幡动,一云风动,往复酬答,未曾契理。师曰:'可容俗流辄预高论否?直以风幡非动,动自心耳。'印宗窃聆此语,竦然异之。"敦煌本《坛经》无此记载,元宗宝本等收录。

僧拟对。师打一拂子,云:"这虚头汉。"僧无语。

师宴坐室中,有胜上座者从①外入来。师云:"是谁?"胜云:"某甲。"师云:"作么?"胜云:"佛殿里拜佛来。"师云:"佛向你道甚么?"胜云:"不曾道。"师云:"你头不曾点地那?"胜云:"下下点地。"师云:"又谓不曾道。"胜云:"某甲会也。"师云:"你会个甚么?"胜云:"吐露太分明。"师便喝。胜拟对,师云:"拄杖不在手,放汝二十棒。出去!"

师因与大云下山贺正,回至途中,性空、本洁、毒庵三样人接着。师云:"我今日不曾下山,亦不曾到县里人家,寺中俱不曾到。你道我到甚处去来?"空曰:"知和尚去处也。"洁曰:"今朝天色晴暖。"庵曰:"和尚登山不易。"师顾大云:"以作么生?"云曰:"大众久立,请师回寺。"师曰:"那里是寺?"云曰:"钟声响得好。"师笑曰:"头角仿佛,鼻孔一般。到家各与二十拄杖。"众同礼一拜,师转身便行。

师一日送僧至门外,夺僧拄杖在手,云:"道得即还汝,道不得不还汝。"僧云:"莫担阁某甲行路。"师云:"恁么,则拄杖子不得也。"拂袖便归。僧俯首而去。又一日送禅客,理前语诘之曰:"请和尚分付。"师肯之。

师因天溪凝上座来参,师云:"不用之乎也者。父母未生前,亲切道一句看。"凝云:"千圣觑不着。"师云:"觑不着的是甚么?"凝云:"父母未生前。"师云:"为甚么觑不着?"凝云:"为无踪迹。"师云:"既谓无踪迹,说甚么觑不着?你在无踪处

---

① 从:底本作"徔"。

窠曰。这个且置。只如烧了、撒了,你向甚么处安身立命?"凝云:"青山重叠叠,涧水响潺潺。"① 师云:"我不问你青山叠叠、涧水潺潺。毕竟烧了、撒了,向甚么处安身立命?"凝云:"日用分明常显露。"师云:"这虚头汉!脚跟尚未点地,在说甚么显露不显露?"凝乃触礼一拜。师云:"亦未在。"凝又拟开口,师咄云:"你再乱道,辟破你口门。"凝礼谢而退。

师因圆亮、真表二人问讯次,乃语云:"一大藏教,皆为陈烂葛藤、百千譬讹,总是野狐涎唾。拈过是非、拨开文字、直截根源处,二人各下一转语看。"亮乃一喝。师云:"未在。更道。"亮拂袖便出。师却顾真表云:"你如何?"表提坐具,云:"适来与师问讯了。"师云:"问讯则不无,如何是直截根源一句?"表云:"恁么,则老师吃掌也。"师云:"你敢来这里捋虎须!"和声②便打。表乃礼谢而退。意侍者在傍,问师:"他二人见处优劣如何?"师云:"圆亮羽翼,真表爪牙。"意云:"只如老师末后打真表,他有甚么过?"师亦打。意云:"为甚么打祖意?"师又打一棒,云:"向后逢人,切忌不得错举。"意:"喏。"

师因夏间乘凉,至意海珠关房,以手抚关门一下。良久,意开门见师,则触礼一拜。师曰:"请关中主相见。"意乃敛手,鞠躬而立。师曰:"日用事作么生?"曰:"闲则敛目坐禅,倦则伸脚打睡③。""除此之外,更作么生?"曰:"看取赵州无字。"师

---

① 青山重叠叠,涧水响潺潺:宋惟白集《建中靖国续灯录》卷十二《洪州泐潭山宝峰禅院洪英禅师》:"师顾视大众云:'青山重叠叠,渌水响潺潺。'遂拈拄杖,云:'未到悬崖处,抬头子细看。'卓一下。"

② 和声:应声。

③ 打睡:睡觉。

曰:"如何是无字?"意曰:"无孔铁锤当面掷。"师曰:"赵州意,作么生道'无'?"曰:"只为婆心切,肝胆向人倾。"师曰:"不涉有无,如何体会?"曰:"弟子到这里则无用心处。"师曰:"早是用心了也。"曰:"弟子亦不知。"师曰:"谁道不知?"曰:"道者亦非。"师曰:"如是。"意乃礼拜。师拈拄杖,曰:"待出关来,与汝一顿。"意曰:"弟子即今亦不在关内。"师以手拍关门一下,云:"只个聻?"意乃一喝。师曰:"未在。更道。"意曰:"灵机无隔碍,墙壁绝周遮。"师却与一喝。意合掌近前问讯,曰:"谢师指教。"师曰:"天时酷暑,善加保爱。"意曰:"心境要旨则如何体会?"师为述偈云:"一念不生,万机顿息。虚明自照,不劳心力。勿执相有,勿沉空寂。迥出二边,中道不立。""脱体无依,孤光绝待者矣。如斯体究,庶不虚丧光阴。更须勉力,切勿自孤。凡有见闻,但以 (▨)〔光〕① 明一照,则如红炉之点雪耳。"意乃喏喏。师曰:"掩却关门着。"遂拽杖而还。

有僧扣师云:"'不是心,不是佛,不是物。'毕竟是个甚么?"师与僧一掌,云:"你道是个甚么?"僧拟开口,师以手掩其口。僧于言下悟旨。

有僧指庭前红白菊花,问师云:"此个因甚颜色不同?"师云:"何不向未开已前荐取?"僧曰:"怎奈即今何?"师云:"迷己逐物汉!衲僧眼在甚么处?"僧无语。

---

① 光:底本残泐。揆诸语境,当为"光"。明德清解《圆觉经直解》卷上:"然修断之方,皆依圆觉自性之智光,还照寂灭清净之心体,故曰圆照清净觉相。以自性光明一照,则无明顿破,故曰永断。此实成佛之秘诀、顿悟顿证之妙门,为如来因地之法行。"日本无著道忠《禅林象器笺》卷十二"代众请法"条:"如来大藏教,演出复演入。光明一照中,眨眼觑不及。手操乌号弓,射落日与月。拾得兔角杖,拨出火中雪。"

有僧礼拜，云："弟子昨夜不睡，被我捉住，文殊、普贤送来，交付和尚。"师云："在甚么处？"僧问讯，师拈拄杖便打。僧曰："和尚莫错打某甲。"师叱云："便是释迦老子，也须吃棒！何处学得这等狂见，来这里恁么乱道！"遂打出。

有僧问云："佛与众生是同是别？"师云："不同不别。"僧云："唤某甲作和尚，得么？"师云："汝但心无分别，自然无你无我，无圣无凡，万法悉空，一切平等。不闻道'尽大地是沙门一只眼'？岂有二见哉！见既不可得，何同异之有乎？"僧于言下领旨。

有行者因得两枚红柿，持来献师。师云："本山无此树，何处偷得人的来？"者曰："弟子来不着便①。"师发一笑。以手取一枚擘破，食之一半，乃云："犹带涩味在。"者云："也知瞒和尚舌头不过。"师拈拄杖打出。侍僧曰："行者将果来供养和尚，因甚打他？"师云："汝自去问他。"侍僧依教而问曰："行者将果奉献堂头，何故返遭棒出？"者曰："堂头和尚终不肯轻易某甲。"侍僧云："果然今不虚行。"师闻之，乃云："识甚么好恶。"

因僧诵经，师见而问之："诵者何经？"僧曰："《法华经》。"师云："黑的是墨，白的是纸。拈过纸墨，那个是《法华经》？"僧举起经，曰："唤作纸墨，得么？"师云："不唤作纸墨，且道唤作甚么？"僧曰："《法华经》。"师云："钻纸墨汉。"僧曰：

---

① 着便：当机立断。陈师道《寄李学士》诗："说与杜郎须着便，不应濠上始知鱼。"也指见机行事。《醒世恒言·徐老仆义愤成家》："大凡经商，本钱多便大做，本钱少便小做。须到外边去，看临期着便，见景生情，只拣有利息的就做，不是在家论得定的。"此处当作"著便"，谓合适。唐张鹭《游仙窟》诗："十娘机警，异同著便。"《祖堂集·岩头和尚》："今生不著便，共文遂个汉行数处，被他带累，今日共师兄到此又只管打睡。"

"某甲只恁么。和尚作么生?"师与一掌,其僧礼谢。

有僧来参,云:"绕江南转一遭,脚尖头不曾踢着半个。"师拈拄杖便打,僧便喝。师又打,云:"你今日是踢着不踢着?"僧拟议,师叱云:"虚头禅客!将谓有甚长处。"和声打出。

有僧划草次,师云:"在此作么?"僧曰:"划草。"师云:"掀翻大地,毕竟无根。击碎虚空,何处下手?"僧拈起草,曰:"覃!"师打一掌,云:"参禅眼目何在?"僧礼一拜,依旧拈锄划草。师休去。

师一日对客笑谈次,有僧来参,问云:"粗言及细语,皆归第一义。未审如何是第一义?"师云:"江石卵里讨甚么汁?"僧曰:"学人不会。"师曰:"生事事生,损事事损。"僧曰:"生损之义,可得闻乎?"师曰:"生自无生而生,损自无损而损。无损无生,是生损之义。虽如是说,犹是教义。衲僧分上了没干涉。"僧曰:"衲僧分上有甚奇特?"师曰:"非子境界。"僧曰:"和尚岂无方便?"师拈拄杖便打。僧乃捉住拄杖,云:"只这个?还别有?"师曰:"你道这个是甚么?"僧拟议,师拽脱拄杖,直打出。

师因与一僧阅颂古,至鲁祖面壁①因缘,僧曰:"只如师道,纵饶坐断千差路,也落宗门第二机。未审如何是第一机?"师曰:"早落第二也。"曰:"不问得么?"师云:"撩起便行,犹较些子。更拟如何,眼目何在?"拈拄杖便打。僧乃礼拜。

师见僧来,乃问:"你是甚么?"僧曰:"行脚僧。"师以拄杖

---

① 鲁祖面壁:即鲁祖家风。鲁祖,谓唐池州鲁祖山宝云禅师。凡学人前来问法,宝云辄面壁不语,欲令其因此而有所悟入。是谓鲁祖家风。宋道原《景德传灯录》卷七《池州鲁祖山宝云禅师》:"师寻常见僧来,便面壁。南泉闻,云:'我寻常向僧道,向佛未出世时会取,尚不得一个半个。他恁么地驴年去!'"

地上划云："（僧）〔曾〕① 到这里否？"曰："不曾到。"师曰："托空谩语汉！"曰："某甲实是行脚僧。"师云："为甚么路头② 也不识？"僧便喝，师便打。僧曰："和尚莫要盲枷瞎棒③耶！"师曰："从来不曾放过半个。"和彻就打，僧趋出。

师一日到菜园，见园头在缚冬瓜架。师指冬瓜曰："这个无口，因甚长如许多大？"头曰："某甲不曾怠（☒）〔惰〕④ 一时。"师曰："你主人公还替你出些气力也无？"曰："全靠他力。"师曰："请来与老僧相见一面时如何？"头礼一拜。师云："犹是奴儿婢子在。"头拈篾，缚冬瓜架。师发呵呵一笑，回顾侍僧曰："菜里有虫。"

长松大心⑤来参，扣曰："从上佛祖言不及处、行不到处，请师直指。"师拈拄杖，云："瞿！"心便喝，师便打。心又喝，师又打，曰："好打么？"心乃捉住拄杖，曰："打什么？"师与一喝，心作礼。师曰："那里来？"心曰："本无动静。"师曰："因甚到此？"心曰："来处亦非。"师曰："与什么人同途？"心曰：

---

① 曾：底本作"僧"。揆诸语境，当为"曾"之讹，故改。
② 路头：路。头，语助词。宋严羽《沧浪诗话·诗辩》："行有未至，可加工力；路头一差，愈骛愈远，由入门之不正也。"明居顶辑《续传灯录》卷十五《洪州泐潭真净克文禅师》："乃曰：'洞山门下，八凹九凸；交交加加，屈屈曲曲；崎崎岖岖，嶩嶩屼屼；水云掩映，烟岚重迭。一道直路，观者游者十八九人，举步早是迷却路头也。其中莫有不迷者么？'喝一喝曰：'且道路头在什么处？'"明汤显祖《南柯记·拜郡》："这是有缘千里路头长，富贵荣华在此方。"
③ 盲枷瞎棒：谓不分青红皂白，胡乱打人。宋惠泉集《黄龙慧南禅师语录》卷一："喝亦打，礼拜亦打，还有亲疏也无？若无亲疏，临济不可盲枷瞎棒去也。若是归宗即不然。院主下喝，不可放过；典座礼拜，放过不可。"
④ 惰：底本残泐。据前后文判断，当为"惰"字。
⑤ 长松大心：即真源禅师，三池张氏子。《锦江禅灯》卷九《长松大心真源禅师》亦记其参楚山事。

"野鹤独翔云汉表,清蟾孤照宇寰中。"师曰:"途中忽遇猛虎时,如何回避?"心曰:"虎在什么处?"师便作虎声。心作怕势,师曰:"恁么,子亲见虎来耶?"心却作虎声。师乃发呵呵一笑,曰:"闻子掀翻藏教,遍博内外典集,贯通诸子百家。实否?"心曰:"弟子这里一字也无,说甚么百家?"师曰:"这里▨〔与〕①?"心曰:"老师是什么心行?"师曰:"汝道是甚么心行?"心曰:"却是弟子罪过。"师曰:"放子二十棒,汝还甘么?"心曰:"不甘。"师曰:"因甚不甘?"心曰:"弟子若甘,则孤负②老僧去也。"师曰:"恁么,则不负老僧耶?"心曰:"屈。"师曰:"子于二六时中,心何所用?"心曰:"独开双眼静,长伸两足眠。"师曰:"向上还有事也无?"心曰:"晴霄月晒梅花冷,寒夜霜敲木叶疏。"师曰:"只此是?别更有?"心曰:"若木枝头飞赤乌③。"师曰:"父母未生前,试道一句看。"心曰:"道不得。"师曰:"因甚道不得?"心曰:"他没口,所以道不得。"师曰:"又道没口?"心曰:"谢师答话。"师曰:"'末后一句,始到空关。把断要津,不通凡圣。'子作么生领会?"心曰:"泥牛走入

---

① 与:底本残泐。据剩余字迹及语境,判定为"与"。
② 孤负:即辜负。对不住,亏负。宋道原《景德传灯录》卷五《西京光宅寺慧忠国师》:"一日唤侍者,侍者应诺。如是三召,皆应诺。师曰:'将谓吾孤负汝,却是汝孤负吾。'"
③ 若木枝头飞赤乌:谓太阳升上树头。若木,我国古代神话中的树名。《山海经·大荒北经》:"大荒之中,有衡石山、九阴山、洞野之山;上有赤树,青叶,赤华,名曰若木。"郭璞注:"生昆仑西附西极,其华光赤下照地。"传说太阳栖于若木之上。此即扶桑。据说日出于扶桑之下,拂其树杪而升,故以扶桑代指日出之处。《楚辞·九歌·少司命》:"暾将出兮东方,照吾槛兮扶桑。"王逸注:"日下,浴于汤谷,上拂其扶桑,爰始而登,照曜四方。"赤乌,即金乌。代指太阳。《初学记》卷三十引三国吴薛综《赤乌颂》:"赫赫赤乌,惟日之精。"白居易《劝酒》诗:"天地迢迢自长久,白兔赤乌相趁走。"按,《锦江禅灯》卷九《长松大心真源禅师》作"古木枝头飞赤乌",误。

海，吞却老龙珠。"师曰："未在。"心进前，(义)〔叉〕① 手默然而立。师曰："如是，如是。所谓佛祖无上妙道，非语言所可企及，亦非情识之所测量，惟在当人心领神会。故云'言不可传，觌面分付'，即斯之谓也。"心遂作礼，唯唯而退。

师室中尝设"三转语"以验学者。一曰："从上佛祖横说竖说，到这里因甚开口不得？"二曰："天下老和尚行棒行喝，到这里因甚都用不着？"三曰："俊悄②衲僧走遍(诗)〔四〕③方，到这里因甚措足不得？"凡有酬对，但云："不是！不是！"才拟议，拈拄杖打出。鲜有契其机者。

师室中凡见僧来，或拈拄杖，或举拂子，或掷蒲团，云："速道！速道！"僧拟开口，便曰："不是！不是！"随曰："出去！"一日，侍僧曰："师因甚见僧来，入门未开口，便道'不是'？来僧礼拜，便云'出去'？意旨如何？"师举起手中数珠，曰："会么？"侍僧拟议，师厉声曰："不是！不是！出去！"侍僧▨▨④。

师因祖玠侍立次，有童子擎茶奉师。师啜罢，乃顾童子曰：

---

① 叉：底本作"义"。衡诸语境，实"叉"之形讹。
② 俊悄：即俊俏。清觉浪、洪遹等编《自闲觉禅师语录》卷一《住崇川慈济禅寺》："元宵结制上堂。僧问：……'如何是第一要？'师云：'进前三步俊悄悄。'"《石关禅师语录·拈》："世尊初生，一手指天，一手指地，云：'天上天下，唯我独尊。'云门云：'吾当时若见，一棒打杀与狗子吃。'拈云：'奇特太煞奇特，俊悄果然俊悄。于千百年后下者一棒，却是打活世尊。'蓦竖拂子云：'世尊来也！'"清性聪《明觉聪禅师语录》卷十："晚参，云：'大悟无道，大富无粮，大地无草，大海无鱼。有人透得四转语，无禅可参，无道可学，一任声色里坐、声色里卧；有时孤迥迥也得，有时俊悄悄也得，有时逢场作戏也得，有时歌馆春台也得。'"
③ 四：底本作"诗"。衡诸上下文，应为"四"之音讹。
④ 底本残泐二字。

"人[道]① 你敢②耶？"玠曰："他亦有乖处。"师曰："那里是他乖处？"玠唤童子接盏子。近前，师曰："道得一句，则还你盏子。"童无对。师顾玠，玠曰："只这无言语处，不隔纤毫。"师曰："既是不隔，因甚道不得？"玠呼童子："何不问讯？"童子问讯，师却度盏与童子。童子接盏而去。玠曰："道他无语，得么？"师笑曰："只如这童子举盏擎茶、低头〔叉〕③手，一动一静处，端的是无明使然耶？是佛性如是？"玠曰："迷幻为积却无明，了则即本来佛性。"师曰："怎么，他是知有耶？不知有耶？"玠曰："他若知有，则不为迷。因不知有，翻为隔碍。"师曰："子还知有也无？"玠曰："弟子不知有。"师曰："既不知有，何以知宗？"玠曰："圣人若知，即同凡夫。凡夫若知，则同圣人。"师曰："子看老僧，是知有耶？是不知有耶？"玠曰："临机大用，举必全真。说甚知有不知有！"师曰："只如老僧即今这一语一默、剖析是非、分别名相处，与适来童子见识是同是别？"玠曰："此吾师择法智眼，无作妙用。体性虽同，用处悬隔。"师曰："既云择法，安能无作乎？"玠曰："智照非识，咄用非有；用既非用，作亦非作；似分别而实无分别之能也。"师曰："今对万法，境相差殊；一一明了，不具分别。可乎？"玠曰："教不云乎'如我按指，海印发光。圆明了知，不由心念'？其斯之谓欤！"师乃弹指，赞曰："善哉，我子！可谓鹅王择乳也。苟非智眼精明、彻证无疑之地，焉能如是哉！"玠乃掩耳，遂礼谢而退。

---

① 道：底本残泐。揆诸残存字迹和上下文义，当为"道"。
② 敢：不听话。
③ 叉：底本作"义"，形误。

师因与僧啜茶次,僧曰:"古人道:'盏子里诸佛说法。'未审说甚么法?"师举起盏子,曰:"会么?"僧曰:"不会。"师以指弹盏一下,乃唤侍者接盏去。僧曰:"盏子扑落地,碟(▨)〔碎〕① 成七片,此又明甚么边事?"师指僧,曰:"脚下草鞋鼻子,因甚被人穿却?"曰:"犹是学人疑处在。"师曰:"笤帚尾巴,常时扫地。"僧礼谢起。师曰:"只这两句闲话,点活多少人,疑杀多少人。此去,明眼人前不得错举。"僧喏喏而退。

师适兴天彭,因过弥陀庵,访崇善国师。国师闻师至,幡然躬自秉炉,率众出山远迎。师至寝堂,执弟子之礼甚恭。顶设高座,请师据座已,遂拈香,同众大展九拜,跪而言曰:"弟子智中滥厕僧伦,居守边城。仰师道德久矣,欲一礼觐;奈受朝廷付托之重,特命抚化羌夷;由是夙夜拳拳,未敢擅立信地,盖以职事所拘故,不果所愿。今蒙法驾枉顾山居,获瞻慈范。然弟子虽添虚名于世谛中,亦未▨② 敢忘于操守,伏望不舍悲愿,开甘露门,容弟子▨▨③,是则望师印可;否则乞为划除,别垂指示。"师曰:"(▨)〔曾〕④ 见甚么人来?"曰:"礼玉屏坏空和尚,指以参究赵州无字公案。"师曰:"如何是无字意?"曰:"出匣吹毛剑,寒光射斗牛。"师曰:"赵州因甚道'无'?"曰:"波斯嚼冰

---

① 碎:底本残泐。揆诸所残字迹及上下文义,所泐当为"碎"。
② 底本残泐,暂无力补足。
③ 底本残泐两字。因每字仅存一笔或两笔,无法判断所泐为何。
④ 曾:底本仅剩上半。据上下文义补。宋悟明集《联灯会要》卷二十七《金陵报恩玄则禅师》:"法眼问师:'曾见甚么人来?'师云:'曾见青峰和尚来。'"明居顶辑《续传灯录》卷六《舒州投子山义青禅师青社》:"通曰:'上座曾见甚么人来?'师曰:'浮山。'"

雪，不觉齿牙寒。"师云："拈过有无，如何凑泊？"曰："夜深谁把手，同共御街游。"师曰："向上还有奇特事也无？"曰："秋夜家家月，春来处处花。一双明白眼，何用撒尘沙。"师曰："善哉！将谓汝在名位中打失鼻孔，不意衲僧眼睛仍在。尔加保任，善自护持。"曰："未审此去如何用心？"师曰："但存少法，皆为自欺。"曰："毕竟如何履践？"师曰："穿衣吃饭，有甚难处？"曰："从今后，更不疑天下老和尚舌头也。"师微笑，乃以衣尘付之。于是，踊跃再拜而退。

师因珏庵侍者①病中语话间，有心首座者至，以默传之（☒）〔旨〕② 扣师求赞。师乃顾谓玠曰："如何是心？"曰："开口不藏情。"师曰："未在。"玠返顾心曰："何不礼拜？"心乃礼师一拜。玠曰："呈似了也！望师（☒☒）〔勿吝〕③ 法施，示他一偈。"师发一笑，而为书之偈，具☒☒☒☒④。玠曰："子既识得心体，还能觌体颂出乎？"玠乃弹指一声。师曰："理固如是。其可抱却⑤言辞耶！"曰："既承师命，敢不奉呈！"即就卧中口出一

---

① 珏庵侍者：即楚山绍琦弟子珏庵祖玠。明通容集《五灯严统》卷二十三《珏庵祖玠侍者》有其化语。
② 旨：底本残泐，据所剩字迹及语境补。宋道行编《雪堂行拾遗录·标禅师》："后住福州普贤，老禅代山门作疏曰：'向句中识得古人，便自谓不欺诸圣。有古塔主默传之旨，起青华严已坠之风。千载传家，两翁独步。'"
③ 勿吝：底本残泐。揆以所剩字迹及上下文义，当为"勿吝"。
④ 底本残泐四字，暂无法辨识补足。
⑤ 抱却：固守，拘泥。唐徐夤《竹》诗："翠染琅玕粉渐开，东南移得会稽栽。游丝挂处渔竿去，绿水夹时龙影来。风触有声含六律，露沾如洗绝浮埃。王献旧宅无人到，抱却清阴盖绿苔。"明法藏《三峰藏和尚语录》卷四《回圣恩寺语》："耳圆阇黎五十，请小参。'五十要知天命，抱却铁盂安木柄，求和尚说心地法。扎紧皮靴，又套毛袜。'"明末清初孟称舜《娇红记》第卅九出《合冢》："一个怀揣着薄命的相如青琐恨，一个变做了多情的倩女绿窗魂。两下里抱却那无穷的千般恨，如今死也做不得两成双双连理根，两成双双连理根。"

偈，云："祖师心印若为传，有语分明不在言。能向机前亲领得，海门撑出钓鳌舡。"师奇之。

玠一日病甚，有痛苦声。师乃扣榻而语曰："子平日得力句，到此还用得着么？"曰："用得着。"师曰："既用得着，叫苦作么？"曰："痛则叫，痒则笑。"师曰："笑与叫者，复是阿谁？"曰："四大无我，叫者亦非。真寂体中，实无受者。"师曰："主人公即今在甚么处？"曰："秋风乍扇，桂蕊飘香。"师曰："恁么，则遍界绝遮藏耶？"曰："有眼觑不见。"师曰："只如三寸气消时，子向甚么处安身立命？"曰："雨过天晴，青山依旧。"师曰："从今别后，再得相见否？"曰："旷劫不违，今何有间？"师曰："恁么则子不曾病耶！"曰："病与不病，总不相干。"师遂执其手，曰："此是甚么？"曰："是祖玠之手。"师曰："祖玠是谁？"曰："玠固非我，亦不离我。"师乃叹曰："善哉！只个不即不离，可谓妙契无生、彻证圆常之道。子今理见既明，虽则年茂，死亦无憾。"玠乃合掌告师曰："快与弟子趱得座龛来。"师即命众舁龛至，而语曰："龛至（🅿）〔矣〕①！"玠乃点首顾众曰："龛既至，吾当行矣。"遂振身端座，敛目而逝。众为下泪，师甚惜其材也。

师因消遣，至韶古音关房，以拄杖扣门三下，曰："关主在么？"韶曰："他不曾有出入，谁云在不在？"即开门见师，乃触礼一拜。师曰："此犹是奴儿婢子之事。请关中主相见！"韶乃（乂）〔叉〕②手默然。师曰："此则沉寂默去也。"韶曰："师适来

---

① 矣：下部残泐。据文义辨出。
② 叉：底本作"乂"。揆诸上下文，乃"叉"之形讹。

问甚么?"师曰:"问汝关中主。"韶曰:"唤作寂默,得么?"韶遂呈偈曰:"只此寂默非寂默,非寂默中非亦绝。渠侬目面已呈师,动静何曾有区别?"师曰:"恁么,则子不在关内耶?"韶曰:"弟子见师,亦不在关外。"师以手拍关门一下,曰:"怎奈这个何?"韶拟对,师叱之曰:"汝但于心不生分别,只个门户亦无所有。门户既非,则谁在关内、谁在关外耶?虽然,理则如是,亦不可越他世谛规矩,尤不可违其自己志愿。正好向这无分别无内外处,竖立脊梁,全机坐断,彻底掀翻,囫囵嚼破,一一从自己智襟流出可也。曰言曰行,可以模范,后学抑不负其己灵也。子其勉而进之三载,出关之日,拄杖子再为汝勘过。"韶遂作礼。①

〔石经豁堂祖裕从师学出世法。师阅《般若经》,裕诣前问曰:"师所阅者,乃文字般若尔。只如拈过文字,未审如何是真般若?"师乃举起经曰:"会么?"裕曰:"不会。"师曰:"唤作文字,得么?"裕曰:"不唤作文字,得么?"师曰:"般若真空,固非文字,且亦不离文字。何以故?盖文字性空,与夫般若之体

---

① 在此之后,底本空五格。或者,本卷当至此终。按,本叶版心,注叶码为"二十一"。

则无二也。"裕曰:"此不二空中,还]① 著得此般若文字之名言乎?"师曰:"不二空中,有绝妙言,亦无真伪,先佛世尊假名言说。此所谓不坏名言,成就般若;智智不舍,一法证成,满足菩提。(▨▨)〔此文〕② 殊之境界,非二乘之见乎?"裕曰:"恁么,则名相性离,说亦无说耶!"师曰:"只此无相无名、无得无说,即真般若也。"裕却拈起经,曰:"且道这个又是甚么?"师与一喝,曰:"你道是甚么?"裕亦喝。师乃夺过经,复举起曰:"百千三昧,无量妙义,皆此一卷经流出。子还知此一卷经出处么?"裕弹指一下。师曰:"般若智用,子今得矣。"遂度经与裕,曰:"更须一字一句从头阅过,再来共汝商量。"裕乃接经再拜,踊跃而退。

月光慧庵主来参。师曰:"子一向在什么处住?"光曰:"弟

---

① 本叶版心,虽然注叶码"二十二",但本叶第一行即从"著得此般若文字"开始。显然,本叶之前,颇有阙失。按,明净柱辑《五灯会元续略》卷四《石经豁堂祖裕禅师》曰:"成都巨氏子。从楚山学出世法。山阅《般若经》,师诣前问曰:'师所阅者,乃文字般若尔。只如拈过文字,未审如何是真般若?'山乃举起经曰:'会么?'师曰:'不会。'山曰:'唤作文字,得么?'师曰:'不唤作文字,得么?'山曰:'般若真空,固非文字,且亦不离文字。何以故?盖文字性空,与夫般若之体,则无二也。'师曰:'此不二空中还著得此般若文字之名言乎?'山曰:'不二空中,本绝名言,亦无真伪,先佛世尊假名言说。此所谓不坏名言,成就般若;智智不舍,一法证成,满足菩提。此文殊之境界,非二乘之见乎?'师曰:'恁么,则名相性离,说亦无说耶?'山曰:'只此无相无名、无得无说,即真般若也。'却拈起经曰:'且道者个又是甚么?'山与一喝曰:'你道是甚么?'师亦喝。山乃夺过经,复举起曰:'百千三昧,无量妙义,皆从此一卷经流出。子还知此一卷经出处么?'师弹指一下。山曰:'般若智用,子今得矣。'遂度经与师,曰:'更须一字一句从头阅过,再来共汝商量。'师乃接经,再礼而退。"据此,补底本阙失内容。按,清通醉辑《锦江禅灯》卷九《石经豁堂祖裕禅师》,乃全撮自净柱书。

② 此文:底本残泐。据所剩字迹及上下文义补。明净柱辑《五灯会元续略》卷四《石经豁堂祖裕禅师》正作"此文殊之境界,非二乘之见乎?"

子性空无我,故不住有相,不住无相。"师曰:"有无俱(遗)〔遣〕① 时,如何?"光曰:"不离当处,即是觉性妙场。"师曰:"当处即不问。除却语言动静,又作么生?"光曰:"老师虽是把断要津、截断千江,怎奈全身显露?"师曰:"莫乱道。"光曰:"当仁不让,岂敢私意抟量!"师曰:"抟量个什么?"光曰:"抟量个不抟量底。"师颔曰:"子二六时莫不空度耶!"光曰:"曾礼老宿,请益做无字工夫。"师曰:"如何是无字?"光曰:"适来上山,怎么发困。"师曰:"意旨如何?"光曰:"风吹秋月冷,雪压老梅寒。"师曰:"还我无字颂来!"光曰:"弟子大解②作颂。"师曰:"信口吐出便是,何用造作?"光遂呈以偈曰:"无字▨的▨举▨③,这僧问处见还(▨)〔难〕④。那知答处无多意,不▨▨▨▨ ▨(▨)〔边〕⑤。"师曰:"未在,更道。"光曰:"无无无处亦非无,云散长空月正孤。亘古亘今浑不昧,要将名列祖师图。"师曰:"亦未在。"道曰:"这个无字迥超今古,卷舒(▨▨)〔自

---

① 遣:底本作"遗"。揆诸语境,当作"遣"。唐佛陀多罗译《大方广圆觉修多罗了义经》卷上:"彼知觉者,犹如虚空;知虚空者,即空花相,亦不可说无知觉性。有无俱遣,是则名为净觉随顺。"唐玄觉《永嘉证道歌》:"法东流,入此土,菩提达磨为初祖。六代传衣天下闻,后人得道何穷数。真不立,妄本空,有无俱遣不空空。二十空门元不著,一性如来体自同。心是根,法是尘,两种犹如镜上痕。痕垢尽除光始现,心法双忘性即真。"
② 大解:很懂得,很擅长。
③ 底本残泐三字,暂无力补足。
④ 难:底本残泐。揆诸所剩字迹及上下文义,所泐当为"难"。
⑤ 底本残泐六字。前五字,暂无力补足。第六字,衡诸所剩字迹及上下文义,当为"边"。

在]①，(囗囗)〔要且〕②难睹。"师曰："难睹且置。我闻子曾披藏教，是否？"光曰："老师莫谤弟子好。"师曰："我不谤子。我且问子：白的是纸，黑底是墨，毕竟阿那个是经？"光曰："老师莫要不本分。"师曰："如何是不本分的道理？"光曰："瞒别人可。若瞒弟子，则不可。"师曰："我不瞒子。如何是经？"光曰："经(囗)〔耶〕③？"师曰："似则似，是则未是。"光曰："如何即是？"师曰："经。"光(囗囗)〔曰："谢〕④师答话。"师曰："佛祖本无言说；凡有言说，即非真理。(囗)〔且〕⑤道这里无你会处、无你说处、离四句、绝百非，试道一句看？"光默然良久，近前展具，礼三拜，依位(义)〔叉〕⑥手而立。师曰："此是诸佛诸祖之所得、二十三代之所授、言语不可及处，觌面相承，点首默契。子善受持保护，自当勉之。珍重，珍重。"光遂礼辞而去⑦。

---

① 自在：底本残泐二字。揆诸残存字迹和文义，所阙或为"自在"。宋楚圆集《汾阳无德禅师语录》卷上："师因观洞山价和尚五位语，乃述序并颂：'言之玄也，言不可及。旨之妙也，旨不可归。……恢廓含容，卷舒自在。实人天之龟鉴，为出要之津梁。'"宋惟白集《建中靖国续灯录》卷七《洪州兜率道宽禅师》："少林妙诀，古佛家风。应用随机，卷舒自在。"
② 要且：底本残泐二字。衡诸语境，所阙或为"要且"。《赵州和尚语录》："师示众云：'大道只在目前，要且难睹。'僧乃问：'目前有何形段，令学人睹？'师云：'任你江南江北。'学云：'和尚岂无方便为人？'师云：'适来问什么？'"清善酂说、侍者力端等录《翼庵禅师语录》卷二："师诞日，弟子力端、力进、力蕴、力本设斋，请上堂。……问：'元始初开即不问，山河并永事如何？'师云：'只在目前。'进云：'因甚自相悬隔？'师云：'要且难睹。'"清超见说、彻凡等录《盘山了宗禅师语录》卷二："大道不离目前，目前不离大道，要且难睹。欲识大道真体，不离声色之所求。"
③ 耶：底本残泐。或为"耶"字。
④ 曰谢：此处残泐二字。据残留字形及上下文义，当为"曰谢"。
⑤ 且：底本残泐。衡诸语境，当为"且"字。
⑥ 叉：底本作"义"。据上下文，乃"叉"之讹，故改。
⑦ "光遂礼辞而去"之后，底本空两行。

垂示诫语[1]

佚名诫语[2]

"☐☐☐[3]可。'泄佛密因,唯除命终,阴有遗付。'[4] 斯言岂欺人哉!今子既不容默,则未免漏泄机微去也!所谓游戏生死,翱翔空寂,垂手市廛,栖心泉石,啸傲烟霞,坐忘朝夕,念念真如,尘尘净域;信手推开不二门,空王殿上无知识。"意[5]曰:"吾师再留慈念,少住世间,可乎?"师曰:"风宵病叶,雨夜残花。"意曰:"恁么,则吾弟子不复留师矣。只如师去之后,未审津送[6]之礼则如何施设?乞师遗命,以为法则。"师曰:"吾瞑目后,澡洁形躯,如法裹之,贮于桶中,固其桶盖,安置团标。正寝龛前,张法被,挂顶像,列香案,设牌位,书云:'天成荆璧大师楚山觉灵。'而住持者三时领众上食,止许蔬馔茗供,用展

---

① 本叶之前,阙失两叶。本叶版心镌"垂示诫语""三"五字,故据以补小标题。按,据底本面貌而观,"垂示诫语"部分共四011,单独编排,亦当独立镌刻,而后方置于卷四之末。
② 佚名诫语:因有阙叶,不明所存内容标题,姑补此题。
③ "可"之前,底本阙失第一、二叶。
④ "泄佛密因"云云:唐般刺密谛译《大佛顶如来密因修证了义诸菩萨万行首楞严经》卷五:"泄佛密因,轻言未学。唯除命终,阴有遗付。"
⑤ 意:即祖意。楚山绍琦禅师侍者。
⑥ 津送:原谓照料护送。苏轼《论高丽进奉状》:"令搭附因便海舶归国,更不差人舡津送。"此指料理丧事。《元典章·刑部五·烧埋》:"家人被杀,官司不行追给烧埋银两,无力津送。"元德辉重编《百丈清规》卷三"迁化"条:"若衣钵微薄,务从俭简,遗戒小师不得披麻恸哭。请首座主丧,一切佛事并免,但举无常偈云。亡僧津送,毋费常住,毋劳大众。"

祭奠之忱；苎白麻绦，以表心丧之礼。不可斩衰重孝，悲啼号哭，做七修斋，烧钱化疏。惟大夜小参，遇有宿德为之；如无，但依早晚功课而已。停龛数日，以尽道旧祭悼之情。只待壬寅岁冬前一日，开桶出沙；宜用香泥垒塑，（☒）〔敷〕① 彩严饰，乃置石室之中，留为山门瞻仰也。各希珍重，无复更言。汝等好住世间，吾当逝矣。"意曰："即今末后句子，请师为众分付。"

师展两手示之，云："会么？"意曰："不会。"复云："今年今日，推车拄壁。撞倒虚空，青天霹雳。阿呵呵！泥牛吞却老龙珠，澄澄性海沤花息。"遂别众，瞑目安详而逝。

前二日告别钦差镇守四川上衣监太监梅公书

琦每见，未尝言及世谛中事，惟闻入理深谈，揭示离微之旨、别传之机。琦正宜闻所未闻、用资玄学，不意老境侵寻、造化所夺，天命不我留矣。感惠良深，铭刻肺腑。风火相逼，不及面别，特奉此以达左右，万冀无忘付托，是所祝也。

谨陈钦差镇守四川护国护教佛心老大人梅钧座，伏乞钧察高照。不悉。

成化九年三月十五日，石经绍琦沐手书别奉拜。

---

① 敷：底本残泐严重，只余三笔而已。揆诸上下文，当为"敷"字。

塔铭①

▭②日行实于所厚吉安府同知张公洪定，俾达之予而求为铭。予答书曰："古神僧塔铭，皆入寂后作。若楚山事，奚不付之群弟子以徐图之哉！"张公又以书来曰："彼方外人也，而慕先生文，以为求得之则瞑目足矣。先生何必责以方内而深拒之哉！"乃为铭曰：

善导人心，是谓佛教。趋之者多，其畴克肖。
俊尔楚山，志专力劭。忽破群疑，独探其妙。
预镌塔铭，永世垂耀③。

行实④

▭⑤重师道德，出心舍资，奉蜀定王令旨，重建天成寺佛殿、月台、廊庑，奂然一新。工毕于戊子冬己丑岁。师退居丹崖，重构栖幻庵以为适兴栖息之所，至庚寅夏落成。师尝曰："古人有五十而知四十九之非。今吾年六十七矣，与死相邻，不

---

① 本部分内容，共五叶，亦当单独镌刻。现仅存第五叶；版心镌"塔铭""五"三字。据版心文字，补题"塔铭"。按，撰此塔铭者，不详其人。据文中"古神僧塔铭，皆入寂后作"云云及"预镌塔铭"等而观，可知乃楚山晚年未圆寂之前，托人而撰写也。
② 本叶之前，阙失第一、二、三、四叶。
③ 此下，底本空两行又半叶。
④ 本部分共五叶，现仅存第五叶。据第五叶版心所镌"行实"二字，补题"行实"。按，文中有"韶泰侍师席"之语，可知此行实乃楚山弟子韶古音所撰。
⑤ 此前，底本阙失第一、二、三、四叶。

意忝窃虚名，妄为衲子所宗，滥膺师席，乃抱终身之愧耳。然报缘虚幻，不足凭玩；自宜退休安分，以待其尽。非矫世也。"韶忝侍师席，自昔迨今三十余载，自恨愚懵不聪，而于师之嘉言善行不能悉记；仅摭师平生始末行实，略纪之于卷末，俾后之览者知其所自云。

石经楚山和尚语录卷之五：警策法语[1]

参学门徒　祖意　集

师因禅者请语，随机所示，述为歌行。均目之曰"警策法语"[2]。

悟心禅人

日用分明常显露，本自无迷何有悟。
只缘妄见有疏亲，是以真心遭染污。
染污生，生幻有，犹如明镜含妍丑。
不知妍丑本来空，无端倒见成殃咎。
了知非，非即觉，学佛修仙都是错。
但将情想顿消融，依旧清虚自寥廓。
绝是非，虚名相，不属有无难比况。
迥然不隔一丝毫，充塞虚空无限量。
迷去何曾失，悟来无所得。
迷悟两俱空，夜窗虚吐白。

---

[1] 本卷所存叶，版心并皆镌刻"警策"二字。再据卷前小序，定本卷标题为"警策法语"。
[2] 按，本卷现存前十四叶。版心皆镌"警策"二字。

寂尔孤光照沉寥，几人于此同途辙。
佛眼莫能窥，神通难可测。
独对青山笑点头，从教紫燕黄莺说。
不是声，不是色，于色于声含妙叶。
瞿昙到此只拈花，毗耶对众惟施默。
无说说分明，无见见亲切。
牧笛吹残陇畔云，渔篙撼碎潭心月。

双江东辉禅人

上人喜有超方志，掀翻教海提无字。
奋起疑情着力参，瞪开眼睛休瞌睡。
究竟到头无别理，都缘只要偷心死。
蓦然豆爆冷灰中，流出胸襟盖天地。
达磨心，赵州意，信手拈来无不是。
转身抹过上头关，始可寻师求证据。
敲开金锁绝罗笼，扫除见翳空双瞳。
佛祖真灯能扑灭，点头一笑契吾宗。

次复见心乐闲歌

乐非喧扰闲非静，心境成缘无自性。
心若闲时境亦闲，闲中了了方为竟。
山林与尘市，所适绝罗笼。

心境同无碍，云鹤从西东。

世途夷险曾经过，到处风光无不可。

虽然富贵不如人，看来清乐还输我。

微利不足求高官，无分做闲拈铁笛。

倚风吹，举世知音能几（▨）〔个〕①？

行乐闲，短笻拖翠上层峦。

花间飞舞蝶，树杪啸狂猿，顿觉乾坤静里宽。

住乐闲，茅屋低低绿树间。

青蔬种月圃，贝叶翻云盘，古柏偏能傲岁寒。

坐乐闲，蓦然挏碎个疑团。

豁开顶门眼，透彻上头关，教海禅河澈底干。

卧乐间，一枕清风万叠山。

破布三斤衲，枯柴七尺单，门外从人觅探竿。

坐卧经行随所乐，本分家风从淡泊。

冷眼看他世上人，沤花影里争头角。

无求好，无求好，自古无求荣辱少。

无求心地自闲闲，乐此间闲（▨）〔直〕② 到老。

松风入座凉，梅月当窗照。

现成风月足生涯，白璧黄金非是宝。

---

① 个：底本残泐。据残存字迹及上下文义，当为"个"。
② 直：底本残泐。从字迹及语境判断，当为"直"字。

武昌空颜遇上人

空王面目非形状,脱体无依离背向。
迥出离微绝见闻,不堕名言超数量。
浩浩尘中独露身,当机孰可辨疏亲。
豁开象外超宗眼,啼鸟山花一样春。
不是声兮不是色,物物头头俱漏泄。
分明觌面绝遮藏,拟涉思维成自隔。
了知此法外无心,绿水青山迥绝尘。
直下但能离所觉,夭桃翠柳皆天真。
色即空,空即色,淫坊酒肆逢弥勒。
信手掀开向上关,眼中拈去黄金屑。
法身非相露堂堂,应物分明现净光。
弦管丛中呈笑面,红莲舌底生清香。
子能识得空王面,眼上眉毛何少欠!
热则乘凉冷着衣,不须日用频频唤。
未识空颜莫外求,回光当扣自心修。
一朝囚地疑团碎,黄鹤楼前鹦鹉洲。
我作空颜歌,寄语空颜友。
果于言外见空颜,万象森罗咸点首。

松潘珙都纲水月轩

灵湫澄湛蟾蜍耿，水国冰轮射清影。
太古旋岚吹不干，历劫圆明无翳昏。
道人爱水又爱月，因水无尘月无色。
轩开水月绝尘氛，迥出大千洞明白。
洞然明白绝遮藏，曹溪一脉流源长。
倒涵天影吞六合，沃彼焦枯润八荒。
八荒云净，玉蟾吐光开四壁。
壁溪之水，冷漱石齿。
清而溢八纮，九野尽包容。
一段孤光照而寂，寂而不寂光皎皎。
海神抉出骊珠小，恍然移下水晶宫。
银色世界无边表，道人于此能回观。
潮头沤发来向源，禅津滚滚流不竭。
百川尽纳觉海宽，莫将晦朔分圆缺。
圆不圆兮缺不缺，桂花香散玻璃盘。
丛林自此香不灭，内外四边俱廓彻。
道人定起广寒宫，临济宗风振寥沉。
滔滔不竭流不已，泛泛清波跃金鲤。
一沤未发见全潮，分明不是无根水。
水月当轩悬宝鉴，一片秋河银灿烂，更须忘指见月轮。
水月轩人施无畏，力拔济群生，

同乘般若之舟，出彼爱河直至菩提岸。

莲照二禅人掩关凤山

莲照二禅人，江右超尘士。
不辞蜀道难，来扣单传意。
雨余树杪鹁鸠啼，日暖花间蝴蝶戏。
欲明此道别无奇，话头举处要加疑。
更拟掀翻生死海，全机坐断勿他为。
万法归一，一归何处？
究取其中是有无，直须敲出虚空髓。
蓦然捞透上头关，万象森罗展笑颜。
栗棘金圈浑捏碎，谁论赵老七斤衫？
东土二三师，西天四七祖，
毕竟以何传？一二三四五。
于今此道若悬丝，眼底有谁能接武？
二禅同志复同参，掩室成都凤凰山。
果尔悬崖能撒手，勤师高躅许谁攀。

顺禅人归山

大梅衣荷，懒瓒食芋。
二老高风，千古不坠。
金台顺禅人，此欲归山去。

临行持☒☒☒①来，需我一言为策励。
参禅节要无多子，先须摄念明玄旨。
执威仪，坐到驴年没星事。
万法归一一何归，返复追穷痛下疑。
脑后眼睛如突出，昙花香吐劫前枝。
狮子岩前牢着脚，拄杖随身活鲅鲅。
觅得归山旧路头，这回不怕风涛恶。
直入千山与万山，孑然世事不相关。
圣解凡情俱坐断，迥无闲梦到人间。
古人居山无别理，都缘只要明生死。
万年一念果无移，自有声光照寰宇。

昭禅人归山

灵云见桃，香严击竹。
响不是声，色不是物。
闻见既分明，还须离背触。
彻底掀翻离亦离，个中无地着思惟。
觌面和盘都托出，肯容开口丧真机。
潦倒玄沙太饶舌，向道老兄犹未彻。
无端平地起波涛，浩浩风声今未绝。
寂子当年曾有言，知君未会祖师禅。

---

① 底本残泐三字。最后一字，仅余右半部"龟"。难以辨认，姑留存疑。

瞬目视伊些子妙,从来父子不相传。
古哲高风既如此,今人有为亦若是。
但于林下肯灰心,不患传灯无姓字。
东风吹暖碧桃开,现成公案不须猜。
转身觅得归山路,不用挑包上五台。

无方广上人

无方扣予求警策,老夫未免闲饶舌。
项上敲开白玉枷,眼中拈去黄金屑。
此道无言无不言,二三四七传非传。
但能死得偷心尽,饥则餐兮困打眠。
日用见闻元不隔,响非声兮相非色。
山河大地一空身,触处同然遮不得。
物物头头契此宗,拈来一一用无穷。
上人于此承当去,不妨随处寄闲踪。

禅人祖洪参方

云门普,赵州无,眼睛明白,齿牙稀疏。
若是吾家种草,岂肯被伊涂糊?
果然荐得二老一机一用,便乃会得国师三应三呼。
虽是个无义味之语,且吐露有精有粗。
纵饶你一一见得亲切的当,犹未免堕在情识偏枯。

子诚能要做个脱洒衲僧，须是要着实下一步工夫。

亦不用你穷玄探妙，也不要你远众从孤。

但教一念万年去，任他走兔与飞乌。

蓦然背手，摸着鼻孔，始知吾不曾负汝，汝亦不曾自辜。

到这里，说甚么云门普、赵州无！

一机一用，三应三呼！

等闲咳唾，句句相符！

此时正好归来，饱吃一顿痛棒，始可与吾作得半个门徒。

宣禅人之京

万法归一，一归何处？

嚼破疑团，虚空粉碎。

捉败赵老机关，拽转衲僧巴鼻。

只个青州布衫，肝胆和盘托出。

于斯见得分明，不用奔南走北。

宣上人须领会心中，勿更生疑虑。

若然未透祖师关，提起话头加猛利，绵绵密密细参详。

瞠开眼睛休瞌睡，根尘顿脱露真机。

铁壁银山遮不住，明明百草头，明明祖师意。

果能于此识端倪，信手拈来无不是。

夭桃带露解，嫩柳和烟翠。

此行孤锡上金台，好看皇都春富贵。

本宗法禅人

吾宗向上一着，千圣不能凑泊。
声前得意犹差，棒下翻身已错。
直须迷悟屏除，更把是非拈却。
死中活眼重开，到此自能透脱。
本来不犯猜疑，岂许言辞穿（鉴）〔凿〕①？
（▨）〔纵〕②然开口分明，也是续凫截鹤。
向无说处承当，又是马头安角。
取舍无非意识，动静不离有作。
但将执见消融，万法自无好恶。
应用堂堂自在，逆顺了无缚脱。
心光触处洞然，个里谁分与夺。
譬如耆婆揽草，入手皆成妙药。
当机法法全彰，那有纤毫隔阂？
觅甚向上向下，说甚一着两着。
千七百则公案，尽是陈麻烂葛。
到此只消弹指，悉为分明注脚。
朝朝碧嶂云生，夜夜澄潭月落。
更拟如何即是？笑倒天台南岳。

---

① 凿：底本作"鑒（鉴）"，于义牾逆，或当作"鑿（凿）"。
② 纵：底本残泐。从尚存字迹及语义而观，当为"纵"。

明禅人

孤迥迥，明历历，碧眼胡僧犹未识。
辉今曜古绝名(☒)〔字〕①，在圣在凡无得失。
空有无，离彼此，
取舍情忘执见消，拟涉思惟昧真体。
但于尘境不留心，自然妙契离言旨。
离言旨，非说说，十地三贤明未得。
迦叶无端笑展眸，却把真机都漏泄。

泰禅人

参禅别无他道理，但把话头猛提起。
频频返照痛思疑，拟涉思惟千万里。
不拘坐卧与经行，直教念念契无生。
忽尔智穷心路绝，孤光脱体自分明。
看破赵州无字意，栗棘金圈俱捏碎。
转身抹过上头关，始可寻师求证据。
掀翻窠臼绝罗笼，扫除见翳空双瞳。
脚跟点地生机活，横拈倒用皆符宗。

---

① 字：底本残泐。据剩余字迹和上下文而论，当为"字"。宋道原《景德传灯录》卷二十九《大法眼禅师文益颂十四首·华严六相义》："华严六相义，同中还有异。异若异于同，全非诸佛意。诸佛意总别，何曾有同异。男子身中入定时，女子身中不留意。不留意，绝名字，万象明明无理事。"

红炉焰上蟭螟吼，〔惊〕① 起法身藏北斗。

无端踏倒须弥庐，虚空踤跮②山河定。

个里从来绝是非，意根才动陷情围。

顶门若具超宗〔眼〕③，句后声前总不疑。

须知此道离言意，祖不能传佛不会。

云开天际月临池，花落庭前春满地。

现成公案不须参，童子休云五十三。

得失二途俱抹过，好提〔刀〕④ 斧住深山。

月堂剌麻⑤

辞亲舍俗入空门，行藏无繁若孤云。

闲中回首思量看，毕竟将何越死生？

---

① 惊：底本阙失。揆诸语义，当作"惊"。宋蕴闻编《大慧普觉禅师语录》卷十二《圜悟和尚三首》之二："风雷为舌，虚空为口，应群生机，作师子吼。眼光烁破四天下，惊起法身藏北斗。个是杨岐嫡孙，喝下须弥劲走。"宋崇岳、了悟等编《密庵和尚语录》卷上《密庵和尚住衢州西乌巨山乾明禅院语录》："上堂。'少室单传，衲僧巴鼻。碓嘴生花，驴鸣狗吠。厕坑筹子念摩诃，惊起法身无处避。无处避若为论？'蓦拈拄杖，卓一卓，云：'我行荒草里，汝又入深村。'"

② 踤：即"跳"。

③ 眼：底本只剩左偏旁"目"。衡之语境，当为"眼"字。明真哲说、传我等编《古雪哲禅师语录》卷十一《普说二》："敢问大众：无量寿世尊即今居何国土？还知么？白藕华中藏不得，红尘堆里现全身。更有一偈举似大众：'禅净相兼也不妨，娑婆宁复异西方。顶门未具超宗眼，莫把虚空较短长。'"明观谁等录《夔州卧龙字水禅师语录》卷二《示众》："大凡演唱宗乘，须具金刚眼、择法眼、透关眼、超宗眼。具此四眼，始可用剑刃上事，坐曲录床。"

④ 刀：底本阙失。揆诸语境，或当为"刀"。宋德初、义初等编《真歇清了禅师语录·偈颂十首》之三："意句难分别，风骚格外求。提刀空四顾，驻步失全牛。落眼情尘脱，归根景象幽。万缘俱不到，佛祖莫能酬。"

⑤ 剌麻：即后世之"喇嘛"。

修行先要休名利，蜗角蝇头无足▨〔论〕①。

通身打▨②赤条条，始见▨③儿真义气。

是非窠臼尽掀翻，休论前三与后三。

无字话头猛提起，绵绵（书）〔昼〕④夜用工参。

工夫入手自成片，扫不开（▨▨▨）〔兮拧不〕⑤断。

大千（▨）〔摄〕⑥在一毫端，静闹闲忙都不见。

蓦然捵透金刚圈，眼睛露出鼻辽天。

生死涅槃俱抹过，沤花影子莫能瞒。

天下古今同一道，东土西天无二教。

自心洞悟了无疑，汉语胡言皆契妙。

能仁上士明月堂，几回携锡扣山房。

乞予一语为开示，口门无盖不囊藏。

个中密意非文字，句后声前休错会。

但于语默彻离微，信手拈来无不是。

目前消息且无多，花能含笑鸟能歌。

脱略见闻声色外，斗梢依旧枕银河。

---

① 论：底本残泐。据所剩字迹及上下文义，或当为"论"。
② 底本残泐，暂无力辨识。
③ 底本残泐，暂无力辨识。
④ 昼：底本作"書（书）"。衡诸语境，当为"晝（昼）"之形讹。
⑤ 兮拧不：底本残泐三字。揆诸所残字迹及语境，当为"兮拧不"。
⑥ 摄：底本只余部分字迹，揆诸上下文，或当为"摄"。唐文益说《宗门十规论》之《理事相违不分触净第五》："又如法界观，具谈理事，断自色空。海性无边，摄在一毫之上；须弥至大，藏归一芥之中。故果圣量使然，真猷合尔。又非神通变现，诞生推称。不著它求，尽由心造。"清道领说、寂源录《赤松领禅师语录》卷三《法语·示大中丞王公》："一毫端上现出莫大世界，将莫大世界收摄在一毫端。"

瑞庵禅人

(▨▨)〔云山〕① 万叠，茅屋数椽。
六窗虚静，(▨▨)〔一榻〕② 翛然。
觉天空湛湛，定水月娟娟。
任是天人捧钵，花雨飘檐，
正好全机坐断，万法俱捐。
眼睛如突出，鼻孔自辽天。
始信松风说法，流水谈玄，
尘尘叶妙，法法归源。
何事香严击竹，南岳磨砖，
俱胝竖指，长庆(▨▨)〔展手〕③？
总是当机展用，(▨▨)〔龙牙〕④ 行拳。

---

① 云山：第一字，据残存字迹，当为"云"。第二字，仅剩一点，难以判断究竟为何字。从文义来看，可能是"山"。宋才良编《法演禅师语录》卷下《偈颂·山中四威仪》之二："山中住万叠，千重谁伴侣。纵使知音特地来，云深必定无寻处。"宋惟盖竺编《明觉禅师语录》卷六《访俞秀才》："万迭云山未得归，寂寥心许老卢知。江城雨雪书名纸，不谒鸿儒更谒谁。"
② 一榻：第一字，全然阙失，据语境而言，当为"一"。第二字，据残存字迹而论，当为"榻"。宋净善重集《禅林宝训》卷二："佛鉴曰：'先师言：白云师翁平生疏通无城府。顾义有可为者，踊跃以身为之。好引拔贤能，不喜附离苟合。一榻翛然，危坐终日。尝谓凝侍者曰：守道安贫，衲子素分。以穷达得丧移其所守者，未可语道也。'"清《昭觉竹峰续禅师语录》卷六嗣法门人智昙、洪演、照本等编《吊湛清禅师》："泪雨潸潸泣画梁，慈容不缅恨天荒。三生石上空惆怅，一榻翛然已夕阳。"
③ 展手：底本残泐。据文义，当为"展手"。清灯来说、普定编《三山来禅师语录》卷九《颂古》有"长庆展手"条。
④ 龙牙：底本残泐。据文义，当为"龙牙"。金志明撰、元德谦注《禅苑蒙求瑶林》卷中"龙牙行拳"条："龙牙。僧问：'十二时中如何着力？'师曰：'如无手人欲行拳，始得。'"清灯来说、普定编《三山来禅师语录》卷九《颂古》亦有"龙牙行拳"条。

从上佛佛祖祖，东西一道相传，
上人于此会去，则知今古无偏。
欲识瑞庵言外旨，风摇松子落阶前。

宝峰禅人作务

欲究祖师禅，须凭念力坚。
胸中荡荡地，话头历历然。
十二时中休放逸，运水肩柴须着力。
静闹闲忙志不移，工夫入手根尘寂。
有时兀兀坐蒲团，身心不动安如山。
人法两忘开活眼，月移松影上阑干。
转身踏着同安路，始信无迷亦无悟。
卢能原是买柴翁，寒山却是头陀做。
尘尘皆合道，法法总归真。
倒用横拈无不是，从教大地变黄金。
若也于斯亲见彻，不须向外寻枝叶。
无根树子斫翻时，斧子依然还是铁。

无闻钟长老居山

昔年江海参知识，草鞋踏破机轮息。
回首白云深处居，一庵静掩千山碧。

须知此道出寻常,开口(⊘)〔分〕①明绝覆藏。
不见当年灌溪老,解道溪深杓柄长。
日用见闻原不隔,泉泻幽声山耸色。
物物全彰古佛机,勿劳更觅安心诀。
山中行拄杖,桃云上翠层。
万仞峰头闲极目,大千世界细如尘。
山中住茅屋,低低依绿树。
地老天荒更不移,佛来祖来无立处。
山中坐竖起,脊梁休放过。
拶透玄关正眼开,始知佛法无多个。
山中卧,日上三竿犹睡𢔟,
窗外幽禽忽转声②,一场好梦都惊破。
四威仪中随所乐,动静施为非造作。
扫地烹茶总活机,怒骂嗔诃皆解脱。
我作山居吟,寄语无闻叟:
果于言外笑翻身,草木尽成狮子吼。

宝乘禅人

岩桂吐秋风,野猿啼夜月。

---

① 分:底本仅存"八"字头。揆诸字迹及文义,当为"分"。元中峰明本《天目明本禅师杂录·无隐》曰:"此道分明绝覆藏,森罗万象露堂堂。西风满院谁人共?山谷先生闻桂香。"明行海说、超鸣编《大方禅师语录》卷二《拈颂·东山水上行颂》:"云门拈出无生句,诸佛分明绝覆藏。无奈衲僧犹不荐,东山水上乱商量。"
② 转声:放开歌喉。转,意为"啭"。

佛祖劫前心，全机都漏泄。
现成公案绝商量，盖色骑声不覆藏。
觌面若能亲委悉，见闻知觉咸真常。
临济句中玄，老胡言外意，
只许衲僧知，不许衲僧会。
等闲撩过便翻身，出窟金毛自逸群。
倒拽乌藤行活路，十洲三岛任纵横。

示真禅人

真心非动静，动静缘乎妄。
知妄本自空，空即心实相。
真妄二俱离，心体无边量。
显露在言前，开口即成谤。
端的意如何，东山行水上。

示音无闻峨山掩关

参禅须要参无字，赵老机关有深意。
蓦然捹透眼睛开，流出胸襟盖天地。
青年喜有归山志，此行直指峨峰去。
一关静掩白云深，从教花鸟无寻处。

勉一庵诚首座住持

渥洼一出群马空,天关不羁超尘踪。
硕粟饱食振其鬣,霜蹄带月千里万里滚滚翻秋风。
丈夫心胆塞天地,眼空百代无双士。
声利从贪客作儿,投身林壑归真际。
北溟有鱼能变化,嗟彼潦水坎井蛙。
鹏抟万里天池沐,嗤嗤篱鹦枳棘之底而为家。
急须了取声前句,彻底穷源坐进竿头步。
忽然豆爆冷灰中,狮子嚬呻,法音震骇。
祗林但见峥嵘头角露,果然露头角满。
我老夫愿祖庭秋晚未荒凉,干蛊奇才名卓冠。
云无心而成甘雨,今何时也忍安眠哉。
优钵昙花发光彩,劫外春从天上来。
与尔锄斧子,住山有生业。
为众亲赍八斗粮,束腰不用三条篾。
汝不见,赵奢子徒,能读父书,
长安大道在脚底,门前自有通车衢;
只今模范人天上,不是寻常小儿状。
达人实无彼此心,大道岂有去来相?

隋①珠莫使暗中投，昂藏野鹤鸣高秋，鸳鸯不与枭獍而为俦。
凤兮凤兮，览德辉而下之；
文章五色九苞瑞于世，香名万古人间留。
一双白足超凡世，胸吞八九云梦泽。
升高发轫始于此，济川望汝为舟楫。
我作此歌有深意，双手分付只这是。
一篇剩语示尔曹，放笔緪缕成文字。
一庵侧耳听我说，休将吾道寓空言。
老夫旧物惟青毡，珍藏十袭莫轻易。
云仍接武堪留传，云仍接武堪留传。

示陕右静庵禅人

静庵禅人，乞予警策。
既不容辞，未免饶舌。
朝打三千，暮打三百。
拷见真赃，款供明白。
剿绝贼媒，全心寂灭。
佛祖真机，遮藏不得。
眼见耳闻，头头漏泄。
信手拈来，为物作则。

---

① 隋：《玉篇·阜部》，随作"隋"，"隋，《汉书》南阳有县也。"《改并四声篇海·阜部》引《俗字背篇》："隋，国名。"按，隋或作"随"。春秋时国名，后方县名。在今湖北随州市南。

东西一道,曹溪一脉;

离斯之外,无法可说。

子能言外承当,管取超宗越格。

中贵义天峰

浮云散尽乾坤大,一峰独出青霄外。
峨峨不动立虚空,劫火几经烧不坏。
鸟飞兔走环西东,崔嵬万仞摩苍穹。
岩前每见飞花雨,岭头时复飘香风。
高高顶上最幽密,从来未可通消息。
此中只许道人栖,不许道人知路入。
不知路兮道还难,知之犹隔万重山。
知与不知俱抹过,转身方透上头关。
雪覆千山同一色,独有孤峰浑不白。
宛然别是一方天,灵鹫妙高齐不得。
天生秀拔超群峰,昂昂突出云霄中。
等闲击目层颠上,无限云峦列下风。
天峰天峰何峰及?欲览清光攀不及。
几回月下发长吟,翘首银河倚松立。
我作此歌非卜度,劫外风光都揭露。
只堪寄与个中人,不是个中难委措。

不拘律韵不拘文，挥毫（▨）〔聊〕① 写天峰清。
上▨②于此豁双目，便见山林与尘市风月不多争。

示默堂禅人

教外别传个着子，碧眼胡僧难启齿。
九年面壁付神光，无端末后分皮髓。
一花五叶遍丛林，接武联芳今不已。
繁昌亲授普州翁，慧焰分光照寰宇。
老夫昔忝在门墙，谩有虚声播人耳。
深惭无德补宗风，蓄得头陀二三子。
依稀头角颇相同，几个知非能揣己。
果能于此不欺心，决不淹他齑瓮里。
竖起铁脊梁，一路直到底。
蓦然流出自胸襟，不患传灯无姓字。

玄玄道人

热似寒冰冷如火，就中毕竟空无我。
石女风前（▨▨）〔舞一〕③ 枝，木人月下开金锁。
无不能无有不有，蟭螟眼里乾坤走。

---

① 聊：底本残泐。据所剩字迹及语境，所残泐当为"聊"。
② 底本残泐，未能辨识。
③ 舞一：底本残泐。据字迹推敲，当为"舞一"。清百痴行元说、超宣等编《百痴禅师语录》卷十二《松江明发禅院语录》："怀胎石女风前舞，协梦神珠掌上擎。"

当机掇转太虚空,孰道面南观北斗。
棒外之棒声前喝,耀古腾今活鲅鲅。
大用全提手眼亲,是圣是凡淡凑泊。
言前有语最明白,从来不借娘生舌。
一句和声不覆藏,野猿叫落霜天月。

敬堂禅人

死生大事非儿戏,究明须要参无字。
顿空四大绝纵由,掀翻五蕴穷根蒂。
赵州关,祖师意,带骨连皮但☒①碎。
碎丝不挂赤条条,逼塞虚空包不住。
涅槃心,只这是,见得分明落第二。
子能言外契真机,续起灯光照▭②

---

① 底本残泐,暂未能辨识。
② "续起灯光照"之后,底本阙失数叶。

石经楚山和尚语录卷之六：颂古法语①

参学门徒　祖节　集

师因禅者请益、佛祖誵讹，因为激扬，述而成颂。遂目之曰"颂古法语"。

世尊初生②

世尊初生，周行七步，目顾四方，一手指天，一手指地，云："天上天下，唯吾独尊。"云门云："当时若见，一棒打杀与狗子吃了，贵图天下太平。"

梵天宫内祸胎生，天上人间尽失惊。
若使云门当日见，免教遗患及儿孙。

世尊度人③

世尊未离兜率，已降王宫；未出母胎，度人已毕。

---

① 本卷底本的版心，并皆镌刻"颂古"二字。再据卷前小序，定本卷标题为"颂古法语"。
② 底本无。据文义而拟。
③ 底本无。据文义而拟。

妙体（☒）〔凝〕① 然绝去来，度生降迹用非乖。
夜深云散长空净，一月千江影遍该。

世尊悟道②

世尊于雪山腊月八夜，觌见明星，忽然悟道。
（☒）〔此〕③ 事从来非得失，衣穿（☒）〔肘〕④ 露始知休。
出山无以为凭据，☒☒☒⑤星作悟由。

---

① 凝：底本残泐，仅剩右侧"疑"。衡诸文义，当为"凝"。宋宗镜述觉连重集《销释金刚经科仪会要注解》卷九："然于一心法中两言其体大者，盖以般若智之大，弥纶法界，细入微尘；纵脱凡证圣，而妙体凝常；虽入死出生，而真心不变；大包无外，细入无内。故云空最大也。"高丽知讷《真心直说》"真心妙体"条："据此经论，真心本体，超出因果，通贯古今，不立凡圣，无诸对待。如太虚空，遍一切处。妙体凝寂，绝诸戏论。不生不灭，非有非无。不动不摇，湛然常住。"
② 底本无。据文义而拟。
③ 此：底本残泐。揆诸文义，或当为"此"。明末清初道霈重编《永觉元贤禅师广录》卷二十三《偈颂下·示陈其人居士》："此事从来绝见思，语言显处便参差。是非截断忘情虑，古佛堂堂出现时。"明福善录《憨山老人梦游集》卷三十八《偈一·示恒一禅人》："此事从来不外求，见闻知觉有来由。但知日用头头现，莫落随缘第二筹。"
④ 肘：底本残泐。衡诸语境，当为"肘"。宋妙源编《虚堂和尚语录》卷二《婺州云黄山宝林禅寺语录》："衣穿肘露，户破家残。要知否极泰来，自然有时有节。"德溥等编校《物初大观禅师语录·庆元府阿育王山广利禅寺语录·小参》："衣穿肘露，火冷云深。便与么去，钝置杀人。放一线开，别有通变。乾三连，坤六断；南斗七，北斗八。横抛竖掷，逆行顺行。直饶鹘眼鹰睛，一家不知一家事。"明道忞《布水台集》卷十四《扬州福国院大桑门德宗道公舍利塔铭》："公讳明道，字德宗。族姓余。江西临江府人。出家燕之万安寺。于天启七年至广陵。初寓阙下，冬夏施茶汤，备极苦行；衣穿肘露，推衣以衣人；啖弃饲余，推食以食众。时已有肉身菩萨之号，出于齐民之口矣。"
⑤ 底本残泐三字，暂无力补足。

世尊升座①

世尊（☒☒☒☒☒☒）〔一日升座，文殊〕白槌，云："谛观法王法，法王法如是。"（☒☒☒☒☒）〔世尊便下座。〕②

☒出☒☒☒☒，☒☒③具眼详知音。

金槌举处无多（☒）〔力〕④，☒☒（☒）〔洪〕☒☒☒☒⑤。

五通仙人⑥

五通仙人问佛："如何是那一通？"佛唤仙人，仙人应诺。佛云："那一通你问我。"

持灯来觅邻家火，只就灯光指似伊。

觌面唤回知落处，依然眼上覆双眉。

---

① 底本无。据文义而拟。
② 底本有两处残泐，分别为六字、五字。按，禅林间有一常见话头，见后。宋集成等编《宏智禅师广录》卷二《泗州普照觉和尚颂古》第一则："举．世尊一日升座，文殊白槌云：'谛观法王法，法王法如是。'世尊便下座。颂曰：一段真风见也么，绵绵化母理机梭。织成古锦含春像，无奈东君漏泄何。"衡诸字迹及字数，恰与楚山所举同，故据以补。
③ 底本残泐八字，暂无法补足。
④ 力：底本残泐。据所存字迹及文义，当为"力"。
⑤ 洪：底本残泐七字，唯第三字可辨识为"洪"。
⑥ 底本无。据文义而拟。

外道问佛①

外道问佛:"不问无言,不问有言。"世尊据座良久。外道云:"世尊大慈,开我迷云,令我悟入。"再拜而去。阿难白佛言:"外道见何道理,便云悟入?"世尊云:"如世良②马,见鞭影而行。"

不问无言及有言,句中有响见还偏。
世尊据座非恁说,良马从来不受鞭。

外道论义③

外道与世尊论义,不胜,回首斩头以谢。世尊云:"我法中无如是事。"

见☒④不受俱为堕,眼里从来不着沙。
回首斩头伸谢处,令人千古暗惊嗟。

女子出家

画堂烛隐酒杯收,寝阁帘垂睡正悠。
天晓眼开春梦破,半含微笑半含羞。

---

① 底本无。据文义而拟。
② 良:底本作"艮",形讹。
③ 底本无。据文义而拟。
④ 底本残泐,无法辨识。

那吒为父母说法[1]

那吒太子析骨还父、析肉还母,然后现本身为父母说法。
肉还母去骨还爷[2],义断恩疏许作家。
欲识本身说法相,山河大地一那吒。

经题八字

以字非真八字遍,迥超思议出名言。
看经不具机先眼,未免遭他注脚瞒。

七处征心

捉贼从来要见赃,有赃更要款相当。
末梢征到无心处,始见林梢挂角羊。

八还辨见

色空明暗遮心眼,通塞睛昏总见尘。
一一从头俱拨过,了然无见见方真。

---

① 底本无。据文义而拟。
② 爷:父亲。

维摩一默

维摩一默语如雷，惊得文殊叹善哉。
万象森罗瞠笑眼，尘尘不二法门开。

世尊拈花①

世尊拈花示众，迦叶破颜微笑。世尊乃云："吾有正法眼藏、涅槃妙心，付与摩诃大迦叶尊者。"
绝思惟处言难及，举起花枝示别传。
百万人天俱罔措，头陀一笑契机缘。

阿难问迦叶②

阿难问迦叶云："世尊传金襕外，别传何事？"迦叶召阿难，阿难应诺。迦叶云："倒却门前刹竿③。"
弟应兄呼眼对看，个中的意授传难。
头陀大☒④，婆婆心切，向道门前倒刹竿。

---

① 世尊拈花：底本无。据文义而拟。
② 阿难问迦叶：底本无。据文义而拟。
③ 刹竿：东亚佛寺前安置的幡竿。由覆钵形佛塔上的竿柱（九轮）演变而来，竿顶安宝珠和火焰状饰物。按，此话头出自宋悟明集《联灯会要》卷一《西天祖师·二祖阿难尊者》："祖问迦叶：'师兄！世尊传金襕袈裟外，别传个甚么？'迦叶召阿难，祖应诺。迦叶云：'倒却门前刹竿着。'"
④ 底本泐一字，暂难辨别。

罽宾国王①

(三)〔二〕② 十四祖师子尊者,因罽宾国王秉剑于前曰:"师得蕴空否?"祖曰:"已得蕴空。"王曰:"离生死否?"祖曰:"已离生死。"曰:"既离生死,可施我头。"曰:"(▨)〔身〕非我有,何吝施(▨)〔头〕③。"王即挥剑断尊者首,涌白乳高数尺,王之右臂旋④即堕地。

树头黄叶风吹落,▨▨⑤残花雨打鲜。

明镜自(▨)〔见〕⑥肝照胆,无端丑妇返争妍。

达磨渡江⑦

达磨与梁武帝不契,遂折芦渡江,隐于嵩山少林寺。

---

① 罽宾国王:底本无。据文义而拟。
② 二:底本作"三",中间一横似乃版面浸渍所致。在禅宗谱系中,师子尊者实为二十四祖,如《天圣广灯录》《联灯会要》和《五灯会元》等并皆如是。故据以改。
③ 底本所泐二字,衡诸义及所剩字迹,当为"身""头"。本则话头的此二字,多种禅宗文献并皆如是。宋李遵勖编《天圣广灯录》卷五《第二十四祖师子比丘尊者》:"尊者以难不可以苟免,独留罽宾。时本国有外道二人,一名摩目多,二名都落республи,学诸幻法,欲共谋乱,乃盗为释子形象,潜入王宫。且曰:'不成,即罪归佛子。'妖既自作,祸亦旋踵。事既败,王果怒曰:'吾素归心三宝,何乃构害一至于斯!'即命破毁伽蓝,祛除释众。又自秉剑至尊者所,问曰:'师得蕴空否?'尊者曰:'已得蕴空。''既得蕴空,可施我头。'尊者曰:'身非我有,何吝于头?'王即挥刃断尊者首,涌白乳高数尺。王之右臂旋亦堕地,七日而终。"
④ 旋:马上,随时,及时。四川土话。
⑤ 底本残泐二字,暂无法补足。
⑥ 见:底本残泐。揆诸上下文,当为"见"。东晋佛陀跋陀罗译《佛说观佛三昧海经》卷二《观相品三之二》:"时诸天、龙、鬼神、夜叉、乾闼婆等,睹此光明,绕佛千匝,照十方国,见十方国,高下大小了分明,如执明镜自见面像。"宋疆良耶舍译《佛说观无量寿佛经》:"以佛力故,当得见彼清净国土,如执明镜自见面像。"
⑦ 达磨渡江:底本无。据文义而拟。

梁王不契便抽头，折芦为航渡迅流。
打湿眉毛浑不顾，要于此土立宗猷。

宋云见达磨①

达磨死，葬熊耳山。后宋云于葱岭见师（▨▨）〔手提〕②只履西迈。云问师："何往？"磨曰："往西去。"云回，以事闻帝。启圹见之，惟空棺只履存焉。

宋云葱岭逢师▨，▨▨▨③劳启圹看。
顽石点为金玉易，（▨▨）〔劝人〕④除却是非难。

慧可立雪断臂⑤

二祖慧可大师参见达磨，立雪断臂，曰："诸佛法印可（▨▨▨）〔得闻否〕⑥？"磨曰："诸佛法印不从人得。"可曰："我心未安，乞师安

---

① 宋云见达磨：底本无。据文义而拟。
② 手提：底本残泐。据残存字迹及上下文义，所阙二字为"手提"。南唐静筠二禅师《祖堂集》卷十三《福先招庆和尚》："吴阪当年塔未开，宋云葱岭见师回。手携只履分明个，后代如何密荐来？"明傅梅《嵩书》卷九《竺业篇·达磨》："后二岁，魏使宋云自西域还，遇师于葱岭。见师手提只履，翩翩西逝。"
③ 底本残泐四字，暂无力补足。
④ 劝人：底本残泐。据剩下字迹及上下文义，所阙当为"劝人"。明通奇说、行谧等编《林野奇禅师语录》卷一《住浙江台州府天台山通玄禅寺语录》："点石化为金玉易，劝人除却是非难。"明通忍说、行导编《朝宗禅师语录》卷三《上堂》："因甚云居却把杀人不眨眼底上将军，便做立地成佛底大居士么？点石化为金玉易，劝人除却是非难。"此联及其衍化形式，乃禅林间习语。
⑤ 底本无。据文义而拟。
⑥ 得闻否：此三字，底本残泐。据禅籍记载及上下文义，所阙当为"得闻否"。宋道原《景德传灯录》卷三《第二十八祖菩提达磨》："光曰：'诸佛法印可得闻乎？'师曰：'诸佛法印匪从人得。'"其他诸种禅宗文献，所载略同。

心。"师曰:"将心来,与汝安。"可曰:"觅心了不可得。"磨曰:"为汝安心竟。"可于此悟入。

▨▨①浮心端不有,灵知至体孰云无。

若将语默相呈似,赚杀西来碧眼胡。

栽松道者②

栽松道者不具三缘而生。

破头山③下栽杉日,浊港江边借宿时。

一觉醒来开梦眼,身前身后总成非。

六祖临终④

六祖大师临终,门人问曰:"师去早晚⑤可回?"祖曰:"叶落归根,来时无口。"

欲知师去几时回,眼睛眉毛人更栽。

叶落归根重指示,夹持无口语如雷。

道钦禅师回书⑥

径山国一道钦禅师因马祖遣人送书到,师发缄,唯见一圆相,遂于

---

① 底本残泐二字,暂无力补足。
② 栽松道者:底本无。据文义而拟。
③ 破头山:山顶双峰对峙,宛如头上有阙,故有是称。
④ 六祖临终:底本无。据文义而拟。
⑤ 早晚:何时。
⑥ 道钦禅师回书:底本无。据文义而拟。

圆相中著一画,却封回。忠国师闻,曰:"钦师犹被马师惑。"

圆相中心添一划,来之既重答非轻。

当时掷向绳床后,免使傍人挂齿唇。

唐代宗问慧忠国师①

唐代宗问忠国师:"百年后,所须何物?"国师云:"与老僧造个无缝塔子。"帝曰:"请师塔样。"国师良久,云:"会么?"帝云:"不会。"师云:"吾有得法弟子耽源,却谙此事,请召问之。"师迁化后,帝召耽源,问:"此意如何?"源曰:"湘(▨▨▨)〔之南,潭〕之北,中有黄金充(▨)〔一〕国。无影树下合(▨▨)〔同船〕,琉璃殿上(▨▨▨)〔无知识〕。"②

天全塔样本无形,一默相酬缝罅生。

侍者后来重指注,转加溷涽不分明。

---

① 唐代宗问慧忠国师:底本无。据文义而拟。
② 此则为禅林间常用话头。如,宋才良等编《法演禅师语录》卷中《舒州白云山海会演和尚语录》:"上堂。举。'肃宗帝问忠国师:"百年后所须何物?"国师云:"与老僧造个无缝塔。"帝曰:"请师塔样。"国师良久,云:"会么?"帝曰:"不会。"国师云:"吾有弟子耽源,却谙此事,请诏问之。"'师云:'众中尽道国师良久,殊不知悬鼓待槌。当时肃宗若是作家君王,待伊道教诏耽源,但向道:"国师!国师!何必!"肃宗后诏耽源,源呈颂:"湘之南,潭之北,中有黄金充一国。无影树下合同船,琉璃殿上无知识。"'师代肃宗云:'闲言语!'雪窦颂道:'无缝塔,见还难,澄潭不许苍龙盘。层落落,影团团,千古万古与人看。'师云:'雪窦可使千古传名。老僧只爱他道"澄潭不许苍龙盘",首尾一时贯串。只如前来一络索,拈放一边,且道毕竟如何?'乃云:'姹女已归霄汉去,呆郎犹自守空房。'"据之,并衡以所遗字迹,所阙字为"之南潭""一""同船"和"无知识"。又,才良等所编书中之"呆郎",谓牛郎;"姹女",即织女也。

怀让磨砖①

马祖坐禅次,南岳让师将一块砖在庵前磨。祖问:"磨砖作么?"师云:"作镜。"祖云:"磨砖岂得作镜?"师曰:"坐禅岂能成佛?譬如牛驾车,车若不行,打牛是?打车是?"祖悟旨。

马祖坐禅图作佛,让师方便把砖磨。

不因重☐☐②牛谕,肯信修心不在他。

马祖不安③

马祖不安。院主问曰:"师近日尊体如何?"祖云:"日面佛,月面佛。"

马驹蹴踏气狰狞,惯向毗卢顶上行。

院主当头轻触着,无端播土与扬尘。

马祖白黑④

马师云:"藏头白,海头黑。"

白拈手里讨便宜,换却双瞳尚未知。

黑白口开成话堕,分明土上更加泥。

---

① 怀让磨砖:底本无。据文义而拟。
② 底本残泐二字,暂难定何字。
③ 马祖不安:底本无。据文义而拟。
④ 马祖白黑:底本无。据文义而拟。

马祖拂子①

百丈再参马祖，祖竖起拂子。丈曰："即此用，而离此用。"祖挂起拂子，问曰："尔后如何为人？"丈取拂子竖起。祖曰："即此用，离此用。"丈拟挂拂子。祖振声一喝，丈三日耳聋。

父子秘传些子诀，收来放去不争多。
就中捩转机关处，佛祖当头也被诃。

老人野狐②

百丈一夕夜坐，有一老人拜于座前。丈问："汝是什么人？"老人曰："吾伽叶佛时曾住此山。因学人问：'大修因人，还落因果也无？'某答云：'不落因果。'故堕野狐身。今五百年未得脱离，伏望和尚代转一语，令脱狐身。"丈云："汝试问看？"老人问："大修行人，还落因果也无？"丈云："不昧因果。"老人遂脱野狐之身。

昧落分明不较多，只缘堕脱有譌讹。
苟非句外知宗者，未免随群入草窠。

南泉斩猫③

南泉因两堂首座争猫儿，泉至僧堂，捉猫在手，举起刀云："道得即

---

① 马祖拂子：底本无。据文义而拟。
② 老人野狐：底本无。据文义而拟。
③ 南泉斩猫：底本无。据文义而拟。

不斩，道不得即斩却。"两堂无语，泉遂斩猫。时赵州忽至，泉理前话诘之。州乃脱下一只草鞋，戴头上而出。泉曰："早得子来，救得猫儿也。"

阃外将军令一行，龙蛇起陆鬼神惊。

四方才得（☒）〔烟〕①尘息，麾下重敲战鼓声。

南泉牵牛②

南泉巡堂次，牵一头牛入堂。首座以手拊牛背一下，师便休去。赵州以草一束放在首座前。

闲牵水牯入云堂，尾拂清风眼放光。

惊起满（☒☒）〔堂龙〕③象众，束刍拊背乱商量。

盐官唤侍者④

盐官国师唤侍者："与我将得犀牛扇子来。"者云："已破了也。"师

---

① 烟：底本全然阙失。揆诸语境，所阙当为"烟"。宋法应集、元普会续集《禅宗颂古联珠通集》卷十一《祖师机缘》："灵云因长庆问：'如何是佛法大意？'师曰：'驴事未去，马事到来。'颂曰：……驴事未了马事来，一花欲谢一花开。安南已得烟尘息，塞北将军唱凯回。（杨无为）"介谌编《长灵守卓禅师语录·东京天宁万寿禅寺长灵卓和尚语录·偈颂·珊瑚枝枝撑着月》："价重三千不可图，从教千古强名模。长因塞北烟尘息，记得江南啼鹧鸪。"
② 南泉牵牛：底本无。据文义而拟。
③ 堂龙：底本残泐过甚，只余一片乱迹。据文义，所泐当为"堂龙"。宋崇岳、了悟等编《密庵和尚语录》卷上《密庵和尚住衢州西乌巨山乾明禅院语录·偈颂·径山出乡舟中寄二偈示众》之一："三冬水上打秋千，百尺竿头桌钓船。寄语满堂龙象众，无劳掘地觅青天。"元末祖光、文斌等编《楚石梵琦禅师语录》卷十八《偈颂四·贺径山永首座》："摩诃衍法若为宣，五髻峥嵘高插天。一喝虚空成粉碎，重提佛祖旧因缘。分明剑向眉间挂，岂待瓢从地上旋。弹压满堂龙象众，方知法社有英贤。"
④ 盐官唤侍者：底本无。据文义而拟。

云:"扇子既破,还我犀牛儿来。"侍者无对。
　　犀牛扇子破难圆,纵是描成总不然。
　　侍者当时能展用,鼻头免被断绳穿。

大梅法语①

　　大梅云:"任他非心非佛,我只是即心即佛。"
　　久住深山独掩扉,即心即佛更无疑。
　　松花一饱无余事,闲剪秋荷补衲衣。

盘山示众②

　　盘山示众云:"三界无法,何处求心?四大本空,佛依何住?璇玑不动,寂尔无为。觌面相呈,更无余事。"
　　青山春晓画图开,觌面分明底用猜。
　　几片白云风卷去,一溪红叶水推来。

如会问仰山③

　　东寺如会禅师问仰山:"久闻海南有镇海明珠,还将得来否?"山曰:"将得来。"会云:"珠作何色?"山曰:"黑月即现,白月即隐。"会云:"何不呈似老僧?"山曰:"昨到沩山,被索此珠,只得无言可对,无理

---

① 大梅法语:底本无。据文义而拟。
② 盘山示众:底本无。据文义而拟。
③ 如会问仰山:底本无。据文义而拟。

可伸。"会曰:"真师子儿,善师子吼。"

镇海明珠隐蚌胎,风汀月渚久沉埋。

夜来偶向龙门过,一捯和光吐出来。

鲁祖面壁①

鲁祖凡见僧来,便面壁。

鲁祖见人寻面壁,分明直指返纡之。

纵饶坐断千差路,已落宗门第二机。

邓隐峰净瓶②

邓隐峰因南泉把净瓶度与曰:"净瓶是境,不要动着境。将水来!"师将净瓶倾水于南泉面前,休去。

卖俏还他王老师,验人持地指军持。

隐峰固是随机作,不觉投他陷虎机。

亮座主参马祖③

亮座主因参马祖,祖曰:"汝将甚么讲经?"亮曰:"将心讲。"祖曰:"心如工技儿,意为和技者,如何解讲经?"亮曰:"是虚空解讲不成?"祖曰:"却是虚空解讲。"亮悟旨,后入西山,更无踪迹。

---

① 鲁祖面壁:底本无。据文义而拟。
② 邓隐峰净瓶:底本无。据文义而拟。
③ 亮座主参马祖:底本无。据文义而拟。

却是虚空解讲经,赚他座主一平生。
至今踪迹无寻处,赢得西山万叠青。

金牛禅师造饭①

金牛禅师每自造饭,扛至僧堂前,举起饭匙,乃作舞云:"菩萨子!吃饭来。"

随家丰俭自安排,作舞相呼吃饭来。
不是金牛弄头角,要令禅子眼睛开。

庞居士问马祖②

马祖因庞居士问:"不与万法为侣,道是什么人?"祖曰:"待汝一口吸尽西江水,即向汝道。"士悟旨于言下。

吸尽西江向汝道,浪吼海门风浩浩。
老庞言下已知非,马师未识渠侬号。

庞婆拈梳③

庞婆入鹿寺作斋,维那请疏意回向。婆拈梳子,插向发后,曰:"回向了也。"便出去。

---

① 金牛禅师造饭:底本无。据文义而拟。
② 庞居士问马祖:底本无。据文义而拟。
③ 庞婆拈梳:底本无。据文义而拟。

▨▨▨①

天衣示众②

(▨▨▨)〔天衣示〕众曰："百骸俱溃散，一物镇长灵。百骸溃散(▨▨▨)〔终归土〕，(▨)〔一〕物常灵甚处安。③"

(▨▨)〔一物〕④ 常灵甚处安？白云敛处见青峦。

排空耸壑磨▨▨⑤，剔起眉毛仔细看。

黄龙三关⑥

▨▨▨堂禅师。凡见僧入门，则伸手云："我手何似佛手？"僧拟对，则垂下▨足，云："我脚何似驴脚？"僧欲答 (▨▨▨▨)〔，师曰："人人〕有个生缘，上座生何处？"设有酬者，未尝 (▨▨▨▨)〔可否，未

---

① 以下，底本阙失第十叶。
② 天衣示众：底本无。据文义而拟。
③ "百骸俱溃散"云云：乃天衣怀禅师之语。明通贤说、行浚等编《浮石禅师语录》卷三《扬州府海门广慧禅寺语录》："上堂。'才过初一，又逢月半。流光易迈，幻境非坚。大家好整归鞭，莫待手忙脚乱。贩夫灶妇恳切瞻依，外道魔人诚心归命，庶免阎老子打算饭钱。其或不然，打鬼胎臀有日在。敢问大众，归鞭怎么生整？不见古人道："百骸俱溃散，一物镇常灵。百骸溃散终归土，一物常灵何处安。"'颂曰：'一物常灵何处安？白云散尽见青峦。排空耸翠磨今古，剔起眉毛仔细看。如其不会，正好加参。'"此"古人"，即天衣怀。清智说、机轮等编《嘉兴退庵断愚智禅师语录》卷下《颂古》："天衣怀禅师示众：'百骸俱溃散，一物镇常灵。百骸溃散皆归土，一物常灵何处安。'"据之，补所阙字"天衣示""终归土一"七字。
④ 一物：底本仅存"物"的下半截。据文义，所阙泐二字为"一物"。
⑤ 底本阙失二字，难以遽定为何。
⑥ 黄龙三关：底本无。据文义而拟。

有透〕其机者。①

（☒☒）〔我手〕② 何似佛手？将谓黄龙别有。
当时逸掌能施，（☒）〔捆〕☒☒③空臭口。

（☒☒☒）〔我脚何〕④ 似驴脚？来者亲遭踏着。
撞着咬人狮子，看☒☒☒⑤折合。

（☒☒☒）〔人人有〕⑥ 个生缘，砒霜甘草黄连。
猫儿惯能捉鼠，梢☒☒☒⑦行船。

杨岐三脚驴子话⑧

（☒☒☒☒）〔杨岐因僧〕问："如何是祖师西来意？"师云："三脚驴子弄（☒

---

① 底本残泐十三字。按，这则公案，即著名的黄龙三关。宋惠泉集《黄龙慧南禅师语录》卷末、日本两足院东睃辑《黄龙慧南禅师语录续补》："师室中常问僧：'出家所以？乡关来历？'复扣云：'人人尽有生缘处，那个是上座生缘处？'又复当机问答，正驰锋辩，却复伸手云：'我手何似佛手？'又问：'诸方参请宗师所得？'却复垂脚云：'我脚何似驴脚？'三十余年，示此三问，往往学者多不凑机，丛林共目为三关。（普灯此文次云：'脱有酬者，师未尝可否，人莫涯其意。'有问其故，师曰：'已过关者，掉臂径去，安知有关吏？'从吏问可否，此未透关者也。）"据之，勉力补九字。
② 底本阙失。据此则话头补。
③ 底本残泐三字。据所剩字迹及语境，仅能补第一个字"捆"。
④ 底本阙失前二字，"何"亦仅存下半部。据此则话头补。
⑤ 底本残泐三字，暂无力补足。
⑥ 底本残泐三字，据此则话头补。
⑦ 底本残泐三字，暂无力补足。
⑧ 杨岐三脚驴子话：底本无。据文义而拟。

▨)〔蹄行。"〕①

(▨▨▨)〔蹇驴三〕② 脚弄蹄行，蹴踏从教象马惊。
▨▨一鞭重▨▨，▨端恶发乱嘶鸣。③

(▨▨▨▨)〔东山演云〕："释迦、弥勒犹是他奴，且道他是阿谁？"④
▨▨▨▨⑤发满头驴，闲气胸中一点无。
矮屋疏篱随香饵，跛足虾蟆却上钩。

南泉牡丹⑥

南泉大师因陆亘大夫云："肇法师也甚奇怪，解道天地与我同根、万物与我同体。"师指庭前牡丹花曰："时人见此一株花，如梦相似。"陆茫然。

指出庭花答不偏，陆侯何故却茫然？

---

① 三脚驴子话，乃杨岐方会所说。宋颐藏主集《古尊宿语录》卷十九《袁州杨岐山普通禅院会和尚语录》："问：'如何是佛？'师云：'三脚驴子弄蹄行。'" 同卷卷末杨杰《题杨岐会老语录》亦曰："杨岐会老，跨三脚驴，入水牯牛队中，拽杷牵犁，种田博饭，横吹玉笛，饱吞栗蒲。四十年来，丛林以为奇特。"据之，补此则话头前面所阙四字"杨岐因僧"，以及最后所阙两字"蹄行"。
② 蹇驴三：底本阙失两字，后一字则仅剩一横。宋法应集、元普会续集《禅宗颂古联珠通集》卷三十九《祖师机缘》："蹇驴三脚弄蹄时，若不亲骑也不知。紫磨金容驮不动，竹篦端胜冷钳锤。(典牛游)" 清净挺《阅经十二种》卷八《弥陀舌相》："驴儿三脚弄蹄行，木马临风吼几群。无足铁牛连夜走，看煞区区没眼人。"清西蜀比丘果性集《佛祖正传古今捷录·第十二世杨岐方会禅师》："院事匆匆不惮劳，蹇驴三脚弄蹄高。倒骑直上须弥顶，大地山河在一毫。"据之，补"蹇驴三"三字。
③ 阙失五字，暂难补足。
④ 东山演云：底本阙失四字。此则话头，乃东山法演所说。《法演禅师语录》卷中《舒州白云山海会演和尚语录》："上堂。举。古人云：'释迦弥勒犹是他奴，且道他是谁？'便下座。"据此，补"东山演云"四字。
⑤ 底本残泐三字，暂无力补足。
⑥ 南泉牡丹：底本无。据文义而拟。

分明一种同根物，梦眼开时见自圆。

道吾见夹山[1]

道吾禅师受船子之嘱，行脚到夹山会下。遇山升座，答僧问："如何是法身？"山曰："法身非相。"僧问："如何是法眼？"山曰："法眼无瑕。"吾于众中失笑。山下座，请吾至方丈，咨曰："某适来答僧话，有何不是，上座见笑？"吾曰："若论出世为人，不无和尚，要且未有师承在。"山曰："望和尚与某甲证盟。"吾曰："我不能为汝证盟。松江华亭有一人，上无片瓦遮头，下无卓锥之地，号曰'船子'，堪与和尚为师。"

次日，山辞众，乃腰包杖笠，径造华亭。见船子，不下包笠。子问："大德住何寺？"山曰："住即不寺，寺即不住。"子曰："不似不似，端的似个什么？"山曰："不是目前法，非耳目之所能到。"子曰："一句合头语，万劫系驴橛。"遂擒桡在手，曰："垂钩三尺，意在深潭。离钩三寸，子何不道？"山拟对，子蓦口一桡打下水中，云："速道！"山又欲开口，子又打一桡，云："速道！"山乃点首。遂上船，方具威仪相见。

问曰："抛纶掷钩，意旨如何？"子曰："钩悬绿水，浮定有无之意。"山曰："语带玄而无路，舌头谈而无谈。"子曰："钩尽江波，金鳞始遇。"山乃掩耳。遂扣曰："弟子此后向甚么处去？"子曰："直须藏身处没踪迹，没踪迹处莫藏身。"山礼辞，行数步，子唤曰："阇黎！"山回首。子曰："汝将谓别有在。"遂踏翻船子而逝。

一桡劈破口门时，点首忘言许自知。

---

[1] 道吾见夹山：底本无。据文义而拟。

复恐回头疑别有，踏翻船子为全提。

赵州摘杨花①

　　赵州因僧辞，师曰："甚处去?"僧曰："诸方学佛法去。"师竖起拂子，云："有佛处不得住，无佛处急走过。三千里外逢人，不得错举。"僧曰："与么，则不去也。"师曰："摘杨花！摘杨花！"
　　有佛处，不得住，铁鞭击碎珊瑚树。
　　无佛处，急走过，柳楳靠倒空王座。
　　千里逢人休错举，舌头无骨难凭据。
　　与么不去摘杨花，是非从此传天下。

镇州大萝卜②

　　赵州因僧问："尝闻和尚亲见南泉，是否?"州云："镇州出大萝卜头。"
　　赵州用处不囊藏，吐语酬机绝较量。
　　因识镇州萝卜大，拈来云水塞饥肠。

台山婆子③

　　台山有一婆，凡僧经过，则问曰："台山路向甚处去?"婆云："蓦直去。"僧举步，随云："好个阿师，又恁么去了！"往往如是。一日，

---

① 赵州摘杨花：底本无。据文义而拟。
② 镇州大萝卜：底本无。据文义而拟。
③ 台山婆子：底本无。据文义而拟。

赵州闻之，谓众曰："我与你诸人勘这婆子去！"到彼，亦如是问，婆亦如是道。州归，语众曰："我为汝诸人勘破婆子也。"

逸群之辩，出格之机，不施寸刃，遍野横尸。

老婆勘破归家后，从此台山过客稀。

赵州因僧问："狗子还有佛性也无？"州云："无。"

赵州开口见心肝，道有言无意本闲。

自是这僧情未瞥，无端平地起波澜。

这僧问处偏多事，赵老何曾涉所思。

信口一言都吐露，翻成特地使人疑。

临济普化受斋[①]

临济大师因与普化在一檀越家受斋，乃云："毛吞大海，芥纳须弥。此是神通妙用耶？为复法尔如然？"化乃踢倒饭床。济云："大粗[②]生。"化曰："佛法说甚粗细。"次日，又同斋。济曰："今日供养何似昨日？"化又踢倒饭床。济云："太粗生。"化云："瞎汉！佛法说甚粗细。"济乃吐舌示之。

两回踢倒饭床时，大用临机不让师。

个里有谁知与夺，还他济北老钳锤。

---

① 临济普化受斋：底本无。据文义而拟。
② 粗：底本作"麤"。《战国策·赵策一》："夫知伯为人也，麤中而少亲。"《金史·世戚传·乌库哩元忠》："元忠素贵，性麤豪而内深忌，世宗尝责之。"

临济喝僧①

临济凡见僧入门,便喝。
胁下三拳冤未雪,面门一掌恨方消。
从兹大振奔雷喝,魔外闻风竖胆毛。

临济宾主句②

临济升座,两堂首座同时下喝。师云:"要识临济宾主句,问取堂中二首座。"
宾主历然分喝下,三玄戈甲展言前。
云中但顾双雕落,不觉弯弧控满弦。

睦州笤帚③

睦州尊者因僧问:"高揖释迦、不拜弥勒时,如何?"师云:"昨日有人问,趁出去了也。"曰:"和尚恐某甲不实那?"师曰:"拄杖不在手,笤帚柄聊与三十!"
堪羡丛林老骨挝,高风千古孰能加。
只将本分作家手,得失精粗验不差。

---

① 临济喝僧:底本无。据文义而拟。
② 临济宾主句:底本无。据文义而拟。
③ 睦州笤帚:底本无。据文义而拟。

严阳尊者①

严阳尊者问赵州:"一物不将来时,如何?"州曰:"放下着。"师曰:"既是一物不将来,放下个什么?"州曰:"放不下,担取去。"师于言下契旨。

不能放下担将去,言下知非眼忽开。
从此胸中疑碍尽,山中蛇虎竟无猜。

大隋神照②

大隋神照禅师。因僧问:"劫、火洞然,大千俱坏。未审这个坏不坏?"师曰:"坏。"僧云:"恁么,则随他去也?"师云:"随他去。"僧后参投子,举此话。子望西川礼拜,云:"大隋古佛!"僧复大隋,师已迁化。

衲僧未具参方眼,不识随他逸用机。
古佛言前如错过,往还途路漫驱驰。

大隋庵侧龟③

大隋庵侧有一龟。僧问:"一切众生皮裹骨,此个众生为甚骨裹皮?"师拈草履覆龟背上,僧无语。

---

① 严阳尊者:底本无。据文义而拟。
② 大隋神照:底本无。据文义而拟。
③ 大隋庵侧龟:底本无。据文义而拟。

龟背重重卦画横,锥纹才露吉凶生。
草鞋拈处无多事,塞断禅流热碗鸣。

灵云桃花①

灵云见桃花悟道,有偈云:"三十年来寻剑客,几回落叶又抽枝。自从一见桃花后,直至如今更不疑。"后玄沙闻举,乃云:"谛当甚谛,当敢保老兄未彻在。"②

桃花一见悟天真,万紫千红不在春。
潦倒玄沙大饶舌,枯根别吐嫩条新。

灌溪问了然尼③

末山了然尼。因灌溪问:"如何是末山?"师曰:"不露顶。"曰:"如何是末山主?"师曰:"非男女相。"溪乃喝曰:"何不变去?"师曰:"不是神,不是鬼,变个什么!"

人来借问末山主,向道非男亦非女。
不是鬼兮不是神,历历清声振寰宇。

---

① 灵云桃花:底本无。据文义而拟。
② "灵云见桃花悟道"云云:南唐释静筠二禅师《祖堂集》卷十九《灵云和尚》:"嗣沩山。在福州。师讳志勤,福州人也。一造大沩,闻其示教,昼夜亡怃,如丧考妣,莫能为喻。偶睹春时花蕊繁花,忽然发悟,喜不自胜,乃作一偈曰:'三十年来寻剑客,几逢花发几抽枝。自从一见桃花后,直至如今更不疑。'因白沩山和尚,说其悟旨。沩山云:'从缘悟达,永无退失。汝今既尔,善自护持。'遂而返锡瓯闽,举似玄沙。玄沙云:'谛当甚谛当,敢保未彻在。'僧进问:'正是也。和尚还锡也不?'玄沙云:'须与摩始得。'师云:'亘古亘今。'玄沙云:'甚好甚好。'师云:'诺诺。'"
③ 灌溪问了然尼:底本无。据文义而拟。

德山侍龙潭①

德山因侍龙潭次,至夜深。潭曰:"子何不下去?"山云:"外面黑。"潭乃然纸烛度与山。山拟接,潭遂吹灭。山大悟于言下。

亲到龙潭不见龙,纸灯吹灭豁②双瞳。

横拈白棒孤峰坐,佛祖吞声立下风。

德山上沩山③

德山挟复④上沩山。山见,拟取拂子。德山乃一喝,拂袖便出。至晚,问侍者:"适来一僧何在?"者云:"当时背却法堂,着草鞋去了。"沩云:"此子以后向孤峰顶上喝佛骂祖去在。"

再入相看扣寝庭,雄雄睡虎目方瞠。

转身一喝山崖裂,肯向孤峰草里蹲。

德山托钵⑤

德山因托钵赴堂。雪峰问曰:"钟未鸣,鼓未响,托钵向甚处去?"山俯首回方丈。峰语岩头曰:"方丈老汉被我一问,复回方丈。"岩曰:

---

① 德山侍龙潭:底本无。据文义而拟。
② 豁:开。四川方言。
③ 德山上沩山:底本无。据文义而拟。
④ 复:本谓夹衣。《说文·衣部》:"复,重衣也。"《急就篇》:"襜褕袷复褶袴裈。"颜师古注:"褚之以绵曰复。"此谓棉衣。
⑤ 德山托钵:底本无。据文义而拟。

"老汉未会末后句在。"山召岩头,问曰:"你不肯老僧耶?"头密启其意。次日,山升座异常。头至僧堂前,抚掌曰:"且喜方丈老汉会得末后句了也。虽然如是,只得三年。"山三年后,果然迁化。

不因托钵回方丈,引得岩头臭口开。
果尔德山三载没,中他贼语事堪猜。

洞山一茎茅①

洞山因僧问:"亡僧迁化,向甚处去?"曰:"火后一茎茅。"
火后茎茅不借春,长年青〔翠〕②自精神。
从教地老天荒去,日炙风吹色愈新。

石霜举笏③

石霜因斐相国来参,师举起笏云:"在相国手里唤作笏,在山僧手里唤作甚么即是?道得即还相公,道不得则留下。"相国无语,遂留下。

石霜觌面拈来,相国不堪留笏。
虽然留在山门,也是陈年滞货。

夹山猿鸟④

夹山因僧问:"如何是夹山境?"山云:"猿抱子归青嶂外,鸟衔花

---

① 洞山一茎茅:底本无。据文义而拟。
② 翠:底本残泐。揆诸文义,或当为"翠"。
③ 石霜举笏:底本无。据文义而拟。
④ 夹山猿鸟:底本无。据文义而拟。

落碧岩前。"后法眼闻举，(力)〔乃〕① 云："我二十年来只作境会。"

巍峨耸峭插天青，妙手王 (▨▨)〔维画〕② 不成。

会老当阳亲写出，无端浪吼石头城。

投子大死却活③

投子因赵州问："大死的人，却活时如何？"子云："不许夜行，投明须到。"州云："我早(猴)〔侯〕白，更有(猴)〔侯〕④ 黑。"便礼拜。

死中活得已成迟，岂免浑身陷水沉。

识得长安超捷路，脚跟不动到多时。

雪峰粟米⑤

雪峰示众曰："尽大地撮来如粟米粒大，抛向面前漆桶不会。打鼓普请看。"

鳌山店上扬家丑，象骨峰前辊木球。

---

① 乃：底本"力"，衡诸文义，当为"乃"之形讹。
② 维画：底本泐两字。据剩下字形及文义判断，所残为"维画"。宋法澄编《希叟绍昙禅师广录》卷一《希叟和尚佛陇□□禅寺语录》："山木阴阴，寒花浅深。巢云鹤怨，挂月猿吟。妙手王维画不得，神光徒自觅安心。"清海栋说、慧升集《浦峰法柱栋禅师语录》卷上《颂古·非心非佛》："朕兆未分前底句，个中无相亦无名。通身手眼居言外，妙手王维画不成。"
③ 投子大死却活：底本无。据文义而拟。
④ 侯：此二"侯"，底本皆作"猴"。宋道原《景德传灯录》卷十五《舒州投子山大同禅师》："赵州曰：'我早侯白，伊更侯黑。'"
⑤ 雪峰粟米：底本无。据文义而拟。

尚有闲情无著处，又来打鼓戏儿流。

香林烧山①

香林因僧问："如何是衲衣下事？"师曰："腊月火烧山。"
衲衣下事分明举，句里分疏隔万山。
无孔铁锤如捏碎，许伊亲过峡门关。

仰山垂足②

仰山一日在法堂上坐，见一僧来，问讯了，向东边（义）〔叉〕③手，以目视师。师垂左足，僧过西边，（义）〔叉〕手立。师垂右足，僧向中间（义）〔叉〕手立。师收双足，僧礼拜。师曰："老僧自住此山，未曾打着一个。"拈拄杖便打。僧腾空而去。
临机大用绝周遮，双放双收两作家。
捩转生机提正令，棒头有眼不曾差。

兴化问僧④

魏府兴化奖禅师。一日，谓克宾维那曰："汝不久为唱导师？"宾曰："不入这保社。"师曰："会了不入？不会不入？"曰："总不与么。"师便

---

① 香林烧山：底本无。据文义而拟。
② 仰山垂足：底本无。据文义而拟。
③ 叉：底本作"义"，乃"叉"之形讹。故改。
④ 兴化问僧：底本无。据文义而拟。

打,乃罚饘饭一堂。次日,师自白槌,曰:"克宾维那法战不胜,不得吃饭。"即便出院。

老禅法令不虚施,赏罚分明自有规。

岂是为人无面目?从来家教合如斯。

三圣出入①

三圣曰:"我逢人则出,出则不为人。"兴化闻,曰:"我逢人则不出,出则便为人。"

兄之东鲁弟之秦,策骏乘骢两不停。

莫谓相逢不相顾,都缘各自有前程。

道虔难首座②

瑞州九峰道虔禅师。因石霜迁化,众请首座住持。师曰:"会得先师意,可以住持。"首座曰:"先师有甚么意?"师曰:"只如先师道:'休去!歇去!冷啾啾去!一条白炼去!古庙香炉去!一念万年去!'此明甚么边事?"座曰:"明一色边事。"师曰:"与么,则不会先师意耶!"座曰:"香烟断处脱去,即会先师意。若脱不去,即不会先师意。"香烟未

---

① 三圣出入:底本无。据文义而拟。
② 道虔难首座:底本无。据文义而拟。

绝，座乃脱去。师拊座背曰："(㘴)〔坐〕① 脱立亡即不无，先师意旨未梦见在。"

红蓼江边把钓翁，闲吹玉笛倚秋风。

月明惊起沙头鹭，飞入芦花不见踪。

洛浦至夹山②

澧州洛浦元禅师，久为临济侍者。一日辞去，济升座曰："临济门下有一头赤梢鲤鱼，摇头摆尾往南方去了，不知向谁家齑瓮里淹杀。"

师至夹山，相见不礼拜，当面(乂)〔叉〕手而立。山曰："鸡栖凤巢，非其同类。出去！"师曰："自远趋风，请师一接。"山曰："面前无阇黎，此间无老僧。"师便喝。山曰："住！住！且莫草草截断天下人舌头！不无阇黎，争教无舌人解语。"师停思，山便打。从此服膺。

直向南(㴞)〔溟〕③ 浪里游，区区齑瓮肯淹留。

凤巢不许凡鸡宿，虎家何妨猛士投。

---

① 坐：底本残泐。揆诸所剩字迹及上下文义，所泐为"坐"。宋绍隆等编《圆悟佛果禅师语录》卷十五《送圆首座西归》："看他古来有道之士，动是降龙伏虎，与神明受戒。攻苦食淡，大忘人世，永谢尘寰。三二十年，折脚铛煮饭吃，遁迹埋名，往往坐脱立亡。于中一个半个，诸圣推出建立宗风；无不禀高行，务报佛恩，流通大法。"元释无学《佛国禅师语录》卷二《自赞·为玉林居士》："正和五年丙辰。是岁十月二十日丑刻，书偈坐化。偈曰：坐脱立亡，平地骨堆。虚空翻筋斗，刹海动风雷。"明行海说、超鸣编《大方禅师语录》卷二《拈颂》"九峰因石霜迁化众请首座作住持"条："香烟堆里露全身，坐脱立亡据本真。不是九峰虔侍者，石霜一脉溺沉沦。"

② 洛浦至夹山：底本无。据文义而拟。

③ 溟：底本残泐。据残存字迹及文义补。

一喝有声摇海岳,片言无味塞咽喉。
苟非解展罗龙手,赤尾金鳞不易求。

云门北斗藏身①

云门因僧问:"如何是透法身句?"门云:"北斗里藏身。"
北斗里藏答问端,口门堪笑没遮栏。
衲僧欲透法身句,看取渔舟下急(▨)〔湍〕②。

洞山干屎橛③

洞山因僧问:"如何是佛?"山云:"干屎橛。"
稽首佛驮干屎橛,灿灿金容光烜赫。
露柱灯笼笑点头,外道天魔惊吐舌。

曹山答僧④

僧问曹山:"佛未出世时,如何?"师曰:"曹山不如。"曰:"出世后,如何?"曰:"不如曹山"。
未曾出世珪无玷,出世明珠吐蚌▨⑤。

---

① 云门北斗藏身:底本无。据文义而拟。
② 湍:底本仅剩右侧"耑"。据上下文义,原当镌"湍"。
③ 洞山干屎橛:底本无。据文义而拟。
④ 曹山答僧:底本无。据文义而拟。
⑤ 底本残泐一字,暂无法辨识。

▨自曹山▨①比类，黄金面目翳尘埃。

护国答梵音相②

护国因僧问梵音相，师曰："河北驴鸣，河南犬吠。"
梵音之相休他觅，不离禅人一问边。
觌面未能问智眼，驴鸣犬吠又重宣。

风穴状祖师心印③

风穴沼云："祖师心印，壮似铁牛之机。"
三玄戈甲惯施陈，纵去擒来手眼亲。
照用临机些子术，收功斩将效如神。

风穴语默④

风穴因僧问："语默涉离微，如何通不犯？"师曰："常忆江南三月里，鹧鸪啼处百花香。"
鹧鸪啼处百花香，信步闲行达帝乡。
寄语途中未归客，休将此话错商量。

---

① 底本残泐二字，暂无力补足。
② 护国答梵音相：底本无。据文义而拟。
③ 风穴状祖师心印：底本无。据文义而拟。
④ 风穴语默：底本无。据文义而拟。

大龙法身①

大龙因僧问："色身败坏，如何是坚固法身？"师曰："山花开似锦，涧水湛如蓝。"

色身败坏世常谈，未识玄微扣指南。
坚固法身何处是？山花如锦水如蓝。

石门别传一句②

石门因僧问："如何是三乘教外别传一句？"师曰："东村王老夜烧钱。"

三乘教外别何传？鼻祖西来未显然。
一句囫囵都吐露，东村王老夜烧钱。

石门云光作牛③

石门因僧问："云光作牛，意旨如何？"师曰："（▨▨）〔陋巷〕不骑金色马，回途却着破襕衫。"④

不向无为地上眠，转身随处任翛然。

---

① 大龙法身：底本无。据文义而拟。
② 石门别传一句：底本无。据文义而拟。
③ 石门云光作牛：底本无。据文义而拟。
④ 陋巷：宋李遵勖编《天圣广灯录》卷二十四《襄州石门山慧彻禅师》："问：'云光作牛，意旨如何？'师云：'陋巷不骑金色马，过来却着破襕衫。'"据此，本则话头所阙二字为"陋巷"，故补之。

雪山香草无心恋，戴角披毛入市廛。

巴陵祖意教意①

巴陵因僧问："祖意、教意，是同是别？"师曰："鸡寒上树，鸭寒下水。"

鸡寒上树，鸭寒下水。

秤锤捏出油，虚空敲出髓。

龙女盘中无价珠，衲僧眼里双瞳子。

洞山麻三斤②

洞山因僧问："如何是佛？"山云："麻三斤。"

洞山答佛麻三斤，轻重由来不在星③。

千古清风凉未已，隔花犹听玉骢声。

法眼一滴水④

法眼因僧问："如何是曹源一滴水？"师曰："是曹源一滴水。"

曹源一滴有来因，答处何如问处亲。

---

① 巴陵祖意教意：底本无。据文义而拟。
② 洞山麻三斤：底本无。据文义而拟。
③ 星：秤杆上标示斤两的图案。一般以铜、铅之类嵌入，呈点状；以点的多少表示斤两的多少，故称星、秤星。
④ 法眼一滴水：底本无。据文义而拟。

但见桃花随水去，不知流出洞中春。

智门般若体用①

智门因僧问："如何是般若体？"师曰："蚌含明月。"曰："如何是般若用？"师曰："兔子怀胎。"

蚌含明月兔怀胎，玉斧金刀劈不开。

忆昔空生（■■■）〔岩中坐〕，（■■■）〔帝散花〕雨到岩台。②

汾阳西来意③

汾阳因僧问："如何是祖师西来意？"师曰："青绢扇子足风凉。"

纨扇团团月样妆，手中一握足风凉。

汾阳对众闲拈出，路上行人汗似汤。

丙丁童子求火④

青峰因僧问："如何是佛？"峰云："丙丁童子来求火⑤。"僧后见法眼，举此话。眼云："恁么道，又争得？"僧曰："如何即是？"眼云：

---

① 智门般若体用：底本无。据文义而拟。
② 岩中坐，帝散花：此处残缺六字。明德清《圆觉经直解》卷上："昔空生岩中宴坐，天帝散华赞为善，说般若。"故据此补。
③ 汾阳西来意：底本无。据文义而拟。
④ 丙丁童子求火：底本无。据文义而拟。
⑤ 丙丁童子来求火：司火童子向他人求火。此谓不识自家宝贝也。

"丙丁童子来求火。"僧悟旨于言下。

青峰指处最分明,自是禅流见未精。
忽遇清凉重按过,丙丁依旧是南星。

慈明盆剑草鞋①

慈明禅师室中置盆剑草鞋,凡有僧到,令下语。多不契。
草鞋盆剑室中安,到者应须着眼看。
若解咬人狮子术,管教平地浪涛翻。

慈明金毛狮子②

慈明因李驸马问:"我闻西河有金毛狮子。是否?"师曰:"驸马甚处得这消息来?"李一喝,师曰:"野干鸣。"李又喝,师曰:"狮子吼。"
作者相看自有规,收来放去在毫厘。
迅雷喝下翻筋斗,不谬西河狮子儿。

琅琊答长水③

琅琊因长水法师问:"清净本然,云何忽生山河大地?"师亢声云:"清净本然,云何忽生山河大地!"长水大悟。
教网宏张法海中,几多鳞角被牢笼。

---

① 慈明盆剑草鞋:底本无。据文义而拟。
② 慈明金毛狮子:底本无。据文义而拟。
③ 琅琊答长水:底本无。据文义而拟。

不因雷雨摧山岳，死水何由起卧龙。

慈明答泉大道①

慈明禅师因泉大道来参，师问曰："白云横谷口，道人何处来？"泉左右顾视，曰："夜来何处火，烧出古人坟？"曰："未在。"泉作虎声，师以坐具㧪②。泉接住，推师置禅床。师却作虎声。泉大笑曰："某见七十余员善知识，今日始遇作家。"

全体斑斑两大虫，皮毛仿佛一般同。
辞锋捷辩威声猛，爪距狰狞胆气雄。
拨转机关明与夺，放开笑口露腥风。
高踪千古真堪羡，不忝汾阳嗣正宗。

广慧答杨亿③

广慧琏因杨文公亿曰："承闻和尚有言：'一切罪业皆因财宝所生。'劝人疏于财宝。而况南阎浮提众生以财为命，邦国以财聚民，教中有财法二施，何得劝人疏于财宝？"师曰："幡竿头上铁笼头。"公曰："海坛马子似驴大。"师曰："楚鸡不是丹山凤。"公曰："佛灭二千年，比丘少惭愧。"

---

① 慈明答泉大道：底本无。据文义而拟。
② 㧪：击打。宋守坚集《云门匡真禅师广录》卷中《室中语要》："师一日拈拂子㧪一下，云：'日月星辰扑落地上，见么？'良久，起身云：'近后突着尔眼睛。'"明慧经说、元来集《寿昌无明和尚语录》卷下《峨峰回答》："问：'婆生七子，六个不遇知音，只这个也不消得抛向水中。未审渠具甚么眼，得恁么？'师曰：'咦！卖烧饼底手脚数他。'颂曰：手段虽低计较多，爱河翻斗烁迦罗。果然被㧪徐徐去，子母俱焚莫奈何。"
③ 广慧答杨亿：底本无。据文义而拟。

谷有神，空无体。
叫一声，应一声。
骂一句，还一句。
且非东鲁文，不是西来意。
囫囵吐露在言前，握不成团捏不碎。
捏不碎，明眼衲僧休错会。

门上桃符①

▢②分住，门前不用钉桃符。

倩娘还魂③

倩母生一女子，名倩娘，持身至谨。其家因留一客，既久，与女子合。一日，客备舟辞归。拟发舟，乃见倩娘登舟，遂同往。经三载，生一子，复还家。舟至河下，使人传语倩母，曰："今倩娘归矣，乞无为责。"母曰："倩娘在家卧病，未尝离枕。今又何得倩娘来？"乃同倩娘至舟。两女相见，遂合为一妇。

离鬼杳杳去何方，病枕西风夜正长。
耿耿星河天似水，一钩月挂几人肠。

---

① 门上桃符：底本无。据文义而拟。
② 此前，底本阙失第二十五叶。
③ 倩娘还魂：底本无。据文义而拟。

水庵胡子[①]

水庵一禅师。室中问僧曰:"西天胡子因甚无须?"

偶因江上系渔船,拾得沙中鳖弹圆。

闲对儿童高索价,卖来依旧不成钱。

密庵沙盆[②]

破庵问密庵杰禅师:"如何是正法眼藏?"杰云:"破沙盆。"

桃李春风锦万机,游人正是赏芳时。

王孙不惜黄金弹,拈向花间打凤儿。

楼子闻曲[③]

楼子和尚因从街市过,经酒楼下,闻楼上唱曲云:"你既无心我便休。"忽大悟。

偶闻楼唱一声幽,你既无心我便休。

从此唤回芳蝶梦,门前车马绝踪由。

---

① 水庵胡子:底本无。据文义而拟。
② 密庵沙盆:底本无。据文义而拟。
③ 楼子闻曲:底本无。据文义而拟。

茶陵乘驴①

茶陵郁山主乘驴,度桥而堕,忽大悟。有颂云:"我有神珠一颗,久被尘劳关锁。今朝尘净光生,照破山河万朵。"颂曰:
溪桥(☒)〔蹉〕② 跌丧全躯,摸得千年老蚌珠。
抛向人前开口笑,从今方惯会骑驴。

婆子烧庵

枯木三冬无暖气,雪中梅蕊喷清香。
老婆纵火烧庵处,铁打心肝也断肠。

明安三句

平常无生句
青山白云里,茅屋野僧家。
饭饱无余事,庭前扫落花。

玄妙无私句
夏日莲盈沼,秋风菊满篱。

---

① 茶陵乘驴:底本无。据文义而拟。
② 蹉:底本残泐。按,溪桥蹉跌乃禅门故实,据以补"蹉"。明居顶辑《续传灯录》卷三十五:"明州天童派禅师。字无际。题郁山主像偈云:'策蹇溪桥蹉跌时,误将豌豆作真珠。儿曹不解藏家丑,笑倒杨岐老古锥。'"

山前几个竹,不许凤来栖。

体妙无尽句
  露柱怀胎日,冰河发焰时。
  金乌飞出海,啄破碧琉璃。

汾阳三句

学人着力句
  竖起脊梁休瞌睡,银山铁壁尽挨开,无孔钢锤俱捏碎。

学人转身句
  今日三兮明日四,水穷山尽忽知非,翻转脚跟踏实地。

学人清切①句
  春夏园林多景致,桃花烂漫锦千机,梅弹累尽金满树。

浮山九带

佛正法眼藏带
  声前一句难开口,十圣三贤尚未谙。
  堪羡瞿昙多意气,花枝拈出与人看。

---

① 清切:亲切。

佛法藏带

教随根器分多品,究竟何尝离一乘。
拈过语言文字外,梅开雪里一枝春。

理贯带

真际惟空彻底无,休将生灭强名模。
当时浩浩商量者,赚杀西来碧眼胡。

事贯带

见闻知觉全真智,大地山河一块金。
信手拈来无剩法,明明一道古犹今。

理事纵横带

理事纵横照用全,高低左右自逢源。
春风才到花枝上,处处园林叫杜鹃。

屈曲垂带

卸除珍御出宫闱,垂手行权着弊衣。
弦管丛中开口笑,是非海里展欢眉。

妙叶兼带

择火拈香扫地时,头头应用叶真机。
纵横逆顺皆三昧,正按傍敲总合宜。

金针双锁带

双锁金针理事玄,全机突出是非前。
落花点点飞红雨,嫩柳依依袅翠烟。

平怀常实带

理事穷源久息机,胸中得失了无疑。
寻常一种平怀处,热则乘凉冷着衣。

洞山偏正五位

正中偏

乌凤衔云出洞天,澄潭昨夜风雷动,惊起苍龙不敢眠。

偏中正

将军肘后悬金印,奏凯归来面圣容,龙楼月泠黄庭静。

正中来

优钵花从火里开,劫外香风吹不谢,灵根原不借栽培。

偏中至

燕舞将阑催鼓吹,短笻扶醉夜深归,满地月明俱踏碎。

兼中到

金殿帘垂风悄悄，九重深处绝知音，从兹（▨▨）〔讳称〕①羲皇号。

王子五位

天然尊贵育深宫，不假勋功位自崇。

向上一人知（▨）〔几〕②重，缵承内绍显真宗。　　诞生

历位簪缨富五车，一心忠孝赞皇家。
但知九锡恩荣重，肯把勋劳挂齿牙。　　朝生

月巢云树暂依栖，清节孤标苦自持。
功就一朝忘渐次，堂堂轩冕旧威仪。　　末生

奉命分方展化权，大施仁需洽中边。

---

① 讳称：所泐第一字，从残存字迹及上下文义来看，为"讳"。第二字，当为"称"。元熙仲集《历朝释氏资鉴》卷四《南北朝》："志公灭后，至宋太宗太平兴国七年，降现城中。太宗降诏，避讳称宝公。"明道忞《布水台集》卷五《诗五·秋日接息斋金太傅过访之音漫成寄复》："林下喧传见一人，宰官元是比丘身。衮衣日补三千扣，莲观长修十二辰。乐道云栖门弟子，讳称世祖老元臣。千旄倘过云深处，岩桂尤堪共晒神。"明宋奎光《径山志》卷十高得旸《西径山八咏》之六《娥眉峰》："普贤说法西江上，节彼名山具仰瞻。人喜长卿能慕蔺，我惭逢世讳称严。烟供淡扫兰煤重，月比新弯笋玉纤。宝阁梵余聊作供，莫因莫雨始掀帘。"
② 几：底本残泐。据所余字迹及文义，所泐当为"几"。宋法应集、元普会续集《禅宗颂古联珠通集》卷三十五《祖师机缘》，载南岩胜偈曰："鸡作苍鹥鹭鹫鼻，鸭为金翅作狞龙。空王以此垂洪范，锦上铺花知几重。"明圆修说、通门等编《天隐和尚语录》卷十三《偈颂·洞山与密师伯访龙山颂》："隐隐云山知几重，无心黄叶出溪东。沿流直上寻踪迹，响答如雷应谷空。宾主机关总奇绝，乾坤坐断更藏锋。住庵临访皆堪羡，留与人间作范宗。"

乌台风冷霜威肃，宝印从来不谬传。　　化生

重重金殿紫云封，百辟无由面御容。
独侍寝庭宫漏永，一天霜月照帘笼。　　内生

三种渗漏

见不超宗滞所知，直须转位合圆机。
鹭鹚飞过（潚）〔潇〕① 湘岸，雪月芦花类不齐。　见渗漏

水面风生翻识浪，空中云起涌情尘。
直教极尽无埃滴，始是穿衣吃饭人。　　情渗漏

☐☐②离躔语失宗，有无不出是非中。
言前☐☐③离（☐）〔四〕④ 句，月映寒潭树吼风。　　语渗漏

---

① 潚："潇"之形讹。
② 底本残泐两字，暂无法判定为何。
③ 底本残泐两字，暂难以判断为何。
④ 四：据残存字迹及文义，所泐当为"四"。唐玄奘译《大般若波罗蜜多经》卷三百六十七《初分遍学道品》："佛言：'善现！有得现观，然离四句。''世尊！云何有得现观、然离四句？''善现！非有非无，绝诸戏论，乃名现观。得亦如是。是故我说有得现观，然离四句。'"宋赜藏主集《古尊宿语录》卷一《马祖大寂禅师》："问：'离四句，绝百非，请师直指西来意。'师云：'我今日无心情。汝去西堂问取智藏。'"

古德三种功勋

(▨)〔搅〕① 不浑兮类不齐,寒林无影凤难栖。
夜深雪覆空▨▨②,千圣应知到此迷。　　正位一色

白牛雪岭饱霜风,耕遍乾坤不宰功。
天晚牧童何处宿?空遗鞭影月明中。　　大功一色

骷髅识尽眼睛干,闲扫芦花作卧单。
午夜梦回双眼豁,一(▨)〔弯〕③霜月逼人寒。　　今时一色

悲智四借

(▨)〔茅〕④ 屋千山月,秋江两岸花。

---

① 搅:底本残泐。据所剩字迹及上下文义,所泐为"搅"。宋集成等编《宏智禅师广录》卷九《禅人并化主写真求赞》:"岩岩山有秋痕,淡淡云无宿根。入极一默之底,出成三昧之门。用不勤,湛若存,澄弗清兮搅不浑。"元中峰明本《天目中峰广录》卷二十九《送澄上人之江西》:"大江西去水无垠,澄不清兮搅不浑。一吸直教千到底,莫将涓滴上人门。"明如卺集《禅宗正脉》卷九《荐福道英禅师》:"若是本分手脚,放去无收不来底。一一放光现瑞,一一削迹绝踪。机上了不停,语中无可露。彻底搅不浑,通身扑不碎。"
② 底本残泐,暂无力补足。
③ 弯:底本残泐。据所存字迹及上下文义,所泐当为"弯"。清素说、性深等编《莲峰禅师语录》卷二《兴化报恩禅寺语录》:"八月秋,处处热。霖雨一番两番,林下炎威顿歇。临溪数朵芙蓉,揭晓一弯霜月。光明藏现前,清凉山轩凸。诸禅流须猛烈,廓开阃外重关,捞出眼中滴血。莫学趁队瞎驴,错过却几多好时节。"
④ 茅:底本泐一字。衡诸残存字迹及上下文义,所泐当为"茅"。明周永年编《吴都法乘》卷二十二《憩寂篇》,僧冲邈《翠微山居八首》之六:"茅檐静坐千山月,竹户闲栖一片云。莫送往来名利客,阶前踏破绿苔纹。"

不因樵子径，怎到葛洪家。　　借功明位

（☒☒）〔六窗〕① 虚吐白，正用不当机。
力尽抛双手，行从鸟道归。　　借位明功

不有成知有，何妨唤作牛。
鼻绳如拽脱，随处得优游。　　借借不借借

玉关深掩闭，金锁不须敲。
老鹤冲霄去，寒松空月（☒）〔巢〕②。　　全超不借借

沩山三生

法眼无端妄惑生，心心乱想自纷争。
未能彻底掀翻去，性海滔滔浪不停。　　想生

---

① 六窗：底本残泐。从尚存字迹及文义而观，所泐为"六窗"。元梵琦首和、清福慧重和《天台三圣诗集和韵》："竟日端然坐兀兀，玲珑石倚苍龙窟。六窗虚豁心冥冥，一事空无绝恍惚。此意分明透顶门，莫教日用仍汩汩。更有一事告诸人，光境未忘是何物？"明净伦撰、周理辑《大巍禅师竹室集》卷六《次韵送太常卿任先生坦然归田留别》二首之一："参差泉石旧岩庐，千里携归一箧书。松露滴苔三径滑，茶烟凝竹六窗虚。非心行处同谁到？即色空时可自居。溢目青山虽熟路，半途争肯息肩舆。"
② 巢：底本残泐。据所剩字迹及语境，所泐为"巢"。宋集成等编《宏智禅师广录》卷八《全超不借借》："霜重风严景寂寥，玉关金锁手慵敲。寒松尽夜无虚籁，老鹤移栖空月巢。"二者意象相似，楚山显然借鉴宏智诗而创也。明道忞《布水台集》卷十三《塔铭一·佛日石雨方禅师塔铭》："去留何吝？往有成言。回途将妙，就路还家。渔歌唱晚，棹入芦华。松虚夜籁，鹤空月巢。风严霜重，五天寂寥。"

所思之境相（▨）〔峥〕① 嵘，添得空华翳眼睛。
心境廓然忘起灭，一声幽鸟隔窗鸣。　　相生

情尘细想若浮沤，习风涓涓不断流。
彻底和空都扑灭，始能生死绝羁留。　　流注生

香严三照语

乌飞兔走急如梭，明暗何曾（▨）〔昧〕② 得他。
个里了无言可说，谓言无说已成多。　　本来照

海神击碎澄潭月，六合昏昏尽黯然。
寝殿嫦娥收玉镜，空王垂下夜明帘。　　寂照

抉得骊龙颔下珠，灿然昼夜放光辉。
闲将如意轻敲碎，始见真光无间时。　　常照

---

① 峥：底本残泐。据尚剩字迹及文义，所泐为"峥"。明道忞《布水台集》卷二十二《与念尼王海宪（讳尔禄）》："详夫含生所以流转不息者，良由无始世来，不觉遗真循照，因照生能，因能立所，于无同异中突生同异，同为根身，异为器界，遂使山河大地万象森罗，判然对立；乃至四相峥嵘，我人见隔；生情动念，造无边业，受无量苦，莫不厉阶于此。"

② 本偈尝为多位明清禅人引用。如明通贤说、行浚等编《浮石禅师语录》卷五《苏州府尝熟福城禅寺语录》："上堂。'乌飞兔走急如梭，明暗何曾昧得他。个里本来无可说，谓言无说已成多。'竖拂云：'大众！且道是有说？是无说？'掷拂下座。"据之，所泐为"昧"，故补之。

韶国师①四料拣②

石女出妆帏，风前听鸟啼。

分明原不隔，何事自成迷。　　　闻闻　放

闻（囗）〔性〕非（囗）〔生〕③灭，声尘自去来。

从教风树吼，两耳绝纤埃。　　　闻（囗）〔不〕④闻　收

看囗囗语囗⑤，花落树枝闲。

岭畔松千尺，冲开碧落（囗）〔烟〕⑥。　　（囗囗）〔不闻〕⑦闻　明

---

① 韶国师：天台德韶。《佛祖统纪》卷八："韶国师：传灯天台德韶国师。姓陈。嗣清凉益禅师。至天台睹智者遗踪，有若旧居；又与智者同姓：时疑其后身云。"
② 四料拣：据宋智昭集《人天眼目》卷四，韶国师四料拣包括闻闻（放）、闻不闻（收）、不闻闻（明）和不闻不闻（暗）四种。明朱明恩《佛祖纲目》卷三十四《泰钦参文益禅师》则曰："韶以涅槃四种开示学者，诸方目为韶国师四料拣。云：闻闻（放），闻不闻（收），不闻闻（明），不闻不闻（瞎）。"楚山显然是用后一种说法。
③ 从残存字迹及上下文义而观，所泐两字为"性""生"。唐般剌蜜帝译《大佛顶如来密因修证了义诸菩萨万行首楞严经》卷二："世尊！诚如法王所说，觉缘遍十方界，湛然常住，性非生灭；与先梵志娑毗迦罗所谈冥谛，及投灰等诸外道种说有真我遍满十方，有何差别？"唐不空译《仁王护国般若波罗蜜多经》卷上《菩萨行品》："善男子！一切众生，性无生灭，由诸法集幻化而有，蕴处界相，无合无散，法同法性，寂然空故。"元如瑛编《高峰龙泉院因师集贤语录》卷十三《涅槃法语门·秉炬·冬》："一剪寒梅为报冬，千林万壑总成空。惟留法性无生灭，不逐人间四季终。（某人）还么？五十余年空蹉过，今朝忽尔梦魂醒，从此生生只这个。"
④ 不：所泐之字，为"不"。
⑤ 所泐三字，暂未能补足。
⑥ 烟：所泐一字，据残存字迹及上下文义，当为"烟"。元浩等编《古林清茂禅师语录》卷五《颂古》颂黄龙三关语之一："我手何似佛手？拈起粪箕苕帚。扫开碧落烟云，撞倒南辰北斗。"清云叟住说、元一录《云叟住禅师语录》卷上《小参》："吹开碧落烟岚色，谁是松阴旧住家。"
⑦ 不闻：所泐二字，为"不闻"。

镜 (▨)〔破〕① 光影灭，识尽念源干。

戳瞎金刚眼，泉声到枕寒。　　(▨)〔不〕② 闻不闻　瞎

▭③

云门宗④

▨▨▨字示宗 (▨)〔由〕⑤，(▨)〔函〕盖乾坤截众 (▨)〔流〕⑥。烈焰肯 (▨)〔容〕蚊 (▨)〔蚋〕(▨)〔泊〕，(▨▨)〔剑锋〕宁 (▨)〔许〕赤 (▨▨)〔挨身〕⑦。

---

① 破：所泐之字，据残存字迹及上下文，当为"破"。宋道原《景德传灯录》卷二十三《前隋州隋城山护国守澄禅师法嗣·隋州龙居山智门寺守钦圆照大师》："僧问：'两镜相对，为什么中间无像？'师曰：'自己亦须隐。'曰：'镜破台亡时如何？'师竖起拳。"宋正受编《嘉泰普灯录》卷二十八《颂古下·大沩佛性泰禅师十二首·野狐》："不落因果何曾堕，不昧因果何曾脱。当堂镜破两头击，扫影灭踪无摸索。无摸索，何倚托？秋风吹梧桐，树叶鸣嘐嘐。"元中峰明本《天目中峰和尚广录》卷十九《东语西话续集上》："旸谷藏果日之光，则观用由来具足。源空波水灭，止亦何依；镜破光影亡，观将安寄？然则镜源本幻，体用元空，能所俱亡止，观亦寂矣。"
② 不：所泐一字，为"不"。
③ 底本阙失第三十三叶。
④ 云门宗：本首诗偈所明，乃云门宗旨，故据是书体例，补"云门宗"三字。
⑤ 由：底本残泐。由残存字迹及上下文义推断，当为"由"。
⑥ 函盖乾坤截众流："函盖乾坤，截断众流，随波逐浪"，乃所谓"云门三句"。宋守坚集《云门匡真禅师广录》卷下《颂云门三句语》："函盖乾坤：乾坤并万象，地狱及天堂；物物皆真现，头头总不伤。截断众流：堆山积岳来，一一尽尘埃；更拟论玄妙，冰消瓦解摧。随波逐浪：辩口利舌间，高低总不亏；还如应病药，诊候在临时。"细辨字迹及语境，本句所明正此三句语。据之，补所泐"函""流"二字。
⑦ 本句所存，仅"烈焰肯""蚊""宁"和"赤"六字。元中峰明本《天目中峰和尚广录》卷十二《信心铭辟义解上》，颂"止动归止，止更弥动"曰："火焰差容蚊蚋泊，剑锋宁许赤身挨。少林堂奥无门限，把手相牵孰肯来。"清性聪撰、寂空等编《明觉聪禅师语录》卷十《小参》："告香小参云：'火焰那容蚊蚋泊，剑锋宁许赤挨身。众中若有擎天手，夺鼓揝旗正令新。'"衡诸上述六字及其他残存字迹，楚山亦化用中峰之偈。据之，补"容""蚋""泊""剑锋""许"和"挨身"八字。

声前▨▨▨▨,句(▨)〔后〕▨▨岂▨▨①。

佛殿山(▨)〔门〕闲斗额,(▨▨▨▨)〔灯笼露柱〕▨(▨▨)〔掀眉〕②。

曹洞宗

▨▨▨▨▨▨重,(▨)〔金〕针玄路(▨)〔暗〕相通③。
正偏妙(▨)〔协〕④▨▨合,体▨▨▨▨融。

---

① 本句仅存四字,暂无法补足所阙。然禅林间多"声前""句后"对举,如宋道原《景德传灯录》卷二十一《前福州长庆院慧棱禅师法嗣·泉州招庆院道匡禅师》:"声前荐得孤负平生,句后投机殊乖道体。"宋惟白《建中靖国续灯录》卷十五《东京法云寺大通禅师》:"声前一路,已涉尘踪。句后千差,复成何事。"据之,"句"后,补"后"字。

② 本句可辨识的字只有"佛殿山""闲斗额"六字。元文康说《穆庵文康禅师语录》宝日等编《次住镇江金山龙游禅寺语录·秉拂》:"佛殿共山门斗额,灯笼对露柱掀眉。"相近之语,则见于宋颐藏主集《古尊宿语录》卷二十七《翠岩禅寺语录》:"为众竭力,盖为袈裟同肩;一处吃饭,莫是人各披一条同锅吃饭么?此是分见。还知道三世诸佛共披一条,所以释迦身长丈六,留下袈裟与弥勒;弥勒身长千尺,披得恰好。何故如此?盖为长者长法身,短者短法身。要得易会么?古佛与露柱相交,佛殿与天王斗额。若也不会,单重交拆。"同书卷四十《云峰悦禅师初住碧岩语录·次住法轮语录》:"上堂。'有情之本依智海以为源,含识之流,总法身而为体。只为情生智隔,想变体殊,达本情亡,知心体合。诸禅德会么?古佛与露柱相交,佛殿与天王斗额。若也不会,单重交拆。'击禅床,下座。"据之,可补"门""灯笼露柱"和"掀眉"七字。

③ 本句前半句,暂无法补足。后半句所泐二字,据残存字迹及上下文义,当为"金""暗"。

④ 协:明道盛说,大成、大奇等编《天界觉浪盛禅师语录》卷一:"居寺上堂。师以如意画〇,云:会么?宝镜三昧,明暗交参。洞上宗风,正偏妙协。如何大通智胜佛,佛法不现前?正以根根尘尘,周遍法界,本是如来。"协,或作"叶""挟"。明弘瀚汇编、弘裕同集《无异元来禅师广录》卷三十五《中兴信州博山能仁禅寺无异大师塔铭并序》:"而师自是佩离文字印,入正遍知海;香幢稍土,涌没毫端;多闻总持,得大无畏;正偏妙挟,圆顿双销。不得知五位之为十玄,六相之非三堕矣。"此偈正咏曹洞宗风,故"正偏妙"之后所阙为"协"。

雪岭玄猿啼夜（☒）〔月〕①，☒☒☒凤舞☒空②。
转身倒跨乌犍去，铁笛横（☒）〔吹〕☒☒☒③。

沩仰宗

举缘即用绝安排，就事呈机不犯猜。
推出枕头锋刃露，吹然死火眼睛开。
横拈倒用忘规则，暗合明投没顺乖。
想相浮沤俱扑碎，智光皎皎镜当台。

法眼宗

三界唯心万法沉，真机觌面不须寻。
白云流水闲胡夕，皓月清风自古今。
夹路夭桃呈（☒☒）〔瑞色〕④，隔林幽鸟（☒）〔吐〕⑤玄音。

---

① 月：元一辩问、觉和尚答《青州百问》："岩松庭桧影萧条，叫月玄猿恨未消。清韵连霄酬谷响，痴心犹自笑鹧鸪。"明德清《紫柏尊者全集》卷二十九《眉山歌》："出不意，备不及，席卷中原无许力。英雄不见空闻名，玄猿月下啼山色。"明葛寅亮《金陵梵刹志》卷一《御制集·诗·御制山居律诗十二首赐灵谷寺左觉义清濬》之五："僧屋云山事事便，蕨薇轻取胜农田。黄精雨长堪僧蓑，紫芋云埋供佛筵。茶灶频煨风聚叶，饭堂勤集道催禅。玄猿夜啸峰头月，清兴忘机傲岁年。"玄猿夜啼，多与月有关。再据残存字迹，本半句所泐为"月"。
② 本半句所泐四字，暂未能补足。
③ 本句所泐四字，唯"铁笛横"后一字，据残存字迹及上下文义可断定为"吹"。
④ 瑞色：所泐二字，据残存字迹及上下文义，当为"瑞色"。
⑤ 吐：底本残泐。隋吉藏《十二门论疏》："和鸾者，即天子之大驾。五露中鸾露，有鸾鸟吐于和音。"唐地婆诃罗译《方广大庄严经》卷八《诣菩提场品》："以是诸功德，当得成佛道。一切诸丛林，低枝礼佛树。有千吉祥瓶，围绕在虚空。众鸟吐和音，翻翔竞随逐。"明圆等编《古宿尊禅师语录》卷六《康石翁北上》："朝天意纵切，犹带故交情。玄旂随风入，缁丛冒暑撄。离歌花鸟吐，别况水云倾。曲尽通宵月，依依未忍行。""幽鸟"与"玄音"之间，所泐以"吐"为宜，故补之。

但于闻见忘分别，钗钏瓶盘(☒☒☒)〔镕一金〕①。

总颂

佛祖钳锤信有传，分明一语具(☒)〔三〕玄②。
☒☒☒☒(☒☒)〔明年〕③杀，就体标宗示正偏。
即物契神心眼活，逢缘即用智机圆。
等闲一一俱拈过，流出胸襟岂偶然。

至理忘言

路途之乐原非实，扰扰长安岂久居。
掌上明珠须击碎，堂前猊座可掀除。
是非双泯照何立，体用俱捐见亦如。
杜宇声干花落尽，枯根无复借吹嘘。

---

① 镕一金：底本残泐。明曾凤仪《楞严经宗通》卷八："于是如来三种教义，印禅宗三种法门；镕瓶盘钗钏为一金，搅酥酪醍醐为一味；振纲领而举者皆顺，据会要而来者同趋。"马元、释真朴重修《重修曹溪通志》卷二《朝宗忍禅师》："把住绳头，结百千万亿为一网；大开炉鞴，镕瓶盘钗钏为一金。"此禅林间常见譬喻，所泐三字或当为"镕一金"。

② 三：底本残泐。"一语具三玄门"，乃临济所说。唐慧然集《镇州临济慧照禅师语录》卷："一句语须具三玄门，一玄门须具三要。有权、有用。"显然，本句所泐为"三"。

③ 本半句前面所泐四字，暂无力补足；后二字，据残存字迹及上下文义，当为"明年"。

石经楚山和尚语录卷之七：杂著法语①

参学门徒　祖裕　集

杂著法语。

无相说

夫一真界内，原无心相之名；圆湛光中，岂有圣凡之号！盖自一微始兆，相质斯彰；一念俄兴，心迹顿现。心迹既现，善恶之境生焉；相质既彰，名言之道立矣。故善恶生而迷悟分，名言立而圣凡著。由是，循名取相，背觉合尘，认影迷头，遂成倒惑。然真心无心，实相无相；无相乃相之宗，无心即心之祖：心相名殊，其体不二，于斯点首则可矣，契心相之本源。设或未然，更为下个注脚。○嚗！个一着子，独出名言，迥超思议。眼睛微动处鹞过，新罗口缝未开时。卓成话堕，不容解会，岂许承当！直饶金色头陀到此，只得敛手攒眉；纵是碧眼胡僧来时，也须忘锋结舌。

---

① 本卷底本的版心，并皆镌刻"杂著"二字。再据卷前小序，定本卷标题为"杂著法语"。

噫！"只为分明极，翻□〔令〕所得迟。"① 无相上人实欲究明此道、圆澄自心无相真体者，别无他术，但请于静室之中，冥心端坐，作观想云：

我今此身，地水火风四大合成。四大性离、原无□□者，乃由父母因缘力故，和合而有，实同幻化，假合而成。此身离却四大因缘，毕竟无身可得。

复观此心，由于六根六尘境缘对待、虚灵妄动，乃发其知，转为意识，集成五阴，于中作主；似有缘相，假名为心。此心离却根尘缘影，了无心相可得。由此意识，妄生分别；计此幻形，而为我相。若了识阴非有、幻相原无，则此妄身与此分别之情，当体空寂；体空寂故，则无我相；我相空故，则无人相，众生、寿者亦复皆空。四相空故，则一切相、一切名、一切见、一切法，一一皆空。然此非神通妙用而使其空，亦非造作泯灭而使其空，乃一切诸法本性空故。知相空故，则色空明暗不碍眼光②，大地山河原无寸土。知名空故，则百非四句不滞口门，兔角龟毛俱成戏论。名相既空，空亦不立。故经云："以有思议入不思议，此不思议亦不可得。"③ 斯言尽之矣。作是观者，名为正观。若他

---

① 令：底本阙失。宋蕴闻编《大慧普觉禅师语录》："山僧未离泉州时，已与诸人相见了也；临安府，亦与诸人相见了也。及乎来到山中，击动法鼓，坐立俨然，眼眼相觑，为甚么却不相识？只为分明极，翻令所得迟。""只为分明极，翻令所得迟"乃禅林习语，在其他禅宗文献中亦多见引用。显然，此处所阙为"令"。
② 色空明暗不碍眼光：元释明本撰《天目中峰和尚广录》卷十三："妄非心明而不绝，心非妄绝而匪明。心明则妄绝而明，妄绝则明心而绝。妄绝故色空明暗不碍眼光，何见之可辩？心明故闻见觉知收归毫末，何心之可征？诚为祖祢不了，殃及后人。更或有疑，请求达者。"
③ 以有思议入不思议，此不思议亦不可得：《大宝积经》卷六十唐实叉难陀译《文殊师利授记会第十五之三》："善思菩萨曰：'若以思议入不思议，此不思议亦不可得，是名说一相法门。'"

观者,名为邪观。内相于此,苟能豁开空眼、洞彻法源,则前所谓无心之心、无相之相,乃至不可名貌、不可思议的个一着子,直下与自己四大根尘缘影、虚妄识想,以至山河大地十方世界内外诸法,觌体混融,同一性空,总是个无相真人面目;觅一毫今古去来、生灭同异自他之相,了不可得。

至哉,心乎!相也。无一理而不统,无一事而不该,无一法而不周,无一尘而不遍。当机不露,遍界难藏。人也,溺于世缘,信念不笃,一曝十寒,作辍不一,则心已外驰,而佛不自我有。苟知世缘深重,信信不已,念念无间,日就月将,则心境明净,而佛自我所得。故曰"操则存,舍则亡"①,心而已矣。且心外无佛,佛外无心。心者,佛之囊廓;佛者,心之发用:未始有二。人之崇尚既纯,心之灵验自著,不假外求而有。盖理非得失,得失在人也。故历代圣贤出世,曲设多门,乃为方便提撕:或著作书集、或吟咏偈颂,乃至正按傍敲种种开导者,岂有他哉!无非激劝人心、发明净业,务俾了达心源、醒悟本性,与从上佛祖同声相应、同气相求,而卓乎世外者耳!

简池驼山有处士张公洪鉴,字宗明、号讷庵者,天资颖敏,脱略不羁。早岁立心,惟善是务。一日,因事于宪狱中,乃与素同志者崇尚念佛法门,日夕精专注想,观心设念,不少休废。乃于净修之暇,则以世谛之辞缀成偈颂,晨昏赞礼,作念不息。然此使其知之不明、信之不笃、守之不固,而拘拘于世缘者,不尔也。及释宁家专以劝道净修为意,因览断云和尚《净土玄要》,

---

① 操则存,舍则亡:宋净善重编《禅林宝训》卷一:"白云曰:'道之隆替,岂常耶!在人弘之耳。'故曰:'操则存,舍则亡。'然非道去人,而人去道也。"

默识其旨；既自为序，发挥其义；复捡名贤所著净修策励之言，及感验事迹，编入于集；又以己撰劝修赞颂，类之成帙：通为一卷，目之曰《净修要览》。

兹欲镂板，以广其传，持卷扣予山房，乞为校正。予展读一过，味其言虽浅近，亦可诱引初机渐入奥地，不为无益也。仍需一言以冠其编端，义不容默，乃谓之曰：

佛者，觉也。觉悟自心，号之曰佛。迷昧自心，名为众生。故云："心、佛及众生，是三无差别。"① 所以念佛者，乃念自心之佛也。离心之外，实无一法可得。

噫！此心至体，离言说相，离文字相，离思惟相；既不可得而名状，又不可得而思议：岂语言偈颂所能及哉！虽然，苟非语言，则不能开示此心之妙。所谓总持无文字、文字显总持，即斯义也。如是，则居士《要览》不容不集焉。昔人曰："知之非艰，行之惟艰。"② 又曰："靡不有初，鲜克有终。"③

居士果能念兹在兹、释兹在兹、名言兹在兹、允出兹在兹，务俾知行两尽、始终一致。俟其真积力久，必有所得。性体以之圆明，心光由之显著，灵验之大，莫是过矣。

故书此以为之序。

---

① "心、佛及众生"云云：东晋佛驮跋陀罗译《大方广佛华严经》卷十《佛升夜魔天宫自在品》："心、佛及众生，是三无差别。"
② 知之非艰，行之惟艰：语出《尚书·说命》。
③ 靡不有初，鲜克有终：语出《诗经·大雅·荡》。

泸阳智通禅人重续宗派

空前一脉,不落正偏;流注古今,未尝断续。黄面瞿昙,无端于灵山会上举手拈花;金色头陀,何事于百万众前破颜微笑?所谓衣穿肘露、丧尽真机者耶!遂使古佛离言之道,无地可藏;教外别传之宗,于是乎立矣。是以西天四七、东土二三,世代相传,授受无已。自曹溪已降,列为两宗:南岳、青原。之后复厘为五:曰云门,曰沩仰,曰曹洞,曰法眼,曰临济。五宗并行,支分派衍。由是旁传、正续之说,遍播寰区;全提、真吼之风,日益盛矣。奈何历世既久,其间不无隆替。至如云门、沩仰、曹洞三宗,皆绝其传焉;法眼一宗,于宋元时流入高丽而已;惟临济一宗,迨今昌而且盛也。

今泸阳开福禅人,讳智通、号无碍者,为先掌教文公之高弟也。曩以师顺世之早故,失遗本支,而依托异宗。一日,慨然谓同门曰:"吾辈既失宗源,派衍别支,则师承有滥。若非宗门巨擘重一续定,则何以规正来学乎?"遂奋志南游,远谒大冈法席,恳乞休牧老翁,详较而续正之。则为临济之散派、文公之嫡裔也,明矣!

予因江南还舟,泊郡城。复怀香持卷,征予一言,重为序之。再辞弗获,乃谓之曰:

派既续矣,宗一定矣,复何患焉?而今而后,俾尔之子子孙孙秩秩绳绳、联芳续焰,则佛祖慧命亘百世而无穷,则公之用心亦为至矣。斯可谓灵树枯而复荣、狮弦断而再续者也。

山夫素不能文，因重上人之请，姑述宗门大概，以示其后昆，使知宗派之传有自矣。设欲究夫教外别传之旨，则当拨过名言点有无契可也。

通禅其尚勉诸！

故为之序。

《布袋和尚图》为同安思恭古道先生赋

夫一真绝待，原无隐显之殊；万行圆融，遂有权实之异。是故弥勒大士不离兜率而常现人间者，以其不思议体圆应无方之妙也，非神通道力所致，乃其法尔如然。是以杖挑明月，袖拂清风；淫坊酒肆而恣意遨游，虎穴魔宫而随机摄化：或露胸跣足街头等个人来，或斜倚布囊屈膝駒駒打睡；以至花衢柳陌向人伸手乞钱，闹市门头勾引群儿作戏。有时放开笑口，残梅枯柳皆春；等闲竖起空拳，碧眼黄头不识。以其一语一默、一动一静，或嗔或喜、或逆或顺、或风或颠，指东话西，横拈倒用，无非圆应之三昧者欤！遂使智眼难窥，神机罔测。今古相传，谓之布袋和尚。人皆爱其风度飘然，行藏洒①落。

故同安思恭古道先生识其意趣久矣，欲传之将来，乃图其所现之相，以为希世之玩。而其种种施为、出没卷舒以至应用无作之妙，非顶颡具眼者于此鲜能无惑焉。

兹乃出卷，命为之题。既不容辞，遂述前语，仍书一偈以

---

① 洒：此处义为潇洒。南朝梁江淹《齐司徒右长史檀超墓铭》："高志洒落，逸气寂寥。"苏辙《武昌九曲亭记》："及其既厌，未有不洒然自笑者。"

贻之：

　　举世谁人不丈夫，谩将颠倒恣涂糊。
　　不依本分居兜率，刚要投身入市都。
　　柳陌花衢从啸傲，淫坊酒肆惯跏趺。
　　扭回鼻孔拦腮揞，记得当来事也无。

三睡图

扫帚渣筒，蓬头赤脚。
聚首挨肩，靠虎而卧。
仙亦不修，禅亦不坐。
一味（噇）[瞳]眠，恁么懒堕。
咄！
就中些子太譸讹，待睡醒来重按过。

《宗门要览》卷端小影

口诵佛书，心存仁义。
修己齐家，隐而不仕。
闲占偈颂集成篇，至竟未尝谈一字。
劝诱人心向佛乘，发明净土真三昧。
辞锋辩，泻悬河，故号讷庵居士。
嘻！
火中种出钵昙花，香风馣馤充天地。

跋《灵山一会》图

未离兜率,脚跟下已吃痛棒;复入鹿苑,黄面上愈带风尘。犹不惜眉毛,四十九年三百余会,教分群品,禅列单传;人天众前撒土抛沙,狼藉不少;一棚傀儡,坐立俨然。后来不识好恶者,图作《灵山一会》,俾尽大地人瞻礼供养。若果向释迦老子未出世开口已前见彻,则鹫峰嘉会自昔迄今俨然未散。设或未然,切忌按图索骏。

咄!

跋古渝畾长老书《金刚经》

须菩提不依本分,无端从平地上起骨堆;黄面老未解划除,却乃向虚空中剜窟垄。致使烂葛藤遍地牵枝,陈骨董辽天索价。漏逗不少,为害尤多。

当时会间若有个汉出来,向解空老未发问已前,掀倒法座、喝散大众,犹较些子。如此,非但庆快一时,亦免遗臭千古。惜无怎么人出头,老瞿昙未免指鹿为马、压良为贱,自昔迨今,赚他多少人向这是非窠里打失眼睛!诚谓祖祢不了,殃及儿孙。

古渝畾长老路见不平,要与诸人雪屈;不解以箕帚屏除,却假笔端重为揭露。

咄!不识好恶,愈加狼藉。览者切忌向这纸墨堆中着倒。

跋蚕骨老人墨迹

江道禅人依栖大冈有年。一日，于寮友处忽得东普蚕骨老师亲书"月溪"二字，如获至宝，不胜踊跃。欲帧之以为供养，命予一言为跋。

噫！斯亦重道之心也。

夫此字者，乃蚕骨老人之心画，慈善禅师之道韵。二师皆当代宗门之师表、佛祖命脉之正传，海内闻风者，无不倾心信向，欲瞻之而不能。今上人获师名迹，岂偶然哉！盖此字者，一点一画，咸自蚕骨老人海印光中发现。睹此字者，见此名者，即见二师之心；见二师之心，即见佛祖之心；见佛祖之心，即见自己之心；见自己之心，乃至恒沙法界众生之心，以及山河大地万象森罗，则与此名此字平等混融，亘古穷今，尽未来际而无间矣。

因重上人之请，故不辞而书此以示之。复垂偈云：

道林墨迹诚难得，慈善嘉名实所奇。
更有一般堪重处，百千年后放光时。

东普无际师祖遗像赞

堂堂我师，荷持重任。
横按玉楣，单提正令。
巍巍兮坐镇祖庭，凛凛兮佛亦难近。
不施一喝，起临济之正宗；

不措一辞，续繁昌之慧命，
遂使祖灯不熄而长明，玄风几坠而再振。
类凡非凡，亚圣非圣。
面目绝疏，亲见之休错认。
声光飞播九重天，从教四海人瞻觐。

皓藏主写无际师翁真

皓首苍颜，河目海口。
正坐曲录木床，横拈象牙拂帚。
块然似讷如痴，触着神锋电走。
我尝入室将其须，几度亲遭伊毒手。
咦！
至今望影骨毛寒，敬述提辞为稽首。

印宝文写无际师翁真

这个尊宿，雄雄气象。
拈一枝拂，古今绝唱，
遂使缁素宗仰，天人归向。
咦！
欲识渠依旧面容，八字眉毛横眼上。

西禅雪峰和尚真

头盈白雪,面凛秋霜。
机无壅滞,语绝曩藏。
续普州之慧命,为禅门宗匠;
起临济之颓波,寔丛林纪纲。
照世灯十方吐焰,优钵花遍界吹香。
然孰不曰"雪峰老人乃破魔云之赫日,越苦海之慈航者"耶!
咄!

松潘中国师写师水月光中小影

这汉为人,佛亦不肯。
水月光中,半露半隐。
谁将五彩着虚空,幻出渠侬身外影。
山僧真实面目,千圣莫能增损。
独许一天国师,见得半边鼻准。
咄!

祖堂东升首座写师真

这个川僧,全无规则。

用乌豆法,擒白拈贼。
坐镇宗门,不容魔说。
任是佛来,也须结舌。
咄!
如今图出个形踪,到处溪山藏不得。

金陵潭宝渊写师真

这僧担板不容人,煅炼还他手眼亲。
高据猊床提正令,横拈尘尾验来宾。
灯传无际室中焰,花吐灵梢劫外春。
欲识幻翁真面目,青山雨过画图新。

印宝文写师真

咄哉!此老识甚好恶!
龟背捋毛,兔头栽角。
狂歌笑舞,当作神通;
坦率无拘,以为解脱。
有时挥麈据猊床,讷子望风而退缩。
谈玄说妙兮,舌底风生;
打凤罗龙兮,机前眼活。
无文铁印向空抛,毕竟有谁堪付话。
独许西禅不肖儿,一笑点头能领略错。

月当天际影团团,珠走盘中光烁烁。

内相范证岩真

堂堂内相,表表衣冠。
襟度宏阔,气象凛然。
退坐静室,默思齐贤。
长者之风,厥德可观。
秉心公正,立志贞坚。
三侍贤主,七越其年。
早以奇才,动乎仁庙。
晚以清素,乐乎性天。
忠节之名,闻于魏关。
仁恕之声,播于蜀川。
才难不期然乎,俯仰真无愧焉。

锦城郑觉海请玉溪处士写师真

本来面目非形状,应物从缘示幻踪。
觉海光中瞠笑眼,玉溪笔底现慈容。
悟真无体真非相,了相非身相即空。
识得相空空实相,桃花能白李能①红。

---

① 能:怎,这么。

凤鸣禅人亮晓东写师真

咄哉此老,有甚奇特!
荡除佛祖,扫空魔孽。
终朝说妙,谈玄至竟,不曾动舌。
有时一喝如雷,惊得崖崩石裂。
呵呵!
吹毛横按据猊床,凛凛清风振寥沈。

北平海长老写师真

面目凛冰霜,胸襟吞海岳。
闲若岭头云,清类松梢鹤。
去留无定迹难拘,堪笑浮生同旅泊。
阿呵呵!
万象之中独露身,丹青妙手从描摸。

金台崇国上士澄古源写师真

这个阿师有甚长处?徒窃虚名无本可据。
有时闲撚龟毛,将须弥拽走如飞。
有时笑掷金锤,把虚空击为粉碎。
投身虎穴魔宫,不拣茶坊酒肆。

从头一一掀开，普示尘尘三昧。

咄！

等闲兀兀坐绳床，佛来祖来俱倒退。

韶古音写师真

渠侬面目，原非相状。

独出言思，迥超限量。

蓦从孙子毫头，幻出个般模样。

若道是吾真，金屑翳于眼中；

若道非吾真，神彩浮于面上。

忽遇无言童子，唤作楚山和尚。

手挥玉麈据猊床，任是佛魔难近傍。

与么担板颟顸，怎做禅门宗匠？

无端窃得虚名，遂使王侯供（俸）〔奉〕①。

顶门正眼笔难描，独许古音堪觑向。

咄！

毁赞莫☒②加，口开俱是谤。

省察庵求赞

独坐匡床，横拈麈柄。

---

① 奉：底本作"俸"。揆诸语境，乃"奉"之误。
② 底本残泐，暂无力辨识。

生铁面皮，冰霜素行。
非是无情，全提正令。
佛来祖来，不容亲近。
惟许察庵，时中瞻觐。

闲白云求赞

幻寓七十翁，潦倒浑无用。
终日据绳床，单提惟独弄。
遁迹在山林，清风四方动。
白云慰我心，瞻礼能持奉。

裕豁堂请赞

侍立冷云中，未尝离左右。
饱我毒钳锤，东成复西就。
写此枯朽姿，瞻之甚鄙陋。
拜礼求赞辞，意在于遗臭。

简池慧庵居士方福聪真

道是慧庵，早成差误。
道非慧庵，又难遮护。
当机掇转太虚，看万象光中全体露；

然乃居士寓身天地，未尝羁于世务。
一生乐善安仁，犹喜寿而且富。
居上泰而无骄，御下威而不怒。
亭亭兮玉树丰标，凛凛兮冰壶襟度。
抡珠静坐默无言，从教海底旋乌兔。
咄！
挂向高堂，以时思慕。

月庵居士妙明真

这个居士，女中贞烈。
早适方门，克全妇德。
俭以治家，丰以待客。
奉尊有礼，抚卑有则。
俯仰应酬，从容不迫。
子孙蕃茂兮，芳兰郁郁。
贤名昭著兮，声华烨烨。
诚可谓节义双美，福寿两得者矣。
虽然此犹是居士，随顺世缘日用寻常之事。
且道无相真人面目，如何点染譻？
香风吹绽火坑莲，夜神捧出波心月。

谢德明居士夫妇真

冰檗家声远近扬，过庭严训有其方。
儿孙难以忘遗荫，故写形仪揭画堂。

仪范闺门淑德清，乡间老稚颂贤名。
画堂高展慈容处，应使云仍发远情。

雪庵妙清真

唆尔雪庵！丰神清丽。
现女流身，负丈夫志。
从来一父一母，一娣一弟。
义乎不舍分离，因以择其良配。
克恭克敬兮，全乎妇道。
以俭以勤兮，竭其内治。
事无巨细兮，得失由乎区处。
寿逾七十余龄兮，节行未尝改易。
日休田野乐桑榆，课持佛号为归计。
然此居士，平昔为人，所操长处。
未审父母未生以前面目，如何加赞誉？
岭梅含笑雪中开，清香袭透辽天鼻。

慧山洪能居士真

富矣☒☒①,蔼然风度。
毫相光中,全身显露。
不出尘而无染,不绝腥而长素。
披残七轴灵文,坐断三心玄路。
身远阛阓兮笑乐林泉,眼空沤幻兮神栖净土。
信知日用神通,不离嗔诃喜怒,
闲来抚子弄孙,健则携筇纵步。
虽然只如即今,写出这个形容,
未审与慧山居士相状,是同是异?
同异异同,置之勿论,
且道不落有无面目,如何举笔覃?
雨过云山展画图,风生莲沼(☒)〔绕〕② 香雾。

讷庵宗明居士真

伟哉居士,人中之杰。
诗礼传家,净修是业。

---

① 底本残泐两字,暂无法辨识补足。
② 绕:底本残泐。据现存字迹及语境判断,或当为"绕"。明林弘衍编次《雪峰义存禅师语录》卷二《次韵二十四景诗·文殊台》:"六出峰头翠作堆,文殊台恍近华台。维摩示疾床中卧,龙女呈珠海上来。狮座氤氲香雾绕,象峰皎洁景星回。时人会得清凉意,大地春归花自开。"

其智兮若思，其辩兮若讷。
心存仁孝兮，克绍先人遗风。
志操德义兮，堪为后贤规则。
犹喜笔头有眼，语中无舌。
特地将古今净修玄门，当面辟开；
无端把佛祖向上宗乘，全机漏泄。
诚可谓即俗而真，即默而说者矣。
然此但居士游戏众生界中，方便垂手三昧。
且道即相无相一句作么吐露聻？
烈火光中一片冰，婴儿脑后千茎雪。

镜庵妙心真

居士自心，本来圆妙；
如镜当台，虚明洞耀。
灵然不昧兮，视听无遗；
寂尔常明兮，妍丑随照。
虽男女赋禀殊形，而知觉运用同道。
处富贵兮，淡而无嗜；
侍公姑兮，恭而无傲。
鸾胶重续断弦琴，从教彩凤鸣丹峤。
无端为起，观音大士走入市廛，撞着寒山；
童子抚掌，呵呵一笑。
且道他毕竟笑个什么聻？
普陀岩畔白花开，杨柳枝头春浩浩。

石经楚山和尚语录卷之八：山居诗偈[①]

参学门徒　祖闲　编

酬赠山居诗偈，七言八句。

进谢蜀和王殿下

召见彤庭沐宠光，衲衣何幸近天香。
琪花瑶草殊凡境，玉殿琼楼越净方。
藩屏圣明齐日月，赞扬佛化固金汤。
深惭林下无由报，愿祝尧年一瓣香。

进贺蜀王封袭

九重锡爵圣恩隆，忠孝为心世世宗。
派衍银潢连帝胄，藩开天府壮王封。
金门香霭飘金鸭，玉册光辉捧玉龙。
林下偷安无以报，千秋愿祝并乔松。

[①] 山居诗偈：底本无。本卷版心和卷前小序，皆有此四字，故据以补本卷卷题。

进辞蕲阳荆王殿下

来去从缘适所宜,金门未可久栖迟。
闲身只合投青嶂,病体那堪着紫衣。
谩有虚名传祖道,惭无实德补明时。
贤王圣量同天阔,好放孤云自在飞。

奉和江夏王见赐二首

赐来睿翰笔如椽,句法通神趣入玄。
但了即心（囧）〔元〕① 是佛,底须离性别求仙。
襟怀莹若当台镜,丰骨清同出水莲。
几度定回依槛立,碧天云净月孤圆。

处世无心到处山,玉堂仙岛称高（聞）〔闲〕②。
研穷教海言前旨,洞澈玄门肘后关。
虎啸风生丹砌下,龙吟云起净瓶间。
有时笑倚琼楼上,铁笛横吹警世顽。

---

① 元：底本残泐,只剩"兀"形。衡诸语境,当作"元"。宋道原《景德传灯录》卷四《韶州法海禅师》："法海信受,以偈赞曰：'即心元是佛,不悟而自屈。我知定慧因,双修离诸物。'"宋悟明集《联灯会要》卷三《韶州法海禅师》等,并同。按,敦煌本《坛经》,无此记载。

② 闲：底本作"聞"。衡诸语境,乃"闲"之形讹,故改。

寄蕲阳月江道人

恩惠频沾未及酬,偶思归隐卧林丘。
蕲江风劲舟行速,巫峡滩高锡暂留。
迹遁九峰心眷眷,梦飞千里思悠悠。
几回独坐盘陀石,默对青山自点头。

奉和锦川物外道人寻乐斋十诗

兀坐幽斋世虑空,每将颜乐静研穷。
寻思极处忘言路,物我如时绝见踪。
城市山林心匪隔,琼宫陋巷道☐①

阙名诗②

☐辞无谬绝阿谀③。
别来久矣思清范,敬写伽陀问起居。

寄内贵陈了道

楚楚金门卓荦材,昨来一见笑颜开。

---

① 按,此下阙第三、四叶共两叶。
② 因底本阙失两叶,不知本诗题名。
③ 谀:底本作"諛"。

博通经史珠藏椟，鉴察精粗镜在台。
辅赞王庭①资治化，研穷教海振宗雷。
政闲隐几证神处，好拔昙花火里栽。

答中贵临邛子

思均久不获相亲，梦绕蓬莱志未伸。
霁月光中青眼客，白云堆里冷心人。
傍崖枯木嗟无用，济世奇才羡卓伦。
莫谓山林城市隔，见闻处处总②同真。

答王骥御史

绣衣玉斧出京寰，凛凛霜威孰敢攀。
佳句每因方外写，忠心偏向日边还。
襟怀净洁同秋水，德行巍峨并泰山。
何日高车过林壑，笑陪清论白云间。

胸蟠锦绣豸冠巍，纠核陈言立谏规。
翰苑文章垂后世，乌台名誉重当时。
大颠曾友昌黎伯，孟颊尝亲普应师。
骢马不辞山路险，茅庐一顾见相知。

---

① "王庭"之前，底本空一个字的距离，以示恭敬。
② 总：底本作"摠"，"摠"之形误。

答黄侍御

暂将幽迹寄云林,久抱经纶济世心。
琴操漪兰声戛玉,诗吟白雪句敲金。
性天浩浩含容阔,学海滔滔底蕴深。
伫待璃林开宴日,宫花和露满头簪。

答徐友山公子淹

欲话三生旧葛藤,好支黎杖过岩层。
眼空湖海奇高士,身卧云山笑拙僧。
喜有长材扶世教,惭无实德☒①传灯。
友山如歇功名念,来共栽莲玩石经。

截断从前绊脚藤,一庵着在翠微层。
不为钓月耕云叟,甘作衣荷食芋僧。
肯把梦身游梦境,独留孤影对孤灯。
亮公自入西山后,谁识虚空解讲经?

答锦溪邓宗明秀才

昨辱高车顾草亭,匆匆不尽笑谈情。

---

① 底本残泐一字,暂无法辨识。

红尘未许缁衣入,苍径何妨白足行。
紫芋石床眠懒瓒,黄花金盏醉渊明。
几时重过云深处,共坐松窗听雨声。

答桐城周世禛儒士

冠世才华迈昔贤,相逢一笑契三玄。
清谈亹亹①同飞雪,诗思滔滔若涌泉。
花鸟有情陈客语,岭云无意伴僧禅。
昨来话到忘言处,儒释何尝有二天。

庞公当日访丹霞,不惮云林鸟道赊②。
自信火中嘶木马,谁云井底舞沉蛇。
闲从野圃移新菊,懒向空阶扫落花。
林下幸逢青眼客,笑谈不觉夕阳斜。

圣贤事业岂徒劳,浃洽心胸气自豪。
渤海千寻休畏险,泰山万仞莫辞高。
不因虎榜魁麟角,肯信龙池落凤毛。

---

① 亹亹:委婉动听。南朝梁锺嵘《诗品》卷一:"词彩葱蒨,音韵铿锵,使人味之,亹亹不倦。"宋孙光宪《北梦琐言》卷五:"东海文雅高谈,听之亹亹。"宋汪元量《莺啼序·重过金陵》诗:"慨商女不知兴废,隔江犹唱庭花,余音亹亹。"
② 赊:远。南朝梁沈约《冠子祝文》:"行之则至,无谓道赊。"唐王勃《始平晚息》诗:"观阙长安近,江山蜀道赊。"明居顶辑《续传灯录》卷十一《承天简禅师法嗣·婺州智者山利元禅师》:"将心问佛如天远,以佛求心道转赊。若遇云门行正令,须教棒下识龙蛇。"

好展长竿投巨壑,毋临坎井①放鱼笱。

答桐溪陈孟辉居士

道眼精明学有师,溪山影里掩柴扉。
但教一念空情界,须信浑身在宝池。
定起倚阑观菊处,闲来俯槛听泉时。
头头尽契天真妙,不用从人觅指归。

庞公当日访常师,几向云边扣竹扉。
梅熟枝头金满树,荷开水面绿盈池。
当机展手征脏处,开口倾心纳款时。
带核和香俱啴碎,转身倒跨铁牛归。

面门捩转扣心师,浩浩尘中独掩扉。
定水澄清珠到手,迷云消散月临池。
转凡入圣非他日,点铁成金在此时。
向上一关能拶透,祖庭堂奥许同归。

---

① 坎:底本作"埳","埳(坎)"之形讹。《后汉书·杜笃传》:"彼坎井之潢污,固不容夫吞舟。"李贤注:"坎井喻小也。"明通明撰、毛晋编《牧云和尚懒斋别集》卷四《与黄介子居士》:"自癸未一造丈室,羸疾频年,未遑再步君山,一放情志。天风海涛,能不哂坎井中坐耶?"

答简池大尹张集之

黄阁中书学士家,简池今喜绩声嘉。
一轮秋月半江水,百里春风满县花。
刑政宽平民乐化,襟期洒落士争夸。
天边只恐征书至,无复清谈共煮茶。

答吉安同府宗吉张公

几年京国走红尘,荣拜黄堂乐自真。
莅政清名传播久,写怀佳句寄来新。
人间有水皆涵月,天上无星不拱辰。
好竭丹心报明主,庙廊还见展经纶。

敷政优优信不疑,但将仁泽为民施。
立身昭代尤当重,别驾公堂莫厌疲。
卧听钟声催晓月,坐残更漏待晨曦。
能持久远冰霜掺,宁让先贤美四知。

不患无官患没为,有为伊召亦如之。
经纶才大非他日,冰蘖名成在此时。
死火难将枯草爇,甘霖宜把槁苗滋。
待看眼阕朝天去,环佩珊珊列凤池。

洞彻心源理见明，是非名相自无争。
元知纤芥藏空体，肯信浮云点太清。
声响未尝入两耳，色尘浑不碍双睛。
即身是幻真为幻，了幻无身孰死生。

不睹丰神又半年，参商各处一方天。
青空湛湛悬秋月，碧树依依锁暮烟。
出岫闲云忘去住，截流香象绝拘牵。
郢歌白雪非凡调，辊芥真机（荜）〔笔〕① 底传。

自古山居许作家，食余松子饭胡麻②。
岩前虎啸风初起，钵内龙归日已斜。
云去启窗闲玩竹，客来汲水旋烹茶。
休云对景无言说，庭树萧萧噪晚鸦。

山中随分度年华，衲补秋荷不种麻。
教外无文开口错，机前有路拟心差。
明珠吐蚌光难掩，宝镜当台象莫遮。
忆昔子韶曾话堕，青天月下一声蛙。

---

① 笔：底本作"荜"。荜，藜。藜科。一年生草本植物。嫩叶可食。此处之"荜"，与语境不契，显为"笔"之形讹，故改。
② 胡麻：芝麻。

见（谢）〔懈〕惰忘①理路穷，谩将名相较殊同。
迥无一法能超幻，未有纤尘不合空。
了了是心元是佛，明明非外亦非中。
休言此道沉虚寂，堪与资濂展化风。

久住天成鹿野园，四时花木绕幽轩。
诗吟十首频赓韵，法演三乘不滞言。
风撼碧松惊睡鹤，月明青嶂啸狂猿。
寄言翰苑高才士，探海应须到海源。

政事文章孰与俦，公余尤好乐清修。
眼空有相灵台净，梦断无生世念休。
芍药省中随所寓，莲花社里不妨游。
了知凡圣无殊辙，儒释机忘一笑投。

寄李廷用翠屏读《易》

暂向云林淹骥足，牺经奥旨静研详。

---

① 懈：底本作"谢"。揆诸语境，当为"懈"。 懈惰忘：修行时当克服祛除的状态。北凉《大方广十轮经》卷二《发问本业断结品三》："若有众生不持戒者，少于精进，懈怠懒惰，忘失正念，无慈愍心，亦无返复，不畏后世，在欲淤泥。如是，灌顶刹利大王随其事相，谪罚安慰：或以教令谪罚，或以系闭谪罚，或以财物谪罚，或复有夺种种产业，或有罚其鞭杖，或有截其支节，或有斩其身首。有如是等无量教授，是名灌顶刹利大王第三轮也。能令增益己之国土，降伏一切诸恶外敌，守护身命，令得长寿。"宋法海译《寂调音所问经》："如是，文殊师利！菩萨宁悭嫉破戒，恶名懒惰，忘念无慧，终不希求声闻辟支佛地。所以者何？以可畏故。"

二仪未判无爻象,一画才形有短长。
万物荣枯知造化,五行错综识阴阳。
伫看渤海鲸鲲化,一举飞扬达帝乡。

寄大慈天宇宗师

端据西川选佛场,纲宗手段迈诸方。
拨开瓦砾现兜率,剪去荒芜竖法堂。
顽石阶前惊点首,青莲钵底复吹香。
高风远继金禅伯,宜与宗门作栋梁。

寄节翁全长老

忆昔☐州话别时,此心独许节翁知。
鹤移巢去松无伴,云入山来石有依。
身世百年同作梦,乡关两地各相思。
因怀雪老☐登事,几度披蓁目断碑。

答南山居士刘白夫

寓形天地泊西东,均在皇明化毓中。
理绝是非忘彼此,教分名相竞殊同。
隐居不仕全高节,转位行权振化风。
静里豁开空世眼,先天非始后非终。

先天非始后非终，吹尽寒风又（暖）〔煗〕① 风。
万象有形从色色，一真无体自空空。
银山铁壁非难透，金锁玄关未易通。
弹指声中能证入，大千刹境一微中。

大千刹境一微中，旷劫尘劳获启蒙。
生死翳空金绝矿，涅槃云散月当空。
鼠肝虫臂遮那体，马腹驴胎报化宫。
十字街头睁笑眼，舒开白手展家风。

舒开白手展家风，谁识渠侬那一通。
终日凝然虽在世，长年寂尔不沉空。
浮根窍穴形居外，妄宰灵知蕴在中。
当体廓然无所住，分明两耳恰如聋。

分明两耳恰如聋，闻所闻空性自融。
择火拈香全手眼，敲钟击鼓启圆通。
雨晴天际龙归钵，月上松梢鹤出笼。
回首雪山闲纵目，白牛放去杳无踪。

白牛放去杳无踪，独许南山展笑容。

---

① 煗：底本作"暖"。《说文·目部》："暖，大目也。从目，爰声。"义不契。揆诸语境，实为"煗"之形讹。

见彻精微神契妙，悟超偏正句符宗。
襟怀湛若冰壶月，标致清同雪涧松。
一见和南（乂）〔叉〕① 手处，应知芥子落针锋。

应知芥子落针锋，休话三秋与一冬。
童子历穷华藏海，德云不在妙高峰。
目前自信无余法，教外谁言有☐☐☐②。

勉训侍者入学

览遍禅林入翰林，个中风味好参寻。
豁开古佛超宗眼，穷彻先儒济世心。
琢尽玞玞方是玉，混融沙石未为金。
贤徒此去宜加勉，切莫因循丧寸阴。

勉方山贵长老住持

丈室经营喜落成，灵符到手令当行。
剥开三要无文印，拈过诸方热碗鸣。
怒喝声飞崖石裂，金锤影动象龙惊。
好持久远冰霜操，莫负山翁付托情。

---

① 叉：底本作"乂"，形讹。据上下文义，改为"叉"。
② "教外谁言有"以下，底本阙失第十一、十二叶共两叶。

贻性爱禅人

志节超伦骨格奇,裂开爱网脱尘羁。
冲霄须是鸣岐凤,出窟还他踞地狮。
心体好从空劫证,脚跟莫被世情移。
子能更进竿头步,折取昙花第一枝。

示明玄子　　能诗书

羡子毫端妙入神,寄来白雪句尤新。
言中有眼符心印,笔底无私露本真。
写出劫前陈面目,扫除今日幻根尘。
拨开义路言思外,须信壶中别有春。

示行脚僧文赟

亲自日边飞锡下,由吴适楚到西川。
迢迢宕路皆相似,处处家风总亦然。
眼底未空生死翳,脚根徒费草鞋钱。
何如放下穷包杖,林下随时学打眠。

赠风水僧慧满

岂是山夫好辩争，都缘智眼要分明。
屋当平坦居方稳，山到嵯峨势自倾。
天下死生皆有命，人间风水本无情。
了知自己安身处，地裂天崩总不惊。

示无为居士宗一

日月何曾属有为，头头显示不须疑。
拈香择火全真智，送客迎宾总活机。
深夜拥衾闻角处，(晴)〔晴〕霄对月听蛙时。
苟能于此开心眼，始信浑身在宝池。

翼善住山瑄玉峰掩关

高卧东山最上层，孤风不让昔时人。
身(尢)〔无〕遁处名(尢)〔无〕①著，心愈休时道愈亲。
松(斡)〔干〕②冷存闲里节，梅花香吐静中春。

---

① 无：底本作"尢"，"无"之形讹。
② 干：底本作"斡"，"斡（干）"之形讹。说见《类篇》。

一朝养就金毛力，出窟跑哮①自逸群。

与潜山肖玄士

浮世光阴若水流，霜华不觉上人头。
还丹好向无中炼，优钵须从火里求。
性海风恬情浪息，灵台月皎识云收。
豁开混沌先天眼，笑看黄花傲晚秋。

端阳日示恕虚中

道由心悟学由师，不患无名患没为。
古镜揩明还扑碎，新诗吟就再敲推。
毫端亦任嘲风月，脚底休教错路岐。
此日纷纷人竞渡，是谁夺得锦标归。

示陵阳祖空禅人

杖挑烈日上方山，扣我西来向上关。
碧眼胡儿心胆赤，黑花猫子面门斑。

---

① 跑哮：即"咆哮"。宋义青颂古、元从论评唱《林泉老人评唱投子青和尚颂古空谷集》卷一《第十六则灵云桃花》："且要诸人稍知下落，休待金乌西坠，木马跑哮，声逾汉秦，徒劳辨听。"明智闇等说、成峦传善录《雪关禅师语录》卷六："猛势跑哮跳过墙，大虫岂为小虫伤。输他白额翻身转，独坐雄峰作吼王。"

危桥雨过苍苔滑,古鼎烟消玉尘闲。
此去陵阳归旧隐,休将此话对人谈。

示理庵证首座

魔风炽盛法浇漓,托在吾侪力振之。
愧我年饶行未及,喜伊才茂志当为。
琢磨蓄养坚乎操,用舍行藏适所宜。
他日宗门提正令,莫教容易丧真机。

示戒香礼长老

至道从来匪即离,有为端不异无为。
见闻一一皆符妙,应用头头总①合规。
斩却狸奴须自荐,唤回野鹜要亲知。
夹山一见华亭后,鼻孔辽天始绝疑。

与琏首座

究道先须下死工,休沉寂灭目朦胧。
祖关夫透情难遣,智眼才明理自融。

---

① 总:底本作"摠","摠"之形讹。

豆爆冷灰腾瑞焰，花开铁树散香风。
孤光触目皆成现，始信修行不落空。

示贵宝岩掩关

道业孜孜是所图，顶门具眼莫糢糊①。
混融景致原非有，击碎虚空未是无。
个里欲圆精彻见，关中重下死工夫。
果能彻证圆常体，始可为人作范模。

与福州果无证

一从隐驾白牛车，直造空王古佛家。
无影树头圆道果，不萌枝上灿心花。
黄梅镜破悟无得，雪岭星明见不差。
能证既空无所证，于斯证者许玄沙。

贻江右安禅人

不惮崎岖蜀道危，冷云深处扣柴扉。
怀香入室呈心见，出纸临岐觅指归。

---

① 糢糊：即"模糊"。苏轼《凤翔八观·石鼓》："古器纵横犹识鼎，众星错落仅名斗。模糊半已似瘢胝，诘曲犹能辨跟肘。"明陈铎《仙吕入双调黑火麻序》："点检梅花，见南枝春信，漏泄今宵，雪模糊，可堪半厌寒梢。"

日照红榴花喷火,风吹绿柳絮沾泥。
西来祖意明标露,底用喃喃播口皮。

勉意海珠关中习书

关中休道日如年,转首三年在目前。
旷劫何曾殊一刻,大千原不隔毫颠。
光风霁月归襟抱,铁画银钩落锦笺。
百尺竿头能更进,金毛出窟爪牙全。

勉节俭堂

今岁如斯空过了,明年又是怎么闲。
未来光景难期约,已去青春不再还。
眼底但随人事攘,耳边安觉鬓毛斑。
为僧未契单传旨,空手徒劳到宝山。

勉意海珠

老夫密意子亲传,操守工夫更着鞭。
眼底拔除蒙见(剌)〔刺〕①,胸中吐去沃心涎。
光阴已觉半生过,年齿今当四十迁。

---

① 刺:底本误作"剌"。据语境改。

生铁脊梁能竖起，孤风应不让先贤。

端阳示众

人间此日端阳节，林下随时遣岁华。
瓦钵高堆山箬粽，磁瓯香泛石蒲茶。
门悬虎艾机何密？炉爇龙涎味更赊。
欲识标宗亲切句，庭前风撼石榴花。

中秋玩月

今宵乘兴坐庭除，遥看冰轮出海隅。
兔玩清光身孕子，蚌吞凉露腹生珠。
西天此土明非别，万水千汀影不殊。
忆昔马师提唱处，几人言外定锱铢。

丹崖述怀

投老丹崖养病躯，身心免受世情拘。
翱翔野鹤从来去，自在闲云任卷舒。
茅草屋低堪寓榻，石头路滑不容车。
年来自得山林趣，随分生涯乐淡如。

答棠城印宝文结庐师塔

别去棠城一载过,塔庐栖隐事如何。
潜踪默养狮藏窟,苦志研穷象渡河。
午睡熏风生枕箪,夜禅凉月照松萝。
好乘千日闲中兴,再把灵台细莹磨。

奉萱堂为夷陵常千兵赋

每忆劬劳德莫忘,奉萱题扁①揭华堂。
心存孝悌承慈训,志述簪缨守义方。
袖隐霜柑奇陆绩,扇挥绣枕羡黄香。
今时喜见贤侯事,积善惟祈(毋)〔母〕② 寿康。

晚翠轩为武昌王逸士赋

松竹萧萧隐士家,小窗虚敞寂无哗。
绿阴座上搏苍雾,翠色阶前拥碧霞。
吟对霜前三径菊,梦回月下一声蛙。
幽人自拟掺寒节,谁识胸中富五车。

---

① 扁:同"匾"。杨万里《真州重建壮观亭记》:"米元章尝官发运司,迨暇则裴回其上,为之赋,且大书其扁。"元张宪《题竹雪斋》诗:"入门见扁已不凡,推窗纵观清可掬。"《西游记》第九十三回:"悬扁上,留题着'上古遗迹'。"
② 母:底本作"毋"。衡诸语境,当为"母"之形讹。

题桐城孔彦昭杏林春意轩

知均久抱活人心,乐室应当扁杏林。
花吐春风红萼嫩,叶藏晓露绿阴深。
芳声端可意千古,佳实酒能易万金。
树德传家犹此术,珍藏后▨▨规箴。

书三池刘氏筠溪书屋卷

书屋深藏溪上竹,虚窗时引水风清。
苍龙角向阶前露,彩凤音从月下鸣。
环佩韵含冰雪韵,语咿声挟海涛声。
平生久抱凌云节,最爱刘君有此情。

书平泉李廷用乐志轩

构得轩居景倍常,幽然浑与世相忘。
养亲有志陈三釜,修己无私净六窗①。
映雪苦披黄卷蠹②,临风闲嗅紫兰香。
知君久抱澄清志,奇策终当献圣王③。

---

① 六窗:即六根。
② 蠹:《周礼·秋官·翦氏》:"掌除蠹物。"郑玄注:"蠹物穿食人器物者,虫鱼亦是也。"贾公彦疏:"除蠹物穿食余器物,至于蠹鱼,惟见书内有白鱼及白蠹食书。"
③ "圣王"之前,底本空一个字的距离,以示敬意。

江湖游览卷

纵游览景道为谋,丰剑①腾光射斗牛。
抹过龙门探禹穴,掀开鲸浪访瀛洲。
紫云浮瑞三山晓,红蓼吹香六合秋。
拨转扁舟回首处,五湖风月入吟眸。

天柱皖公山

天柱江淮第一峰,皖仙曾此寓高踪。
奇峦削玉撑空碧,叠嶂浮霞映日红。
听法石边花雨落,炼丹台畔瑞烟浓。
三生有约来居此,坐据匡床振祖风。

---

① 丰剑:即"丰城剑"。因产于豫章丰城(汉在富水上游置县,因水而名富城县。晋太康元年移治丰水西,更名丰城县)而得名。吴灭晋兴之际,雷焕称丰城"宝剑之精,上彻于天耳",故"斗牛之间颇有异气"。事见《晋书·张华传》。后遂以"丰城剑"代指俊才,或贤才有待发现。宋叶适《送孙伟夫》诗:"远寻丰城剑,虚负历山月。发嫌梅柳催,到恨桃杏歇。"宋师明集《续古尊宿语要》卷二《雪窦禅师语》:"清峻孤根别有灵,势含山水自分明。提来胜得丰城剑,报尽人间两不平。"元柳贯《送董侍御由江右赴南台》诗:"荧光下合丰城剑,紫气中悬执法星。"也省作"丰剑"。杜甫《重送刘十弟判官》诗:"年事推兄忝,人才觉弟优。经过辨丰剑,意气逐吴钩。"

石屋寺　昔裴仙炼丹之所

嵯峨块石倚云边，石底浑如小洞天。
松偃碧窗虚夜月，芝生丹灶霭晴烟。
鹤惊飞锡归华表，龙听谈经隐涧泉。
好地从来多异迹，其中端可贮金仙。

夏日登青城山

才上青城眼豁开，无边风月壮诗才。
异花每向岩前落，清籁时从天际来。
龙带晚云归洞府，鹤抟秋雾下蓬莱。
脚跟喜踏清凉地，石磴层层破绿苔。

示宝峰上人四威仪

道人日用四威仪，动静何尝有间离。
举步无非银色界，住居不异宝莲池。
坐中了了忘喧寂，卧里惺惺绝梦迷。
拨过威仪相见处，无言童子笑嘻嘻。

示金谷道人四威仪

适兴郊园纵步时,胸中乐趣许谁知。
去来原不干途辙,举止何曾属动移。
历尽险夷七尺杖,吟残风月一联诗。
蓦然踏断溪桥路,笑看云中木马驰。

数椽老屋倚西原,万木森森境闲然。
住久从教松石烂,年深不觉岁华迁。
浮云流水闲边趣,霁月光风静里天。
当念(頓)〔顿〕① 空今古相,谁分死后与生前。

寂尔跏趺正定间,寸心不动隐如山。
黄金铸就脊梁骨,慧剑挥开佛祖关。
(頓)〔顿〕② 脱根尘圆正眼,泮融查滓露真颜。
春回铁树心花绽,禅板蒲团尽放闲。

大千等是一绳床,倒卧横眠总不妨。
梦里无人谁作梦,腔中绝想孰为腔。
松风入枕翻琴韵,桂月当轩朗兔光。
睡眼忽醒成话堕,那堪寐语播诸方。

---

① 顿:底本作"頓"。揆诸语境,乃"顿"之形讹。
② 顿:底本作"頓"。揆诸语境,乃"顿"之形讹。

题府庠封士奇蟾桂秋香卷

挺挺仙标近玉楼，乾坤清气泄枝头。
花开月窟吹香远，根踞天阶得地优。
世外幽芳惟自赏，吟边佳句不他求。
知君久抱梯云志，好折来年八月秋。

次中峰和尚山居韵　　时隐天柱山

山居免被世人憎，心念空来绝技能。
苍藓映阶萦紫蔓，薜萝绕屋挂朱藤。
寰中懒谒多才士，林下（甘）〔甘〕① 为百拙僧。
忆昔瞿昙曾话堕，谓无一法记传灯。

茅屋低低倚翠岑，乱山环拥路歈钦。
人间岁月有迁变，物外乾坤没古今。
木榻高眠清昼永，柴门静掩白云深。
真机触目原成现，底用离声背色寻。

鬓边渐觉雪痕多，只合归休隐涧阿。
尚没闲情收冷涕，那求余力振颓波。

---

① 甘：底本作"甘"，形讹。

满炉松火煨黄独,三尺柴床衬绿莎。
除此现成公案外,但存少法总为魔。

天柱山多道者家,岁回策杖过烟霞。
空阶响落青松子,远圃香吹白豆花。
相见不劳频竖指,投机何必更云茶。
入门笑倚苍筇处,已是倾情举似他。

青山当户拥如屏,景趣悠然惬野情。
旋拾枯柴烧瓦灶,时挑苦菜煮沙铛。
雨晴谷口云拖练,日暖花间鸟咔声。
几度凭阑闲极目,劫前风月画难成。

等闲退步便相当,免使身心逐世忙。
但自潜形依涧壑,从人竖拂坐绳床。
梅开冷谷盈枝雪,果熟秋林满树霜。
一段天机浑漏泄,目前无地可遮藏。

石径萧萧掩竹扉,长年无事客来稀。
潜龙出洞和云去,野鹤投巢带月归。
山色荣枯衰盛事,庭花开谢死生机。
寄言过访同参者,造道须当极细微。

吴浙归来隐皖山,忘形高卧白云间。

是非机息心偏净，佛法情忘舌自闲。
平地风波摽五位，虚空楼阁立三关。
灵山未举花枝日，万象何尝不破颜。

慧焰分辉自道林，阿谁传得老师心。
良驹出厩遭车困，锦鲤冲波（被）〔被〕饵沉。
寂子技穷摧宝镜，伯牙音绝碎瑶琴。
有怀玄绍双峰老，曾向牛头自访寻。

静把浮生世景看，有谁能保得长安。
乌江谩有旌王庙，汉地空存拜将坛。
春日游人金钿丽，朔风战士铁衣寒。
寻常阅遍古今事，宠辱忧欢几万端。

山居写怀

老年落魄爱林泉，不欲区区走市鄽①。
茅屋竹林聊寓迹，布衣蔬食但随缘。
月明树杪猿声切，日暖花间蝶影翩。
闲对青山开冷眼，劫前风景自昭然。

落日衔山半掩扉，倚筇闲立看云归。

---

① 鄽：底本作"廛"。

数行幽鸟投深树，几片残霞映落晖。
得意山林随分住，立身天地与时违。
空王静夜舒长舌，卧听松涛起翠微。

(袖)〔袖〕① 拂烟云下翠屏，短筇随步一身轻。
踏残片雪寸心冷，看遍千山两眼清。
对境写怀无作意，逢人出语不藏情。
莫言此事沉空寂，到处风光总②现成。

祖庭秋晚正斯时，大厦倾危孰可(攴)〔支〕③。
背理执言多自昧，轻心重教少知非。
胸中若未空情见，身外徒劳肃礼仪。
法海直须穷彻底，休将萤火爇须弥。

绿树阴中卓草亭，人间得失久忘情。
满轩风月凉如水，一片襟怀冷似冰。
舌短但凭松说法，年高多是眼闻声。
应知此道非今昔，懒向人前话葛藤。

岌岌青山静悄然，就中别是一方天。
松头每见昂藏鹤，树杪时闻断续蝉。

---

① 袖：底本作"衃"。形讹。
② 总：底本作"捴"，"捴"之形讹。捴，异体字。
③ 支：底本作"攴"，形讹。据上下文义，当为"支"。

风度花香来座畔，日移松影到窗前。
现成祖意无人会，写作山居诗一联。

退步山居掩竹门，闲中幽趣共谁论。
补平碧涧云千顷，印破青天月一痕。
幻海沤花从汩没，世途蜗角任趋奔。
道人冷坐山窗下，破衲闲修对夕曛。

心空事事皆无碍，日月何曾不现成。
皓月沉潭空有影，怒雷震地寂无声。
法中自可摽真谛，个里难为立假名。
野叟尽情言不及，山禽啼处太分明。

住久忘年懒出山，山中端的异尘寰。
投巢野鹤穿松径，借榻闲云拥竹关。
半卷残经明月下，满怀清兴翠微间。
溪声山色全机露，不假黄金铸面颜。

碌碌奔驰没了期，不如归隐是便宜。
青荷满沼堪修衲，紫芋盈畦可疗饥。
此外更无余事次，闲边惟有写怀诗。
山林个段悠然趣，未许寰中显者知。

泸水方山旧有名，此中▨①老快平生。
参差云树遮茅屋，远近烟峦列画城。
松杪鹤归天欲暮，蒲团定 (▨) 〔处〕② 月初明。
道人门户虽清淡，宠辱兴衰自不惊。

一从孤迹寄方山，赢得遮头屋半间。
生死翳空双眼净，是非机息寸心闲。
懒拈柏子酬僧话，独对梅花展笑颜。
更喜白云多雅意，几回飞去又飞还。

挽诗

蜀和王殿下薨世
草木悲风六合秋，忽惊鹤驾赴仙游。
雨垂平野都成泪，云暗长空总是愁。
盛德巍巍天地合，贤名烨烨古今留。
天潢一派清无极，拜睹储庭继述优。

蜀主定王薨世
龙出神渊又入渊，君临一国共称贤。

---

① 底本残泐，暂无法辨识。
② 处：底本残泐。据所剩字迹及文义，当为"处"。明钱邦芑纂、清范承勋增修《鸡足山寺志》卷十张炳（字潜石，昆明人）《鸡山杂咏》之二："欲学无心比野云，非关傲物远离群。虚堂竹影清尘梦，静夜松涛冷簟纹。良友不嫌终夜过，好山肯与俗人分。蒲团定处忘昏晓，何处疏钟隔涧闻。"

寒冰已化还为水，明月虽沉不离天。
遥想鸾舆音杳杳，空瞻燕寝思绵绵。
山僧林下沾恩久，追慕无穷胜往年。

久沐恩光感遇深，重来无复耳纶音。
佛天已悟无生体，人世空怀不尽心。
睿哲贤名超往古，慈祥盛德重当今。
载瞻主器承鸿业，早晚天庭册宝①临。

次坏空和尚挽无际先师韵
追忆当年见我师，青天霹雳斗星移。
暗穿玉线投心眼，倒握乌藤示祖规。
声播九重弘法化，道传千古振洪机。
幡然一默归真际，佛祖难将正眼窥。

妙相分明寓（毋）〔母〕②胎，即今非去昔非来。
碧天有月沉沧海，空界无花雨石台。
古柏忍看环宝塔，白云惨淡护空阶。
当时面目分明在，拟涉言思总③是猜。

---

① 册宝：朝廷册封的金册与金宝。按，明代藩王受朝廷委任管理其藩地，例有金册和金宝。不过，金宝每藩只有一只，金册则每任藩王均有。
② 母：底本作"毋"，形讹。当为"母"。
③ 总：底本作"摠"，形误。当为"摠"。

次中山居士徐宗敬挽无际先师韵

劫前面目忞分明，彻底何曾有死生。
迥出断常原自妙，但形文彩错安名。
黄花翠竹元非色，流水松风未是声。
万派千支同一脉，谁分北岳与南屏。

恩荣义官郓筒张公

悲风忽动画堂前，偶折灵椿怨杜鹃。
孝感泪含千古恨，褒封恩自九重天。
龙蛇梦入华胥国，鸾凤分开海峤烟。
拜奠客来伤悼处，乌啼宰木痛堪怜。

哭安罗月庵镜长老

敬写新诗挽月庵，老怀不尽默言间。
松阶惨淡花空落，竹屋凄凉云自闲。
只履应知归竺国，短筇无复到东山。
几回坐对青天月，想相分明见旧颜。

哭中山栖碧光泽和尚诗　并序

　　哀惟同参光泽大师寂座。某昨讣闻，于中关枕上遽尔梦回，深入那伽，顿归真际。此所谓以有生灭证不生灭，此不生灭亦不可得。噫！个里尚无地以寄言默，毕竟唤甚么为之生死？然绝思惟体，固不可以情识窥测，而同道中不自知其

哀恸也。且死生常事，而我不哀大师之死，第惜其才；不吾赏音于林下，何宗门之寥落也耶！故裁山偈以哭之，惟异圆湛光中为予点首云。

西风吹没渡人航，几对愁云倍感伤。
空自想仪挥泪眼，无由抵掌话衷肠。
谩调琴韵歌流水，忍听蝉声噪﹇囗﹈〔夕〕①阳。
嗟彼一筹赢我去，祖庭谁为定宗纲。

东普涂觉全居士
曾扣吾师究自心，维摩一默久知音。
踏翻幻海升兜率，剔起真灯续道林。
眼底有山藏白骨，劫前无面铸黄金。
如今遍界春花放，此景谁人共赏音。

平泉李百川居士
廷柯一夕委西风，翘首平泉望眼空。
手泽尚遗存日稿，华堂不见昔时容。

---

① 夕：底本残泐。揆诸语境，所泐当为"夕"。明德清《紫柏尊者全集》卷二十五《觉生讶讲绛二韵险绝难赓和予应声赋此》二首之一："松窗匪贵绛，常以云为巷。雨歇千山寒，流泉随势降。林鸦噪夕阳，碧汉浮彩虹。村落牛羊归，晚钟何处撞。人生特寄耳，埋骨无贤戆。"明广真说、灯来重编《吹万禅师语录》卷十二《晚眺》诗："日过西山色转霞，幽林啅噪夕阳鸦。柳烟紫并光飞线，溪霭红增影堕纱。万壑齐吹风穴晚，千峰一纳海晴斜。逾城莫晓萝庵梦，辜负公华老作家。"清净斯说、智朴等编《百愚禅师语录》卷二《游平山堂（即炀帝建宫处）》："昔日繁华地，今来倍惨伤。草余昏夜雨，碑剩断文章。老兔栖荒冢，寒鸦噪夕阳。琼台何处是，千古说雷塘。"

愁生晚岫秋云黯，泪染霜林落叶红。
莫谓目前踪迹断，黄花依旧放篱东。

邬觉贵居士
西风吹行碧梧枝，鸾凤分飞忍别难。
耳顺高年当去日，秋凉美景正归时。
苍苍草木舍悲怆，漠漠烟云带惨凄。
惆怅旧交三十载，感怀和泪写新诗。

处士方容纪
少微星掩哲人亡，独立西风倍惨伤。
士海中流摧砥柱，教门外护失金汤。
黄花泪眼含秋露，绿水哀声送夕阳。
愧我致刍无以奠，故裁山偈写衷肠。

哀意海珠哭（毋）〔母〕①
萱花不幸委霜风，彩凤孤飞镜影空。
愁结惨云横碧落，痛倾血泪洒丹枫。
昊天荡荡哀无已，逝水滔滔恨莫穷。
几度北堂依槛立，野猿啼月上孤峰。

哭徒祖玠珪庵
教毓成材忽夭亡，仰天何诉谩悲伤。

---

① 母：底本作"毋"，形讹。当为"母"。

忍看墨迹遗书室，想见容仪侍寝堂。
旅泊阎浮同幻住，幽栖真界独翱翔。
临终把手难言处，一度哀思一断肠。

挽承奉范安无相居士
王藩齿德独尊贤，一旦辞荣不复还。
华表鹤归音寂寂，漆园蝶化梦翩翩。
水穷山尽宁无路，月朗风清别有天。
翻忆昔过山寺日，煮茶夜坐共谈禅。

平泉李觉庸居士
积善何缘不见功，信知天命有穷通。
未将槁处逢甘雨，花正开时遇猛风。
盗跖高年非谓吉，颜回短命不为凶。
翻然一默还真界，更不来游幻海中。

积善终须获善功，应知否极自亨通。
门庭不改清修节，乡党犹存积善风。
仁惠博施家必庆，祸心久蓄报还凶。
娑婆身谢归安养，托质莲胎上品中。

从来至善不居功，三教殊途一贯通。
金鼎香消沉瑞篆，旃檀树老惨悲风。
但能于己安天命，不用逢人杀吉凶。

居士未离浮世日,姓名已注乐邦中。

进辞蜀贤王殿下

柞土分茅王蜀川,圣神相继代称贤。
君临宝位邦畿固,藩屏天庭堡障坚。
常乐净乡归有地,蓬莱仙境到无缘。
心香一瓣遥伸别,愿祝千秋寿永绵。

辞二内相暨合府诸位大人

当年佛法付王臣,今日丛林赖鼎新。
须刻忠勤事贤主,博施仁泽济斯民。
交情既久应难舍,感惠良深未易陈。
山野临终无以别,瓣香敬为祝遐春。

赠照觉①悦堂庆长老

寸心休去万机忘,脱体无依绝覆藏。
倒握竹篦明背触,横拈(尘)〔麈〕② 尾振宗纲。
庭前柏子呈玄旨,槛外梅花泄冷香。
于此豁开精彻眼,不妨续起少林光。

---

① 照觉:当即"昭觉"。谓今成都市内之昭觉寺也。
② 麈:底本作"麈(尘)"。衡诸前后文,当为"麈"之形讹。

送玄孙亮晓窗还乡

一锡孤飞万里游,碧云红树海门秋。
不辞巴峡雄涛险,肯惮成都古道修。
谩向空山探虎穴,好从法海战鳌头。
转身扣我还乡句,谷口莺啼雨乍收。

示古明张慧鉴居士

劫初收得光明镜,蕴在灵台方寸中。
寂尔自能分好丑,莹然原不假磨砻。
照明古佛真身智,揭出娘生幻面容。
若也一锤都击碎,是非影相尽皆空。

石经楚山和尚语录卷之九:赞号①

参学巾瓶侍者　祖源　集

赞号。七言八句。

无相为中贵范祖心赋

本来面目非名相,应物何妨立相名。
眼底形踪皆是色,耳中音响总为声。
退思轩内琴三弄,施政堂前月一庭。
无相真人全体露,信知有相寂无形。

鹫峰为内相滕如嵩作

路地翔空势若飞,巍然雄峙五天西。
云连三岛仙乡近,秀拔群山华岳低。
花雨每从岩畔落,灵禽频向树头啼。
当年个里拈花事,独许头陀一笑知。

---

① 赞号:底本无。本卷版心镌此二字,卷首亦有,故据以补为卷题。

祖关为中贵阮☒通题

笑问铁壁祖关通，碧眼黄头立下风。
过尾铁牛忘管☒，(☒☒)〔无牙〕① 狮子绝罗笼。
鸟蹄春树呈么说，花吐枯枝展☒☒。
坐☒公堂提正令，横拈白棒打虚空。

宗哲为中贵蔡祖才作

天产英姿德义全，道宗先圣得心传。
奇材干蛊勤王事，大志精忠辅蜀贤。
坐对月明翻贝叶，闲耕火焰种金莲。
心花结就菩提果，不用蓬莱更觅仙。

性空为阮登闻赋

圆闻之性本来空，不堕根尘幻响中。
浩浩群音从起灭，聪聪两耳自虚通。
无声至理声难匿，绝听真机听莫穷。
动静二边俱不著，跑空石虎吼清风。

---

① 无牙：底本残泐二字。据所存字迹及语义而论，所泐阙当为"无牙"。清彻尼说、超祥记录《季总彻禅师语录》卷三《拈古》"德山托钵"条："无牙狮子谩调儿，返踯嗍呻尽力施。"

定庵为武昌蒋推府写

六门深掩惯跏趺，个里从来一物无。
当念不生根境寂，全机坐断识情枯。
浪澄觉海心珠现，云散空天性月孤。
定眼豁开忘所入，信知火宅是毗卢。

龟毛束就个庵儿，日用惟凭定力持。
闹市门头孤迥迥，寂光影里峭巍巍。
旋岚倒狱无倾倚，劫火烧空没变移。
只这定中些子妙①，从教千圣莫能窥。

云庵为李添祥医士书

水云深处下幽居，随分生涯乐有余。
霜冷菊开三径秀，月明人静六窗虚。
有时合药寻医典，无事焚香诵佛书。
个里不容狮子座，肯将一默答文殊。

---

① 些子妙：宋集成等编《宏智禅师广录》卷七《禅人写真求赞》诗之一："写出梦中身，尔道真不真。槁寒秋在眼，渊默醖生唇。道环谁谓无象，空谷自来有神。父子不传些子妙，白首侬家老斫轮。"明圆修说、通琇等编《天隐和尚语录》卷十四《示懒牛静主》诗二首之二："卧云深处藏踪迹，水草咸余懒外寻。今古不传些子妙，沩山端的是知音。"

默堂为张道玄作

虚堂兀尔坐忘言，万虑沉沉境寂然。
马不用拴猿不锁，饥来吃饭困来眠。
维摩杜口非无说，庞老真机信有传。
若也于斯能悟入，香风吹绽火中莲。

宗器为镇江萧福铉赋

大冶之金曾百炼，瓶盘钗钏任施为。
方圆巧拙名虽（☒）〔异〕①，色相精粗体不移。
京口义风追往古，江湖仁誉播当时。
好将积善存心事，留与（☒☒）〔儿孙〕②作远规。

几经炉鞴费陶镕，妙得钳锤巧制☒。
☒物从教分大小，☒形亦任变☒红。

---

① 异：底本残泐一字。据所存字迹及上下文，所残当为"异"。
② 儿孙：底本残泐二字，据所剩字迹，所残当为"儿孙"。宋正受编《嘉泰普灯录》卷九《庆元府雪窦法宁禅师》："上堂曰：'百川异流，以海为极。森罗万象，以空为极。四圣六凡，以佛为极。明眼衲僧，以拄杖子为极。且道拄杖子以何为极？有人道得，山僧两手分付。傥或未然，不知闲倚禅床畔，留与儿孙指路头。'"明德然说、慧省编次《松隐唯庵然和尚语录》卷三《赞跋·慧藏沈氏请赞》："面皮凛冰霜，佛祖也不识。横按黑竹篦，虚空惊战栗。怪底台山婆，逢人道蓦直。未按指已前，顿起膏肓疾。纵使耆婆扁鹊，那有这般奇特。咄！留与儿孙为法则。"明船禅师说、明法等编《坛溪梓舟船禅师语录》卷三《自赞》："祖济三十三，拙汉梓舟船。重开檀溪寺，脉通鹫岭山。独露孤峰顶，杖子随身边。便插一茎草，虽将无米饭与天下衲僧一饱，更不饥彼，汝描画转见不堪。唤作重建即错，不唤作重建犹非，万世传骂。留与儿孙，路见不平。"

瓶盘钗钏名难隐，☐☐☐☐☐☐☐。
掷地金声藏不得，辉腾今古自然宗。

云谷为嘉州祥僧正赋

洁然一片隐岩阿，舒卷无心变化多。
出岫为霖滋草木，浮空结气更婆婆。
峰头冉冉拖银练，涧底腾腾涌素波。
忽尔从龙天外去，青山依旧现嵯峨。

玄峰为妙长老赋

屹然高耸势孤危，独出云霄分外奇。
丹凤每栖无影树，夭桃时吐不萌枝。
青青肯逐荣枯变，卓卓宁随造化移。
只拟金毛狮子住，峰头未许衲僧知。

月光

当机捧出落芙蓉，不与人间迤逦同。
影落千江沉玉兔，势推万叠走苍龙。
盈☐总①在双弦内，远近咸归一照中。

---

① 总：底本作"摠"，"摠"之形讹。

午夜（壇）〔抬〕①眸天外看，昆仑跳入广寒宫。

云无心

出岫无心影自孤，本来洁白不模糊。
峰头曳曳舒还（▨）〔卷〕②，天际飘飘有忽无。
石洞氤氲龙睡久，松巢缭绕鹤来初。
等闲飞上青霄去，化作甘霖润槁枯。

杰堂

华屋轩昂杰等俦，四时花木壮清幽。
含容不羡维摩室，高广还殊庾亮楼。
六户虚明吞夜月，一帘静卷③豁吟眸。
个中别有超然趣，要在当人自点头。

海湛然

汪汪巨浸涵空碧，湛湛澄清自古今。

---

① 抬：底本作"壇"。揆诸文义，此处当用为"抬"字。
② 卷：底本残泐一字。据所剩字迹及语义判断，所泐当为"卷"。元圆通设问、兰若仰答《通玄百问》最后一问答，颂曰："祸出私门自偶然，莫于情识妄钻研。白云横谷舒还卷，岂碍晴空与湛天。"宋法澄编《希叟绍昙禅师广录》卷一《希叟和尚佛陇□□禅寺语录》："佛垄山上云，一片三四片。忽遇客推门，零乱舒还卷。"
③ 卷：底本作"捲"。

月印波心辉智眼，潮翻水面吼圆音。
客舟未可穷涯涘，渔钓安能测海深。
一吸直教涓滴尽，方知遍底是奇琛。

彻堂

捴透玄关正眼开，门头户底竟无猜。
泉声入枕雪消去，梅影横窗月到来。
盏内擎汤原旧梦，炉中觅火拨寒灰。
卷帘默默当轩坐，笑看飞花点石台。

无外为何觉宽居士作

法界旷然无壁落，太虚廓尔绝封疆。
休将管见论三际，谩把心眸惑四方。
明历历兮空荡荡，寂寥寥地露堂堂。
圆明一性非中外，迥出离微洞八荒。

月涧

性天忽尔识云收，露出光明月一钩。
曲曲眉痕悬碧落，弯弯环形堕清流。

从教太白（抛）〔抛〕① 双手，亦任南泉纵两眸。
午夜和盘都托出，几人于此悟心由。

古灵

未判乾坤个点先，辉今洞古自昭然。
示同幻化阴阳妙，不遂阴阳幻化迁。
应物走盘珠灿灿，虚明照海月娟娟。
果能洞豁空前眼，见色闻声始不偏。

无外

大包无外细无中，个里从来绝见踪。
童子百城终莫极，大悲千眼竟难穷。
是非机动头头碍，取舍情忘法法空。
向此若能亲悟入，不须心外较殊同。

雪庵为马觉玉赋

雪庵深处道人住，内外虚明一色鲜。
寒逼梅花香冉冉，清辉桂月影娟娟。
安心昔日思神祖，策蹇当时笑浩然。

---

① 抛：底本作"拋"。揆诸语境，当为"抛"之形讹。

个里一尘浑不染,冷冰冰地坐无言。

古镜

劫前铸就虚明镜,万象差殊影现中。
觌面纤毫瞒不得,当台一点照无穷。
东平举处全生杀,南岳磨时已露踪。
更把金锤为击碎,是非妍丑一齐空。

净空

一旦晴霄晓雾开,太虚寥廓绝纤埃。
当机只许眉毛现,觌面难将意识猜。
万象森罗依是住,百千诸佛就中埋。
解空犹少机关在,惹得天花特地来。

大云

优游六合屯闲迹,忽而虚堂涌浪堆。
始自松头徘鹤去,又从天际送龙回。
年丰入兆呈佳瑞,时旱为霖洗渴埃。
雾沛大千收敛后,森罗万象眼睛开。

玩空

彻底掀翻澈底无,眉横鼻直嘴卢都。
松风流水挥长舌,剑树刀山示坦途。
紫白青红明指注,见闻知觉不模糊。
当机不识空王面,错认濂溪太极图。

秀峰为牟觉荣居士赋

翠削芙蓉势插空,孤高不与众山同。
连天瑞色超凡镜,拔地坚刚越化工。
琪树霜酣金果熟,丹崖晴映碧桃红。
有时风卷浮云散,独出青霄紫翠重。

无相

空王面目原无相,迥出形声绝覆藏。
千圣也因窥不见,二乘安可意搏量。
虚心守寂沉空断,住相循名堕色常。
会取目前亲切句,幽林风撼落花香。

寂庵

一庵静掩冷云深,当念无生万境沉。
亦任泉声舒妙舌,从教天籁吼玄音。
月明午夜松窗白,日丽晴霄竹径阴。
独倚湘帘缄默坐,落花流水自无心。

无传

个中消息匪言通,孰谓单传别有宗。
顿渐偏圆该不及,二三四七述难穷。
刹竿倒处辞锋露,明镜摧时智鉴空。
传得无传真的旨,一花五叶散香风。

印空

沉沉巨海量涵空,水色天光上下同。
万象炳然文彩露,一真寂尔体虚融。
饮光微笑符心眼,善现深谈显正宗。
未按指前亲荐得,眉毛依旧覆双瞳。

大玄

至理幽玄妙莫穷,大包无外细无中。
混融物我超情见,迥出言思绝异同。
雪岭乌鸡鸣夜月,空山白额啸清风。
拨开名相亲明取,切莫承言昧此宗。

觉天真

因地翻身梦眼开,眉横鼻直更无猜。
涧泉清泻琴三弄,桃杏荣敷锦万〔堆〕①。
信手拈来无不是,当机拨过文还乖。
尘尘妙合天真体,笑把龟毛火里栽。

大方

真界无垠等太空,当机孰可辨西东。
三千刹境毛端上,百亿封疆芥子中。
普眼遍观犹罔测,善财周历竟难穷。
等闲拈出眸中翳,化外风光触处同。

---

① 堆:底本作"蜼"。《尔雅·释兽》:"蜼,昂鼻而长尾。"郭璞注:"蜼似猕猴而大,黄黑色,尾长数尺,似獭,尾末有歧,鼻露向上,雨即自县于树,以尾塞鼻,或以两指。江东人亦取养之。为物捷健。"义不契。此当为"堆"之形讹。

性天为梁克宽赋

拂散迷云见性天,光风霁月自昭然。
女娲谩谓修圆缺,老子徒劳论后先。
宽覆天千舍万象,高超六欲越三禅。
不须仰面从空觅,只在回光一照边。

逊庵

退以谦卑牧自心,闲依静室掩松阴。
虚窗月白浮云敛,性海风恬识浪沉。
山色每呈真实相,溪声时奏没弦琴。
当年洗耳餐薇者,未必曾知有此音。

金山

黄金堆就势嵯峨,觌体光华富贵多。
地布一旬终罔极,舟沉万镒莫能过。
乾炉煅处坚尤丽,劫石消时固不磨。
逼塞虚空藏不得,信知高价等娑婆。

天然

本来性德自天然，至体冲虚括大千。
寂寂无形含众理，灵灵不昧应诸缘。
箪瓢乐处非言述，针芥投时许笑传。
只个自家原有性，须知天地与同源。

聩堂

一从音响悟圆通，两耳聪聪听若聋。
声去声来闻自寂，心生心灭体元空。
水流风动尘尘说，鹊噪鸦鸣句句宗。
五夜梦回霜月下，芙蓉城上数声钟。

本宗

只个心心即本宗，非真非妄智难穷。
性含色相原非色，体合虚空不是空。
手举花枝传有自，臂残霜刃觅无踪。
子能言外承当去，坐断清凉第一峰。

映江

皎然一月映千江，佛祖真机绝覆藏。
影堕波心彰万用，体悬空界朗孤光。
灵山昔日亲摽指，投子今朝为激扬。
好看当天明白处，照人烦恼作清凉。

桂芳为牟永清赋

老桂蟾宫自吐香，肯随桃李媚春阳。
金花点点旋空落，粉蝶翩翩绕树忙。
寒影夜移迷玉兔，露梢风动泻银浆。
孤根不是人间种，占断秋光劫外芳。

慧庵

掀翻般若悟天真，间小幽居远世尘。
尊者原非无说说，憍尸岂是不闻闻。
圆音演处声无迹，天耳通时听有神。
不动舌根浑吐露，从教花雨落纷纷。

月庵

山房静掩月明中,一榻翛然万境空。
白上小窗梅弄影,光筛幽径竹摇风。
闲操翠管冷难就,高卷朱帘玩莫穷。
对此顿忘尘世事,不知身在广寒宫。

喜空庵

太虚纳在一庵中,内外空空一体同。
墙壁岂能为隔碍,轩窗原旧自疏通。
满怀欢喜无由着,半点嚣尘总①不容。
若也一拳能打破,劫前面目露全踪。

雪庵

玉雪堆中屋数椽,道人住久顿忘年。
但将情想空心上,亦任冰花积槛前。
冷谷生香梅乍吐,虚窗映白月初圆。
果能对境开心眼,火里芙蕖一朵鲜。

---

① 总:底本作"摠","摠"之形讹。

慧山

慧日高升法性山，魔云消散化风还。
名垂百世光难掩，峭耸千寻势绝攀。
尽日烟霞浮古洞，常时花雨落幽关。
道人稳坐孤峰上，独对虚空展笑颜。

素庵

跳出凡笼绝世求，白莲香里乐清修。
豁开寂灭心中眼，看破浮生水面沤。
妙体本非男女相，真身宁是鬼神俦。
机前拨转天真智，默坐幽轩自点头。

镜庵

真心原不犯安排，虚豁轩窗镜在台。
妍丑自来难隐避，光明本有易磨揩。
浮尘莫遣重遮翳，幻见应须绝去来。
要识自家真面目，临妆一照信无猜。

讷庵

数穷谁信言多失，屡绐仍遭诟詈仇。
静掩庵居惟守讷，豁开心地不藏谋。
百年此去三缄口，万事从来一点头。
莫效苏张掉危舌，括囊无誉亦无忧。

古清

性水真空空绝相，真空性水水无踪。
沤花未发微清浊，涓滴才生有异同。
万派浅深咸入海，百川巨细总①朝宗。
信知源洁流还洁，远接曹溪一脉雄。

天然为道首座赋

西来祖道出天然，不用求奇觅妙玄。
是理还归于自得，此心端不向人传。
收来放去无边表，倒用横拈绝后先。
个事现成非造作，着衣吃饭总②随缘。

---

① 总：底本作"緫"，"緫"之形讹。据语境而改。
② 总：底本作"揔"，"揔"之形讹。

璧堂为陈玘居士作

相如夺得连城璧,青史摽为社稷臣。
慧玘命名亲且美,璧堂著字焕然新。
一真洁白元无玷,六户通明绝点尘。
个里豁开心上眼,生涯随分乐天真。

古芳为慧荣张居士赋

历劫已前无影树,遮天盖地荫虚空。
常春叶底花无谢,不干枝头果自红。
茉莉满林浮瑞气,旃檀遍界散香风。
阴森郁密人难到,只许幽人住此由。

七言绝句

月江
天上一轮光皎皎,水中万个影团团。
夜深云散江天静,高卷朱帘仔细观。

清远
滔滔一派发灵源,地久天长不记年。
率土生民咸被泽,远分余润到林泉。

辅宗为用上人赋
金锁敲开活路通,滔滔流出自心胸。
伫看他日为人处,大振奇才辅正宗。

无外为慧洪王居士作
大包无外绝思量,百亿须弥芥孔藏。
闲白静中舒望眼,不知何处是封疆。

本宗为徐永善居士书
万物厥初无不善,一心萌动便差殊。
但将杂想俱消却,自性空空体自如。

一峰为徐慧广居士赞
削出孤峰势插空，峭然不与众山同。
高高顶上人难到，独许幽人住此中。

天真
紫云影里现天真，妙相端严世绝伦。
昼掩碧窗虚寸念，昙花香吐静中春。

玉庵
玉庵原自玉成就，内外浑无斧凿痕。
欲识其中栖隐者，应知不是等闲人。

古林
空劫已前无影树，先天无旧亦无新。
个中风味从来别，果熟枝头不借春。

大心
混融法界无边际，包裹虚空只等闲。
刹刹尘尘俱泛应，信知迷悟不相关。

济舟
古岸操舟待有缘，水光山色兴悠然。
兰桡举处全生杀，直截洪流过那边。

归源

百川到海忘深浅,万派朝宗绝去来。
试听空王吐长舌,雄翻巨浪吼宗雷。

古宗

空劫已前个一着,只须胸次脱廉纤。
老胡刚要呈机①

古音

劫初收得没弦琴,几对梅花引凤吟。
只个琴中真响趣,声前侧耳许知音。

空前一调无生曲,白雪阳春和不齐。
昨夜木人闲拍手,森罗万象尽掀眉。

瑞芳

火中种出钵昙花,不借春风自茁芽。
烦恼淤泥浑不(染)〔染〕,和香移植梵王家。

有庵

夭桃翠竹盈眸秀,白璧黄金满屋新。

---

① 底本自此以下,阙本卷第十四叶。

信手拈来皆旧物，肯从门外受玲玎①。

虚堂
空空一室冷生光，内外虚明绝覆藏。
打破镜台开眼处，海蟾飞影到纱窗。

大渊
渊渊无底量涵空，瞠目观来不见踪。
忽尔一朝风势作，际天云浪起潜龙。

宝藏
心地是为多宝藏，就中无物不含容。
一朝囗地掀开处，倒用横拈用不穷。

古溪
龙穴初由禹凿开，清波原不混尘埃。
蓦然行（囗）〔至〕② 溪头看，泛泛流从那畔来。

---

① 玲玎：即"伶俜"。孤单貌。梁武帝《孝思赋序》："年未髫龀，内失所恃，余喘玲玎，奶媪相长。"宋陈与义《雨》诗："地偏寒浩荡，春半客玲玎。"元中峰明本《天目中峰和尚广录》卷四《示慈护长老》："当知轮回三有，出没四生，孤露玲玎，受苦无间。于此复何所恋而不思超然独脱？岂有志者之所为哉！"

② 至：底本残泐一字。据留存字迹和上下文义而观，所残当为"至"。蓦然行至溪头看：清悟进说、真理等编《介庵进禅师语录》卷三《示众》："师住钟溪太平庵，示众。'四月村庄菜麦黄，衔泥紫燕语声狂。太平境色谁人委？独坐溪头看水忙。'"清超永编辑《五灯全书》卷六十八《嘉兴金明介庵进禅师》，亦予征引。

凿开混沌苍龙穴，涌出灵源一派来。
自古滔滔流不竭，海门时听浪如雷。

一庵
万山深处掩柴门，一室寥寥绝四邻。
花鸟不来春（书）〔昼〕① 静，溪云山月自乾坤。

寿峰
高耸群峰势莫俦，乾坤同老不知秋。
岩前几见蟠桃熟，赢得长年雪满头。

瑞堂
紫云堆里构仙堂，瑞气氤氲霭六窗。
识得主人翁面目，见闻声色总真光。

古堂
数椽白屋老烟霞，旧日梅川处士家。
留得劫初风月在，从教四壁长苔花。

月珠
戒月孤圆莹若珠，走盘无定迹难拘。
看他应物玲珑处，黑白青红体自如。

---

① 昼：底本作"書（书）"，形讹。揆诸语境，当为"昼"。

古芳

昨夜春从劫外回，一团和气泄寒梅。
道人笑倚山窗坐，几点疏花冒雪开。

海珠

☒☒性海摩尼宝，不比寻常蚌蛤珠。
应物走盘吞众色，虚明一点自如如。

照堂

佛祖真灯传世远，腾腾瑞焰照虚堂。
一从五派分辉后，暗室昏衢尽放光。

月光

性天空廓慧光生，一片冰轮莹洁清。
亘古亘今常不昧，大千沙界尽通明。

玉麟

天然头角异常流，出处行藏世莫俦。
宜与宗门为盛瑞，肯同麋鹿卧林丘。

寿堂

劫初构得长生室，固等虚空不记年。
欲识主人翁面目，黑头童子鬓皤然。

如山

定力如山不动移，情云识雾若为迷。

挺然高耸青霄外，一任旋岚刮地吹。

梦亭

沉沉午夜正酣然，鼻息如雷振梵天。

忽尔眼开清梦〇〔觉〕①，一声幽鸟到窗前。

古舟

撑出陈年坏木舟，急流深处放金钩。

锦鳞钓得知无用，泊在芦花古岸头。

月潭

银蟾飞出海门东，皎皎清光遍界通。

明白点开天地眼，夜深惊起碧潭龙。

慧庵

一室千灯照不昏，天魔有眼觑无门。

从教花雨飘檐外，佛法难为动口唇。

---

① 觉：底本残泐。据仅剩字迹及上下文义，所残当为"觉"。宋法澄编《希叟绍昙禅师广录》卷一侍者了舜编《法华语录》："法华赢得日高眠，萝窗清梦觉。引客步松门，春昼永，鸟声喧。"清超永编《五灯全书》卷一百一《济宁地藏庚水西禅师》："深山古寺白云中，莫道归来无路通。钟扣阶前清梦觉，日移塔影上梧桐。"

别传

四句百非俱划却,三玄五位尽掀除。

当机抛出无文(☒)〔印〕①,钝滞西来碧眼胡。

性空为本庵主赞

诸法从来本性空,水中捉月枉施工。

五千余卷闲文字,一句当机孰解通。

节庵

(□)〔五〕② 十二年惊落齿,信知幻质不坚牢。

乾坤恐我☒☒☒,暗把霜华点鬓毛。

☒时长就两行牙,细嚼粗吞总赖他。

今岁无端虫蛀☒,等闲举箸怕筋查。

---

① 印:底本残泐一字。据所留字迹及上下文义,所泐当为"印"。宋蕴闻编《大慧普觉禅师语录》卷十五:"达磨从西天将得个无文印子来,把二祖面门,一印印破。二祖得此印,不移易一丝头,把三祖面门印破。自后一人传虚,万人传实,递相印授,直至江西马祖。"《痴绝道冲禅师语录》卷下智圆等编《径山痴绝和尚法语·示祖印侍者》:"达磨祖师自西天来,将个无文印子,印破尽大地人面门,更无一个漏网底。"

② 五:底本阙一字。揆诸语境,所失当为"五"。首先,下文有"已是人间半百翁"之语,则楚山当年过五十。其次,"落齿""霜华""发斑""齿豁"和"龙钟"等词,亦示年迈。再者,禅林中多有调侃岁暮之诗文。北宋德洪《石门文字禅》卷十二《七言律诗·偶书寂音堂壁三首》之三:"霜须癯面老垂垂,瘦搭诗肩古佛依。灭迹尚嫌身是累,此生永与世相违。残经倦读闲凭几,幽鸟独闻常掩扉。寝处法华安乐行,荡尽五十二年非。"清彻岩等编《昭觉丈雪醉禅师语录》卷二《再住汉中府静明寺》:"惟有静明不循旧辙,单单只会骂人。今将五十二年一副罗刹脸面,不是祖师巴鼻,且非格外提持,撞着磕着,佛法相见。"

发①斑齿豁步龙钟，已是人间半百翁。
自笑年来口门阔，出言多是不关风。

寄大心素天二禅人掩关长松
禅关静掩绝尘踪，炼尽身心与死同。
三载力操如一日，有何情碍不消融。

☐☐☐海掀翻后，万仞峰头闭死关。
渗漏一微干不尽，藕丝牵动铁围山。

晦迹东山最上峰，高踪堪并古人风。
直须坐断虚空舌，勿使傍观较异同。

一言既出驷难追，此志三年未可违。
莫道目前无识者，山花也解笑人非。

鉴殿主别参
拈香择火契真机，短杖挑云出翠微。
会取别参亲切句，石榴花下紫莺啼。

江月禅人别参
太阿斩断灵龟尾，柳稞搂空狡兔窠。

---

① 发：底本作"髪"。唐皮日休《忧赋》："不劳膏沐，自清其髪。"清张鹏翀《经史法戒》："秦穆悔过著圣经，皤皤黄髪实邦荣。"

撒手那边行活[囧]，直教佛不奈伊何。

毒鼓当阳一击时，百千诸佛尽攒眉。
无端声入虚空耳，迸破娘生铁面皮。

大马从来不受羁，成家须是破家儿。
归来不会声前句，未肯模糊放过伊。

示正宗表禅人
衲僧欲透上头关，栗棘蓬①吞始识艰。
未到古人休歇地，莫沉空见自颠顸。

实法从来一字无，无中正好下工夫。
直须转位离窠臼，莫向深山守静孤。

示指南玄道者
一微不立犹存见，大藏融通未合宗。
鸟道玄途俱抹过，追风铁马出纱笼。

---

① 栗棘蓬：比喻修行所遇障碍。宋绍隆等编《圆悟佛果禅师语录》卷二《上堂二》："山僧虽无金刚宝剑、衲僧向上钳锤，昔在五祖白云拾得数个金刚圈、一篮栗棘蓬，九夏之中，与诸人共相切磋。"宋蕴闻编《大慧普觉禅师语录》卷八《泉州小豁云门庵语录》："今日是众僧结制之辰，云门庵比丘宗杲与赤肉团上无位真人、现前清净大众，以法界为伽蓝，同诸菩萨九十日内安居其中，跳金刚圈，吞栗棘蓬，作梦中佛事，降镜里魔军；三业清净，六根明洁；身四威仪，无诸过患；悬契如来一百四十大愿，绍三宝种，永不断绝。苟能如是修证、如是安居，是大丈夫汉，是真出家儿，不须谨守蜡人如鹅护雪。其或未然，赵州东壁挂葫芦，莫道不疑好。"

示铠禅人参叩

不辞险峻登天柱，拟☒☒☒向上机。
幻叟尽情言未及，翠禽啼在落花枝。

示广道者掩关

遁迹潜溪养道光，一关深掩万机忘。
冷灰豆爆虚空碎，无影枝头果自香。

寄祖灯东升二禅者

止尔嗟吁二上人，秋风挟响过山林。
哮空吼树浑闲事，撼碎黄花结子心。

韶古音掩关

铸就铁关高万仞，天魔觑见骨毛寒。
从他地覆天翻去，不满三年不放参。

里面空空无一物，外墙荆棘有千层。
来参欲识关中主，不是寻常粥饭僧。

个事难将向人说，胸中得失自家知。
要教彻底无涓滴，放下冰霜铁面皮。

慈长老般若寺掩关

别我他山去掩关，从前旧话尽掀翻。

斩新提起纲宗句，法海波澜一吸干。

答梦亭先生山居吟
乱山叠叠乱云深，玉树琪花簇宝林。
金地无尘长自净，肯容半点俗埃侵。

茅屋低低倚碧山，寸心休去万机闲。
独留一对空空眼，笑看行云过竹关。

自住山林懒入廛，落花啼鸟共谈禅。
翻思钓月耕云者，何似休心枕石眠。

狮子峰前得意回，青山绿水共徘徊。
了知灯火无殊用，肯向炉中拨死灰。

道人屋漏旋添茅，百样施为总①不牢。
竹牖柴篱随分过，从他户大与门高。

一庵结在碧云岑，静倚蒲团究自心。
坐断死生差别念，脊梁节节是黄金②。

一徒心地绝尘缘，山水光中任意眠。
禅客到来无语对，竹篦拈过枕头边。

---

① 总：底本作"揔"，"揔"之形讹。
② 脊梁节节是黄金：即佛陀三十二相之一，黄金锁子骨。

身似风波浪里舟，等闲眨眼便沉流。
直须撑过菩提岸，莫待霜华两鬓秋。

云树依依景色苍，闲中风月趣偏长。
一从遁迹青山里，旷劫偷心当下忘。

屋头云去与云来，窗暗窗明竟不猜。
心境两忘机自息，从教花雨落岩台。

山居述怀
自笑疏狂一拙僧，看看老去百无能。
虽然有个闲身在，吃饭穿衣似不曾。

本来一法原无有，但有纤毫是自欺。
叶落林空山骨露，玉梅花吐岁寒枝。

有作尽为烦恼障，无修即堕断空坑。
二边不立心无倚，剑树刀山自坦平。

遣妄消情没有方，于缘无意自相当。
清风一阵来何处，吹落藤花满地香。

从来只个虚灵体，凡圣何曾有异同。

为甚一毫瞒不得？都缘无物在其中。

心境从来匪寂喧，无端妄动有多般。
了知心境元无异，心若空兮境亦然。

梦影沤花个幻身，坏来总①是一堆尘。
些儿血气权和聚，多少迷人错认真。

父母未生前一句，但开口处隔天涯。
禅人不用频频举，春到园林处处花。

道人本是无家客，暂尔山林寄此身。
粝食粗衣随分过，不将白足走红尘。

言外之言言不及，意前之意意难明。
夜来定起开双眼，云满松窗月满庭。

示三池瑞宗方居士
心佛名殊体不乖，孤光皎皎曜灵台。
一朝彻底掀翻去，优钵昙花火里开。

示蓉城常觉宽居士
混尘不作尘中客，拨冗能寻安乐方。

---

① 总：底本作"摠"，"摠"之形讹。

识得自家真主宰，肯随流水落花茫。

示锦江周觉实善士
万法尽从心上起，一毫泯息绝纤埃。
果能识得根源处，火里莲花偏界开。

示锦城罗觉俸善士
经俸为名字爵堂，生逢盛世沐恩光。
心恒重道尊三宝，定见云仍富寿昌。

次拾牛颂韵

寻牛
只向家山着意寻，迢迢古径碧苔深。
丘林觅遍无踪迹，惟听花间翠鸟吟。

见迹
目前踪迹本无多，脚底还曾踏着么。
历劫虽然无隐昧，奈何当面不逢他。

见牛
路头穷处忽闻声，犹恋春山草色青。
到此知他藏不得，直须捉获始圆成。

捉获

鼻头扭住便穿渠，劣性从教渐渐除。
但得规绳常在手，溪山到处可安居。

调伏

云山养就白牛身，左右逢渠不染尘。
岭畔溪边从自放，往来犹借把绳人。

骑牛归家

牛儿斜跨径归家，笛韵声声送落霞。
吹出无生千种调，清音元不在唇牙。

忘牛存人

眼底无牛独有山，牧童无事境空闲。
鞭绳蓑笠浑（抛）〔抛〕①却，一枕高眠白（画）〔昼〕②间。

人牛俱忘

人牛双泯廓然空，彻底圆明法法通。
一道孤光无向背，古今物物尽同宗。

返本还源

从来不属有无功，两耳何须特地聋。

---

① 抛：底本作"抛"，"抛"之形讹。
② 昼：底本作"畫（画）"。衡诸语境，当为"畫（昼）"之形讹。

眼里空空无一物，能分紫白与青红。

垂手入廛
十字街头任往来，从教土面与灰腮。
当机叩着归廛事，只得呵呵笑口开。

示江西张志善无为居士

名号善无为，无为无不为。
水穷山尽处，倒跨铁牛归。

指南为端上人作

至理无凭孰可探，圣凡迷悟路歧三。
只因凿丧良心远，拈出金针为指南。

金山为宝上人作

黄金堆就势嵯峨，觌体光辉富贵多。
直下回眸亲见彻，信知高价等婆娑。

瑞庵为萧觉祥居士（佐）〔作〕①

红尘堆里结云巢，一卷真经作指标。
虚却六窗空寸念，帘前亦任雨花飘。

---

① 作：底本作"佐"，于义有舛。揆诸字形及语境，当为"作"之讹。

月珠为张慧心居士赋

明月和光吐蚌胎,圆陀陀地耀灵台。
看他应物玲珑处,色相千差体不乖。

大渊为吴慧洪居士赋

渊渊无底量吞空,不与寻常沼沚同。
忽尔一朝风势作,际天云浪起潜龙。

古芳为吴慧林居士

旷劫森森无影树,从来根蒂没枯荣。
个中幽趣天然别,结果开花不借春。

示锦城胡觉纲居士

舍妄归真扣己寻,万缘休歇见真心。
只将一念万年去,不可因循过寸阴。

示环卫赵觉质居士

莫放寸阴闲里过,时中照管自家心。
但能步步行将去,般若根株长作林。

石经楚山和尚语录卷之十：付嘱法语[①]

参学门徒　祖裕　编

付嘱法语

师因参徒扣室、呈心决策，随其根器利钝及造证深浅何如，乃为勘辨而可否之。其间，契机印心、归山勉励之语，自有轻重。裕不能悉记，仅书一二，缀于卷末，以为将来之宗眼云。

临济下第二十四襄阳兴大云

躬自西川定宗旨，亲从投子付袈裟。
他年出世提宗日，不立孤危是作家。

山西深海云

传得东山心外心，绝思寻处再思寻。
一朝思尽孤光露，横按龙泉定古今。

[①] 付嘱法语：底本无。本卷起始及版心镌此四字，故据以作为本卷卷题。

香严澄古溪

慧命悬悬孰可持,绍隆须是克家儿。
一枝无孔霜筠笛,白雪阳春付尔吹。

山西悦性空

金锁敲开活路通,悬崖撒手绝罗笼。
肩横兔角挑云杖,直入千岩万壑中。

广恩凝天溪	涿州宝金山	祖堂昱东升
金台然祖灯	碧峰茂古林	四面祥瑞宗
唐安斋湛渊	浮山云秀峰	玉岩珑首座

无传传外续真传,山水光中乐性天。
极尽精微全手眼,临机展用自无偏。

毒庵善首座　　山西洁净空　　古渝洪济川
金台窗月明　　山西慧古灯　　夷陵宣默堂
终南喆古愚　　东普然慧灯　　金川证理庵
金陵恢正宗　　龙池定庵主　　荣昌理素庵
洪山镜首座　　清江慈普济　　金台澄性海
青原恕虚中

慧命悬悬正此时，绍隆须是克家儿。
摽宗信物由师授，契祖真机许自知。
大用全提非有作，孤光脱体迥无依。
他年结子开花日，浩浩香风遍界吹。

无方广上座　　凤阳定铁牛　　牛头鉴无照
投子如默庵　　金台聚宝山　　方山芳雪梅

麈衣付汝表宗承，荷负犹如履薄冰。
他日祖庭提正令，更宜斟酌好为人。

桐庵志首座

涂毒鼓边亲侧耳，迅雷喝下解翻身。
掣开金锁超玄路，击碎骊珠绝见尘。

灯续桐城心焰炯，香吹优钵觉花新。
声前荐得离钩句，回首深山卧白云。

金台顺归源　　福州心默传　　中溪云隐山　　西岷坚铁峰

远叩东山印自心，机缘吻合芥投针。
转身独坐孤峰上，横按吹毛定古今。

金台省察庵

"照世真灯，亘万劫以长明。纵使毗岚猛风，吹之不灭；摽宗心印，历千差而不异；从教炽然烈火，炼之不镕：故能印定古今、别辨妍丑、高朗昏衢、破除迷暗者，其惟灯印焉。然则灯印名殊，心体本来无二；无二之道，即所谓别传之旨是也。从上佛佛祖祖，以心传心，以心印心；离此心外，实无一法所得。虽然如是，苟非真参实悟之士，于此安能任荷哉！

"今吾徒讳祖省，号察庵，京都宦门子。天姿俊伟，志节不群。蚤岁脱尘，从予剃染。栖心林壑，参究有年。一日，入室呈其所证，乞为印可。予即其所证而诘之，喜其理见精明，履践平实，吐语酬机颇有衲僧之作，堪为法器，宜荷宗乘。

"兹欲归山保任，遂以衣麈付之，特表宗承，用旌其志。此去直须深蓄厚养、淘汰精微。果能确志无移，管取为人有分。珍重吾言，勉之毋忽。"

复垂偈以嘱云：

东普一枝牛尾拂，敲空击有已多年。

如今老去知无用，付汝归年验正偏。

山西慧大光

空前一句，不落古今；格外一机，迥超名相。一大藏教诠注不得，四七二三提掇不起。苟非过量之人，实难凑泊哉！

今云中禅人名悟慧、字大光者，性资笃厚，志节坚贞。幼岁出尘，礼雪山观音寺广贤和尚为师，受经业。次礼东普宗师，求治心之要。孜孜究竟，不辍一旦。振锡南游，遍询胜交。抵两京，历吴楚，泝流入川，参扣蜀中知识。因过东山，怀香入室，剖露见由，乞为证之。诘其所见，正宜归隐。待时出卷，需语为据，遂书一偈，并衣麈以旌之。子宜珍秘，慎勿自孤。勉之毋忽！

付汝归山惜寸阴，柴关深掩绝思寻。

一朝寒谷春风动，梅蕊香吹劫外心。

鸳水清澈堂

师云："古之正因行脚之士，而未尝以名利系于心，但以己事未明、为所忧故，不惮山川险阻之艰难，千里万里，拨草瞻风，只要觅个正知见人与其决策，便乃信而行之。或者久久得个入处，亦不肯自欺其心，复求师匠钳锤与之锻炼邪正，决了自心

而已。未闻有乞衣塵、求付嘱、沾法嗣之名者也。

"迩来行脚之士，多不揣己才器与夫造证得失何如，惟务虚名，恬然而不知其耻也。老夫于此深痛切焉。古云：'见与师齐，减师半德；智过于师，方堪种草。'① 所谓众角虽多、一麟足矣。信夫！千个万个，苟不得其人，而非无补于师席，返有玷于宗教焉。虽多，奚益哉！较其古人优劣，不翅天渊之间也。吾人于此，可不思之。

"今鸳水禅人德清，号彻堂，行藏颇异，器宇不群。久历江湖，多见尊宿。今岁入川，径造东山，依予度夏。一夕，怀香入室，呈其见地，乞为印可。予即其所见，审其的据，搗其窠臼，勘其邪正，验其真伪；喜其理见平实、言行相符，乃可归山，潜光保任。此去，直须深蓄厚养，始终确志不移、死尽偷心，庶不自辜其志也。"

复垂偈以勖诸：

　　付汝归山死寸心，直教花鸟绝窥寻。

　　他年出世提宗日，横按吹毛定古今。

---

① "见与师齐"云云：唐慧然集《镇州临济慧照禅师语录·行录》："仰山云：'只如楞严会上，阿难赞佛云：「将此深心奉尘刹，是则名为报佛恩。」岂不是报恩之事？'沩山云：'如是，如是。见与师齐，减师半德；见过于师，方堪传授。'"宋惟俊、法云编《虚堂和尚语录》卷二《婺州云黄山宝林禅寺语录》："僧问：'智与师齐，减师半德；智过于师，方堪传授。那个智过于师？'师云：'忽去忽来，坐断今古。'"

古渝鉴无照　　陕府澄月潭　　西安兴云谷
无极中首座

师曰："真灯隐隐，祖道寥寥。邪说炽然，玄风委地。老夫于此深为太息。嗟乎！苟非异目超宗之士、生知卓荦之才，洞彻法源、眼空佛祖者，讵能拯其颓网、扑其魔焰、剪其荆棘、廓示(坦)〔坦〕① 途而救其斯弊者哉！

"迩来人心不古，师法益衰，学者不务真参实悟，惟事口耳评论；上既不能择辨智愚，下又不能揣其实行：一概模糊，互相眩惑，于宗于己，果何益哉！

"今禅人中无极者，乃金台名氏子也。久遁林泉，多参耆衲。今春扣座，呈心所见，乞为证据。因为研诘，喜其言行端谨，理见明白。兹欲归山韬光蓄养，临别出卷，需语为证，义不容默。"故书此以嘱之：

付汝归山莫住山，直教身世两无干。
他年垂手为人处，休把杨花作雪看。

石经意海珠

师云："心外无法可传，法外无心可印。既云无法无心，毕竟以何传受？是故我以无传之传而传，彼以无受之受而受。无受

---

① 坦：底本作"㘴"，"㘴"之形讹。

无传,是真传受。然佛祖印心之外,实无一法可得也。

"今吾徒祖意,字海珠,简邑王氏子。天资颖敏,志节卓伦。幼岁离尘,从予剃染;执侍巾瓶,最为有年。每究无字公案,旦夕营为,未尝替于禅寂。天顺甲申岁,立心于寺之西庵,掩关三载,刻志炼磨,昼夜用心,必期彻悟而后已。今志满出关,呈其所得,乞为证据。予乃详加研究,喜其发明的当,操履诚实,参以衣麈旌之,更宜依山保任。他日为人,自当精密。"

复垂偈以嘱云:

> 麈衣付汝表师承,切莫轻看负己灵。
> 他日宗门提祖令,直教千古播嘉声。

天成韶古音

晦迹禅关已有年,搜穷理窟悟空天。
机前拗折东山棒,荆璧心灯许的传。

南溪法本空

师云:"个一着子拈之不出、语之不及,惟自证者方知。所以佛祖授手,贵在心眼相符。"

今南溪余氏子名祖法,号本空,早向宗门,侍予座下,操究有年。一夕,剖呈见地,乞为证据。验其发明平实,特以衣麈授之。"

复成偈以嘱云:

古佛真灯传世久,递相授手到于今。
子能觌面承当去,续起宗风接道林。

平凉宜默宗

瞿昙举起花枝处,迦叶舒开笑眼时。
理见冥符心印合,玄机默契语言离。
追风铁马霜蹄疾,出窟金毛爪距齐。
传得麈衣归旧隐,更须操养极精微。

草亭玠圭庵　满州玉碧峰　金台浚首座
河南皞古灵

为问如何是汝心,答云无古亦无今。
于无有见眸添翳,即念无生地变金。
棒下翻身鱼透网,言前默首芥投针。
更须保任归岩穴,剔起真灯续少林。

济阳铎振宗

无受受中为正受,无传传外乃真传。
更须转位行权化,莫向无为净地眠。
不即不离从自在,随机随用任天然。
一朝果熟无形树,自有香风播大千。

锦城宝智光

师曰:"诸佛命脉,列祖心灯。头陀一笑,传来卢老,三更领去,支分派衍,各禀师承。虽然器有千差,毕竟理同一贯。其奈法久弊生,宗风陵替,人心不古,言与行违。苟非其才,实难禀受。"

今禅人真宝,字曰智光,锦城宦弁之子。以法断恩,惟道是志。偏参名宿,得旨知归。往来座下,亲炙有年。一夕入室,通其悟由,乞为证据。师乃痛加征辨,喜其法眼精明,行藏端谨,堪承宗嗣,特以衣麈旌之。

复嘱以偈:

来去依栖今有年,老夫意旨得亲传。
他时养就孤光日,坐镇宗门验正偏。

锦城中正堂

岷雪堆中隐道踪,操存要与古人同。
当年佛祖传心事,尽在拈花一笑中。

眉阳熏古檀

师云:"揭过名言,三世诸佛。口挂壁上,归空心路。二三四七,毕竟何传?黄面瞿昙到此,只得举手拈花;金色头陀,未

免破颜微笑。就中些子,太煞誵讹,语默难通,识情(冈)〔罔〕①测。苟非具空古今绝识之见者,于此鲜能无惑哉!"

眉阳华藏禅人,名深熏,字古檀。丰神奇古,气韵超然。龆龀为僧,志宗定慧。礼玉屏老禅,请益无字公案以为究心摽指,潜心林屋,玩味有年。兹扣石经,投诚印可。师为勘辨曰:"子乃平实地上人也,正宜进步竿头。彻底穷源,可也。"遂以衣麈旄之,复垂偈以嘱云:

久向林泉遁此身,操心履践喜清贞。
偶来印可机缘合,折得青莲一朵新。

西山行普门

☒②向天成扣别传,亲从掌下契机缘。
雪山深处藏踪迹,蓄养须教爪距全。

棠城印宝文

"明投暗合,还他本分衲僧;续焰联芳,须是克家种草。是以世尊拈花,迦叶微笑,心眼冥符,机缘默契。自此西土东土,一道相承;四七二三,心心相印。噫!自非具差别智,曷能任持哉!故先哲所谓:'见与师齐,减师半德;见过于师,方堪传受。'嗟!今参叩衲子,多不揣己之寸器与其工夫造证,比古人

---

① 罔:底本作"囟",此处乃"罔"之讹。
② 底本残泐一字,暂无力补足。

优劣何如耳!

"今禅人名洪印,字宝文。古渝棠城张氏子。天姿秀拔,气宇英明。蚤岁离尘,礼西禅雪峰老人为师。复参东普无际先师,开示无字公案,令其参究。又依大冈月溪宗师淘汰,栖迟（材）〔林〕① 壑,蓄养有年。兹因本师去世,未获印可,远扣东山,怀香入室,呈其见地,乞为证据。予乃勘辨,理见精明,操履真实,可以继西禅之宗风、续东山之慧焰。特以衣麈授之,用表师承,以定宗旨。此去,随时保任,无怠操存。他日为人,不得轻可,恐辱先宗,误赚后学。子当珍重吾言,勉之毋忽。"

复垂偈以嘱云:

从侍西禅最有年,东山心印得亲传。

普州座下承慈训,休牧堂前领痛拳。

道契老胡言外旨,言符临济句中玄。

他时垂手为人处,别立生机展化权。

大通理重山　　五台正本宗　　登州学无学

印宗南上座　　山西林秀峰

此去归山绝较量,寸心冷透自相当。

---

① 林:底本作"材"。衡诸语境,当为"林"之形讹,故改。

尽生不改冰霜操,死火堆中芋子香①。

翠微能悟空

师曰:"(▨)〔坐〕② 断舌头,不容开口;顿空心路,岂许思量。黄面老人无端举起花枝,金色头陀特地舒开笑眼,不觉(▨)〔全〕③ 机漏泄,心眼冥符,四七二三,如水传器。虽然如是,▨▨见彻离微、掀翻底蕴者,于此讵能领受哉!"

陕右翠微禅人真能,字悟空。童年出俗,道究单传。尝礼月溪宗师,请益无字公案,孜孜用志有年。今扣山房,呈心印可。

---

① 死火堆中芋子香:此用唐明瓒禅师之故实。宋赞宁《宋高僧传》卷十九《唐南岳山明瓒传》:"释明瓒者,未知氏族生缘。……寻于衡岩闲居。众僧营作,我则晏如;纵被诋诃,殊无愧耻。时目之懒瓒也。……天宝初,至南岳寺执役。尽专一寺之上,夜止群牛之下,曾无倦也。如是经二十年。相国邺公李泌,避崔李之害,隐南岳。而潜察瓒所为,曰:'非常人也。'听其中宵梵呗,响彻山谷。李公情颇知音,能辩休戚,谓瓒曰:'经音凄怆,而后篸悦。必谪堕之人,时将去矣。'候中夜,李公潜往谒焉,望席门自赞而拜。瓒大诟,仰空而唾曰:'是将贼我!'李愈加郑重,唯拜而已。瓒正牛粪火,出芋啖之。良久乃曰:'可以席地。'取所啖芋之半以授焉。李跪捧,尽食而谢。谓李公曰:'慎勿多言,领取十年宰相。'李拜而退。"《太平广记》卷三十八《神仙三十八》"李泌"条亦载是事,谓出《邺侯外传》;同书卷九十六《异僧十》"懒残"条,称出《甘泽谣》。

② 坐:底本残泐。据所存字迹及上下文义,当为"坐"。清远集《古尊宿语录》卷二十《(舒州白云山海会演和尚)次住太平语录》:"开眼为昼,合眼为夜。坐断舌头,谁谈般若。金色头陀,不入保社。"宋正受编《嘉泰普灯录》卷十七《简州南岩胜禅师》:"识取钩头意,莫认定盘星。会么?即心即佛几人知,立雪齐腰只得皮。四海浪平龙玩宝,尽他蝼蚁撼须弥。非佛非心绝谓情,玄途鸟道急回程。烁迦罗眼存机变,莫守寒岩异草青。心佛物兮俱不是,坐断舌头除药忌。横拈倒用总由他,活捉魔群穿却鼻。"

③ 全:底本残泐。据所存字迹及上下文义,当为"全"。宋师明集《续古尊宿语要》卷五《空叟印禅师语》:"所以道,群阴剥尽,何曾动着丝毫;一阳复生,已是全机漏泄。正当恁么时,如何?野水冰生银片段,寒梅雪绽玉零星。"了舜编《希叟绍昙禅师广录》卷一《法华语录》:"梅开的皪春,径糁模糊雪。装点早春容,庆贺新年节。少室家风,全机漏泄。堪笑神光不识儳,白把一枝臂折。有屈难伸说,无端拄杖重饶舌。"

师乃验之，云："踏翻大地，了无寸土；澈底穷源，更无一物。子作么生领会？"答云："有星皆拱北，无水不干庚。"曰："此中还假履践功用也无？"答云："履践则不无，功用不可得。"曰："只个不可得处亦不可得，子又作么生？"能拟开口，师振声一喝。能云："恩大难酬。"师为弹指云："知即得，宜加保任，无得以少为足。"故将衣麈授之，垂偈以嘱云：

　　微底掀翻见迹空，群星拱北水朝东。
　　机缘默（▨▨▨）〔契难容〕舌①，履践非无不滞功。
　　心印冷云灯续焰，派宗临济（▨）〔骏〕②追风。
　　他时出世为人处，倒握乌藤验异同。

石经闲白云

"（▨▨）〔传持〕慧命，贵在得乎其人。苟不得其人，谓之妄授：非（▨）〔但〕取辱先宗，实恐误赚后学。嗟！今时辈衲子，

---

① 契难容：底本残泐三字。据所存字迹及上下文义，所泐当为"契难容"。宋蕴闻编《大慧普觉禅师语录》卷二十七《答夏运使》："此个道理，唯证者方默默相契，难与俗子言。"明净柱辑《五灯会元续略》卷四《棠城宝文洪印禅师》："师曰：'祝赞已闻师之旨，拈花微笑意如何？'山曰：'机前有语难容舌，独许头陀一笑传。'"明通贤说、行浚等编《浮石禅师语录》卷五《苏州府尝熟福城禅寺语录》："'……大众且道，如何是空空底妙性？'竖拂云：'还会么？声前有语难容舌，惟许头陀一笑传。'下座。"
② 骏：底本残泐一字。据所存字迹及上下文义，所泐当为"骏"。宋法应集、元普会续集《禅宗颂古联珠通集》卷三十五《祖师机缘·六祖下第八世之二》："僧问：'如何是道？'师曰：'明眼人落井。'"颂曰："南北东西苦问人，新开多口接迷津。从兹八骏追风急，空望悠悠脚下尘。（佛印元）"宋太宗赵炅《御制逍遥咏》卷十一《周穆王宴瑶池赋》"何期远恣情深"句："驭骏追风，雨游八极。逐寻仙境，脱屣情深。"清净范说、智璋等录《蔗庵范禅师语录》卷二十四《佛祖源流颂上》："君不见，时鸟候虫，繁音成阵；神骏追风，千里一瞬。"

多不肯(☒)〔深〕蓄厚养，(性)〔惟〕①事口耳相传。欲望吾道之隆、慧灯不熄者，罕矣。

"今吾徒祖闲，字白云，乃棠城田氏子。幼而敏达，☒☒☒乘，舍爱出尘，从予披☒。每以究心之道为☒，☒☒☒无字话头，令其参昧。执侍有年，喜其诚笃，☒☒丹崖栖幻主而董其事。一夕，呈其见地，乞为印可。(☒☒)〔予乃〕②勘辨，宛有衲僧之作，诚为透网金鳞、摩天俊(☒)〔鹘〕③也。他日起吾宗者，舍子而谁！特以衣麈授之，用表师承，以定宗旨。此去，更宜深操力践，密炼潜符；直须彻证精微，务要掀翻底蕴。他日夤缘出世之时，切不可轻许耳，大须慎畏，勉之毋忽。子宜珍重。"

复嘱偈云：

外付袈裟定宗旨，内传法印契真心。

更能履践忘功用，慧焰腾(☒)〔辉〕④照古今。

―――――――――――

① 惟：底本作"性"。揆诸语境及字迹，当为"惟"之形讹。本卷前为古渝鉴无照等人咐嘱时，亦曰："迩来人心不古，师法益衰，学者不务真参实悟，惟事口耳评论。"
② 予乃：底本残泐二字。据所存字迹及上下文义，所泐或为"予乃"。本卷《棠城印宝文》有"予乃勘辨，理见精明，操履真实"之语。
③ 鹘：底本残泐一字。据所存字迹及上下文义，所残为"鹘"。宋正受编《嘉泰普灯录》卷二十七《颂古上》，大随南堂静禅师《即心即佛》："即心即佛，铁牛无骨。戏海狞龙，摩天俊鹘。西江吸尽未为奇，火里生莲香飍飍。"明道闲说、成岳等录《雪关禅师语录》卷一《信州博山语录》："若论本地风光，如摩天俊鹘，岂落二机；如踞地狮子，全威不动。直下便见，无第二人；拟议即乖，焉容钝置。正位尚嫌尊贵，偏方岂落程途。旋风千匝打归来，机轮绝断无回互。"
④ 辉：底本残泐一字。据所存字迹及上下文义，所泐或为"辉"。

陕府琳玉峰

师曰:"真源熄焰,知道乘秋。非过量(囗)〔人〕①,实难克荷。"

陕府禅人如琳,字玉峰。远叩东山,乞为印可。师乃问曰:"子在什么处用心?"琳曰:"无用心处。"曰:"恁么则虚丧光阴耶?"曰:"虚云日拶碎,廓彻太分明。"曰:"如何是分明事?"曰:"(▨▨▨)〔识得东〕② 君面,乾坤总③是春。"曰:"那个是东君面?"曰:"梅从▨▨▨,吐出劫前师。"曰:"未在。"曰:"面门鼻孔大头垂。"曰:"遂恁(庇)〔么〕④,则到无疑之地耶?"曰:"弟子亦不向这里住着。"曰:"子向什么处住着?"曰:"有无俱不滞,脱体绝思量。"曰:"只这绝思量处,子今正好思量。"琳乃应曰:"喏!喏!"曰:"且道绝思量处,如何思量?"曰:"非思量思量。"师为点首。遂以衣麈授之,复示偈云:

蒺藜棒下心相应,毒鼓声中见自捐。

丧尽全机开正眼,无传心旨得亲传。

---

① 人:底本阙一字。衡诸语境,所失当为"人"。明通容说、隆琦等编《费隐禅师语录》卷十一《峨雪曹居士过访书此致意》:"此事除非过量人,纵横担荷契全真。头头用去离情谓,法法消归于识神。月朗天空光彻夜,鱼腾海阔乐玄津。鸿儒多会宗门语,交臂一朝万古春。"明悟卓说、超常记录《锦屏破石卓禅师杂著·答天虞郑少司马书》:"据闻破石因缘,深有抱贼捉贼之见,非过量人知过量事乎!"

② 识得东:底本残泐三字。据所存字迹及上下文义,所泐当为"识得东"。明净柱《五灯会元续略》卷四《陕府玉峰如琳禅师》:"(楚)山曰:'如何是分明的事?'师曰:'识得东君面,乾坤总是春。'"清超永辑《五灯全书》卷五十九《陕府玉峰如琳禅师》,亦载是语。

③ 总:底本作"揔","揔"之形讹。

④ 么:底本作"庇",语义不通。或有残泐,当为"么"字。

三池诚一庵

翠屏遁迹几经年，捴透重关智眼圆。
旷劫偷心能坐断，天成命脉得亲传。

陕右澄古源

师云："裂石崩崖之句，不许停机；飞星走电之机，宁容眨眼。声前荐得，已堕功勋；棒下点头，早成钝置。苟非掀翻窠臼、捴透重关者，于此实难凑泊哉！

"京都敕赐迎祥寺上士讳清澄、道号古源者，乃临潼缪氏之子也。丰神挺异，气宇卓伦。早入空门，志宗密教。每以无字公案为话端，广参名宿，注意禅观有年。兹因公干，道经西蜀，特叩山房，呈心印可。喜其语不乖宗，机无壅滞，堪为佛种，可继吾宗。此去，正宜退休养静，淘汰精微，直须炼尽身心，始不自辜其志耳。兹以衣麈授之，用表师承，以定宗旨。更当珍秘，勿得轻可。"

复垂偈以嘱云：

> 远飞金锡过西川，特扣东山究别传。
> 不见见中接眉字，无心心外契机缘。
> 绍隆佛种须才器，锉服魔锋有俊贤。
> 慧命悬悬今付汝，更宜保任隐林泉。

庐陵照虚堂

师云:"崩崖喝下,不许停机;大火聚中,岂容栖泊。苟非拶透重关、脚跟点地者,于此安能无感哉!

今庐陵禅人照虚堂者,久隐凤山,潜心此道,参究有年。兹扣山房,呈其所得,乞为证据。正宜归山涵蓄、进步竿头,必期彻证无生而后已。特以衣麈旌之。"

复垂偈以勉云:

　　特扣绳床求证据,一辞不措契真心。
　　龙潭纸烛亲吹灭,赢得双眸照古今。

吉水莲净庵

师云:"透关具眼,还他本分衲僧;续焰联芳,须是克家种草。苟非如是而欲传心接武者,鲜矣。

今禅人真莲、字净庵者,掩关昭觉,策志有年。兹扣隐庐,乞为煅炼。验其履践,正宜晦迹潜光,必期彻证自心而后已。"

复垂偈以勉之:

　　劈破玄关悟本真,了阴无我证空身。
　　冷云室内符心眼,折得昙花一朵新。

石经住持节俭堂

住持节俭起家门，戒捡冰清迈等伦。
不离世间名相位，豁开正眼照乾坤。

汴梁哲大愚　　金台湛空海　　梁乡景翠屏
怀庆贤隐山

衣麈吾今付汝时，道林门户在维持。
待时出世为人处，横按吹毛振祖机。

金川选无学

绍隆佛种非凡器，荷负宗风实俊才。
楚水吴山俱历尽，石经传得麈衣回。

铠江明海东

付汝归山究祖机，万年一念志无移。
击开赵老无须锁，裂破空王冷面皮。
五叶心花开觉树，一泓定水接曹溪。

丹崖弊履亲传得,矮屋藏身且待(特)〔时〕①。

石经裕豁堂

古佛真灯,祖师慧命。非具绝识之见,一门超出乎尘鞅、脱略乎见闻者,不能玄绍宗风、传倡教旨。

吾徒祖裕,字豁堂。成都臣姓子。从予学出世法,侍于巾瓶,造证斯理,则有年矣。遂付衣麈,书偈以勉之:

　　博贯群书究一乘,扫空迷悟绝疏亲。
　　机前领得无传旨,列祖心宗喜嗣承。

西宁学道安

万仞崖头能撒手,虚空击碎一尘无。
和光扑灭真灯▢▢▢▢▢▢②

---

① 底本作"特"。衡诸字形及语境,当为"时"之讹。元梵琦首和、清福慧重和《天台三圣诗集和韵‧寒山子诗并和共九百二十一首》:"周旦自圣人,猜疑不免邵。已非上古风,今人常含笑。缁衣久伤风,难为出瓶药。不如且待时,一庵罢行脚。"清行刚尼说、授远等编《伏狮祇园禅师语录》卷上《偈语‧答孙子麟居士》:"堂皇独露了无依,透出云霄总不拘。描不成兮画不就,大地山河不出渠。咦!若还认得渠,瞥尔翻腾迅若雷。文言中毒无轻泄,高寄云峰且待时。"
② "和光扑灭真灯"之后,底本阙失第二十叶。

佚名①

掩关历②炼经年久，化尽身心一无物。
言外点头舒一 (⊘)〔卷〕③，姓名从此列灯图。

保定巩月山

大用临机不让师，夹山棒下点头时。
顶门突出摩醯眼，操养还当入细微。

山西鉴无尘　　滇池能大空
云南仁静山

付汝山中究自心，脊梁重为铸黄金。
直教豆爆寒灰里，续起灯光照古今。

---

① 因底本阙失，未晓此诗题目。
② 历：底本作"歴"，"歴"之形讹。
③ 卷：底本残泐。据所留字迹及上下文义，所残当为"卷"。舒一卷：即"一舒一卷"。禅林间回答也。宋惟白集《建中靖国续灯录》卷十五《秀州福严仲孚禅师》："问者如蛟龙戏于沧海，答者似彩凤舞于长天。一合一开，一舒一卷；纵横应用，啐啄同时。若遇本分衲僧，直须倒退三千里。参！"元道泰集《禅林类聚》卷十九《花果》"灵云勤禅师参沩山，见桃花悟道"条下："南华昺云：灵云悟处，穷尽万法根源。玄沙称提，坐断千差要路。一唱一酬，一舒一卷，大似把手上高山。然虽如是，路逢剑客须呈剑，不是诗人莫献诗。"

京兆玄古峰

师云:"老胡言外之旨,黄檗棒头之机。苟非异目超宗之士,无由契证哉!

京兆禅人恒玄,字古峰。久隐终南,静炼有年。兹扣山居,乞为证据。验其所得,空眼平实,正宜归山策进。他时冷谷春回,管取觉花吐秀。"

复垂偈以勉之:

几回入室经炉鞴,(丞)〔函〕① 盖相符语合宗。
回首深栖岩穴下,高踪堪继古人风。

山西富天然　　叙南杲太虚　　金陵怀古道　渭南恩义堂

上人自此归山去,息念忘机与死同。

---

① 函:底本作"丞"。揆诸字形及语境,当为"函"之讹。 函盖相符:朝鲜李能和《朝鲜佛教通史》卷三《当时禅宗初试选佛场榜》:"冀诸满庭高人,既遇圣明,幸获胜场,当须各尽己才,以应无私之选也。若目千绝偈,腹万卷诗,出众茂器,自然函盖相符。倘或学无三余,才乏七步,液横散材,必怀苟得,阴借他手,则取过非轻,必见放黜,须榜示预禁末论者:借述借书者,永永停举;代作代书者,永永停举;自述借者,一试年停举。"或作"函盖相称""函盖相应""函盖相投"等。宋悟明集《联灯会要》卷十六《东京天宁守卓禅师》:"大凡普会众前出来鼓扬此事,也须是个本分衲僧,方可函盖相投,当机剿绝。才有諸讹,便为离隔。"

不摄寸丝穷的的，舒开（日）〔白〕① 手展家风。

蒲田觉梦堂

乱云堆里冷潜心，休论年华浅与深。
养得栋梁材器（▨）〔成〕②，▨③天把地自成阴。

汝宁悟真空　　临潼达空源　　汴梁峦翠峰 方山贵天然

头陀初领得，达磨远传来。
吾今亲付汝，泸水一花开。

京兆寿南山

重来扣我云深处，特把钳锤为煅之。
会得老胡言外语，转身还句旧山归。

---

① 白：底本作"日"。揆诸字形及语境，当为"白"之讹。明明孟说、净范等编《三宜孟禅师语录》卷三《住姑苏古朱明寺语录》："雁唳秋声到客窗，寒风独坐剔银缸。筹输白手成家子，博得蓝田玉一双。些个事，恼人肠，从前事业费商量。夜月一钩清汉碧，渔歌嘹亮在沧浪。还我云门一句子，前三三与后三三。"明慧机说、幻敏重编《庆忠铁壁机禅师语录》卷五《法语·示堪舆僧》："有地无地先观，下臂打开中间。牛眠协吉，逆水龙入。怀案一起一迭看动变，大欲成快心见，主人爱者真堪羡。不消珍重指南经，粉碎虚空须着眼。既是澄波僧索字，铁老汉因甚说他家语话？咄！也是平地讨钱，白手图利。呵呵。"

② 成：底本残泐一字。据所存字迹及上下文义，所泐当为"成"。

③ 底本残泐一字，暂无法补足。

中川定古岩

见翳扫除空眼净,情冰泮释性源清。
冷云室内心相印,从此传灯有姓名。

彭城泰岳宗

师云:"传心印,直须是卓荦奇才,脱死超生,心假真参实悟。

"今彭城衲士净泰、字岳宗者,丰神魁伟,德量含洪。早入空门,志精禅学;多参尊宿,久遁岩阿。淬砺磨礲①,刻志有年矣。今岁入川,远扣东山,呈心印可。即其所得,验其真伪,喜其履践清白,可以归山,策志涵养;待时剖破佛祖藩篱、打穿黑漆桶底,始不自孤其志也。而以衣麈付之,用表宗门信具。他日为人,自当斟(的)〔酌〕。"

复垂偈以嘱云:

远扣室中求证据,怒雷喝下丧全机。
转身击碎金刚圈,传得丹崖旧衲衣。

---

① 磨礲:本指磨石,上下两片,咬合而成。南朝梁元帝《金楼子·杂记下》:"枚乘有云:磨礲不见其损,有时而尽。"比喻磨炼、激扬。唐刘禹锡《酬湖州崔郎中见寄》诗:"磨礲老益智,吟咏闲弥精。"宋楚圆集《汾阳无德禅师语录》卷下《不出院歌》:"志静安禅不出院,天机洞贯十方同。无为大化人难凑,有作微权世易通。真慧剑,绝磨礲,当疑破惑濯愚蒙。正定不生诸妄解,须知万法本元空。"明方孝孺《先府君行状》:"先君日以师道磨礲学者,昼夜辨析,谆谆不懈。"

河间慧大拙

衣(尘)〔麈〕① 犹传为信具,子当珍袭待其时。
不萌枝上心花绽,伫春香风匝地吹。

凤鸣亮晓东

师云:"藏身处,没踪迹,舍事入理,犹堕功勋。没踪迹处(☒)〔莫〕②藏身,无为地上不许安眠。此谓陋巷不骑金色马,回途却着破襕衫。故云不住无为、不尽有为者矣。虽然,苟非豁正眼于机先、脱见闻于棒下、彻底穷源于法自在者,诚难克荷哉!

"今凤鸣禅人讳如亮、字晓东者,气宇刚明,志行坚笃。蚤年割爱,以道为谋,力扣诸方,精修禅观,晨参夕究,操志有年。兹扣室中,乞为证据。验其发明允当,履践纯一,正宜归山淘汰;法法圆明,始可绍隆佛种。兹以衣(尘)〔麈〕③ 授之,用表师承法具。"

复垂偈以勉之:

---

① 麈:底本为"麈(尘)"。揆诸字形及语意,乃"麈"之形讹。
② 莫:底本残泐。据所剩字迹及上下文义,所泐当为"莫"。 没踪迹处莫藏身:语出宋悟明集《联灯会要》卷二十一《澧州夹山善会禅师》:"(船子德诚)即嘱师云:'向去直须藏身处没踪迹,没踪迹处莫藏身。吾二十年在药山,只明斯事。汝今既得,他后不得住城隍聚落,但向深山里、钁头边,觅取一个半个接续,无令断绝。'"
③ 麈:底本为"麈(尘)"。揆诸字形及语意,乃"麈"之形讹。

祖道垂(▨)〔秋〕▨①寂寥，恢弘克振在英豪。
冷翁(□□)〔密印〕② 亲传得，法海从教鼓浪涛。

大峨贤古愚

兄呼弟应眼相看，个事临机出语难。
倒却刹竿明白处，点头一笑许同参。

金台傲雪天

佛祖信衣今付汝，更宜操守入深山。
待教时节因缘至，拄杖临机莫等闲。

保定觉梦亭

棒下翻身契祖机，东山传得麈衣归。
更宜保任栖林穴，蓄养孤光且待时。

---

① 秋：底本残泐两字。揆诸所留字及语意，所泐第一字为"秋"，第二字暂无力补足。明明孟说、净范等编《三宜盂禅师语录》卷十一《佛事》："坦持镒小师封龛。'……以山门之故，鞠躬尽瘁，其成与否，殊不足介。惟不能忘情于祖道垂秋，其志在支大厦之将倾、障狂澜之趋下。'"明真哲说、传我等编《古雪哲禅师语录》卷十二《问答机缘》："洞山专使驰书至。师启缄，见书中云：'祖道垂秋，法多奸弊。'遂问专使：'只如法中奸弊，作么生除得？'"

② 密印：底本阙失两字。衡诸语境，所失当为"密印"。宋惟白集《建中靖国续灯录》卷十三《洪州黄龙山元肃禅师》："问：'祖翁西来，谁家嫡嗣？'师云：'面南观北斗。'僧曰：'黄龙密印亲传得，百丈今朝一派流。'师云：'听事不真，唤钟作瓮。'"

瀛海杲智光

"世尊拈花、迦叶微笑,此谓离言妙旨,目之为教外别传。自西天东土一道相承、两脉支分五宗派衍,至我东普蚕骨老人,宗风愈盛,玄唱弥高:照世灯十方吐焰,优钵花遍界吹香;人人鼻孔辽天,个个脚跟点地。虽然一水无殊,其奈众器有异。苟非其器,实难传受哉!

"禅人道杲,字智光,乃瀛海世家之子。性资明敏,志〔宗〕①禅学。参究万法归〔一〕②公案,隐遁林泉有年。入川扣予,呈心所见,乞为证据。征辨明白,嘱以归山,再加功力,见彻底源,不须其志。兹以衣麈授之,用为信具;他时灵梢果熟,香风自播。子当珍重吾言,勉之毋忽。"

复垂偈以嘱云:

鹫岭拈花向上机,个中密意许谁知?

子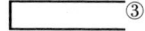觌面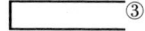传得,会见联芳吐焰时。

潼关□拙堂

③

---

① 宗:底本残泐。据所余字迹及上下文义,所泐为"宗"。本卷前《眉阳薰古檀》亦言"韶龀为僧,志宗定慧",《陕右澄古源》也载"早入空门,志宗密教"之语,皆可为证。
② 一:底本阙一字。据语境,所失当为"一"。
③ 此下,底本阙失第二十五、二十六两叶。

淄川增寿峰　　圆觉山景云　　锦川智体空
金堂顶大庵　　陕府镜无相　　天彭福东溟
宛平聪无听

"露别传之道，只是这个，惟许自知，不堪明破。苟非撒双手于万仞崖头、死寸心三顿棒下者，于此实难克荷哉！

"京都禅人定聪，号无听，乃宛平望族也。既冠为僧，从师剃染，每以无字公案为参究，久栖岩穴，用心无怠。今扣草庐，乞为决策。征其所见，吐语无欺，正宜归隐；顿空流注，彻证心源，始不负于己灵也。"

复书偈以印之：

　　心心原不有，法法本来空。
　　无心无法法，只此是吾宗。
　　子当宝重，勉之毋忽。

保定因大缘　　东莱畴古田
南华善毒翁　　阆苑镇祖庭　　京兆岩古梅
温州聪察堂
凯江兴大用

心心原不有，法法本来空。
心法本无授，续起少林宗。

怀庆麟瑞宗　　金台林翠岩
金台昶东来

万法空来契本真，棒头喝下解翻身。
麈衣传得归山去，果熟寒林自有春。

简池①慧月光

（☒☒）〔禅人〕常慧、道号月光者，乃简池李氏子也。赋性敏（☒）〔达〕②，（☒☒☒）〔执节坚〕③素；夙植灵根，深种般若。童稚时，自知幻身（☒☒）〔虚假〕④，同于沤露电影，非久把玩；弃

---

① 简：底本作"蕳"。简池：即赖简池。在蜀地简州。唐李吉甫《元和郡县志》卷三十二《剑南道·成都府》："简州……隋仁寿三年于此置简州，因境有赖简池为名。"明李贤等撰《明一统志》卷六十七《成都府·山川》："赖简池：在简州东北九十余里，隋立，州名取此。""东溪：在简州东三里。姚孳《碧波亭》诗：'赖简池台两蜀夸，东溪别是一仙家。令人却忆康王谷，坐看珠帘溅雨花。'"《佛冤禅师语录》卷十二清彻纲说、祖缘等编《简阳九曲铺茶庵记》："余于己巳秋，谢事昭觉，自焦沙买舟而下，抵简池。昔周金刚故里也。"
② 达：底本残泐。据所留字迹及上下文义分析，所泐当为"达"。源谅著、刘彩霞编《律宗灯谱》卷四《韵松莲城律师》："生而具福德相。及长，爱澹泊清净，遂投益念大师出家。赋性敏达，智慧过人。至于内外教典，无不通彻。"
③ 执节坚：底本残泐三字，唯中间一字余"节"字大半，尚可辨识。揆诸文义，其他所泐二字当为"执""坚"。唐道宣《续高僧传》卷十三《释法详》："其执节坚固，率皆类此。兼又持信标仪，不交华薄，申令众范，出言归敬。"宋宗晓编《法华经显应录》卷上《长安叡法师》："释慧叡，冀州人。执节清峻，参学游方，至南天竺国界。殊方异典，无不洞晓。"
④ 虚假：底本残泐。据所留字迹及上下文义，所泐或为"虚假"。宋赜藏主集《古尊宿语录》卷十一《慈明禅师语录》："汝等若能了知幻身虚假，本来空寂，诸见不生，无我人众生寿者，法皆如故。"明徐长孺集《东坡禅喜集》卷四《梦斋铭》："法身充满，处处皆一。幻身虚妄，所至非实。"

其所重，志愿出家。☒☒（☒）〔缠〕① 爱之而不舍。见其志不可夺，遂令落发，礼白云老禅为师。复谒妙峰和尚，请益无字公案，参究☒年。凡古德语录，闻即知义；于禅门宗旨，颇有领纳。一日，裹香入山投诚，决策所以。古人垂一言半句，政在解黏去缚、抽钉拔楔，岂有实法系缀于人？多见学老执指为（☒）〔月〕②，求玄妙、求解会以当宗乘，深可怜悯。所以此事在上根利智，见不为难；稍若机器陋劣，加以怠随，弃本逐末，则无有得期，真自外也。庞老云："但愿空诸所有，慎勿实诸所无。"此语最好。苟能以此为心，则☒无限☒也。

月光此去，正宜退林静养、密练潜鞭。直须彻登本空源底，始不自孤其志耳。

特以衣麈旌之，用为信具。复垂偈以勉之，(异)〔冀〕③ 其所行不渝其操也。月光其尚勉乎哉！

　　子亲到我云深处，叩我单传向上机。
　　古鼎香焚枯柏（☒）〔枝〕④，（☒）〔净〕瓶花插腊梅枝⑤。
　　饮光一笑传心处，临济三拳悟旨时。
　　此去若能全陷节，孤风堪继总持几。

---

① 底本残泐三字。前二字不可辨识，唯第三字据所余字迹推断，当为"缠"。
② 月：底本残泐。据所剩字迹及上下文义，所泐当为"月"。
③ 冀：底本作"异（異）"。衡诸语境，当为"冀"之形讹。
④ 枝：底本残泐。揆诸语境，所泐或为"枝"。宋王镃《宿香严院》诗："地炉煨火柏枝香，借宿寒寮到上方。山近白云归古殿，风高黄叶响空廊。敲门僧踏梅花月，入夜猿啼枫树霜。梦醒不知窗日上，时闻清磬出松堂。"清超质说、明嵩等编《石璞质禅师语录》卷一《住姑苏太仓州香林禅院》："石笋抽条，冰河发焰。寒灰豆爆，铁树华开。拈起庭前枯柏枝，却是波斯底鼻孔。其或未然，纵使群阴都剥尽，何曾亲见一阳来。"
⑤ 净瓶花插腊梅枝：谓以腊梅供佛。清如乾说、张恂编《憨休禅师敲空遗响》卷十《供佛前瓶花》："闲把瓶花插几枝，翩翩蛱蝶满庭墀。一帘风细幽香散，纵是瞿昙也不知。"净，底本残泐，据所剩字迹及上下文义，所泐当为"净"。

京兆遇佛心　　**金台秀云峰**
东鲁永镇宗

拈起花枝对众施，头陀微笑契真机。
麈衣传得今归去，鸡足山中日待时。

瀛海贵天然　　**洛阳善本然**
金（陡）〔陵〕① **林古芳**
郫筒纯素天

豁开空眼透重关，羡子亲传衣麈还。
直入深山加隐蓄，真灯吐焰照人间。

陕右明月堂

东山座下久依栖，捱透重关契祖机。
直入深山更深处，从教花吐少林枝。

普州广大机

工夫捱透祖师关，棒下翻身展笑颜。

---

① 陵：底本作"陡"。衡诸字形，当是"陵"之异体字"陵"之形讹。

传得麈衣归嶂壑,煌煌慧焰照人间。

开封广大方
山东聪慧堂

法法从来本属空,当机一嘿自从容。
只今付汝归山去,花鸟休☐见迹踪。

南阳慧寂光

这个自心心,本性元空寂。
灵山大觉仙,摽作离☐☐。
〔▆▆▆〕焰①,赢得芳名入祖图。

凤山晓月庭

"世尊拈花、迦叶微笑,此谓离言妙旨,目之为教外别传。自是西天东土一道相承,两脉支分五宗派衍,至我东普蚕骨老人,宗风愈盛,玄唱弥高:照世灯☐☐吐焰,优钵花遍界吹香;人人鼻孔辽天,个个脚跟着地。虽然一水无殊,其奈众器有异。苟非其器,实难传受哉!

"兴福禅人继晓、道号月庭者,乃蓉城名门之子。天姿俊伟,

---

① "焰"之前,疑有脱文。

器宇不凡。蚤岁超尘，礼昭觉住山震空长老为师。复参宝峰和尚，请益无字公案，参究有年。兹扣山房，呈似工夫，乞为印可。征辨再三，发明（▨）〔允〕①当，（▨）〔空〕②眼平实，履践纯真。此去，正宜归山保任，淘汰精微；直须死尽全心，管取联芳续焰。特以衣麈授之，用表宗承，以为信具。子当慎秘，勿得草草妄可。珍重吾言，勉之毋忽。"

复垂偈以嘱云：

祖关挣透自无猜，优钵昙花一朵开。
传得东山衣麈去，更须保任待时来。

平阳源绝流

至理本来无一物，老夫毕竟以何传。
一枝无柄龟毛拂，付汝他时表信缘。

锦江传古宗

教外别传来，东西为证据。
子今欲绍隆，更须加猛力。
默尔▨全机，虚空成粉碎。
慧焰吐心花，香风播大地。

---

① 允：底本残泐。据所余字迹及上下文义，所泐当为"允"。
② 空：底本残泐。揆诸语境，所残为"空"。

金台海平川

(尘)〔塵〕① 王▨▨分付汝，更宜操守隐岩层。
身心死尽（▨）〔风〕② 光露，续起东山照世灯。

京兆广无▨　　金（陡）〔陵〕③ 然古灯
金台玉金峰

▨来（▨▨）〔扣我〕④ 印真心，不用求玄觅妙寻。
喝下若能明得去，祖灯剔起照丛林。

醴泉严敬堂　　金台净古湿⑤
同州觉宝明　　天成实无相　　山西赋天全
三溪定祖峰

相依栖碧经年久，来叩东山教外禅。

---

① 塵：底本作"麈（尘）"，形讹。
② 风：底本残泐。据所泐字迹及上下文义，所残当为"风"。身心死尽风光露：宋释子文编《佛果克勤禅师心要》卷下《示魏学士》："此本来面目现、本地风光露，一道清虚便是自己放身舍命、安闲无为快乐之地。千经万论只说此，前圣后圣作用方便妙门只指此。"明道盛说、大成等编定《天界觉浪盛禅师语录》卷十一《第二十八代少室月舟文载禅师》："梦中撞出风光露，便解撒沙为佛事。惊见提唱善藏锋，劈碧岩者是何故。老无方，手段好，嵩山影石冷推倒。悟得大龙杀活机，山花涧水真神巧。祖庭主鼎久如丝，泛月千峰看抖擞。"
③ 陵：底本作"陡"。衡诸字形，当是"陵"之异体字"陵"之形讹。
④ 扣我：底本残泐。据所剩字迹及上下文义，所泐当为"扣我"。
⑤ 湿：音义未详。元姚守中《中吕·粉蝶儿·牛诉冤》："一个是曾受戒南庄上的忻都，一个是累经断北湿王屠。"

一喝声中开正眼,冷云心焰许亲传。

▨山昶空天　　通州玉楚峰　　嘉阳▨铁心
山西爱敬堂

豁开正眼透重关,棒下翻身展笑颜。
传得麈衣归碧嶂,真灯吐焰照人间。

庆阳明本空

列祖传来古佛心,(▨)〔递〕① 相印可到于今。
子能觌面亲 (▨)〔承〕② 得,剔起真灯接少林。

金台顺逆舟　　汉繁玉莹堂　　兴化定慧堂
京兆澄大海

这个无心心,东西密相印。
付汝入深山,结跏更保任。

---

① 递:底本残泐。据所剩字迹及上下文义,所泐当为"递"。
② 承:底本残泐。据所剩字迹及语境,所泐当为"承"。明道盛说、大枢等录《天界觉浪盛禅师嘉禾语录》:"从来密旨起潜渊,今日相逢不偶然。觌面亲承千圣眼,风光无处不周旋。"明慧机说、幻敏重编《庆忠铁壁机禅师语录》卷七:"觌面亲承第二义,画影图形岂居一。落三落四偈赞颂,试问那个是真实。仔细检点将来连,者话也不该说底。(石砫马宣慰请)"

高平镛大韶

真机密付印心，麈衣相传表信。
子今得旨归山，百尺竿头更进。

高篮圆无相

付汝归山绝较量，碧云深处掩柴房。
蓦然豆爆寒灰里，自有孤光照世长。

蓉城敬止堂

鼻祖西来言直指，曹溪一脉远分流。
麈衣付汝归岩谷，坐断云根可出头。

泸阳钟鼎庵

列祖真灯，先佛慧命。
四七二三，东西相应。
内法契心，外衣表信。
付汝归山，宜加保任。

永川云无心

无心无法亦无传，只个无传亦剩言。
衣（尘）〔塵〕① 领将归涧壑，直须深隐待时缘。

普州金玉峰

▨▨实▨参禅，莫向无为地上眠。
若也悬崖能（▨）〔撒〕② 手，祖师衣钵许亲传。

此去山中宜保守，炼尽身心同枯朽。
冷灰豆爆眼睛▨，▨▨庵前狮子吼。

棠城传古灯

衲僧能（▨）〔具〕③ 透关眼，佛祖钳锤过不难。
衣（尘）〔塵〕④ 相传为▨▨，▨灯续焰照人间。

---

① 塵：底本作"塵（尘）"，"塵"之形讹。
② 撒：底本残泐。据所余字迹及上下文义，所泐当为"撒"。
③ 具：底本残泐。据所存字迹及上下文义，所泐当为"具"。宋妙源编《虚堂和尚语录》卷四《法语·示蓬莱宣长老》："本色衲僧，具透关眼。风惊草动，悉辨来机。"元元长说、嗣诏编《千岩和尚语录·跋般若头》："且道是谁屈曲？须具透关眼，方为过量人。"
④ 塵：底本作"塵（尘）"，"塵"之形讹。

新城明月堂

衣（尘）〔麈〕① 相传印汝心，更宜韬晦隐岩岑。
他时养就孤光☒，☒按吹毛定古今。

凯江聪慧堂

冷云室内相依久，三唤三呼一嘿酬。
付汝麈衣为信具，水边林下可藏头。

保定玺天璧

一喝声中透祖关，更宜操养入深山。
麈衣觌面亲传得，续起真灯照世间。

保定深月涧

心心元不有，毕竟了无传。
于无所得处，一笑契机缘。

---

① 麈：底本作"塵（尘）"，"麈"之形讹。

凤翔闻性空

自远投诚求证据,冷翁棒下契真机。
☒☒妙旨亲传得,续焰联芳振祖规。

金陵用大机

特叩山房求印可,迅雷喝下死偷心。
(尘)〔麈〕① 衣付汝归山去,续起煌煌照世灯。

陕右端指南

捘透重关正眼开,百千玄妙竟无猜。
而今试向东山过,夺得传心衣麈回。

渭南秀天峰

两回叩我冷云轩,特把工夫验的端。
棒下点头心印合,好提鉏斧住层峦。

---

① 麈:底本作"麈(尘)","麈"之形讹。

泸阳行雪堂

心眼相符针芥合，白云深处且藏头。
冷灰豆爆孤光露，香象浮河自截流。

天彭澄月天

一语投机芥合针，更宜保任入山林。
从斯印可真心后，自有孤光照古今。

碉▨▨无传

付汝袈裟养道情，已躬大事获分明。
蓦然揣碎虚空骨，续起煌煌照世灯。

内江会百川

此僧扣我石经门，传得袈裟入冷云。
直得虚空成粉碎，真灯吐焰照乾坤。

贵阳成果堂

个点殊灵心，本性原空寂。

体合太虚空,神妙难思议。
◪在白草头,弥纶塞天地。
达磨远传来,儿孙相授继。

子今欲何持?须进竿头步。
一念彻空源,身心成粉碎。
灵焰吐真灯,心花开觉树。
倒用与横拈,无是无不是。

策唐安妙法藏归山

上人此（欤）〔欲〕① 归山去,乞我一言为策励。
无字单提猛下疑,二六时中休放意。

蓦然拶透祖师关,突出神光照天地。
从教万别与千差,倒用横拈无不是。

助缘人士及刊工②

　　　汶川曹觉寿　　叙郡刘福贵
助缘比丘河南亮晓山　资阳玄默堂

---

① 欲:底本作"欤"。《说文·欠部》:"欤,喜也。从欠,吉声。"义不契。当为"欲"之形讹。
② 底本无。据语境补。

金台锺易堂

助缘善士曹觉先　刘福敬　刘福昂

毛⊘海　郑觉泰　郑觉洪

陈福佐　王仲辅

锺福宽　韩五官人　陈福能

刊（⊘）〔匠〕①　蒋端　郭俭　蒋鳌

---

① 匠："刊"之后，底本残泐。据留存字迹判别，或为"匠"。

附　录

据明明河撰《补续高僧传》，明真本说、机峻等编《古瓶山牧道者究心录》，清悟进说、真理等编《介庵进禅师语录》及清仪润证义《百丈清规证义记》等，楚山绍琦禅师乃东普道林无际禅师之弟子；无际上嗣古拙俊，古拙俊复嗣白云智度；无际下传月溪澄，月溪澄再传夷峰宁。其关系如下：

　　临济第二十世处州福林白云智度禅师——临济第二十一世太平府繁昌八峰山古拙俊禅师——临济第二十二世川东普州道林无际明悟禅师——临济第二十三世南京大冈月溪澄禅师——临济第二十四世大冈夷峰宁禅师

为便于认识楚山绍琦禅风，故附录楚山及其师无际禅师和师祖古拙禅师的有关传记于此。

一、太平府繁昌八峰山古拙俊禅师

［明］真本说、机峻等编

临济第二十一世太平府繁昌八峰山古拙俊禅师。

无际参师，问："还我照用来！"际云："若有照用，即成障碍。"师云："者厮着空，佛也救不得！"际云："有无俱寂灭，空

佛悉皆非。"后示以偈云："忆昔繁昌一别时，此心能有几人知。无弦曲子真堪续，慧命悬悬付与谁。"

付法偈曰："一道不心光，三际十方明。何于明白中，有明有不明。"

蓦将照用验端由，高价随机劈面酬。
掀翻空佛皆非处，月满青天水满洲。

(《古瓶山牧道者究心录》卷三)

二、安岳了悟传 （附露源）

[明] 明河

了悟，号无际，一号蚕骨。安岳人。生莫氏。幼佣于大竹雁平里黄友谅家，能办，异他佣，尝有人代为耕牧者。黄异之，妻以义女。相对叠膝，坐如宾客，未尝小涉温暖；与同作语，皆佛法。黄益奇之，因结庵使居，以成其志，如时送饮食衣服无阙。

一日，义女私送一辆鞋。师讶曰："此何来也！"遂引刀碎之，说偈，谢主人而去。

削发于定远之罗围寺，师事本真长老。本真为言，幽谷和尚为当今善知识。即蹑躇往参，获证心要。因而发通，大著灵异，四方无贤愚咸归向之。登座说法，天花如雨。

尝经巴之刘何乡，乡人礼之。师说偈曰："天下大旱，此处半收。天下大乱，此处无忧。"所言罔弗获验。自是，从者日众，所至腾沸。或以妖妄惑众，拘于按察狱中。昼则端坐，夜则出募

钱，修狱坏屋，至今狱无鼠虱蚊蚋。

师居安岳四十余年。

永乐中，召诣京师。命为宗主，登坛说戒，赐号大善知识。

后居南京牛首寺。

一日，集众说偈："我我元无我，光明圆陀陀。荡荡任纵横，处处无拘锁。"端坐而化。赐祭，给传。还葬木门。所著语录一卷，行世。

师之嗣曰灵源，字不二。凤阳薛氏子。神采颖秀。谒无际，授以无字话，久之有省。乐广安山水，结茅，扁曰"雪骨"。方时，太宗遣使纂修天下及访仙释有显迹者。有司忽而不录。源作文自上之，中寓规讽。知州朱亨恶其妄，奏之。取至京，下于理问状。甫及门，泊然脱化。上闻之，叹曰："失此僧，朕无缘也。"赐塔北门。

（《补续高僧传》卷十九）

三、川东普州道林无际悟禅师

[明] 真本说、机峻等编

临济第二十二世川东普州道林无际悟禅师，别号蚕骨。蜀中人也。年二十出缠，缚竹为庵，研励无懈；四指大书，帖亦不顾；只是拍盲做钝工夫。后得大彻大悟，即呈本师偈曰："寂照无上下，光明处处通。本来无皂白，无处不含容。"

正统九年，应召说法。上大悦。

师尝以无字公案示徒。月溪澄久依座下,深得奥旨。特书"月溪"二字法语示之,并付法偈云:"我无法可付,汝无心可受。无付无受心,何人不成就!"

才云无字立纲宗,金屑依然著眼中。

蓦地虚空连底脱,大千沙界一时通。

(《古瓶山牧道者究心录》卷三)

四、东普无际明悟禅师

[明] 通问编定、施沛汇集

蜀之安岳通贤镇莫氏子。年二十,弃家。初未遇人,习坐禅入定工夫。后往楼山,访清菩萨。清举赵州无字话,师当下有省。自此,靠个无字,如一座须弥山相似,行住坐卧常在定中。一日坐次,忽然光明洞照,无一毫可得;占偈有"虚空包不住,大地载不起"之句。

西江悟首座指见无念。会念谢世,遂参古拙。礼拜次,拙谓侍者曰:"者僧有福德相。拈拄杖,靠椅坐。"命师供说行脚。师为直叙,拙曰:"你且去!我不知你者样工夫。"一日,复上方丈。拙震声一喝,拈拄杖作打势。师呈身就棒,拙曰:"我棒头有眼,不打者般死汉!"拽拄杖便出。师拱立不动。拙复还坐。蓦札问曰:"大地平沉,你在甚么处?"师曰:"全露法王身。"拙曰:"万法归一,一归何处?速道!速道!"师曰:"不道。"拙曰:"因甚不道?"师曰:"亘古亘今。"拙曰:"亘古亘今,即且置。你在西川,什么物恁么来?"师不语。良久,拙曰:"哑子得

梦向谁说。"一日,拙为更号"无际"。师曰:"恁么,则无际亦未在。天下老和尚尽向者里成道,历代祖师尽向者里成佛。即今有说佛说祖底出来,尽教遣出门去。不如某甲者里䐓䐓打睡。"拙笑曰:"者汉此后不受人瞒去也。"

师尝有《走马灯》偈曰:"团团驰走不停留,无个明人指路头。灭却心中些子火,刀枪人马一齐休。"

后有法嗣七人。有付法偈曰:"我无法可付,汝无心可受。无付无受心,何人不成就。"

(《续灯存稿》卷九)

五、东林蚕骨悟禅师

[清] 晦岳说、全琳等录

东林蚕骨悟禅师。

楚山参。至晚复召,诘曰:"汝平昔发明处,次第说来。"山以实对,林曰:"还我无字意来。"曰:"者僧问处偏多事,赵老何曾涉所思。信口一言都吐露,翻成特地使人疑。"林曰:"如何是你不疑处?"曰:"青山绿水,燕语莺啼,历历分明,更疑何事?"林曰:"未在。更道。"曰:"头顶虚空,脚踏实地。"林曰:"未在。再道。"山礼拜。林曰:"如是。如是。"

师资会晤,如虫御木。

夺鼓抢旗,所向无敌。

还有明辨端倪者么?

曹溪波浪如相似,无限平人被陆沉。

……

蚕骨明悟禅师问古庭坚曰:"子别我在甚处?"曰:"佛祖行不到处。"曰:"还许人来否?"曰:"坦然无碍。"天目进颂曰:"水边林下旧生涯,土凳柴床意味佳。归兴忽然动昨夜,谩将客思寄烟霞。"

东林善得养子之缘,争奈怜儿不觉丑。古庭故有应对之节,不无骄奢之态。检点将来,一人理上偏枯,一人事上偏枯。且如何得恰好去?天目怎么道,大似平分风月,浑无左右。要会二老落处,只恐未在。

(《晦岳旭禅师语录》卷八)

六、楚山琦禅师

[明] 云栖袾宏　辑

解期

"选佛场开定祖机,辨明邪正在钳锤。禹门浪暖风雷动,正是鱼龙变化时。即今众中,莫有冲波激浪者么?"问答不录。

师以拂子打一圆相,云:"机前一着,觌面全提。"

复击禅床一下,云:"句外一言,和声揭露。个里不许停思顾虑,岂容开口分疏?只饶眨得眼来,剑去久矣。纵是佛祖到此,也只得攒眉有分。何也?盖非言路所通,亦非心识所测。若是个英俊衲僧,向未举以前,自当点首一笑。是故祖师门下,法应如是。嗟观近世以来,人心不古,禅学之者不务真参实悟,惟

是接响承虚；以觉识依通为悟明，穿凿机缘为参究，破坏律仪为解脱，夤缘据位为出世：以致祖风雕弊，魔说炽然，塞佛法之坦途，瞽人天之正眼，使吾祖教外别传之道于斯而委地矣。故我大觉释尊于二千年外已识尽众生心病，预设多种奇方，于无渐次法中曲垂修证规则，不过只要诱引当人一个入路。故经云：'末世众生，希望成道。无令求悟，惟益多闻，增长我见。'又云：'众生未悟，作何方便普令开悟？'佛令结制安居，克期取证；'过三期日，随往无碍'；故知结解之有时也。且如即今诸大德，于九十日中还曾证悟也无？已悟之者，置之勿论；如其未悟之者，则此一冬不免又是虚丧了也。若是个本色道流，以十方法界为个圆觉期堂，也莫论长期短期、百日千日、结制解制，但以举起话头为始：若一年不悟，参一年；十年不悟，参十年；二十年不悟，参二十年；尽平生不悟，决定不移此志，直须要见个真实究竟处，方是放参之日也。故先哲所谓一念万年，岂虚语哉！"

遂举起拂子召众，云："还知这九十日内参究的消息落处？不见世尊道：'居一切时不起妄念，于诸妄心亦不息灭，住妄想境不加了知，于无了知不辨真实。'个里明辨得老瞿昙得失誵讹处，要证圆觉，不为难矣。设或未能见彻，切忌依语生解。幻叟今日不辞饶舌，试为诸人颂出：猛火铸成金弹子，当机捏碎又浑囵。等闲失得俱拈过，风送潮音出海门。"

示秀峰居士

夫念佛者，当知佛即是心。未审心是何物，须要看这一念佛心，从何处念起；复又要看破这看的人，毕竟是谁。这里有个入

处，便知圆悟禅师道"不是心，不是佛，不是物"，是个甚么。故祖师云："心同虚空界，示等虚空法。证得虚空时，无是无非法。"

所言心者，非妄想缘虑之心，乃虚明圆湛广大无相之心也。三世诸佛之所证，证此心也。六道众生之所昧，昧此心也。诸佛由悟而证，号曰菩提。众生因迷而昧，故曰烦恼。在圣不增，在凡不减。得之不有，失之不无。迷则业缘，悟名佛性。盖知迷悟在己，得失非他。当知此心旷劫至今，本无生灭，原非染净；孤光皎皎，脱体无依；妙用真常，廓周沙界；无形状可见，无声响可闻。虽然无相，无相不宗。虽曰无声，无声不应。是一切色相之根，乃一切声响之谷。色空不二，动静一如。法法虚融，尘尘解脱。是知心有则法有，心空则法空；心邪则一切邪，心正则一切正。若了此心，法亦不有；心法既无，则一切是非名相皆空；是非名相既空，则山河大地、色空明暗，直下与当人自性心佛觌体混融，了无隔碍。

居士于此果能信入，则与从上佛祖所证所得更无差别，复何凡圣迷悟得失之可论哉！

设或未然，亦不用别求玄妙，厌喧取寂。但将平日所蕴一切智见扫荡干净，单单提起一句"阿弥陀佛"置之怀抱，默然体究，常时鞭起疑情："这个念佛的毕竟是谁？"返复参究，不可作有无卜度，又不得将心待悟；但有微尘许妄念存心，皆为障碍，直须打并，教胸中空荡荡无一物，而于行住坐卧之中乃至静闹闲忙之处，都不用分别计较。但要念念相续，心心无间，久久工夫纯一，自然寂静轻安，便有禅定现前。

倘正念不得纯一、昏散起时，亦不用将心排遣，但将话头轻轻放下，回光返照，看这妄想昏沉从甚么处起。只此一照，则妄想昏沉当下自然顿息。日久坚持此念，果无退失，蓦忽工夫入妙，不觉不知一拶疑团粉碎，历劫尘劳当下冰消瓦解，只个身心二字亦不可得矣。于这不可得处，豁开顶门正眼，洞彻性空源底，自当点首一笑，始知涅槃生死、秽土净邦俱为剩语。到此，始信山僧未尝有所说也。更须向真正钳锤下搂空悟迹、掀翻窠臼，然后证入广大甚深无碍自在不思议解脱三昧境中，同佛受用。以斯治国泽民，则可以垂拱无为而坐致太平者矣；以此超脱死生，则应用施为而无可无不可也。

居士其尚勉之。

示月庭居士

夫格外真机，难容凑泊；初参之士，必假筌蹄。所谓梵语阿弥陀佛、此云无量寿佛者，觉也；觉即当人之自心，心即本来之佛性：是故念佛者，乃念自心之佛，不假外面驰求。马大师所云"即心即佛"，是也。

或谓即心是佛，何劳更念佛乎！只为当人不了自心是佛，是以执相循名、妄生倒惑、横见生死、枉入迷流，故劳先圣曲垂方便，教令注想观心。要信自心是佛，则知念佛念心，念心念佛，念念不忘，心心无间。忽尔念到心思路绝处，当下根尘颖脱、当体空寂，始知无念无心、无心无念；心念既无，佛亦不可得矣。故云从有念而至无念，因无念而证无心；无心之心始是真心，无念之念方名正念：无佛之佛，可谓无量寿佛者矣。到此觅一毫自

他之相，了不可得，何圣凡迷悟之有哉！

只这不可得处，即识心达本之要门，乃超生脱死之快捷方式。居士果能于此洞彻自心源底，始信火宅凡居即为西方安养、举足动足无非古佛道场、溪光山色头头章紫磨金容、谷韵风声历历展红莲舌相；尘尘契妙，法法该宗；不即不离，心心解脱：于斯领旨，管取一笑而无疑矣。

居士其尚勉乎哉！

机缘法语

次日，性空首座入室参扣曰："昨蒙和尚开示济川首座蒙山三关话。弟子虽获与闻，心犹未了，幸望和尚别垂方便。"师云："照前问将来！"空云："蟭螟虫吸干沧海，鱼龙虾蟹向何处安身立命？"师曰："长安路上金毛卧。"曰："水母飞上色究竟天，入摩醯眼里作舞，因甚不见？"师云："五凤楼前铁马嘶。"曰："莲湖桥为一切人直指，明眼人因甚落井？"师云："明月照见夜行人。"曰："请师一颂，以为究竟。"师云："好与痛棒。"曰："棒则弟子甘领，领则望和尚垂慈。"师乃呵呵一笑，而为颂曰："当机把断圣凡津，拟议知伊屈未伸。欲识蒙山端的旨，垂钩意在钓金鳞。"师云："会么？"空遂作礼而退。

僧宝金山者，入室参礼次，师乃问云："面南观北斗，低首看青天。此语明甚么边事？"曰："和尚合却口好。"师云："未在。"曰："瞒别人即得。"师云："差别用处，非智眼不能无惑。子欲洞明佛祖真宗，须具透关正眼。未审如何是透关正眼？"山振声一喝。师云："具得正眼，当明向上一机。如何是向上一

机?"曰:"青天日当午。"师云:"犹未梦见在。"曰:"木人拈玉线,石女度金针。"师云:"从上佛祖不传之妙,子作么生领会?"山近前礼一拜。师云:"转身一句,速道将来。"曰:"雨添山色秀,风来竹影移。"师拟拈拄杖。山乃一喝,拂袖而去。师云:"放子二十棒。"山复回身近前,合掌曰:"谢和尚垂慈,深锥痛札。"师云:"子虽有滔天之浪,且无湛水之波。"山又叉手默然。师云:"如是。如是。"山遂作礼。

僧问:"有佛处不得住时,如何?"师举起手中拂子。僧云:"无佛处急走过,又作么生?"师放下手中拂子,云:"会么?"僧云:"不会。"师云:"两头不著,千圣难窥。这个且置。只如古人道'藏身处没踪迹,没踪迹处莫藏身',意旨如何?"僧云:"不即不离。"师云:"不即,不即个甚么?不离,不离个甚么?"僧拟对,师打一拂子云:"这虚头汉!"僧无语。

师宴坐室中,有胜上座者从外入来。师云:"是谁?"胜云:"某甲。"师云:"作么?"胜云:"佛殿里拜佛来。"师云:"佛向你道甚么?"胜云:"不曾道。"师云:"你头不曾点地那?"胜云:"下下点地。"师云:"又谓不曾道。"胜云:"某甲会也。"师云:"你会个甚么?"胜云:"吐露太分明。"师便喝。胜拟对,师云:"拄杖不在手,放汝二十棒。出去!"

天溪凝上座来参。师云:"不用之乎也者。父母未生前,亲切道一句看?"凝云:"千圣觑不着。"师云:"觑不着的是甚么?"凝云:"父母未生前。"师云:"为甚么觑不着?"凝云:"为无踪迹。"师云:"既谓无踪迹,说甚么觑不着?你在无踪迹处窠臼。这个且置。只如烧了撒了,你向甚么处安身立命?"凝

云:"青山重叠叠,涧水响潺潺。"师云:"我不问你青山叠叠、涧水潺潺。毕竟烧了撒了,向甚么处安身立命?"凝云:"日用分明常显露。"师云:"这虚头汉!脚跟尚未点地在,说甚么显露不显露。"凝乃触礼一拜。师云:"亦未在。"凝又拟开口,师咄云:"你再乱道,辟破你口门!"凝礼谢而退。

有僧扣师云:"'不是心,不是佛,不是物。'毕竟是个甚么?"师与僧一掌云:"你道是个甚么?"僧拟开口,师以手掩其口。僧于言下悟旨。

师因消遣,至韶古音关房,以拄杖扣门三下,曰:"关主在么?"韶曰:"他不曾有出入,谁云在不在?"即开门见师,乃触礼一拜。师曰:"此犹是奴儿婢子之事。请关中主相见!"韶乃叉手默然。师曰:"此则沉寂默去也。"韶曰:"师适来问甚么?"师曰:"问汝关中主。"韶曰:"唤作寂默得么?"韶遂呈偈曰:"只此寂默非寂默,非寂默中非亦绝。渠侬目面已呈师,动静何曾有区别。"师曰:"恁么,则子不在关内耶?"韶曰:"弟子见师,亦不在关外。"师以手拍关门一下,曰:"怎奈这个何?"韶拟对,师叱曰:"汝但于心不生分别,只个门户亦无所有。门户既非,则谁在关内、谁在关外耶?虽然理则如是,亦不可越他世谛规矩,尤不可违其自己志愿。正好向这无分别、无内外处,竖立脊梁,全机坐断,彻底掀翻,囫囵嚼破,一一从自己胸襟流出,可也。曰言曰行,可以模范后学,抑不负其己灵也。子其勉而进之。三载出关之日,拄杖子再为汝勘过。"韶遂作礼。

行实

师讳绍琦。楚山，其字也。姓雷。唐安人。九岁出家。初从玄极和尚，最后谒东普无际和尚得法。

正统六年，再见东普。普问："子数年来住在何处？"曰："我所住廓然无定在。"普曰："汝有何所得？"曰："本自无失，何得之有？"普曰："莫不是学得来者？"曰："一法不有，学自何来？"普曰："汝落空耶？"曰："我尚非我，谁落谁空？"普曰："毕竟事若何？"曰："水浅石出，雨霁云收。"普曰："莫乱道，只如佛祖来也不许。纵尔横吞藏教、现百千神通，到这里更是不许。"曰："和尚虽是把断要津，其奈劳神不易。"普曰："克家须是破家儿，恁么干蛊也省力。"

既退，至晚复召入，诘之曰："汝将平昔次第发明处告我。"楚山悉具以对。普曰："还我无字意来！"曰："这僧问处偏多事，赵老何曾涉所思。信口一言都吐露，翻成特地使人疑。"普曰："如何是汝不疑处？"曰："青山绿水，燕语莺啼，历历分明，更疑何事？"普曰："未在。更道！"曰："头顶虚空，脚踏实地。"

普召弟子鸣钟集众，取袈裟拂子以授楚山。

袾宏曰：所云"以提起话头之日为始事。一年不悟，参一年，乃至十年二十年三十年，尽平生不移此志，直至大悟，方名罢参"，至哉言也！

(《皇明名僧辑略》卷一)

七、楚山禅师

[明] 幻轮　著

楚山禅师，讳绍琦。姓雷。唐安人。九岁出家。初从玄极和尚，最后谒东普无际禅师得法。

普曰："还我无字意来！"师曰："这僧问处偏多事，赵老何曾涉所思。信口一言都吐露，翻成特地使人疑。"普曰："如何是不疑处？"曰："青山绿水，燕语莺啼，历历分明，更疑何事。"普因付法。

(《释氏稽古略续集》卷三)

八、成都府东山天成寺楚山绍琦禅师

[明] 净柱　辑

唐安雷氏子。八岁入乡校，授经成诵。九岁失怙，诣玄极通禅师学出世法。

后谒无际，示以无字公案。偶闻开静板鸣，碍膺冰泮，往见际。际曰："还我无字意来！"师曰："者僧问处偏多事，赵老何曾涉所思。信口一言都吐露，翻成特地使人疑。"曰："如何是汝不疑处？"师曰："青山绿水，燕语莺啼，历历分明，更疑何事！"曰："未在。更道！"师曰："头顶虚空，脚踏实地。"际曰："亦未在。"师乃礼拜。际曰："如是。如是。"

后居天柱。僧问："如何是天柱境？"师曰："涧阔云归晚，山高日出迟。"曰："如何是境中人？"师曰："额下眉遮眼，腮边耳塔肩。"曰："如何是天柱家风？"师曰："云甑炊松粉，冰铛煮月团。"曰："如何是祖师西来意？"师曰："海神撒出夜明珠。"曰："学人不会。"师曰："文殊失却玻璃盏。"曰："如何是佛？"师曰："生铁秤锤。"曰："如何是法？"师曰："石头土块。"曰："如何是僧？"师曰："黑漆拄杖。"曰："不涉寒暑者，是甚么人？"师曰："为汝道了也。汝还识否？"僧拟对，师咄曰："拟心即乖，开口便错。眨得眼来，错过去也。"曰："原来恁地近那？"师曰："汝见个甚么道理？"曰："面目分明，当机不露。"师震声一喝，僧当下豁然。

景泰五年，住投子。僧问："远离皖山，来据投子。海众临筵，请师祝圣。"师曰："鼎内长生篆，峰头不老松。"曰："祝圣已蒙师之旨，投子家风事若何？"师曰："提瓶穿市过，不是卖油翁。"曰："只如祖师道：'不许夜行，投明须到。'还端的也无？"师曰："虽然眼里有筋，奈争舌头无骨。"曰："赵州道：'我早候白，更有候黑。'意作么生？"师曰："不因弓矢尽，未肯竖降旗。"问："今日和尚升座说法，未审有何祥瑞？"师曰："麒麟步骤丹霄外，优钵花开烈火中。"曰："如何是祖师西来意？"师曰："雪消山顶露，风过树头摇。"

上堂。师乃顾视大众，曰："只者些子，誵讹古今多少师僧！到者里开口不得，思量不及，举扬不出。"蓦拈拄杖，曰："今日因甚却落在山僧手中？"以拄杖横按，曰："横也由我。"拈起拄杖，曰："竖也由我。"放下拄杖，曰："放下也由我。以致卷舒

杀活，总由我。"又以拄杖向空中点一下，曰："正当恁么时，从上佛祖乃至天下老和尚，到者里只得乞命有分。众中莫有为佛祖出气的么？"良久，卓拄杖一下，曰："觑瞎金刚正眼，靠倒空王宝座，汝等诸人讨甚么碗？"

师一日到菜园。见园头缚冬瓜架，师指冬瓜曰："者个无口，因甚长如许多大？"头曰："某甲不曾怠惰一时。"师曰："你主人公还替你出些气力也无？"头曰："全靠他力。"师曰："请来与老僧相见。"头礼拜。师曰："犹是奴儿婢子在。"头拈篾缚冬瓜架。师呵呵大笑，回顾侍僧曰："菜园有虫。"

成化九年三月十五日，示微疾。众请师末后句。师展两手示之，曰："会么？"曰："不会。"复曰："今年今日，推车挂壁。撞倒虚空，青天霹雳。阿呵呵！泥牛吞却老龙珠，澄澄性海沤花息。"遂安详而逝。

(《五灯会元续略》卷三下)

九、楚山琦禅师

[清]幻津自融撰、性磊补

楚山禅师，唐安人也。名绍琦。姓雷氏。八岁入乡校，不假师授而知诵。次载失父，遂弃业，而学出世法于玄极通禅师。通爱之，与语辄终日。每至节要处，不敢犯其词，乃跪请益。通叹曰："子根性太利，难于入道。但有疑在，庶可疗耳。"琦愕然曰："木偶人可入道耶？"通笑曰："入道须是木偶人始得。"琦愤而趋出，益疑之。经昼夜，遂振衣起曰："吾师岂欺我哉！"复

入,剖于通前。通独以掌反复示之。不领,遂背去。

遍参知识,俱不得意。闻无际悟和尚居普州之东林;东林禅风,腰包到者即受曲折,流辈窃非之:琦故往扣焉。曰:"上座何住?"对曰:"廓然无定。"曰:"有何所得?"对曰:"本来无失,何得之有!"曰:"学将来底,堪作甚么?"对曰:"一法不有,学自何来!"曰:"汝落空耶?"对曰:"我尚非我,谁落谁空!"曰:"毕竟如何?"琦曰:"水浅石出,雨霁云收。"悟公笑曰:"纵汝横吞藏教、现百千神通,其如老赵州无字公案,怎生消缴?"琦又拟对,悟公连叱退之。琦大惭,数日不敢仰视。忽闻净板鸣,豁然荡尽廉纤,急披衣礼谢。悟肯之,遂以断桥源流嘱琦行化。当是之时,断桥之脉微矣。及悟公继响,而得法者仅七人,惟琦出世最晚。

初领天柱。迁皖山。又投子。后主成都之天成寺,裔叶翻茂,为大振焉,得其法者又十六人。

有祖玠侍者,齿最少,号珪庵,事琦甚谨。丛林惮其严厉,敬其慧识,以"香林远"方之。一日,童子进茶。琦啜罢,顾童子曰:"人道汝憨耶?"玠曰:"它亦有乖处。"琦曰:"何以见得?"玠呼接盏,童子近前。琦曰:"道得即还你。"无对。琦乃顾玠,玠曰:"只者无言语处,不隔纤毫。"琦曰:"因甚道不得?"玠呼童子:"何不问讯?"童子问讯。琦度盏,童子接之,珍重而去。玠曰:"道他无语得么?"琦曰:"只如者童子恁么端的,是无明使然耶?法性如是耶?"曰:"迷则积劫无明,了则本来佛性。"琦曰:"恁么,他是知有?是不知有?"曰:"他若知有,则不为迷因;不知有,番为隔碍。"琦曰:"子还有知也无?"

曰:"祖玠不知有。"曰:"既不知有,何以知宗?"玠曰:"圣人若知,即同凡夫。凡夫若知,则同圣人。"曰:"子看老僧,是知不否?"玠曰:"临机大用,举必全真。说甚知有不知有!"曰:"只如老僧,即今一语一默、剖析是非、分别名相处,与适来童子见识是同是别?"玠曰:"择法智眼,无作妙用。体性虽同,用处县隔。"曰:"既云择法,安能无作乎?"玠曰:"智照非识,妙用非有。用既非用,作亦非作。虽分别,实无分别之能也。"曰:"今对万法,境相差殊,一一明了,不具分别。可乎?"玠曰:"教不云乎'如我按指,海印发光''圆明了知,不繇心念'?"琦曰:"善哉!可谓鹅王择乳矣。"

未几,玠膺疾。琦下视之。值心上座在侧,琦因问曰:"如何是心?"玠曰:"开口不容情。"曰:"未在。"玠顾心曰:"何不作礼?"心便珍重。玠曰:"呈似了也。"曰:"子既如是,还能觑体颂出乎?"玠对曰:"祖师心印若为传,有语分明不在言。能向机前亲领得,海门撑出钓鱼船。"琦曰:"珍调四大,饶益将来。"

一日,玠疾革,作呻吟声。琦问曰:"子平日得力句,到此还用得着么?"对曰:"用得着。"曰:"既用得着,叫苦作么?"曰:"痛则叫,痒则笑。"琦曰:"叫与笑者,复是阿谁?"曰:"四大无我,叫者亦非真,寂体中实无受者。"琦曰:"主人公即今在甚么处?"曰:"秋风不扇,桂蕊飘香。"琦曰:"恁么,则遍界绝遮藏也。"曰:"有眼觑不见。"琦曰:"只如三寸气消时,向甚处安身立命?"对曰:"雨过天晴,青山依旧。"曰:"从今别后,再得相见否?"对曰:"旷劫不违,今何有间?"曰:"子不病

耶？"对曰："病与不病，总不相干。"琦执玠手曰："此是甚么？"玠曰："是祖玠手。"曰："祖玠是谁？"曰："玠固非我，亦不离我。"琦乃叹曰："善哉！妙契无生，彻证真常。子虽妙年，死亦何憾。"玠遂合爪谢曰："与祖玠趣将龛子来！"琦命舁龛至。玠顾左右，曰："吾当行矣！"整衣龛坐化去。

玠化后，天成之话大行。时蜀多义学，互以胜劣相比量。琦一以心宗揭之，而小大俱圆。有问"祖师西来意"，则答曰："海神撒出夜明珠。"又问"祖师西来意"，曰："雪消山顶露，风过树头摇。"又问："如何是直指事？"答曰："玉栏杆上石狮子，红藕花间白鹭鸶。"又问："如何是摩醯正眼？"琦喝之。又问："不涉寒暑是甚么人？"琦亦喝之。

琦爱以无字问僧。有对曰："风吹秋月冷，雪压老梅寒。"又僧对曰："出匣吹毛剑，寒光射斗牛。"又对曰："无孔铁锤当面掷。"琦皆喜之。

后示疾，诸山讯候。有进曰："和尚还有不了公案么？"琦展掌曰："会么？"拟对，琦喝住，曰："今年今日，推车挂壁。撞倒虚空，青天霹雳。阿呵呵！泥牛吞却老龙珠，澄澄性海沤花息。"瞑目而寂。时成化九年三月望日也。

赞曰：楚山行化，当明运昌隆之际；纯以心性禅应接群机；以故门下一时龙蟠凤翥焉，乃至祖玠辈，风邕春枝节节是，令见者闻者莫不神往。但不再传，其绪俱寝。岂慈父欲子食药而愈疾，遂称没于他方也耶！

（《南宋元明禅林僧宝传》卷十三）

十、简州天成寺楚山绍琦禅师

[清] 丈雪通醉 编

唐安雷氏子。八岁入乡校，授经成诵。九岁失怙，诣玄极通禅师，学出世法。

后谒无际，示以无字公案。偶闻开静板鸣，碍膺冰泮，往见际。际曰："还我无字意来！"师曰："者僧问处偏多事，赵老何曾涉所思。信口一言都吐露，翻成特地使人疑。"曰："如何是汝不疑处？"师曰："青山绿水，燕语莺啼，历历分明，更疑何事。"曰："未在。更道。"师曰："头顶虚空，脚踏实地。"际曰："亦未在。"师乃礼拜。际曰："如是。如是。"

后居天柱。僧问："如何是天柱境？"师曰："涧阔云归晚，山高日出迟。"曰："如何是境中人？"师曰："额下眉遮眼，腮边耳搭肩。"曰："如何是天柱家风？"师曰："云甑炊松粉，冰铛煮月团。"曰："如何是祖师西来意？"师曰："海神撒出夜明珠。"曰："学人不会。"师曰："文殊失却玻璃盏。"曰："如何是佛？"师曰："生铁秤锤。"曰："如何是法？"师曰："石头土块。"曰："如何是僧？"师曰："黑漆拄杖。"曰："不涉寒暑者，是甚么人？"师曰："为汝道了也！汝还识否？"僧拟对，师咄曰："拟心即乖，开口便错。眨得眼来，错过去也。"曰："原来恁地近那！"师曰："汝见个甚么道理？"曰："面目分明，当机不露。"师震声一喝，僧当下豁然。

景泰五年，住投子。僧问："远离皖山，来据投子。海众临

筵，请师祝圣。"师曰："鼎内长生篆，峰头不老松。"曰："祝圣已蒙师的旨，投子家风事若何？"师曰："提瓶穿市过，不是卖油翁。"曰："只如祖师道'不许夜行，投明须到'，还端的也无？"师曰："虽然眼里有筋，争奈舌头无骨。"曰："赵州道'我早侯白，更有侯黑'，意么么生？"师曰："不因弓矢尽，未肯竖降旗。"问："今日和尚升座说法，未审有何祥瑞？"师曰："麒麟步骤丹霄外，优钵花开烈火中。"曰："如何是祖师西来意？"师曰："雪消山顶露，风过树头摇。"

（《锦江禅灯》卷八）

十一、楚山

[清] 濮瑗 纂

楚山，名绍琦，字幻叟，号楚山。住州北石经寺。坐化于寺后山洞，有祷辄应。明末，寇至，策马欲入寺，马伏地不起；举火焚寺，三举三灭；贼惧，下马遥拜而去。

按，续州志：楚山禅师幼有夙慧，兼能诗。从元极通禅师学出世法。继师东普道林无际，授禅机诗偈，言下大悟。去游诸名山，历参象教。挂锡于简北天成寺（即今石经寺），几三十载。蜀定王恒招见，加敬礼焉。御史罗通、王骥、都知阁太监、蜀王府黄侍御、内相范证严、简池尹张集之，俱以诗唱和，为方外交。

景泰初，自锦江泛舟出峡。蕲阳荆王、江夏王闻其名，亦礼

遇之。旋适同安，游石屋寺、三祖古刹。爱皖山清绝，遂栖天柱数载。景泰五年，安庆丛林仰道风，请开法于桐城投子寺。师上座阐扬宗旨，众皆羡服。

寻自吴还蜀，仍居天成寺。定王闻之，为出金增修寺宇，宝相于是庄严。寺成，定王薨。和王嗣，命师大建道场。及归，复于寺后丹崖构栖幻庵，以为栖息所。

成化九年，一日召大众，嘱云："吾命将终，吾之去也。所谓游戏生死，翱翔空际；垂手市廛，栖心泉石；啸傲烟霞，坐忘朝夕；念念真如，尘尘净域。信手推开不二门，空王殿上无知识。"众请留慈念，曰："风宵病叶，雨夜残花。"请津送之礼，曰："梦影沤花个幻身，坏来总是一堆尘。些儿血气权和聚，多少迷人错认真。"又云："今年今日，推车拄壁。撞倒虚空，青天霹雳。呵呵呵！泥牛吞却老龙珠，澄澄性海沤花息。"言讫坐化。著有语录，行世。

（《〔咸丰〕重修简州志》卷八《人物志·释·明》）

楚山绍琦禅师研究

一、楚山绍琦禅师年谱

有关明代禅宗僧人楚山绍琦的生平化迹的资料，倘依面世先后而论，主要有：

（1）明云栖寺袾宏辑《皇明名僧辑略》卷一《楚山琦禅师》；

（2）明幻轮著，约刊刻于明崇祯十一年（1638）的《释氏稽古略续集》（略称"稽古略续集"）卷三《楚山禅师》；

（3）明支提山嗣祖沙门净柱辑，成于崇祯十七年（1644）的《五灯会元续略》卷三下《成都府东山天成寺楚山绍琦禅师》；

（4）明末清初吴门华山寺沙门明河撰，约成于顺治四年（1647）的《补续高僧传》卷十五《习禅篇·楚山琦传》；

（5）明费隐通容撰，清顺治十一年（1654）刊行的《五灯严统》卷二十三《成都府东山天成寺楚山绍琦禅师》；

（6）明箬庵通问编、居士施沛汇集，清康熙五年（1666）刊行的《续灯存稿》卷九《舒州投子楚山幻叟荆璧绍琦禅师》；

（7）清幻津自融撰、其弟子性磊补辑，康熙十六年（1677）左右刊出的《南宋元明禅林僧宝传》卷十三《楚山琦禅师》；

（8）清山铎真在编、石源机云续编，清康熙二十一年（1682）刊行的《径石滴乳集》卷二《舒州投子楚山幻叟荆璧绍琦禅师》；

（9）清康熙时僧纪荫编纂，记载禅林事迹终于清康熙二十八年（1689）的《宗统编年》卷二十九；

（10）清别庵性统编，康熙三十年（1691）刊行的《续灯正统》卷二十八《投子琦禅师法嗣》；

（11）清丈雪通醉编，康熙三十二年（1693）重刊的《锦江禅灯》卷八《简州天成寺楚山绍琦禅师》；

（12）清霁仑超永于康熙三十二年（1693）编成，康熙三十六年（1697）刊行的《五灯全书》卷五十九《舒州投子楚山幻叟荆璧绍琦禅师》；

（13）清心圆居士撰，火莲居士于乾隆五十九年（1794）刊行的《揞黑豆集》卷三《安庆府桐城投子楚山幻叟荆璧绍琦禅师》；

（14）清聂先撰，述南宋孝宗隆兴二年（1164）至清康熙十八年（1679）之间事迹的《续指月录》卷十一《舒州投子楚山幻叟荆璧绍琦禅师》。

上述文献，多层层相因之处。

此外，清代以来，刘如基修、杨泗纂《〔乾隆〕简州志》，濮瑗修、黄朴等纂《〔咸丰〕简州志》，易家霖修、傅为霖等纂《〔光绪〕简州续志》，林志茂等修、汪金相和胡忠阀等纂《〔民国〕简阳县志》，李青廷修，汪金相、胡忠阀等纂《〔民国〕简阳县续志》等，亦著录了绍琦的部分事迹和机缘语句。

有关绍琦的行迹,诸种文献的记载颇为舛乱。故而编列绍琦年谱化迹时,略为考索纠舛。有未尽者,后当补焉。

明永乐二年（1404）① 　楚山绍琦禅师诞生于崇庆州唐安

绍琦,唐安（今崇州市境内）人。（《释氏稽古略续集》等）

《续灯正统》:"蜀之安唐雷氏子。"《五灯全书》《揞黑豆集》袭之。"安唐",误倒。

按,历史上蜀地有两个唐安县:

一者,唐代属于剑南道成都府遂州,在今四川省蓬溪县一带。《旧唐书》卷四十一《地理四》:"蓬溪　永淳元年,分方义县置唐兴县。长寿二年,改为武丰。神龙初,复。景龙二年,分唐兴置唐安县。先天二年,废唐安县,移唐安废县置。天宝元年,改唐兴为蓬溪也。"② 宋欧阳忞《舆地广记》卷三十一:"蓬溪县,本唐兴县。唐永淳元年,析方义置。长寿二年,曰武丰。神龙元年,复故名。景龙元年,析置唐安县。先天二年,省。天宝元年,改唐兴曰蓬溪。有宾王山蓬溪。"《唐会要》卷七十一:"唐安县。义宁二年,置唐荣县。天后改为武崇县。神龙元年二月,复为唐崇县。先天二年,改为唐安县。"

二者,在唐代则属于剑南道成都府蜀州。《旧唐书》卷四十一《地理四》:"蜀州　垂拱二年,分益州四县置。天宝元年,改为唐安郡。乾元元年,复为蜀州也。领县四,……

---

① 陈垣:《释氏疑年录》,北京:中华书局,1964年3月第1版,第355页。
② 《旧唐书》,北京:中华书局点校本,1975年5月第1版,第5册,第1675页。

唐安 本汉江源县地，后魏于北立犍为郡及僰道县。隋省。武德元年复置，改为唐隆。长寿二年，为武隆。先天元年，改为唐安。"① 明废，改属崇庆州。明李贤等撰《明一统志》卷六十七《成都府》："崇庆州。在府城南一百一十里。汉为蜀郡之江原县地，晋因之。李雄据蜀，置汉原郡。晋穆帝改晋原郡。南齐改晋康郡。西魏省郡，入犍为郡。隋置晋原县，属益州。唐置蜀州。天宝初，改唐安郡。乾元初，复为蜀州。宋绍兴中，升崇庆府。元改为州，以江原县省。入本朝，又省晋原，永康县入焉。编户一十二里。领县一。"② 所领县，为新津县。

衡诸记载，绍琦禅师出生的唐安即隶属于当时的成都府崇庆州，在今崇州市内；不过明朝已不再为县矣。

俗姓雷氏。(《释氏稽古略续集》等)

名绍琦。(《皇明名僧辑略》《南宋元明禅林僧宝传》《释氏稽古略续集》)

字楚山。(《皇明名僧辑略》《补续高僧传》《宗统编年》)

故人称"楚山禅师""楚山琦""楚山琦禅师""楚山绍琦禅师"。

别号"荆璧叟"。(《宗统编年》)

自称"幻叟"。(《续灯正统》)

人或称"荆璧绍琦""楚山幻叟荆璧绍琦禅师"。

"生自不凡，慎动止，寡言笑。"(《补续高僧传》)

---

① 《旧唐书》，北京：中华书局点校本，1975年5月第1版，第5册，第1667页。
② 文渊阁《四库全书》本。

永乐十年（1412）　八岁，入乡校

在乡校期间，天资聪颖，"授经成诵"。（《五灯会元续略》《继灯录》《锦江禅灯》）

《南宋元明禅林僧宝传》："八岁入乡校，不假师授而知诵。"

永乐十一年（1413）　九岁，出家，师从玄极通禅师

弃家入寺，从玄极和尚习道。（《释氏稽古略续集》等）

《续灯正统》："幼从玄极通受业。"《揞黑豆集》，"玄极"作"元极"。

弃世之因，或曰乃因"九岁失怙"（《五灯会元续略》《继灯录》《锦江禅灯》），即父母亡故。《南宋元明禅林僧宝传》："次载失父，遂弃业而学出世法于玄极通禅师。"

玄极和尚，名通。人称"玄极通"。（《五灯会元续略》《南宋元明禅林僧宝传》《径石滴乳集》《续灯正统》《锦江禅灯》《五灯全书》《揞黑豆集》《续指月录》等）

绍琦与玄极的关涉，以及为何最后离之而遍参，唯《南宋元明禅林僧宝传》详叙之。其辞曰：

通爱之，与语辄终日。每至节要处，不敢犯其词，乃跪请益。通叹曰："子根性太利，难于入道。但有疑在，庶可疗耳。"琦愕然曰："木偶人可入道耶？"通笑曰："入道须是木偶人始得。"琦愤而趋出。益疑之。经昼夜，遂振衣起，曰："吾师岂欺我哉！"复入，剖于通前。通独以掌反复示之。不领。遂背去。

玄极以为绍琦根器过于疾利，反倒难以妙解也。绍琦不能领悟师父之言行，始决定四处游方。

参学于西岷一带

《宗统编年》："九岁投玄极通出世，究即心即佛语。诣西岷，孜孜不失。一夕，身心虚凝，对境湛寂。"此当是离开玄极之后，且已经初有所成。

然《南宋元明禅林僧宝传》却曰："遍参知识，俱不得意。"当尚未觅到真正惬合之人吧。

西岷，指岷山之西脉，即四川境内的岷山山脉。《续高僧传》卷十四《释道基》："有隋坠历，寇荡中原，求礼四夷，宣尼有旨。乃鼓锡南郑，张教西岷。于是，巴蜀奔飞，望烟来萃，莫不廓清游雾，邪正分焉。"①

复谒东普无际禅师，因闻板声而有悟

《续灯存稿》《续灯正统》《续指月录》："首参无际。"《南宋元明禅林僧宝传》则言："遍参知识，俱不得意。闻无际悟和尚居普州之东林，东林禅风，腰包到者即受曲折，流辈窃非之。琦故往扣焉。"再由上举《宗统编年》之语，可知绍琦离开玄极通之后，多处参学。《续灯存稿》等"首参无际"之说，实有偏差。

无际禅师，讳悟。亦蜀人。（《禅关策进》卷一，《释氏稽古略续集》卷三）亦称"道林"。《径石滴乳集》："正统六年，再

---

① 《大正新修大藏经》，第50册，第532页c栏。

参道林得法。"此"道林",即谓东普无际也。

时无际居普州东林寺。普州,辖境在四川省安岳、乐至等县一带。《旧唐书》卷四十一:"普州。中。　隋资阳郡之安岳县。武德二年,分资州之岳隆、康居、普慈四县,置普州。三年,又置乐至、龙龛二县。天宝元年,改为安乐郡。乾元元年,复为普州。"《元和郡县志》卷三十四:"普州(安岳中)《禹贡》,梁州之域。秦汉为巴蜀二郡之地。今州即汉之资中、牛鞞、垫江,后汉之德阳四县之地。周武帝于县立普州。隋大业二年,罢普州,以所领县属资州。武德二年,重置。"

东普,属普州郡,在今安岳县一带。《御定韵府拾遗》卷三十七"补藻东普":"《韵会》:普州郡,汉资中县。蜀称西眉。"《方舆胜览》卷六十三"普州":"建置沿革。《事要》:郡名东普。普慈风俗,地僻俗固。"《梅溪集·后集》卷十三《寄阎普州》:"对策天庭老布衣,直言中已有危机。须知东普胜西掖,好买扁舟及早归。"《两宋名贤小集》卷一百六十七,《阎普州赵果舟中唱和以诗轴见寄酬以二首》之二:"灯结寒花鹊有声,书传双鲤眼增明。人言尽是青云士,天遣相逢白帝城。富贵有机端可畏,山川非险莫辞行。定知蜀道从今易,东普南充盖已倾。"

绍琦初到东林,与无际自有一番禅机往返。与玄极的温和不同,无际不但反应极快,禅风亦相当峻烈,故而绍琦初到时即遭遇尴尬。《南宋元明禅林僧宝传》载,无际首先发难:

曰:"上座何住?"对曰:"廓然无定。"曰:"有何所得?"对曰:"本来无失,何得之有!"曰:"学将来底,堪作甚么?"对曰:"一法不有,学自何来!"曰:"汝落空耶?"

对曰："我尚非我，谁落谁空！"曰："毕竟如何？"琦曰："水浅石出，雨霁云收。"悟公笑曰："纵汝横吞藏教、现百千神通，其如老赵州无字公案怎生消缴！"琦又拟对，悟公连叱退之。琦大惭，数日不敢仰视。

《续灯存稿》《续灯正统》《揞黑豆集》《续指月录》："一日，闻板声有省。"《径石滴乳集》："首参道林。一日闻板声有省。"《宗统编年》亦曰："参无际悟。闻净板声，碍膺冰释。"《五灯全书》等，亦有类似记载。第一次见面时，当已初窥无际法门。故《皇明名僧辑略》云："最后谒东普无际和尚得法。"

《南宋元明禅林僧宝传》更载其后之因缘："忽闻净板鸣，豁然荡尽廉纤。急披衣礼谢。悟肯之，遂以断桥源流嘱琦行化。当是之时，断桥之脉微矣。及悟公继响，而得法者仅七人，惟琦出世最晚。"此所谓"断桥"，当指南宋临济宗杨岐派的断桥妙伦①。

《续灯正统》《揞黑豆集》载，有省之后，"复参坏空。有'贼不打贫家'一段语"。

应众请，住持东山天成寺。与云溪瑛、素虚理、光泽惠等人，互相激扬

《宗统编年》："众请主天成。百废具兴，众四千指。尝与云溪瑛、素虚理、光泽惠大机用互相激昂；至宗门极则处，稍觉胸次未稳。复加力行者四载，浮沤细识，始得灭尽；一段孤明，迥

---

① 有关断桥妙伦之化迹，参考：《断桥和尚语录二卷》、《增续传灯录》卷四、《五灯严统》卷二十一、《续灯存稿》卷四、《南宋元明禅林僧宝传》卷七等。

无瑕瑿。"

按：天成寺，在当时的成都府简州东山，即今天的成都市龙泉驿区龙泉山脉中的石经寺。

因住持东山，故或呼为"东山琦禅师"。（《径石滴乳集》卷二《东山琦禅师法嗣》）

云溪瑛，明代临济宗虎丘法派僧人。南岳下二十八世东明慈禅师法嗣。其弟子有匡山天池林隐净庵智素等。

素虚理，明代临济宗虎丘法派僧人。坏空成禅师法嗣。

光泽惠，明代临济宗虎丘法派僧人。亦为坏空成禅师法嗣。弟子有寿堂松、别传宗。

正统六年（1441）　三十八岁。再参东普，终嗣其法

《皇明名僧辑略》："正统六年，再见东普。"机锋往还之际，普曰"还我无字意来"，绍琦以"这僧问处偏多事，赵老何曾涉所思。信口一言都吐露，翻成特地使人疑""青山绿水，燕语莺啼，历历分明，更疑何事""头顶虚空，脚踏实地"三偈，终契无际。"普召弟子鸣钟集众，取袈裟、拂子以授楚山。"

《补续高僧传》称："从玄极和尚学禅。后获印于东普无际禅师。正统六年，再参东普。"并于再参时得法，时"普召弟子，鸣钟集众，取袈裟、拂子授之"。《宗统编年》亦谓："再谒东普，征诘无碍。普鸣钟集众，以袈裟、拂子付之。"《续指月录》等，也有无际"鸣钟集众""畀以袈裟拂子"等记载。这当是指定绍琦为接班人矣。故而《续指月录》在无际化迹之最末，有"无际悟嗣"之语。

《释氏稽古略续集》谓:"初从玄极和尚。最后谒东普无际禅师得法。……普因付法。"唯无"头顶虚空"偈,亦无授袈裟、拂子事。《五灯会元续略》《五灯严统》等,亦无授衣等事。

《继灯录》尚记东普之授法偈:"我无法可付,汝无心可受。无付无受心,何人不成就!"

显然,绍琦一生至少参见过两次东普,第一次获印可,第二次得传衣。

《五灯会元续略》《锦江禅灯》,将初见无际、再见时际示以"无"字公案、闻开静板鸣而有省等,全混在一起。

《续灯正统》《揞黑豆集》谓,再参的时间押后两年,为正统八年(1443)癸亥:"正统癸亥,再参无际。……际乃记莂焉。"《五灯全书》亦言:"明英宗正统癸亥,再参悟。……悟即鸣钟集众,乃记莂焉。""记莂"者,本指佛预记弟子成佛之事。此谓无际授法衣于绍琦也。亦即上举《补续高僧传》"取袈裟拂子授之"之意。

《皇明名僧辑略》,袾宏评论绍琦一参又再参之事曰:

所云"以提起话头之日为始事。一年不悟,参一年,乃至十年、二十年、三十年,尽平生不移此志,直至大悟方名罢参。"至哉,言也!

按,绍琦为"临济宗南岳下二十六世法系传人"。[①]

返成都府简州东山之天成寺,安居十载

《宗统编年》:"复归东山,潜迹十载。"

---

① 成都石经寺编《金刚道场石经寺》画册,第20、34页。

出蜀，礼黄梅，为蕲阳荆王说法

《宗统编年》："复归东山，潜迹十载。弟子白琦曰：'佛法下衰，禅林秋晚，真风委地。吾师传佛心印、荷担大柄，当驭法利生，岂可淹迟林壑、孤付托以安眠哉！'琦幡然东下，抵武昌。过黄梅，登东、西二山，礼诸祖遗像。蕲阳荆王钦道价，召求心要。"叙述绍琦之所以出川的原因，似甚可靠。

明代统治阶级对佛教亦相当重视。有关明代宗教政策、社会文化等背景，请参考周齐《明代佛教与政治文化》，北京：人民出版社，2005年8月第1版。

景泰三年壬申（1452）　四十九岁。至金陵，遍访月溪、海舟诸老，咸获称赏

《续灯正统》《五灯全书》《揞黑豆集》："壬申，抵金陵。访月溪、海舟。"《续灯存稿》《续指月录》："复遍叩月溪、海舟诸老，咸称赏之。"《径石滴乳集》："复遍叩海舟、月溪诸老，咸称赏之。"

月溪，当为南京太岗月溪惟澄（澄）禅师。（《径石滴乳集》卷二、《五灯会元续略》卷三、《五灯严统》卷二十三）

海舟，东山海舟永慈禅师（1394～1461）。俗姓余，成都人。正统二年（1437），领东山翼善禅寺，四方宿艾虚怀而仰风裁。（《南宋元明僧宝传》）

《续灯存稿》《径石滴乳集》《续指月录》等，将访月溪诸人，置于正统六年再参无际之前，时间顺序大舛。

《五灯全书》在首参无际、闻板声有省之后,第二次再参之前,曰:"复遍叩月溪、海舟诸老,咸称赏之。"而在第二次再参之后,又言:"壬申,抵金陵。访月溪、海舟。"前后记载,殊为龃龉。

复历浙江、安徽诸地

《宗统编年》:"至白门,历西浙,……所至大阐玄猷,毳徒臻萃。""白门",即南京市的旧称。"毳徒",谓身着毳衣之徒众。毳衣,谓用鸟兽之毛而织成之衣;有地位者,方可着毳衣。典出《景德传灯录》卷二十五《杭州永明寺道潜禅师》:"净慧曰:'子向后有五百毳徒,而为王侯所重在。'"①

后居天柱

《五灯会元续略》。

《南宋元明禅林僧宝传》:"初领天柱。"其实,此并不是绍琦住持的第一个寺庙。

此天柱寺,在天柱山。《景德传灯录》卷四《舒州天柱山崇慧禅师》:"舒州天柱山崇慧禅师者,彭州人也。姓陈氏。唐乾元初,往舒州天柱山创寺。永泰元年,敕赐号天柱寺。"

在天柱时,留下了一批机缘语句。如:以"涧阔云归晚,山高日出迟"而答"如何是天柱境"之问,以"额下眉遮眼,腮边耳搭肩"而答"如何是境中人"之问,以"云甑炊松粉,冰铛煮

---

① 《大正新修大藏经》,第51册,第412页b栏。

月团"而答"如何是天柱家风"之问。(《五灯会元续略》《继灯录》《径石滴乳集》《续灯正统》《锦江禅灯》《五灯全书》《续指月录》)

《揞黑豆集》亦记这些法语。不过,仅称这是在"住后",未揭出所住何处。

迁皖山

《南宋元明禅林僧宝传》:"初领天柱。迁皖山。"

按,皖山,又称皖公山,一名潜山。在安徽省潜山市西北,与霍山相连接。其最高峰称天柱山。可见,绍琦前此住持的天柱寺,亦在皖山的范围之内。

景泰五年甲戌(1454) 五十一岁。住安庆府舒州桐城投子寺

《五灯会元续略》《继灯录》《五灯严统》《续灯存稿》《径石滴乳集》《锦江禅灯》《续指月录》等。

《续灯正统》《五灯全书》《揞黑豆集》称,时乃景泰乙亥(1455):"景泰乙亥,迁投子。"

《南宋元明禅林僧宝传》:"初领天柱。迁皖山。又投子。"

投子山,位于安徽省西南部长江沿岸。山中有投子寺。唐宋时,属舒州。大同、义青禅师等皆曾居此。[1]

绍琦在投子山时,仍然沿袭其以偈语而教导学子的作

---

[1] 参考《大明一统志》卷十四,《大清一统志》卷七十七。

派。如：

僧问："远离皖山，来据投子。海众临筵，请师祝圣。"师曰："鼎内长生篆，峰头不老松。"曰："祝圣已蒙师的旨，投子家风事若何？"师曰："提瓶穿市过，不是卖油翁。"曰："只如祖师道'不许夜行，投明须到'，还端的也无？"师曰："虽然眼里有筋，奈争舌头无骨。"曰："赵州道'我早候白，更有候黑'，意作么生？"师曰："不因弓矢尽，未肯竖降旗。"问："今日和尚升座说法，未审有何祥瑞？"师曰："麒麟步骤丹霄外，优钵花开烈火中。"曰："如何是祖师西来意？"师曰："雪消山顶露，风过树头摇。"（《五灯会元续略》《继灯录》《五灯严统》《续灯存稿》《径石滴乳集》《续灯正统》《锦江禅灯》《五灯全书》《揞黑豆集》《续指月录》）

流传至今的类似化语尚夥。由于文采飞扬，耐人寻味，故而远近禅僧前来请益者极多。

投子山的僧人，在习经坐禅之余，亦需耕作。绍琦亦常到僧人们农耕的田间地头或菜园，随机说法，加以开导。（《五灯会元续略》《继灯录》《五灯严统》《续灯存稿》《续灯正统》《五灯全书》《揞黑豆集》《续指月录》）

绍琦在蜀地之外，当以住投子时期最有成就。故而灯录、僧传等多以"安庆府桐城投子楚山幻叟荆璧绍琦禅师"（《续灯正统》《揞黑豆集》）、"舒州投子楚山幻叟荆璧绍琦禅师"（《续灯存稿》《径石滴乳集》《五灯全书》《续指月录》）为题，而录其化迹。

天顺元年丁丑（1457） 五十四岁。自庐山返蜀。是年，韩都侯在方山修葺云峰寺，迎绍琦住持

《续灯存稿》："天顺改元，由匡庐归蜀。韩都侯于方山建云峰寺，迎师住持。"《径石滴乳集》同，唯"都侯"作"都候"。《宗统编年》："（景泰）丁丑八年，禅师绍琦住蜀方山云峰寺。……由匡庐归蜀。……韩都侯建方山云峰寺，延琦开法。"景泰只有七年，谓"丁丑八年"者，实即天顺元年也，因该年一月已经改元了。《续指月录》未明具体哪一年，亦未言修寺事，仅曰："天顺间，由匡庐归蜀。韩都侯于方山迎师住持。""都候"，当作"都侯"。

"匡庐"，或称"匡山"，即今江西之庐山。南朝宋释慧远《庐山记略》："有匡裕先生者，出自殷周之际，……受道于仙人，共游此山，遂托室崖岫，即岩成馆。故时人谓其所止为神仙之庐，因以名山焉。"宋陈舜俞《庐山记》卷一袭之。①

《续灯正统》《五灯全书》等，亦记回蜀住云峰寺事。不过皆言韩氏乃"建云峰寺"以供绍琦栖止。

方山地处今四川泸州市纳溪区，在长江北岸十公里处。该山重峦叠嶂，林岚飘忽，故又称云峰山。云峰寺，位于方山的南麓。唐时，奉敕建云峰禅院，后几经兴废。明代韩都侯当是重建，而非始创。该寺最后一次重建，在清嘉庆年间（1796～1820）。②

---

① 《大正新修大藏经》，第51册，第1025页a栏。
② 参考《佛光大辞典》"云峰寺"条。

按，《南宋元明禅林僧宝传》曰，绍琦回蜀后，尚住持过天成寺："初领天柱。迁皖山，又投子。后主成都之天成寺。"其实，这应该是住方山之后了吧。

明成化九年癸巳（1473）三月望日（十五日）　感微恙，泊然而卒。世寿七十，僧腊六十一

《续灯正统》《揞黑豆集》仅谓："成化癸巳三月中，示微疾。……泊然而逝。"未详具体日期，亦未及寂灭之地。

临终前，说偈曰："今年今日，推车撞壁。撞破虚空，青天霹雳。阿呵呵！泥牛吞却老龙珠，澄澄性海沤华息。"（《释氏稽古略续集》《五灯会元续略》《续灯存稿》《续灯正统》《五灯全书》《续指月录》）《继灯录》，"撞破"作"挂倒"，"阿呵呵"作"呵呵呵"。《五灯严统》，"撞破"作"撞倒"，"阿呵呵"亦作"呵呵呵"。《南宋元明禅林僧宝传》，"撞壁"作"挂壁"，"撞破"作"撞倒"。《径石滴乳集》，"华"作"花"。《揞黑豆集》，"阿呵呵"作"呵呵呵"。

绍琦当卒于天成寺，即今成都市龙泉驿区石经寺，其肉身且保留了下来。"师圆寂于寺中其平日栖息修持之所'栖幻洞'（今祖师殿内），肉身不坏，灵感至今。洞顶宝盖式镂空雕饰，洞口两扇石门，古朴凝重；洞外上方横额石刻篆书'月白风清'四字，迄今已近600年。""楚师肉身证道，坐化后，尊为'肉身、祖师菩萨'，灵感巴蜀，至今犹盛。"[①] 这种观点主要流行于佛教

---

① 成都石经寺编《金刚道场石经寺》画册，第20、34页。

界。而民间和学术界则有着不同说法。

后建塔于天成寺

《续灯正统》《五灯全书》《揞黑豆集》:"建塔天成。"

由于出川之前曾主天成寺、逝世又塔于斯,故而灯录载其化迹时,有以"成都府东山天成寺楚山绍琦禅师"(《五灯会元续略》《五灯严统》)、"简州天成寺楚山绍琦禅师"(《锦江禅灯》)为题者。

绍琦禅师一生,化人无数

《补续高僧传》:"门徒数十人,唯宝山金者深入堂奥。"

《南宋元明禅林僧宝传》则曰:"裔叶翻茂,为大振焉,得其法者又十六人。有祖玠侍者,齿最少,号珪庵,事琦甚谨;丛林惮其严厉,敬其慧识。"并记祖玠与绍琦之间的往复之语。祖玠在绍琦之前亡故,"玠化后,天成之话大行"。

平时,随机说法,禅语隽永

《补续高僧传》:"师容止庄重,虽宴居,如对清众。具择法眼,勘验学者百不失一。……读师语录,直捷简明,不在古人下也。"

关于绍琦的禅法,《南宋元明禅林僧宝传》总结曰:"时蜀多义学,互以胜劣相比量。琦一以心宗揭之,而小大俱圆。"并赞曰:

楚山行化,当明运昌隆之际;纯以心性禅应接群机;以故门下一时龙蟠凤翥焉,乃至祖玠辈风鬯春枝节节是,令见者闻者莫不神往。但不再传,其绪俱寝。岂慈父欲子食药而愈疾,遂称没于他方也耶?

二、四川省图书馆藏明椠《楚山绍琦禅师语录》考

2005年，四川发现了明代刻本《楚山绍琦禅师语录》。其经过大致是：位于成都市龙泉驿区茶店乡石经村内的石经寺（明代称天成寺）在筹办"纪念楚山禅师诞辰600周年、能海上师诞辰120周年学术研讨会"的过程中，寺方依凭蛛丝马迹，派人到四川省图书馆查找相关文献。经过多方问询，馆方出示了并未登记在册、更没有向外借阅过的该语录①。石经寺遂以现代手段临摹复制了二百册，奉赠与会专家。借该次研讨会，该语录始为学术界所知晓。目前，会议论文集已然出版②，其中有多篇论文涉及《楚山绍琦禅师语录》；但这批论文的初稿几乎全是根据传世文献或会议主办方事先提供的该语录过录本的电子文件而撰就，学者们都是临到开会报到时方始见到该语录真容，故而论述范围仅限于楚山生平、禅法、传法谱系和地位影响，并未对《楚山绍琦禅师语录》作过文献学方面的探讨。为补时贤之阙，特撰此文，并以此就教于大方焉。

（一）内容阙失和错乱情况

《楚山绍琦禅师语录》为线装本，三册。共十卷，卷首有六

---

① 有关发现经过，承石经寺演东法师赐告。谨致谢忱。按，根据种种迹象，该语录可能本来藏于石经寺，由于寺院在"文革"期间曾被某单位占用，语录当于这期间流出。
② 素慧主编：《禅心映天成　显密照石经——纪念楚山禅师诞辰600周年、能海上师诞辰120周年学术研讨会论文集》，北京：宗教文化出版社，2007年3月第1版。

种序。全书结构如下图所示：

题名	作者、地望、衔号等	撰写时间、编辑说明	版心题语	起止页码
楚山禅师语录序	徐谪。字山甫，号叶庵。乡贡进士	成化七年辛卯（1471）冬十月既望	序	第一至七叶
（序二。无题名）	罗通。吉水人。赐进士，资政大夫，太子少保，兼都察院右都御史致仕，又奉诏恩进阶荣禄大夫	成化三年岁次丁亥（1467）冬十一月既望	序	第一至四叶
（序三。无题名）	真源大心。隐长松指柏亭，嗣法门徒	成化十年岁（舍）〔次〕甲午（1474）夏四月佛诞日，于梁氏颐善堂	序	第五至七叶
（序四。无题名）	孙闵。淮右北溟人。四川都司、镇国将军	成化甲午岁（1474）夏六月望日	序	第一、二、五叶，阙第三、四
楚山和尚语录序	赵珖，字文晦。昭信校尉、蜀府环卫百户	成化十年夏五月五日，书于归来亭	序	第一至五叶
（序六。无题名）	刘昱。自号"白夫"。蕲春人。南山居士	成化丁亥（1467）十月吉日	序	第一至五叶
楚山和尚住同安投子禅寺语录卷之一	参学门徒祖䱥集	"师于景泰初，览胜江南，还经同安，因游三祖。爱皖山幽绝，遂栖天柱数载。安庆檀越向师道风，请开法于桐城投子寺。景泰五年（1454）十月初七日，入院。"	法语	第一至二叶，四至六叶，九叶至二十一叶。重复第二叶。阙第七、八叶

续表1

题名	作者、地望、衔号等	撰写时间、编辑说明	版心题语	起止页码
石经楚山和尚录卷之二	参学门徒祖性集	"师因各寺安禅,或檀越庆忏荐扬、建设斋会,请师升座。凡有所说法,要不拘先后,总目之曰表扬法语。"	法语	第二十二至二十七叶,第二十九至三十二叶,第三十五至五十叶。阙第二十八、三十三、三十四叶
石经楚山和尚语录卷之三	参学门徒祖玠集	"师因棹舫南游,往回经过郡城,缁素檀豪闻风参扣,请求开示。凡有法要,类而成帙,通目之曰开示法语。"	法语	第五十一至六十一叶,六十三叶至七十叶。重复五十六叶,阙六十二叶
(卷四,卷名阙)	(阙)	(阙)	机缘	第三叶至二十二叶,二十四叶。阙第一、二、二十三叶。其中,第二十一叶空最后五行多。二十四叶之后,尚有版心标"垂示诫语"之"三"叶、"四"叶,标"塔铭"之"五"叶,标"行实"之"五"叶,共四叶。
石经楚山和尚语录卷之五	参学门徒祖意集	"师因禅者请语,随机所示,述为歌行。均目之曰警策法语。"	警策	第一至十四叶

续表2

题名	作者、地望、衔号等	撰写时间、编辑说明	版心题语	起止页码
石经楚山和尚语录卷之六	参学门徒祖节集	"师因禅者请益、佛祖誦讹，因为激扬，述而成颂，遂目之曰颂古法语。"	颂古	第一至九叶，十一至二十四叶，二十六至三十二叶，三十四、三十五叶。最后一叶，版心有"三十五终"字样。阙第十、二十五、三十三叶。
石经楚山和尚语录卷之七	参学门徒祖裕集	"杂著法语。"	杂著	第一、二叶，第五至十七叶。末叶版心有"十七终"字样。阙第三、四叶。
石经楚山和尚语录卷之八	参学门徒祖闲编	"酬赠山居诗偈七言八句。"	山居诗偈	第一、二叶，第五至十叶，十三至二十九叶。阙第三、四、十一、十二叶。
石经楚山和尚语录卷之九	参学巾瓶侍者祖源集	"赞号七言八句。"	赞号	第一至十三，十五至十八叶，二十三至三十叶。阙第十四、十九至二十二叶。

续表3

题名	作者、地望、衔号等	撰写时间、编辑说明	版心题语	起止页码
石经楚山和尚语录卷之十	参学门徒祖裕编	"付嘱法语。师因参徒扣室，呈心决策，随其根器利钝及造证深浅何如，乃为勘辩而可否之。其间契机印心、归山勉励之语，自有轻重。裕不能悉记，仅书一二，缀于卷末，以为将来之宗眼云。"	付嘱法语	第一、二，七至十九，二十一至二十四，二十七至卅，四十至四十四叶。阙第三至六、二十、二十五、二十六、卅一至卅九

通览全书，可见该语录为残本，且阙损得相当严重，内容并不完整。

1. 书叶阙失。如上表所示，现存本除卷五之外，其他各卷皆有阙叶，甚至卷首孙阂序亦阙两叶。另外，在上表所列各卷所阙叶数之外，卷三第六十一叶，居然只有"（以）此超脱死生，则应用施为而无可无不可也。居士其/尚勉之"两行字，其后面当还有其他内容未来得及雕刻。同样，卷四第二十一叶之后，亦剩下五行半的空白，而二十二叶却从第一行顶格刻写；第二十一叶最后乃"三载出关之日，挂杖子再为汝勘过。韶遂作礼"之语，而第二十二叶起始为"著得此般若文字之名言乎。师曰：不二空中，有绝妙言"云云：显然，第二十一叶至第二十二叶之间，内容实有阙失。再者，二十二叶最后句"光曰风吹秋月冷"，恰与第二十四叶第一行开头"雪压老梅寒"相衔接，表明版心上"二

十二"当为"二十三"之误。如此,则该卷还阙失第二十二叶矣。卷四之后的"垂示诫语"现存第三、四叶,阙第一、二叶;"塔铭"存第五叶,阙第一、二、三、四叶;"行实"存第五叶,亦阙一、二、三、四叶。卷五第十四叶左半叶,镌刻《敬堂禅人》,最末几句为"只这是,见得分明落第二。子能言外契真机,续起灯光照。"显然,其后当还有其他字句,也就是说,卷五之末尚阙若干叶。

需要说明的是,卷一有两叶的版心皆桀"二",但内容却相连贯,后一叶版心中的"二"当是"三"之讹。卷三虽然有两个五十六叶,但内容并不重复:前一个第五十六叶末行"则仁恕之道,岂出乎是理哉。而身治物,泽然后世,得",与后一个第五十六叶首行"其治世,得其治而太和,元气流行,贯彻今古",恰好相接;后一个第五十六叶末行"故吾佛以心为宗,无门为法门",又与第五十七叶首行"无明业识即是本"云云,又文义通畅。故而很可能是雕刻时在版心重复了一个"五十六",后难以更改,故仍其误耳。

2. 即便就现存页面而言,版面漶漫甚至文字脱落处亦颇为不少。主要有:卷一,第二叶右半叶,漶化五字;十叶,四十四字。卷二,第二十三叶,磨灭四十一字。卷四,十九叶,脱落十二字;二十二叶右半叶,残损二字;二十四叶,十九字。卷六,一叶左半叶,漶灭和空阙约三十一字;四叶左半叶,十一字;五叶,十字;十一叶,除第六行外,其他行最上面的三字或四字或五字,全部脱去;二十三叶右半叶,六字;三十叶,六字;三十一叶,九字;三十二叶,十九字;三十四叶,六十五字。卷九,

一叶左半叶,漫漶八字;三叶,十七字;二十三叶右半叶,二十四叶右半叶,九字。卷十,十五叶,八字;十六叶,二十字;二十二叶右半叶,二字;二十四叶左半叶,四字;廿八叶,十七字。

3. 罗通于成化三年十一月既望所撰序有云:"若夫楚山之行实梗概,则附见予所撰寺记云。"然今本并无罗氏撰"寺记"。卷四之末,倒是有版心标"行实"之残叶一张,文曰:

[前阙]重师道德,出心舍资,奉蜀定王令旨,重建天成寺佛殿、月台、廊庑,奂然一新。工毕于戊子冬己丑岁。师退居丹崖,重构栖幻庵以为适兴栖息之所,至庚寅夏落成。师尝曰:"古人有五十而知四十九之非。今吾年六十七矣,与死相邻,不意忝窃虚名,妄为衲子所宗,滥厕师席,乃抱终身之愧耳。然报缘虚幻,不足凭玩,自宜退休安分,以待其尽。非矫世也。"韶忝侍师席,自昔迄今三十余载,自恨愚憃不聪,而于师之嘉言善行,不能悉记;仅摭师平生始末行实,略纪之于卷末,俾后之览者知其所自云。

"戊子"有两种可能:永乐六年(1408),成化四年(1468)。绍琦言自己已经六十七岁,且他逝于成化九年(1473)(详本文第二部分),则当以后者为是矣。残页记录绍琦庚寅(成化六年)之语,则不可能为罗通序所谓"寺记",甚明。如此,罗通"寺记"当早已佚失也。值得注意的是,残页中提到的"韶"应该为绍琦弟子祖韶。《五灯会元续略》等有"天成琦禅师法嗣"之"天成韶禅师"或"天成古音韶禅师",当即是人。又,卷四首有"奈愚昧,莫能悉记,仅记一二于卷帙以闻宗教同

参之士,庶知源流之所自云",言辞颇为类似,或即祖韶所言。——如此,则卷四亦当为祖韶所编辑也。需要说明者,《皇明名僧辑略》卷一有《楚山琦禅师行实》,然所述乃绍琦从东普无际得法的经过,既无有关建寺的内容,又与卷四残页不合,显非罗氏或祖韶之作。

此外,现存本似亦存在次序错乱。卷四之末叙述生平事迹的"行实""行状"以及记录临终化语的"垂示诫语",按中土僧侣语录的常例①,当编于全书之末、即卷十之后。现存本之所以以目前这种面貌呈现,当是缘于在后来流传过程中,书页散开,再重新集缀时,误置于卷四。另外,全书前面诸序的次序亦颇耐人寻味:先是成化七年徐山甫序,然后为成化三年罗通序,再次以成化三年刘昱序,最后殿以成化十年的真源大心(四月初八)、孙闵(六月十五日)、赵珙(五月五日)三序。之所以这样安排,或者徐山甫与绍琦关系最为密切,或者徐氏序乃绍琦逝前完成的、并经过绍琦过目吧。

(二) 编纂和雕刻过程

判定《楚山绍琦禅师语录》的编纂年代和雕造情况,最可靠的证据自然是书前之序。

---

① 如明《径山藏》(《嘉兴藏》)本《赵州和尚语录》三卷,首附《重刻〈赵州祖师语录〉序》,前两卷《赵州和尚语录卷上》《赵州和尚语录卷中》各裒撮编次语录数百则,第三卷《赵州和尚语录卷下并对机勘辨偈颂等》之末附以《赵州真际禅师行状》。《善慧大士语录》亦将徐陵撰碑文次于傅翕化语和诗偈之末。笔者间亦有将行状置于卷首者,如《径山藏》本《古尊宿语录》卷十三《赵州真际禅师语录并行状卷上》,首为行状、次列语录,但卷十四《赵州真际禅师语录之余》之尾却附以《赵王与师作真赞》《哭赵州和尚二首》。

全书诸种序言之中，时代最早的乃刘昱撰于成化丁亥（成化为明宪宗朱见深年号。成化丁亥即成化三年，公元1467）十月吉日①的第六序：

> 今之天成大师楚山和尚，实东普之的子、繁昌之法孙也。……迩者，参学门徒将师住山、上堂、小参、升座、普说，与夫开示、问答、山居、颂古、题号"纲宗"诗偈法语等篇，编而成集，厘为十卷，欲寿诸梓，以广其传。师嘱余为序。余将师语录前后细观，见师机辩圆活，……昱与师交之久、知之深，因其征序，辞之愈坚，嘱之愈确。但愧笔头无眼，不能揭露师之微隐，强述梗概于卷末也，故有具金刚正眼者为之再叙。成化丁亥十月吉日，南山居士、蕲春白夫刘昱书。

此序表明，绍琦弟子最初所集其师的集子共十卷，包括散文性的化语（"住山、上堂、小参、升座、普说，与夫开示、问答"，相当今本卷一至卷五）和种种诗歌（"山居、颂古、题号'纲宗'诗偈法语"，分别相当于今本卷八、卷六、卷九、卷七和卷十）两部分。编就之后，绍琦遂求刘氏为序。

刘昱作序后仅隔一月，罗通又撰第二序："……楚山尝游天下名山古刹，今归于蜀，尚康强无恙。其弟子既集其所著以为语录，而其同邑应天府判兰永馨乃遣人持以谒予，求为序。予尝为楚山记天成寺修造之事，而知楚山为颇悉；至于此编，未识其旨。故积岁既久，犹未为之执笔。兹以其徒谒请频勤，故不得已

---

① 吉日：即朔日。农历每月初一。《周礼·地官·党正》："及四时之孟月吉日，则属民而读邦法以纠戒之。"郑玄注："以四孟之月朔日读法。"

序之。若夫楚山之行实梗概，则附见予所撰寺记云。成化三年岁次丁亥冬十一月既望，赐进士、资政大夫、太子少保兼都察院右都御史致仕、又奉诏恩进阶荣禄大夫吉水罗通序。"罗通称"积岁既久，犹未为之执笔"，则绍琦弟子集成语录当在成化三年之前若干岁。又，兰永馨"遣人持以谒"罗通者，当与刘昱所见一样，皆为书稿。

成化七年（1471），徐山甫又撰《楚山禅师语录序》，是即今本置于卷首者："……禅师质粹性敏，(⊠)〔甫〕九岁即有厌俗意，因礼玄极通禅师学出世法。比长，遍游诸山，历参名宿，得所指授而(⊠)〔去〕。……既而诣东普无际禅师印可，遂授被传法。自是，声誉大起，道风远振，驻锡天成上刹，而四方衲子请益问道者川至云集。……未几，往游楚吴两浙，还住皖山、投子二大道场。其藏法弘教犹在天成时。是以挥麈间论说偈颂，横出逆施，靡不成章。其弟子祖翕辈谨录而记之，为卷若干，将寿梓以传，谓予序之。予于禅师为方外交，故不能辞。……是录也，果葛藤邪，非葛藤邪？苟以为非葛藤，则道外无言；以为葛藤，则言外无道。览者具眼，必有定见。谨叙。成化七年辛卯冬十月既望，乡贡进士、蔗庵徐谪山甫书。"谓"将寿梓以传"者，显见此时尚未雕版也。

到了成化十年（1474），其门徒真源大心复有序曰："……门人集而为录，裒成十卷，欲绣梓以永其传。师拒之曰：'噫！斯言乌足以传世！'事遂寝。既而，师顺寂。明年，锦城善士梁克宽、张时茂辈谓愚曰：'吾师为一代丛林宗匠，名传海宇，道重当时。而其正法眼藏为世刮目金鎞，岂可使之泯没不传乎？

……'源忝嗣门下,敢悖师之诫,从克宽等请。管蠡之见直述其梗概,以赘于篇末。……成化十年岁舍甲午夏四月佛诞日,隐长松指柏亭、嗣法门徒真源大心沐手谨书于梁氏颐善堂。"真源之序除了再次证明初稿计十卷之外,还揭示出一个关键信息:绍琦弟子祖瀹等人所编的初稿,由于绍琦的反对,无论是成化三年还是七年皆未能上梓;而是直到成化十年绍琦已然弃世之后,在来自成都的"善士"① 梁克宽、张时茂等人的竭力劝说之下,很可能已经接替方丈之位的真源大心方始决定将书稿印行。

按,清代僧别庵性统编、康熙三十年(1691)刊行之《续灯正统》卷二十八《道林悟禅师法嗣·安庆府桐城投子楚山幻叟荆壁绍琦禅师》:"成化癸巳三月中,示微疾。众请末后句,师展两手曰:'会么?'复曰:'今年今日,推车撞壁。撞破虚空,青天霹雳。阿呵呵!泥牛吞却老龙珠,澄澄性海沤华息。'泊然而逝。世寿七十,僧腊六十一。建塔天成。"清心圆居士撰、火莲居士刊于乾隆五十九年(1794)之《揞黑豆集》卷三《安庆府桐城投子楚山幻叟荆壁绍琦禅师》所载几同。癸巳乃成化九年(1473)。《楚山绍琦禅师语录》卷四末残存之"垂示诫语"中,恰有《前二日告别钦差镇守四川上衣监太监梅公书》,文中有云:"琦每见,未尝言及世谛中事,惟闻入理深谈,揭示离微之旨、别传之机。……谨陈

---

① 善士:本谓有德之士或行善人士,如《孟子·万章下》:"一乡之善士,斯友一乡之善士;一国之善士,斯友一国之善士;天下之善士,斯友天下之善士;以友天下之善士为未足,又尚论古之人。"明宋濂《陈府君墓志铭》:"遇有可矜,辄施与不靳,乡党称为善士。"佛教界则指信佛者为善士,明小说《四游记·佛祖压倒大圣》:"你是何方善士,敢来阻住兵力?"清李渔《闲情偶寄·颐养·行乐》:"无饮不莫,有食必陈,若ület士信妪之佞佛者。"佛门有"善士女"之称,乃梵语优婆夷(upāsikā。归三宝、持五戒之在家女性信徒)之意译也。

钦差镇守四川护国护教佛心老大人梅钧座，伏乞钧查高照。不悉。成化九年三月十五日，石经绍琦沐手书别奉拜。"既曰"前二日告别"，则绍琦逝于成化九年三月十七日矣。

又，卷四有《性天为梁克宽赋》："拂散迷云见性天，光风霁月自昭然。女娲谩谓修圆缺，老子徒劳论后先。宽覆天千舍万象，高超六欲越三禅。不须仰面从空觅，只在回光一照边。"此梁克宽，当即力劝大心锓梓的"锦城善士"之一。此赋又证明梁氏确为绍琦信众也。

需要说明的是，《前二日告别钦差镇守四川上衣监太监梅公书》既作于绍琦逝前，中又有若干临近死亡的感慨："琦正宜闻所未闻、用资玄学，不意老境侵寻、造化所夺，天命不我留矣。感惠良深，铭刻肺腑。风火相逼，不及面别，特奉此以达左右，万冀无忘付托，是所祝也。"故而应该是在绍琦涅槃之后才加入十卷本的。

与之同处于卷四、版心皆标作"垂示诫语"的，还有另一残文：

"［前阙］可。'泄佛密因，唯除命终，阴有遗付。'斯言岂欺人哉！今子既不容默，则未免漏泄机微去也！所谓游戏生死，翱翔空寂，垂手市廛，栖心泉石，啸傲烟霞，坐忘朝夕，念念真如，尘尘净域；信手推开不二门，空王殿上无知识。"意曰："吾师再留慈念，少住世间，可乎？"师曰："风宵病叶，雨夜残花。"……意曰："即今末后句子，请师为众分付。"师展两手示之，云："会么？"意曰："不会。"复云："今年今日，推车拄壁。撞倒虚空，青天霹雳。阿呵呵！泥牛吞却老龙珠，澄澄性海沤花息。"遂别众，瞑目安

详而逝。

此段文字中与绍琦对话的"意",应该是卷五内容的搜集者祖意。所谓"垂示",本指留传以示后人。汉蔡邕《琅邪王傅蔡朗碑》:"身没称显,永遗令勋。表行扬名,垂示后昆。"明吴从善《〈郁离子〉序》:"道不行于天下,其所抱负经画可以文明治世者,独得笔之方册,垂示千百载之卜。"禅林间则用以称师父对弟子或大众所开示的佛法要旨。或呼为"垂语""垂说""示众"等。"诫语"者,告诫劝说。清龚自珍《乙丙之际箸议第六》:"民之识立法之意者,谓之士。士能推阐本朝之法意以相诫语者,谓之师儒。"此"垂示诫语",就是绍琦的临终遗嘱。

至于卷四残存之"塔铭",性质则比较特殊,该文云:

[前阙]日行实于所厚吉安府同知张公洪定,俾达之予而求为铭。予答书曰:"古神僧塔铭,皆入寂后作。若楚山事,奚不付之群弟子以徐图之哉!"张公又以书来曰:"彼方外人也,而慕先生文,以为求得之则瞑目足矣。先生何必责以方内而深拒之哉!"乃为铭曰:

善导人心,是谓佛教。
趋之者多,其畴克肖。
俊尔楚山,志专力劭。
忽破群疑,独探其妙。
预镌塔铭,永世垂耀。

从此文内容分析,这篇塔铭当是楚山在去世之前,委托张洪定将自己的"行实"转呈某"方内""先生",求之为铭。绍琦应该看过该"塔铭"。同时,"塔铭"中提到了"行实",表明卷

四残存之"行实",更在"塔铭"之前已经撰就矣。揆诸情理,"行实""塔铭"虽然早于"垂示诫语"形成,但三者皆不可能为成化三年之前的初稿本所收录,当是绍琦逝后才编纂进去的。

在真源撰序之前后,绍琦语录当已进入实质性的寻匠刻镌过程。在当年五月和六月,又先后出现了两序,其一为赵珫《楚山和尚语录序》:"……今观楚山和尚高第弟子大心编集师之语录,知其宗法有传,师承有自矣。楚山,无际之法嗣……委顺岁余,大心持刊本请余题其首。余于其道概不之悉,因即其录而言曰……是为序。成化十年夏五月五日,昭信校尉、蜀府环卫、百户赵珫文晦书于归来亭。""委顺"者,僧人之死也。《景德传灯录·慧可大师》:"〔翟仲侃〕加师以非法,师怡然委顺,识真者谓之偿债。"《天圣广灯录》卷七《第二十九祖惠可大师者》:"师怡然委顺。识真者,谓之偿债。时年一百七岁,即隋文帝开皇年中也。"赵珫作序时,正值绍琦寂灭一年有余,而他已见到大心携来的"刊本",表明在成化十年五月五日之前,《楚山绍琦禅师语录》的主体部分已然刊刻完毕,且至少印有校样。另外,赵氏序称《楚山绍琦禅师语录》乃"楚山和尚高第弟子大心编集"。查现存本,卷四虽然阙失卷首,但我们在本文第一部分已然推断出,其编辑者当为祖韶;其他各卷的编者依次为祖斋(卷一)、祖性(卷二)、祖玠(卷三)、祖□(卷四)祖意(卷五)、祖节(卷六)、祖裕(卷七)、祖闲(卷八)、祖源(卷九)、祖裕(卷十):并无一人名"大心"者。现存本之首既有自称"嗣法门徒真源大心"之序,说明大心不但确为绍琦之弟子,而且继承了绍琦之衣钵而为天成寺主。实情当是:绍琦生前,十个弟子

分别各编一卷；待其逝后，大心执掌寺院，对《楚山绍琦禅师语录》作了最后的定稿工作（主要是添加序言、碑铭之类），并主持了付梓。另需说明的是，"祖龕"之类皆为外号，而"真源大心"很可能为内号①，故还是不能排除上述十个弟子中有一人即为大心的可能性。或者，就是"祖源"乎？

真源大心和其他参与编辑其师语录的弟子，其事迹在佛教文献中亦有载录，下面择要列举。至于无预于编纂事宜者，概不涉焉。

书名	作者	刊行年代	收录绍琦弟子事迹	卷数
五灯会元续略	[明]远门净柱	崇祯十七年（1644）	湛渊龕禅师（祖龕）、石经祖意禅师、长松真源禅师、石经祖裕禅师、天成韶禅师、珪庵祖玠侍者	卷四上
五灯严统	[明]费隐通容（1593～1661）、百痴行元		唐安湛渊龕禅师（祖龕）、石经海珠祖意禅师、长松大心真源禅师、石经豁堂祖裕禅师、天成韶禅师、珪庵祖玠侍者	卷二十三
续灯存稿	[明]箬庵通问编，居士施沛汇集	康熙五年（1666）	湛渊龕禅师（祖龕）、石经祖意禅师、长松真源禅师、石经祖裕禅师、珪庵祖玠侍者	卷九

---

① 内号又称"内字"，用于佛教界内部，且多在正式场合方使用；外号又称"外字""字号"，则一般用于对外弘法之时。参考笔者专著：《台湾苗栗大湖法云寺派的比丘尼》，台湾太平慈光寺印行，即出。

续表

书名	作者	刊行年代	收录绍琦弟子事迹	卷数
续指月录	[清] 聂先	康熙十八年（1679）以后	唐安湛渊斋禅师（祖斋）、石经海珠祖意禅师、长松大心真源禅师、石经豁堂祖裕禅师、珪庵祖珏侍者	卷十二
径石滴乳集	[清] 山铎真在编，石源机云续编	康熙二十一年（1682）	湛渊斋禅师（祖斋）、石经海珠祖意禅师、长松大心真源禅师、石经豁堂祖裕禅师、天成古音韶禅师、珪庵祖珏侍者	卷二
续灯正统	[清] 别庵性统	康熙三十年（1691）	唐安斋禅师（祖斋）、石经祖意禅师、长松真源禅师、石经祖裕禅师、天成古音韶禅师、珪庵祖珏禅师	卷二十八
锦江禅灯	[清] 丈雪通醉（1610~1693）	康熙三十二年（1693）重刊	石经海珠祖意禅师、长松大心真源禅师、石经豁堂祖裕禅师、天成古音韶禅师	卷九
五灯全书	[清] 霁仑超永	康熙三十六年（1697）	唐安湛渊斋禅师（祖斋）、石经海珠祖意禅师、长松大心真源禅师、石经豁堂祖裕禅师、天成古音韶禅师、珪庵祖珏侍者	卷五十九

既然祖斋等人在明清佛教界的著述中迭有载录，这就表明《楚山绍琦禅师语录》所涉及的绍琦诸弟子，在历史上确有其人，《楚

山绍琦禅师语录》也属于真实的佛教文献。《续灯正统》卷二十八在叙述绍琦部分弟子化迹时，未了祖源、祖斋等所属何府，仅标为"□□府"以存疑。按，绍琦最终逝于天成寺，该寺当时属于成都府管辖，故而《续灯正统》等文献中所阙字当为"成都"二字。

赵珖《楚山和尚语录序》之前，为孙闳撰于成化十年六月、也是全书时代最晚之序："黜聪明，去智识，空其所空，不空之空自著。融凡圣，贯古今，道其所道，不道之道自彰。……序。成化甲午岁夏六月望日，四川都司、镇国将军、淮右北溟孙闳撰。"孙氏是序，说明《楚山绍琦禅师语录》的形成下限在成化十年六月十五日之后。——也就是说，赵珖所见刊本，并非最后公开流通本，而只是全书形成过程中的一个环节而已；只有加入赵珖和孙闳二序等内容之后，方始成为全璧。

总之，《楚山绍琦禅师语录》的锓梓雕刻经过可谓一波三折：虽然成化三年之前初稿即已编辑完毕，但直到绍琦去世之后一年多的成化十年，方始最终面世（是年五月五日以前，主体部分刊成；六月十五日后，补刊赵珖、孙闳序)，其间延宕了约八年时间。

（三）书版特征

《楚山绍琦禅师语录》为乌丝栏，刻有外粗内细的两道边栏。全书每半叶的行数不一：序一，每半叶五行；序二，每半叶六至七行；序三，每半叶六行；序四，每半叶五至六行；序五，每半叶五行；序六，每半叶六行。正文，一般每半叶十行，行二十字；黑口；花鱼尾；版心刻有各卷内容的类型（如"法语""机缘""警策""颂古""山居诗偈"等）、页码，未标明卷数。第

一册卷首的六种序，皆据原序作者的手书而雕；卷一至卷十，当倩钞手所书，然后镂版。

我们知道，明初（1368~）至正德时期（1506~1521）的雕版书籍，一般是"黑口、赵字、继元"①。《楚山绍琦禅师语录》正符合这些特点：各卷皆是黑口，字体亦效仿赵孟頫。为了便于比较全书的字体，这里将现存本卷一至卷十首叶（包括卷四其他版心题名有异之首叶）之前二行，剪裁排列如下：

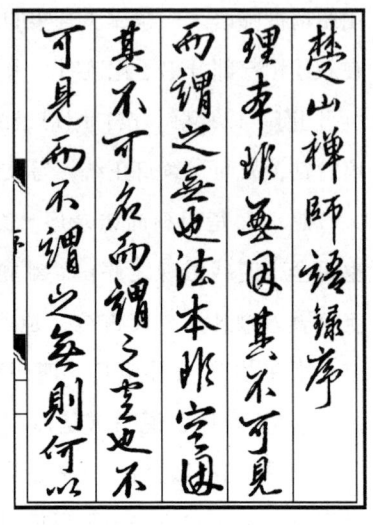

▲成都新发现的《楚山绍琦禅师语录》首页

---

① 李致忠：《古书版本学概论》，北京：书目文献出版社，1990年8月第1版，2003年11月第3次印刷，第102~104页。

从"经"的写法而观,卷二、三之"经"明显异于卷五、六、八,也有别于卷七、九、十。卷一、二、三、四之"祖",风格一致。卷四"机缘"、其后残存的"垂示诫语""塔铭"和"行实"中带三点水偏旁之字,如"淨(净)""泄",写法亦同。可见,卷一、二、三、四乃一人写版。再从卷五、六、八之"楚""卷",不同于卷七、九、十之"楚""卷"而论,卷五、六、八和卷七、九、十亦当为不同人士所书。

倘从其他方面来看,《楚山绍琦禅师语录》也具有明代版刻的特点。

该书镂锓水平一般,多次出现版心叶码错误,如上已揭,卷一有两个"二"叶、卷三两个"五十六"叶等。错字也时时见诸页面之间,如:真源大心撰第三序"岁舍甲午","舍"当作"次";卷四"塔铭""俾达之子而求为铭","子"当作"予";"苦楚山事","苦"应作"若";……我们知道,文字多讹舛乃正德以前刻本的通病。嘉靖间,因福建建宁某些书坊所刻科举用书讹误太甚,朝廷曾专门下牒加以纠正:"福建等处提刑按察司为书籍事。照得《五经》《四书》,士子第一切要之书,旧刻颇称善本。近时书坊射利,改刻袖珍等板,款制褊狭,字多差讹……"[①] 甚至连朱元璋都亲下御旨,痛斥当时刻印质量的低劣:"朕出司令,一曰《大诰》,一曰《续编》……近监察御史立野奏,所在翻刻行印者,字多讹舛,文不可读。欲穷治而罪之,朕

---

① 叶德辉《书林清话》卷七"明时官刻书只准翻刻不准另刻"条,北京:中华书局,1957年1月第1版,1999年9月第4次印刷,第179页。

念民愚者多……"① 士子科举考试用书、皇帝圣言都是如此对待，更遑论山野林间僧侣之著作了。

书手文化修养的粗疏或欠缺，又直接导致刻本中俗体字的繁夥。如徐山甫《楚山禅师语录序》中，"当命脉如线之际"之"线"，卷四第二十叶"三载出关之日"之"关"；卷四第二十一叶"三载出关之日，拄杖子再为汝勘过。韶遂作礼"等处之"再"，均作"冄"；卷四"垂示诫语"，第三叶右"固其桶盖"之"盖"，第三叶左"苎白麻绦以表心丧之礼"之"礼"、"泥牛吞却老龙珠"之"却"；卷十"头陀微咲契真机"，"微"字中间的部分"岄"径书作"串"。书中"奇"，并作"竒"。全书末叶"刘福敬""刘福昻"之"刘"，"毛灭海"之"灭"等，皆为俗体。

除卷十此例外，书中其他处之"笑"，也皆书作"咲"，咲，古字也。《汉书·外戚传下·孝成许皇后》："《易》曰：'鸟焚其巢，旅人先咲后号咷。'"颜师古注："咲，古笑字也。"刻书爱用古字，亦明代风习。②

写刻之时，避讳相当严格。除遵循凡遇"皇""帝""王"等字皆抬行顶格书写之惯例外，"蜀""彤庭""玉殿""宠光""圣明""尧年""九重""圣恩"甚至"钦差"等字之前，或亦抬行，如卷四末"垂示诫语"第四叶《前二日告别钦差镇守四川上衣监太监梅公书》，卷八第一叶《进谢蜀和王殿下》《进贺蜀王封袭》等；或例空一格，如卷九第一叶左半叶《宗哲为中贵蔡祖

---

① 朱元璋《大诰续编·颁行续诰第八十七》。
② 叶德辉《书林清话》卷七"明刻书用古体字之陋"，第185页。

才作》中"奇才干蛊勤王事,大志精忠辅蜀贤"等句。史料记载,明初实行"寰中士夫不为君用,其罪皆至抄札"的高压政策①,魏观、高启、方孝孺等文人被残酷杀害②,众多著述被禁,文字狱迭起③。在此肃杀的气氛之下,世俗和方外的著述无不谨小慎微④,避讳也就格外严格。《楚山绍琦禅师语录》除避朝廷之讳外,连蜀地之讳亦避,这种凡是涉及历代帝王、中央甚至地方官员之处并皆避之的过度避讳风格,正反映出此一时代特点⑤。

当然,能证明《楚山绍琦禅师语录》为明代文献者,最能令人信服的材料还是该语录的内容。除了前面论及的卷首诸序、各卷编者、卷四"垂示诫语""塔铭"和"行实"等之外,卷二至卷十出现的众多明代蜀地地名(唐安、松潘、资阳、内江会百川、天彭澄月天、蓉城敬止堂之类)和人名(四川都司孙闳、蜀府环卫百户赵珖、嘉州祥僧正、锦城善士梁克宽和张时茂等),无不表明作者早年和晚年生活于西蜀禅林。

可宝贵者,还有卷十之末叶所镌捐资助刻者的名单:

汶川曹觉寿　叙郡刘福贵

助缘比丘河南亮晓山　资阳玄默堂　金台钟易堂

助缘善士曹觉先　刘福敬　刘福昂　毛☐海　郑觉泰

郑觉洪　陈福佐　王仲辅　锺福宽

---

① 明太祖朱元璋《大诰》第十条。参考《明史·刑法志》中的相关解释。
② 陈正宏、谈蓓芳:《中国禁书简史》,上海:学林出版社,2004年1月第1版,第133~193页。
③ 胡奇光:《中国文祸史》,上海:上海人民出版社,2006年10月第1版,第90~124页。
④ 李致忠:《古书版本学概论》,第104页;李致忠、周少川、张木早:《中国典籍史》,上海:上海人民出版社,2004年9月第1版。
⑤ 王彦坤:《历代避讳字汇典》,郑州:中州古籍出版社,1997年5月第1版。

韩五官人　陈福能

　　这个单子无疑让我们更深入地认识到《楚山绍琦禅师语录》乃至整个明代僧侣著述的刊刻背景。助刊者中，"韩五官人"这个名字颇有意思。"官人"也者，乃对男人的尊称。赵翼《陔余丛考》卷三十七"官人"条曰，此称呼起于隋唐间，但唐以前必有官者方称"官人"，至宋已为时俗通称，明代"官人之称已遍于士庶"矣。①

▲《楚山绍琦禅师语录》末叶

　　在助刻者名单之后、亦即全书最后一行，有"刊𠱁　蒋端　郭俭　蒋鳌"字样，表明全书乃此三人镌刻，且又为明人刻书"亦有极其慎重者，必书刻并工者"论点增添了一个例子。

　　石经寺今尚保存有一口古钟，上铸"成化"字样，亦表明石经寺的渊远流长。②

　　总之，由现存本的字体、版式等综合分析，全书虽然由两个或两个以上的人写版，但应该算是一次性镌刻完成的。尽管其间曾刷印数部并持之以求赵珖和孙闳序，但这时还没有公开流布；

---

① 赵翼《陔余丛考》，北京：中华书局，"学术笔记丛刊"之一，1963年4月第1版，2006年10月北京第2次印刷，第3册，814~815页。另参阅清翟灏《通俗编·称谓》。
② 素慧主编：《禅心映天成　显密照石经——纪念楚山禅师诞辰600周年、能海上师诞辰120周年学术研讨会论文集》，彩图第6页。

特别是持以乞序者的只是该书的主体部分，并非全貌，只能视作雕刻过程暂停以增加内容而已。再从全书的结构和内容而观，二者并皆具有浓郁的明代特色，表明该书自成化十年成书之后，并未再行镂版。也就是说，现存《楚山绍琦禅师语录》就是当年天成寺初刻本，包括了大心持与赵玒部分和后来补刻的内容（赵玒、孙闶二序）。

（四）学术价值

众所周知，"善本"一词最初指校勘精审、无文字讹脱的书本，明清以来增加了"珍本"（传世旧本）的内容，当代学者又提出了判断善本的三大标准，即历史文物性、学术数据性和艺术代表性①——这个定义无疑更为科学。

倘若仅从纯版本角度来看，现存《楚山绍琦禅师语录》自算不上善本。特别是该语录乃在成都府天成寺（今成都市龙泉驿区石经寺）雕刻完工，寺院所在地即便在今天亦非衢塞，在明代更是远离西边繁华的成都而僻处荒郊野外，版刻质量自然难于臻达上乘。但《楚山绍琦禅师语录》前面六种序言乃依照手稿镌刻，保存了原作者的书写风格，可作为书法参考依据，因而具有一定程度的艺术性。而其他各卷皆请书手誊写并付样，尽管算不上佳品，但在研究明代雕刻字体时也可以借鉴。

该语录形成于成化十年，距离现在五百多年，属于不可再生

---

① 《中国大百科全书》"新闻·出版"卷，李致忠撰"善本"条，北京：中国大百科全书出版社，1990年12月第1版；《中国大百科全书》"图书馆学·情报学·档案学"卷，陈先行撰"善本"条，北京：中国大百科全书出版社，1993年1月第1版；李致忠《古书版本学概论》第一章第二节"善本简论"，第8~17页。

的明代文献；除了少数序言之外，该语录的其他内容皆经过楚山绍琦的审定，属于确实可信的真实史料；虽然直到近年方始被发现而重新面世，但它却是镌刻之后唯一保存至今的孤本，在版本上具有唯一性。

最重要的是，虽然明代印刷品并不罕见，但这仅是就版本意义而言，在内容方面属于新发现者其实很少，而《楚山绍琦禅师语录》正是佚失数百年而重新面世的崭新材料，完全可供编辑全明文等参考；就历史文物性而言，《楚山绍琦禅师语录》也称得上是"珍本"吧。

另外，《楚山绍琦禅师语录》乃迄今为止时代最早、记录楚山绍琦法语最为齐全的文献，是传世的其他各种楚山禅师记载的母本。楚山绍琦（1404~1473）①，俗姓雷，法名绍琦，号楚山、荆璧叟，又自称"幻叟"，人称"楚山禅师""楚山琦""楚山琦禅师""楚山绍琦禅师""荆璧绍琦""楚山幻叟荆璧绍琦禅师"，为生活于明代永乐至成化年间的著名禅师。蜀唐安县人。九岁而弃俗入道。后至黄梅参礼，并遍访金陵高僧，游历浙江、安徽诸地，先后居舒州天柱山、皖山、桐城投子寺及庐山。天顺元年（1457）返蜀，居方山云峰寺，再迁成都府天成寺，并卒于斯。其徒众建塔供其遗骸，至今石经寺尚供奉着楚山绍琦肉身。历代有关楚山的文献虽然有十多种（详本附录《楚山绍琦禅师年谱》），但多重复沿袭，愈到后来参考价值愈小；有关绍琦生平

---

① 请参考笔者《明代蜀地禅僧楚山绍琦的弥勒信仰》一文，载素慧主编：《禅心映天成显密照石经——纪念楚山禅师诞辰600周年、能海上师诞辰120周年学术研讨会论文集》，第344~353页。

的内容较详，而对其化语、诗偈的记录既少且简，最多者亦仅为《楚山绍琦禅师语录》的十之一二。揆情度理，《楚山绍琦禅师语录》自产生之后当即流行于禅林间，《皇明名僧辑略》等佛教界著述和《五灯会元续略》之类的禅宗灯录即据此而撷取编纂，故而《楚山绍琦禅师语录》实乃这批文献的祖本。作为辑录，保存了楚山绍琦几乎全部弘化法语，也是目前所见最完整、最系统和最全面的楚山语录，《楚山绍琦禅师语录》的学术资料性无可取代。

关于《楚山绍琦禅师语录》的形成过程和价值，石经寺方丈素慧法师作了很好的概括：

> ……这本语录在2005年重新发现，人天惊喜，对石经寺是一件幸事，对明代四川佛教史研究也是一件幸事。这本编于成化三年（1467）至成化十年（1474）的语录，系统地记录了楚山禅师的生平事迹、法会活动、得法弟子、禅学思想及其方外之交，将明代四川佛教的历史状况生动而清晰地再现在今人面前。对它的整理和研究，将填补明代四川乃至中国佛教史上的空白，对后世佛教也将产生深远的影响。①

以前，楚山绍琦不被学人关注，在国内外现有的佛教史甚至禅宗史中连其名字都难以觅见②，可见其影响之衰微。《楚山绍琦禅师语录》的发现，将彻底地改变这种状况。其实，《楚山绍琦禅师语录》不仅是研究绍琦个人禅法思想的最为重要的文献，不

---

① 素慧：《开篇语》，载素慧主编《禅心映天成　显密照石经——纪念楚山禅师诞辰600周年、能海上师诞辰120周年学术研讨会论文集》，第2页。
② 似乎只有日本人忽滑谷快天在其著述中作过简单的介绍。见忽滑谷快天撰、朱谦之译《中国禅学思想史》，上海古籍出版社，2002年4月新1版。

仅填补了包括禅宗史在内的佛教史空白，而且对于明代社会历史和文化研究也具有莫大价值，为汉语史研究提供了新语料，为中国古典文献学、中国文学特别是佛教文学等领域的研究提供了宝贵的素材。比如，卷四"垂示诫语"中祖意记录的绍琦临终嘱咐，即可帮助我们了解明代僧侣的丧葬习俗、特别是肉身菩萨的产生过程，足以弥补现有记载之阙失：

  ……意曰："恁么，则吾弟子不复留师矣。只如师去之后，未审津送之礼则如何施设？乞师遗命，以为法则。"师曰："吾瞑目后，澡洁形躯，如法裹之，贮于桶中，固其桶盖，安置团标。正寝龛前，张法被，挂顶像，列香案，设牌位，书云：'天成荆璧大师楚山觉灵。'而住者三时领众上食，止许蔬馐茗供，用展祭奠之忱；苎白麻绖，以表心丧之礼。不可斩衰重孝，悲啼号哭，做七修斋、烧钱化疏。惟大夜小参，遇有宿德为之；如无，但依早晚功课而已。停龛数日，以尽道旧祭悼之情。只待壬寅岁冬前一日，开桶出沙。宜用香泥垒塑，(⬛)〔敷〕彩严饰，乃置石室之中，留为山门瞻仰也。各希珍重，无复更言。汝等好住世间，吾当逝矣。"

"壬寅岁"，即成化十八年（1482）。这段文字，详细说明了如何处置遗体，以及必须要等到遗体装桶满九年时方可开启等事项。

  总之，虽然世人多讥"明人好刻书而最不知刻书"，尽管《楚山绍琦禅师语录》并非精校精刻本，且颇有残缺，但因其系新发现的明代文献和该种文献保存至今的唯一初凿本，具有多方

面的学术价值，以当代学术界公认的标准而观，它还是应该被视作善本的。

三、 明代蜀地禅僧楚山绍琦的弥勒信仰

明代著名禅僧楚山绍琦，永乐二年（1404）出生①。九岁时，弃家而从玄极和尚修道。复谒东普无际禅师，有省，并终嗣其法。后安居于东山天成寺（今成都龙泉驿区石经寺）达十数载。正统（1436~1449）、景泰（1450~1457）之际，为弘布真法于天下，毅然出蜀。先赴黄梅，为蕲阳荆王说法。景泰三年（1452），至金陵（今南京），遍访月溪、海舟诸老。游历浙江、安徽诸地之后，居安庆府舒州天柱山天柱寺。再迁皖山。景泰五年（1454），住舒州桐城投子寺。天顺元年（1457），自庐山返蜀。是年，韩都侯在方山（今属四川泸州市纳溪区）修葺云峰寺，迎之住持。复居天成寺。成化九年（1473），因微恙而卒，世寿七十，僧腊六十一。②

楚山绍琦虽然曾一度出蜀弘化，并名震江南，但由于其悟道、得衣乃至于最后归宿皆在僻处内陆的四川，故而在其逝后，在内地缺乏话语权，京城文化和沿海文化一统天下的明清乃至于近代以来，其影响力日渐缩小。比如，现当代的一些佛教史甚至

---

① 陈垣《释氏疑年录》，北京：中华书局，1964年3月第1版，第355页。
② 关于楚山绍琦的化迹，请参考拙文《楚山绍琦年谱》。2005年10月15日至17日，成都石经寺举办了"纪念楚山禅师诞辰600周年暨能海上师诞辰120周年学术研讨会"，此年谱即笔者在会上发表的论文《明代蜀地禅僧楚山绍琦的弥勒信仰》中的一部分。会后，又经过较大幅度的修改。

禅宗史著作，也根本忽略了他的存在。

绍琦时处佛教已然彻底中国化的朱明王朝①，其思想融合了儒、释、道等的因素，而其禅法亦会通了宗门和教门。② 比如，他主张修持净土法门。参学巾瓶侍者祖源集《石经楚山和尚语录》卷九《素庵》：

> 跳出凡笼绝世求，白莲香里乐清修。
> 豁开寂灭心中眼，看破浮生水面沤。
> 妙体本非男女相，真身宁是鬼神俦。
> 机前拨转天真智，默坐幽轩自点头。③

"绝世求"的"跳出凡笼"之道，为在"白莲香里乐清修"。所谓"白莲香里"清修之法，即净土法门也。明如贤《重锲〈念佛镜〉叙》："具最胜之妙门，脱轮回之快捷方式，其唯念佛乎？……大海会同归，宝树林中摇众乐。十八贤共社，白莲香里显真宗。悲智双行，圣凡俱摄。"④《天目明本禅师杂录》卷三《天目中峰和尚怀净土诗》之一："现成公案纯商量，晓磬频敲蜡炬长。昼夜六时声不断，满门风递白莲香。"⑤

《径石滴乳集》卷二：

> 示修净土。上堂："谁心无佛，谁佛无心；心佛殊名，体无二致。是故念佛念心，念心念佛；无念无心，无心无

---

① 有关明代社会与佛教的关系，请参考周齐《明代佛教与政治文化》，北京：人民出版社，2005年8月第1版。
② 有关绍琦的思想，在素慧主编《纪念楚山禅师诞辰600周年、能海上师诞辰120周年学术研讨会论文集》（2005年10月，成都石经寺）中有集中阐述。
③ 又见于《简阳县诗文存续》卷上《诗》。
④ 《大正新修大藏经》第47册，第133页c栏。
⑤ 《卍新纂续藏经》第70册，No.1402。

佛；心佛两忘，念不可得。只者不可得处，脱体分明，纤尘不间。是以真机触目，遍界难藏，山色溪声头头显露，性相平等理事混融，个里觅一毫自他净秽之相了不可得，何凡圣、迷悟之有也！于此果能豁开智眼，顿悟其真，直下知归，不胜庆快。还识心佛么？直须揣见虚空骨，看取优昙火里开。①

这种法门，将念佛、念心统一起来，而又不执著于念佛、念心。

而且，与早期禅宗一样，绍琦亦是以禅修为主，念佛为辅，念佛不过是帮助修禅的手段之一罢了；而且这种"念佛"，内蕴极广，绝非后世囿于称名、甚至仅仅是称念阿弥陀佛而已。

颇可玩味的是，楚山绍琦与弥勒信仰有一定的关系，而这并不见于历代相传的文献，而只在新发现的《石经楚山和尚语录》及《简阳县志》等史料中有些许痕迹。

1. 阐述一些各宗派皆具备的佛教常识时，涉及弥勒。

参学门徒祖性集《石经楚山和尚录》卷之二《蜀定王薨世三周除禫》：

……至哉！此法无一理而不统，无一事而不该，物物全彰，头头显露，尘尘叶妙，法法归源。故我大觉释尊，为此一大事因缘故，兴悲愿力，出现世间，于无生中示生，无相中现相，始从兜率内院降神摩耶腹中；十月满足，左胁降生。……

这不过说的是人人尽知的释迦从兜率内院降生之事罢了。

---

① 《卍新纂续藏经》第 67 册，No. 1308。

2. 论述本门宗旨时,以新的视角看待弥勒。

参学门徒祖节集《石经楚山和尚语录》卷六:

> 世尊未离兜率,已降王宫;未出母胎,度人已毕。
>
> 妙体凝然绝去来,度生降迹用非乖。深夜云散长空净,一月千江影遍该。

参学门徒祖裕集《石经楚山和尚语录》卷七《杂著法语·跋〈灵山一会〉图》:

> 未离兜率,脚跟下已吃痛棒;复入鹿苑,黄面上愈带风尘。犹不惜眉毛,四十九年三百余会,教分群品,禅列单传;人天众前撒土抛沙,狼藉不少;一棚傀儡,坐立俨然。后来不识好恶者,图作《灵山一会》,俾尽大地人瞻礼供养。若果向释迦老子未出世开口已前见彻,则鹫峰嘉会自昔迄今俨然未散。设或未然,切忌按图索骏。咄!①

是乃谓不能执著于释尊降世成道后始度人的故实。佛陀乘真如之道而往于佛果涅槃,乘真理而来(如实而来)而成正觉、由真如而现身,而真如本身却无形无像,无去无来,恒绝古今。这种观念,其实早即为前代禅僧所体悟到了。宋代云门宗雪窦重显(980~1052)有云:"诸禅德!看他先觉,未离兜率已降阎浮,未出母胎度人已讫。若言周行七步、目顾四方、'天地之间,唯我独尊',尚有人不放伊过。如今巧说异端,不肯荷负,真可哀愍。"② 圆悟佛果(1063~1135)亦举曰:"教中道:'未离兜率,已降王宫。未出母胎,度人已毕。'大象本无形,至虚包万有。

---

① 又载《简阳县诗文存》卷五《文》,第 41~54 页。
② 《明觉禅师语录》卷一。《大正新修大藏经》,第 47 册,第 676 页 a 栏。

末后已太过，面南看北斗。王宫兜率，度生出胎，始终一贯，初无去来。扫踪灭迹除根蒂，火里莲华处处开。"① 他如大慧宗杲（1089～1163）、密庵和尚等，皆有类似言语。

参学门徒祖斋集《楚山和尚住同安投子禅寺语录》卷之一《锦府大圣慈寺建千盘大会》：

> 指座，云："金猊宝座，特地敷成。教命既行，理不容让。咄！三要印开权在手，不妨千圣顶颡行。释迦！弥勒！请退一步。"

"三要"乃临济宗接引学人之法门，源于义玄。《镇州临济慧照禅师语录》卷一："师又云：'一句语须具三玄门，一玄门须具三要，有权有用。汝等诸人，作么生会？'"② 三要、三玄的具体内容，后世说法纷纭。顶颡，头顶。《玉篇·页部》："颡，顶颡也。"《集韵·回韵》："颡，顶颠也。"《篇海类编·身体类·页部》："颡，顶颡，颠也。"此称只要掌握了三要、三玄之法，自可直契诸法实相，自然超越诸佛。禅宗强调直悟自心，切忌向外觅求、固执于诸佛表相。《嘉泰普灯录》卷十三《天宁长灵守卓禅师法嗣·庆元府育王无示分谌禅师》："文殊智，普贤行，多年历日。德山棒，临济喝，乱世英雄。汝等诸人穿僧堂、入佛殿，还知崄过铁围关么？忽然踏着释迦顶颡，磕着圣僧额头，不免一场祸事。"其实，这也就是禅林间用语"声前一句千圣不传"之意：未发出音声以前的一句、父母未生以前的一句，乃诸佛列祖之正法眼藏、涅槃妙心，它非"语"非"句"，亦非千佛万祖能

---

① 《圆悟佛果禅师语录》卷十九《颂古下》。《大正新修大藏经》，第47册，第800页c栏。
② 《大正新修大藏经》，第47册，第497页a栏。

传者，须由自身实际体悟方可证得。《碧岩录》卷一第六则："声前一句，千圣不传。未曾亲觐，如隔大千。设使向声前辨得，截断天下人舌头，亦未是性懆汉。"① 释迦、弥勒，在这里不过是代表诸佛菩萨罢了。

参学门徒祖节集《石经楚山和尚语录》卷六：

[东山演云]："释伽、弥勒犹是他奴，且道他是阿谁？"

[☒☒☒] 发满头驴，闲气胸中一点无。矮屋疏篱随香饵，跛足虾蟆却上钩。

"释迦、弥勒犹是他奴，且道他是阿谁"，乃禅人常挂在口头的问题。《法演禅师语录》卷二："上堂。举。'古人云：释迦、弥勒犹是他奴。且道他是谁？'便下座。"②《圆悟佛果禅师语录》卷九："小参。僧问：'古者道，释迦、弥勒犹是他奴。且道他是什么人？'师云：'三家村里孟八郎。'"③

《石经楚山和尚语录》卷六：

睦州尊者因僧问："高揖释迦、不拜弥勒时，如何？"师云："昨日有人问，趁出去了也。"曰："和尚恐某甲不实那？"师曰："拄杖不在手，笞帚柄聊与三十！"

堪羡丛林老骨挝，高风千古孰能加。

只将本分作家手，得失精粗验不差。

"高揖释迦、不拜弥勒时"云云，乃有关黄檗希运禅师之法嗣睦州尊者（陈蒲鞋）的公案。禅林间常举之，以化学者。《明

---

① 《大正新修大藏经》，第 48 册，第 147 页 a 栏。
② 《大正新修大藏经》，第 47 册，第 657 页 a 栏。
③ 《大正新修大藏经》，第 47 册，第 755 页 c 栏。

觉禅师语录》卷三,雪窦明觉举此公案:"僧问睦州:'高揖释迦、不拜弥勒时如何?'州云:'昨日有人问,赶出了也。'僧云:'和尚恐某甲不实。'州云:'拄杖不在,苔寻柄聊与三十。'"然后,评价云:"睦州只有受壁之心,且无割城之意。"①

"释迦、弥勒犹是他奴"之时,近于"高揖释迦、不拜弥勒"之时。实乃自契涅槃妙心之时,亦即绍琦前所谓"三要印开权在手"之时也。

参学门徒祖意集《石经楚山和尚语录》卷五《武昌空颜遇上人》:

……

了知此法外无心,绿水青山迥绝尘。
直下但能离所觉,夭桃翠柳皆天真。
色即空,空即色,淫坊酒肆逢弥勒。
信手掀开向上关,眼中拈去黄金屑。

……

敦煌写本《坛经》:"善知识!见自性自净,自修自作自性法身,自行佛行,〔自〕作自成佛道。"《祖堂集》卷六《云岩和尚》、《景德传灯录》卷十五《筠州洞山良价禅师》载,洞山在前往沩山的路途中,有偈曰:"切忌从他觅,迢迢与我疏。我今独自往,处处得逢渠。渠今正是我,我今不是渠。应须恁么会,方得契如如。"②禅籍中这类表达心外无法、识心成佛之义的语辞,所在多多。"所觉",《瑜伽师地论》卷十三:"云何所觉?

---

① 《大正新修大藏经》,第47册,第686页a栏。
② 《大正新修大藏经》,第51册,第321页c栏。

谓彼彼言音所说之义,名为所觉。"① 离"所觉",即达到色、空一如的境界;臻此宗门之极处、大悟之境界者,兼具"向上"之自利门、"向下"之利他门,不可仅执一门,故云"信手掀开向上关,眼中抉去黄金屑"也。既然色、空一如,自然淫坊、酒肆之人与弥勒亦无二致矣。"色即空,空即色",从《般若波罗蜜多心经》"色即是空,空即是色"而化来。②

在得道者眼中,打碎一切方外、世俗分别,"淫坊酒肆"混同于萧寺衲衣之说,早已有之。宋寂音尊者慧洪觉范撰、门人觉慈编《智证传》:"故二祖大师既老,出入市里,混于淫坊酒肆之间。有嘲之者,答曰:'我自调心,非干汝事。'此韬光密用者也。"③ 宋晦堂祖心(1025~1100)撰、子和录、仲介重编《宝觉祖心禅师语录》(黄龙四家录第二):"乃举拂子曰:看!唯有坚密身,一切尘中现。还见得么?拂子是尘,坚密身在什么处?若向者里见得,微尘诸佛,百千三昧,弹指之间,一时明了。便能入水不溺,入火不烧,一为无量,无量为一,小中现大,大中现小,乃至天堂地狱、虎穴魔宫、月下风前、淫坊酒肆,尽是诸人安身立命。若能如是,可谓大丈夫事,善能出生入死,得大自在。若转未得,鹤胫自长,凫胫自短。"④ 然明确地将淫坊酒肆与弥勒等同,应始于绍琦。后来,明末曹洞宗僧道独(1600~1661)

---

① 《大正新修大藏经》,第30册,第346页a栏。
② 如玄奘译《般若波罗蜜多心经》:"色不异空,空不异色。色即是空,空即是色。受想行识,亦复如是。"《大正新修大藏经》,第8册,第848页c栏。按,关于《心经》中"是"的意义,请参考竺家宁《色即是空——论〈心经〉中"是"字的功能》,载台湾《香光庄严》第82期,2005年6月,第64~70页。
③ 《卍新纂续藏经》,第63册,No. 1235。
④ 又名《黄龙晦堂心和尚语录》。载《卍新纂续藏经》第69册,No. 1343。

亦袭用之。《长庆宗宝独禅师语录》卷三《著语》:"洞山价祖偈:'切忌从他觅。'著云:'才生便咬,自然无事。''迢迢与我疏。'著云:'错!''我今独自往。'著云:'巍巍堂堂。''处处得逢渠。'著云:'淫坊酒肆逢弥勒。''渠今正是我。'著云:'老老大大,作恁么语话。''我今不是渠。'著云:'救得一半。''应须恁么会。'著云:'面皮厚多少。''方得契如如。'著云:'一坑埋却。'"同书卷四《十智同真》:"一同一质,淫坊酒肆逢弥勒,城东老母避不得,摩诃般若波罗蜜。"①

其实,上述主张,从根本上讲,直接源于佛教不执着的基本观念。而这种不执着的精神,中土僧侣早已深刻体悟。如王梵志诗第三八二首:"大丈夫,游荡出三途。荣名何足舍,妻子视如无。法忍先将三毒共,佛性常与六情俱。但信研心性妙宝,何烦衣外觅明珠?"②

3. 明确表露弥勒信仰。

(1) 弥勒净土信仰。

《简阳县志》卷一《诗·寄大慈天宇宗师》:

> 端据西川选佛场,纲宗手段迈诸方。
> 拨开瓦砾现兜率,剪去荒芜竖法堂。
> 顽石阶前惊点首,青莲钵底复吹香。
> 高风远继金禅伯,宜与宗门作栋梁。

"西川选佛场",称大慈寺也。大慈寺"迈诸方"之"纲宗

---

① 《卍新纂续藏经》第 72 册, No. 1443。
② 参考项楚《王梵志诗校注》,上海:上海古籍出版社,1991 年 10 月第 1 版,第 878~879 页。

手段",乃"拨开瓦砾现兜率,剪去荒芜竖法堂",即亦禅、净双修。这里既然以"现兜率"概括并称赞大慈寺的宗风之一,则该寺和绍琦自己当不会反对弥勒信仰吧。

需要注意的是,大慈寺为成都名刹,与唐代净众保唐禅派关系密切①。马祖道一从净众无相的师父资州智诜出家。而据敦煌写本《历代法宝记》,智诜(609~702)奏请返回剑南时,武则天"敕赐新翻《花严经》一部,弥勒绣像及幡花等,及将达摩祖师信袈裟"。② 无相后居净众寺,开创了中国禅宗净众一派。净众寺后又名曰"万佛寺",万佛寺故址又出土过弥勒雕像。再者,无相在后期住持过大慈寺。以上证据表明,净众一系与弥勒信仰是有一定关联的。

▲万佛寺出土之弥勒像及其背光
(四川省博物馆藏,日本东京国立博物馆编《中国国宝展》图录,图版117)

① 张子开:《成都府净众寺历史沿革考》,载《新国学》第一卷,成都:巴蜀书社,1999年12月,第289~312页。修订本,载《中韩无相学术研讨会论文汇编》,成都大慈寺,2005年10月14日,第45~73页。
② 张子开:《唐五代禅宗与弥勒信仰》,"马祖与中国禅宗文化学术研讨会"(四川省什邡市,2005年8月25~29日)论文。后载杨曾文、蒋明忠主编:《马祖道一与中国禅宗文化》,北京:中国社会科学出版社,2006年9月第1版,第431~461页。

另外，楚山的其他一些思想，亦与唐代净众保唐禅派相牵涉，也表明楚山与大慈寺的关系是相当亲密的。比如，禅净双修三种类型之一的参究念佛①，源于净众无相②，后来又成为楚山的主张之一③。

又，"选佛场"本指释氏开堂设戒之地。然禅宗所谓之"选佛场"，典出《景德传灯录》卷十四丹霞天然传，一般指马祖的弘法之地："邓州丹霞天然禅师，不知何许人也。初习儒学。将入长安应举，方宿于逆旅，忽梦白光满室。占者曰：'解空之祥也。'偶一禅客问曰：'仁者何往？'曰：'选官去。'禅客曰：'选官何如选佛！'曰：'选佛当往何所？'禅客曰：'今江西马大师出世，是选佛之场。仁者可往。'遂直造江西。"④ 绍琦以"西川选佛场"以况大慈寺，或该寺当时的风格与马祖相近。

《简阳县志》卷一《诗·东普涂觉全居士》：

曾扣吾师究自心，维摩一默久知音。

踏翻幻海升兜率，剔起真灯续道林。

眼底有山藏白骨，劫前无面铸黄金。

如今遍界春花放，此景谁人共赏音。

绍琦乃因参东普无际禅师而悟，并终嗣其法。此"东普涂觉全居士"，盖即受戒于绍琦之师无际所住持过的普州东林寺。故

---

① 杨惠南《禅净双修的类型及其理论基础》，载《禅学研究》，南京：江苏古籍出版社，2000年8月。
② [韩] 崔锡焕《无相和其以后的禅风》，载《中韩无相学术研讨会论文汇编》，成都大慈寺，2005年10月14日，第22~26页。
③ 杨维中《略论楚山绍琦之"参究念佛"及其形成背景》，载素慧主编《纪念楚山禅师诞辰600周年、能海上师诞辰120周年学术研讨会论文集》，成都石经寺，2005年10月，第143~154页。
④ 《大正新修大藏经》，第51册，第310页b栏。

而此诗从一个侧面,明确地传达出了有关无际禅师一系法门的信息。"曾扣吾师究自心"一联,谓涂居士得无际禅师的真传,秉持自明自心的禅宗法门,且与无际颇为惬合。"一默",誉涂居士如维摩一般,深了菩萨入不二法门之旨。"踏翻幻海升兜率,剔起真灯续道林"者,为祛除尘世的蒙蔽,又修弥勒净土,传承了无际的法脉。"铸黄金",用汉桓帝以黄金铸浮图、老子像之典故。① 显然,东普无际禅师亦是禅、净双修。

不仅如此,绍琦在为世俗人士主持丧仪时,期愿逝者在命终之后,往生兜率净土。参学门徒祖性集《石经楚山和尚录》卷二《蜀定王薨世三周除禫》:

……次拈香云:"此香灵根蟠法界,瑞气塞虚空;曩从苍龙窟内熏成,今向妙湛光中拈出。臣僧某虔爇金炉,敬为薨世蜀主定王殿下尊灵,用资鹤驾,上赴丹霄,复还兜率之宫,永获逍遥之乐。"……

"禫",《说文·示部》:"禫,除服祭也。"《仪礼·士虞礼》:"期而小祥,曰荐此常事。又期而大祥,曰荐此祥事。中月而禫。"郑玄注:"中,犹间也。禫,祭名也。言大祥间一月,自丧至此凡二十七月。"

绍琦相信,在蜀定王逝世满三周年、其亲属除去丧服之时,定王之灵驾鹤"上赴丹霄",升上天空,最终在兜率宫中"永获逍遥之乐"。《五灯会元续略》卷四《西禅瑞禅师法嗣·棠城宝文洪印禅师》亦记绍琦为蜀定王主丧事宜:

---

① 参考《佛祖统纪》卷三十五、五十三,《佛祖历代通载》卷五。

……礼雪峰,蓄养有年。因峰迁化,未获印可,远扣楚山。值定王薨世三周除禫,请山升座。师出问:"雷音动地,选佛场开。一会灵山,俨然未散。未审皇恩佛恩如何补报?"山曰:"荡荡尧风清六合,明明佛日照三千。"师曰:"祝赞已闻师的旨。拈花微笑意如何?"山曰:"机前有语难容舌,独许头陀一笑传。"师曰:"玉梅破雪,红叶凋霜。适官家除禫之辰,乃鹤驾仙游之日。未审薨世主人金容即今何在?"山竖拂曰:"在山僧拂子头上,成等正觉放大光明,与三世如来共转法轮。汝还见么?"师曰:"与么则遍界绝遮藏也。"山曰:"要且有眼觑不见。"师曰:"只者觑不见处,不隔纤毫。"山曰:"未是妙。"师曰:"未审如何是妙?"山曰:"二边俱抹过,始见劫前人。"……

《径石滴乳集》卷二、《续灯正统》卷二十九、《锦江禅灯》卷九之宝文洪印传,亦有记载。绍琦谓定王"金容",即今现"在山僧拂子头上,成等正觉放大光明,与三世如来共转法轮";其实,这与他在除定王丧服之祭礼上的言辞,意思是一样的。

(2)对弥勒中土化身的歌咏。

如前所言,绍琦在《武昌空颜遇上人》中所表达的"色即空,空即色,淫坊酒肆逢弥勒"观念,其实可视作禅宗至少从北宋以来即具有的、破除执着于信众与非信众之间区别的普遍看法。

正是基于这种理念,绍琦反对专注形式的修行方式,认为应该无心以合道。参学门徒祖裕集《石经楚山和尚语录》卷之七《杂著法语·三睡图》:

扫帚渣筒，蓬头赤脚。聚首挨肩，靠虎而卧。

仙亦不修，禅亦不坐，一味瞳眠，恁么懒惰。

咄！就中些子太諕讹，待睡醒来重按过。

"瞳眠"，昏睡。"瞳"，日将出而未出之时。《说文新附·瞳》："瞳，瞳昽，日欲明也。"引申指朦朦胧胧的状态。《艺文类聚》卷一引刘孝绰《望月有所思》："瞳昽入床簟，仿佛鉴窗帘。"

其实，布袋和尚可谓这种泯灭出家、在家区别的"三睡"之典型，且出自禅门。故而《石经楚山和尚语录》卷之七《杂著法语》又有绍琦《〈布袋和尚图〉为同安思恭古道先生赋》：

夫一真绝待，原无隐显之殊；万行圆融，遂有权实之异。是故弥勒大士不离兜率而常现人间者，以其不思议体圆应无方之妙也，非神通道力所致，乃其法尔如然。是以杖挑明月，袖拂清风；淫坊酒肆而恣意遨游，虎穴魔宫而随机摄化；或露胸跣足街头等个人来，或斜倚布囊屈膝鼾鼾打睡；以至花衢柳陌向人伸手乞钱，闹市门头勾引群儿作戏。有时放开笑口，残梅枯柳皆春；等闲竖起空拳，碧眼黄头不识。以其一语一默、一动一静，或嗔或喜、或逆或顺、或风或颠，指东话西，横拈倒用，无非圆应之三昧者欤！遂使智眼难窥，神机罔测，今古相传，谓之布袋和尚。人皆爱其风度飘然，行藏洒落。

故同安思恭古道先生识其意趣久矣，欲传之将来，乃图其所现之相，以为希世之玩。而其种种施为、出没卷舒以至应用无作之妙，非顶颡具眼者于此鲜能无惑焉。

兹乃出卷,命为之题。既不容辞,遂述前语,仍书一偈以贻之:

举世谁人不丈夫,谩将颠倒恣涂糊。
不依本分居兜率,刚要投身入市都。
柳陌花衢从啸傲,淫坊酒肆惯跏趺。
扭回鼻孔拦腮掴,记得当来事也无。①

此文及偈,乃应"同安思恭古道先生"之请而作。此古道先生画布袋和尚之像,欲绍琦为文以揭其意趣耳。"同安",乃县名,在今福建省内。五代时,闽景宗永隆元年(939),改大同场而置同安县。②"思恭古道先生",生平不详。

"不依本分居兜率,刚要投身入市都"之布袋和尚,被目为弥勒化身。他下至俗世弘化,"淫坊酒肆而恣意遨游,虎穴魔宫而随机摄化",却"不离兜率,而常现人间",且所现并非一定为出家相。这种"智眼难窥,神机罔测"的弘化方式,乃"以其不思议体圆应无方之妙也""无非圆应之三昧者欤"。实际上,布袋和尚"仙亦不修,禅亦不坐""淫坊酒肆而恣意遨游"的言行,正形象地体现出禅宗"一行三昧者,于一切处行住坐卧,常行一直心"、不拘泥于固定修习模式、反对"看心观静,不动不起,从此置功"③的精神,故而受到五代以来禅林的认可,并为绍琦所赞誉也。

---

① 此文又载《简阳县诗文存》卷五《文》。
② 《太平寰宇记》卷一百二"泉州"。
③ 敦煌博物馆藏本《坛经》。

主要参考文献

按，本索引以文献名称的汉语拼音音序排列。

B

（明）明河著：《补续高僧传》，《大日本续藏经》第壹辑第贰编乙编第七函第一、二册。

C

［日］柳田圣山著：《禅文献の研究》上册，柳田圣山集第二卷，京都：株式会社法藏馆，2001年10月10日初版第一刷发行。

［日］柳田圣山著：《禅文献の研究》下册，柳田圣山集第三卷，京都：株氏会社法藏馆，2006年5月30日初版第一刷发行。

素慧主编：《禅心映天成　显密照石经——纪念楚山禅师诞辰600周年、能海上师诞辰120周年学术研讨会论文集》，北京：宗教文化出版社，2007年3月第1版。

［日］田中良昭主编：《禅学研究入门》（第二版），东京都：大东出版社，2006年12月15日（第二版）第一刷发行。

《成都通史》编纂委员会主编：《成都通史》第一至七卷，成都：四川人民出版社，2011年11月第1版。

D

［日］诸桥辙次著：《大汉和辞典》（修订版），东京都：大修馆书店，昭和六十一年九月一日修订版第七刷发行。

（明）李贤、彭时等纂修：《大明一统志》，文渊阁《四库全书》本。

（清）穆彰阿、潘锡恩等纂修：《大清一统志》，文渊阁《四库全书》本。

［日］高楠顺次郎、渡边海旭、小野玄妙等编：《大正新修大藏经》，东京：大正一切经刊行会，大正十三年至昭和九年版。

G

（清）赵翼撰：《陔余丛考》，北京：中华书局，"学术笔记丛刊"之一，2006年10月第2版。

（明）真本说、机峻等编：《古瓶山牧道者究心录》，《嘉兴藏》第二十八册。

李致忠：《古书版本学概论》，北京：北京图书馆出版社，2003年11月第3版。

宗福邦、陈世铙、萧海波主编：《故训汇纂》，北京：商务印书馆，2003年7月第1版。

H

（明）云栖袾宏辑：《皇明名僧辑略》，《大日本续藏经》第壹辑第贰编乙编第十七函第三册。

（清）晦岳说、全琳等录：《晦岳旭禅师语录》，《嘉兴藏》第三十八册。

J

徐无闻主编：《甲金篆隶大字典》，成都：四川辞书出版社，2004年3月第5版。

（清）丈雪通醉编：《锦江禅灯》，《大日本续藏经》第壹辑第贰编乙编第十八函第三、四册。

（宋）释道原撰：《景德传灯录》，《四部丛刊三编》影印常熟瞿氏铁琴铜剑楼藏宋本。

L

（宋）陈舜俞撰：《庐山记》，《大正新修大藏经》第51册。

M

杨曾文、蒋明忠主编：《马祖道一与中国禅宗文化》，北京：中国社会科学出版社，2006年9月第1版。

陈玉女著：《明代的佛教与社会》，北京：北京大学出版社，"中国社会文化史丛书"之一，2011年1月第1版。

周齐著：《明代佛教与政治文化》，北京：人民出版社，2005年8月第1版。

南炳文、汤纲著：《明史》上册，上海：上海人民出版社，2014年12月第2版。

N

（清）幻津自融撰，性磊补：《南宋元明禅林僧宝传》卷十三《楚山琦禅师》，《大日本续藏经》第壹辑第贰编乙编第十函第四册。

S

（清）阮元校刻：《十三经注疏（清嘉庆刊本）》，北京：中华书局，2009年10月第1版。

（明）幻轮编：《释氏稽古略续集》，《大正新修大藏经》第49册。

陈世松、贾大泉等主编：《四川通史》（修订本），成都：四川人民出版社，2010年3月第1版。

杨曾文：《宋元禅宗史》，北京：中国社会科学出版社，2006年1月第1版。

［日］伏见冲敬编著：《书法大字典》（上下册），北京：华夏出版社，2001年2月第1版。

W

（明）远门净柱撰：《五灯会元续略》，《大日本续藏经》第壹辑第贰编乙编第十一函第五、六册。

X

（清）李渔：《闲情偶寄》，"明清小品丛刊"之一，上海：

上海古籍出版社，2000年5月第1版。

四川大学中国俗文化研究所编：《项楚先生欣开八秩颂寿文集》，北京：中华书局，2012年9月第1版。

（明）通问编定，施沛汇集：《续灯存稿》，《大日本续藏经》第壹辑第贰编乙编第十八函第一、二册。

（唐）道宣撰、郭绍林点校：《续高僧传》，北京：中华书局，"中国佛教典籍选刊"之一，2014年9月第1版。

Y

（清）张之洞撰：《輶轩语》，永康胡氏退补斋，光绪二年刊本。

Z

何锐等点校：《张献忠剿四川实录》，成都：巴蜀书社，2002年4月第1版。

［日］忽滑谷快天著、朱谦之译：《中国禅学思想史》，上海：上海古籍出版社，2002年4月新1版。

李致忠、周少川、张木早著：《中国典籍史》，上海：上海人民出版社，2004年9月第1版。

［日］冈部和雄、田中良昭编：《中国佛教研究入门》，东京都：大藏出版株氏会社，2006年12月25日初版一刷。

白化文、张智主编：《中国佛寺志丛刊续编》，扬州：广陵古籍刻印社，2001年版。

陈正宏、谈蓓芳著：《中国禁书简史》，上海：学林出版社，

2004年1月第1版。

刘玉刚主编：《中华字海》，北京：中华书局、中国友谊出版公司，2008年6月第1版。

（唐）从谂著、张子开点校并研究：《赵州录》，杨曾文、黄夏年主编"中国禅宗典籍丛刊"之一，郑州：中州古籍出版社，2001年8月第1版，2006年1月第2次印刷；2001年8月新1版。

后　记

决意拨冗校注这本书，至少有两个因缘。

一者，间接因缘。

其实，早在读本科期间，即已耳闻石经寺大名。读硕士时，更是在周末骑着自己那辆不知转了多少手的破自行车，从九眼桥畔出发，沿着老成渝公路，翻越龙泉山脉，一路蒙尘吃土，爬坡上坎，来回近百公里，专程前往拜访这一著名古刹。

2005年10月15日至17日，应四川省社会科学院向世山研究员的邀请，有幸到成都石经寺参加"纪念楚山禅师诞辰600周年、能海上师诞辰120周年学术研讨会"。根据事先获得的材料，写作和发表了论文《明代蜀地禅僧楚山绍琦的弥勒信仰》（修订本，载素慧主编：《禅心映天成　显密照石经——纪念楚山禅师诞辰600周年、能海上师诞辰120周年学术研讨会论文集》，北京：宗教文化出版社，2007年3月第1版，第344~353页）。也正是在这次会议上，第一次有机缘接触到《楚山绍琦禅师语录》覆印本，当时即法喜充满，叹未曾有。

2007年7月，应邀参加日本国立金沢大学主持的日本文部省合作课题"Preservation of multi-cultural aspects, and creation of new cultural tradition in China and Japan"（"中日两国保护非物质文化遗产及创造新文化传统的合作研究"）。同年9月10日，带领英

国伦敦大学亚非学院（London University, School of Oriental and African Studies）博士、金沢大学文学部教授森雅秀（モリ　マサヒデ，Mori Masahide），美国俄亥俄大学（Ohio University）硕士、金沢大学博士生大羽惠美，中国艺术研究院硕士、金沢大学博士生张雅静，专程再至石经寺拜访。承演东法师介绍，成都市佛教协会副会长、石经寺住持素慧大和尚亲自接待、亲切开示和亲热招待。言谈之间，当然会涉及绍琦禅师和祖师语录。

因为对楚山禅师一心念之，2009年7月28日至30日参加四川大学举办的"第三届中国俗文化国际学术研讨会暨项楚教授70华诞学术讨论会"时，又提交了论文《四川省图书馆藏明椠〈楚山绍琦禅师语录〉考》（修订本，载四川大学中国俗文化研究所编：《项楚先生欣开八秩颂寿文集》，北京：中华书局，2012年9月第1版，第201~218页）。

以后，又有好几次去石经寺，或与会议代表共游，或独自徜徉。还有一次，携家人一起到龙泉驿区山泉镇大佛村探访北周文王碑及摩岩造像时，远远眺望山下被绿树掩映的寺院，依然心向往之，时愿素履往之。

在写作上述诸文的过程中，当然得多次翻阅《楚山绍琦禅师语录》。深感本语录因为不被诸种大藏经所收录，也未获致力搜罗藏外佛教文献者的关注，知晓者几乎仅限于参加2005年研讨会的学者；阅读者既荦少，研究成果更浅眇：宛如蛮荒之中的瑰宝，殊为可惜可怜可痛。

二者，直接因缘。

虽然长期浸润着楚山绍琦禅师和石经寺的恩泽，但仍未敢发

心整理石经寺祖师的这部巨著。

2011年5月13日至16日,在石家庄参加"首届河北赵州禅·临济禅·生活禅三禅论坛"期间,再次聆听杨曾文先生教诲时,先生谈到他主编的"中国禅宗典籍丛刊",说反响不错,打算再继续编纂出版下去;要我在已然出版的该丛刊由我点校和研究的《赵州录》的基础之上,再接再厉,选择禅宗典籍进行标点、注释和研究。当时,先生指定的文献为敦煌写本《历代法宝记》。

长者之命,当然得遵循了。

虽然如此,困于个人杂事太多,可用精力太少;而且,《历代法宝记》尽管已有好几种海外整理本,但都存在很大问题,何况写本本身源流复杂,字体错淆太甚,要重新彻底清理的难度太大,故而进展极为缓慢。以后面晤时,杨先生多次又予以督促,但也起色不大。这不但辜负了杨先生的信任,对于我和出版社来讲也很痛苦。

万般无奈之下,2018年8月8日,我鼓起勇气向杨先生提出,能否改为先整理《楚山绍琦祖师语录》,《历代法宝记》就再拖拖。没有想到,杨先生很爽快、很宽容和很仁慈地答应了,出版社也很快就纳入了出版计划。

一着手才知道,《楚山绍琦禅师语录》的整理难度,完全不亚于敦煌写本《历代法宝记》,在某些方面可以说更甚。不过,已经没有退路了,不能改弦更张了,只有咬紧牙关,黾勉事之。幸好,毕竟关注过这个课题已经有好多年了,自己也算是在声名远播的四川大学汉语教研室读的硕士,对于汉语言文字和古典文

献不算太陌生，虽有困难，还是可以克服的。

在本书写作过程中，又蒙杨先生多次指导。2018年9月27日至28日到河北邯郸市参加河北省社会科学院哲学所主办、邯郸永年甘露寺承办的"甘露寺观音文化学术研讨会"时，也和杨先生短暂地谈过本书的写作情况。

此外，中州古籍出版社的刘晓先生也经常提示监督，关怀多多。责任编辑高媛和何慧婷女士容忍了我的懒惰和拖延，统一了本书格式，纠正了录文、辨识和校笺疏漏。责任校对岳秀霞、美术设计曾晶晶女史，并有力焉。

这些，都是应该感谢、感激和感恩的。

其实，我跟杨先生认识已经有二十多年了。1997年1月，到澳门参加澳门大学主办的"六祖慧能与岭南文化"国际学术会议期间，第一次有缘遇见先生；从广州到澳门，再入关到新兴，再回广州，一路上受教不少。当时即承蒙先生不弃，邀约写作了《赵州录》。2000年参加四川大学211工程优秀成果评选时，杨先生又为拙著《傅大士研究》写了鉴定意见。2003年评正教授时，也用到了这个鉴定意见。

可以说，在我成长的过程中，杨先生实为提携者和引路人之一，是我学术生涯中的贵人。

总之，本书的写作和出版，首先必须感恩杨先生几十年来的关心关怀关照，其次得怀念这么多年来与绍琦禅师和石经寺的特别缘分。

遥想当年第一次参访石经寺时自己还未满三十岁，初遇杨先生也才博士刚刚毕业，而今却开始展望退休年月了。楚山禅师《节庵》诗云："鬓斑齿豁步龙钟，已是人间半百翁。"已然是自

己的真实写照矣。

  2020年7月9日提交本书的电子本时，恰值小儿高考的第三天即最后一天。这无论对孩子，对我自己还是对我们家族来讲，都是一件值得庆祝的大事，故此补记。

张勇（子开）

2022年夏再修订